**Kohlhammer**

Stefan Pfeiffer

# Die Ptolemäer

Im Reich der Kleopatra

Verlag W. Kohlhammer

Dieses Werk einschließlich aller seiner Teile ist urheberrechtlich geschützt. Jede Verwendung außerhalb der engen Grenzen des Urheberrechts ist ohne Zustimmung des Verlags unzulässig und strafbar. Das gilt insbesondere für Vervielfältigungen, Übersetzungen, Mikroverfilmungen und für die Einspeicherung und Verarbeitung in elektronischen Systemen.

Die Wiedergabe von Warenbezeichnungen, Handelsnamen und sonstigen Kennzeichen in diesem Buch berechtigt nicht zu der Annahme, dass diese von jedermann frei benutzt werden dürfen. Vielmehr kann es sich auch dann um eingetragene Warenzeichen oder sonstige geschützte Kennzeichen handeln, wenn sie nicht eigens als solche gekennzeichnet sind.

Es konnten nicht alle Rechtsinhaber von Abbildungen ermittelt werden. Sollte dem Verlag gegenüber der Nachweis der Rechtsinhaberschaft geführt werden, wird das branchenübliche Honorar nachträglich gezahlt.

1. Auflage 2017

Alle Rechte vorbehalten
© W. Kohlhammer GmbH, Stuttgart
Gesamtherstellung: W. Kohlhammer GmbH, Stuttgart

Print:
ISBN 978-3-17-021657-0

E-Book-Formate:
pdf:   ISBN 978-3-17-033595-0
epub:  ISBN 978-3-17-033596-7
mobi:  ISBN 978-3-17-033597-4

Für den Inhalt abgedruckter oder verlinkter Websites ist ausschließlich der jeweilige Betreiber verantwortlich. Die W. Kohlhammer GmbH hat keinen Einfluss auf die verknüpften Seiten und übernimmt hierfür keinerlei Haftung.

»Ein Freund, ein guter Freund...«
Für Holger Kockelmann

# Inhaltsverzeichnis

| | | | |
|---|---|---|---|
| 1 | Vorwort | | 13 |
| 2 | Ptolemaios I. | | 17 |
| | 2.1 | Das Erbe Alexanders des Großen | 17 |
| | 2.2 | Ptolemaios, der Satrap Ägyptens | 19 |
| | | 2.2.1 Ptolemaios und Alexander der Große | 20 |
| | | 2.2.2 Ptolemaios als autonomer Stellvertreter des Königs | 22 |
| | | 2.2.3 Der Zerfall der Reichseinheit | 24 |
| | | 2.2.4 Die dynastische Anbindung an Alexander | 29 |
| | 2.3 | Ptolemaios, der König Ägyptens | 30 |
| | 2.4 | Der Thronfolger | 34 |
| | 2.5 | Strukturen ptolemäischer Herrschaft | 35 |
| | | 2.5.1 Der makedonische basileus Ptolemaios | 35 |
| | | 2.5.2 Alexandria | 36 |
| | | 2.5.3 Der Hof und die Freunde des Königs | 39 |
| | | 2.5.4 Die Reichsverwaltung | 41 |
| | | 2.5.5 Die Soldaten | 43 |
| | | 2.5.6 Die ägyptischen Priesterschaften | 44 |
| 3 | Ptolemaios II. | | 51 |
| | 3.1 | Ptolemaios, der Thronfolger | 51 |
| | 3.2 | Ptolemaios II. – Die Alleinherrschaft | 52 |
| | | 3.2.1 Die neue Legitimation der Herrschaft | 55 |

|  |  | 3.2.2 | Pharao Ptolemaios II. | 59 |
|---|---|---|---|---|
|  |  | 3.2.3 | Gott und Göttin: Ptolemaios II. und Arsinoe II. | 60 |
|  |  | 3.2.4 | Die unter die Götter aufgenommene Göttin Arsinoe II. | 65 |
|  |  | 3.2.5 | Die ägyptische Göttin Arsinoe | 66 |
|  | 3.3 | Magas und der Erste Syrische Krieg | | 68 |
|  | 3.4 | Die Verhältnisse in Griechenland | | 70 |
|  | 3.5 | Der 2. Syrische Krieg | | 72 |
|  | 3.6 | Das Wirtschaften der Ptolemäer | | 74 |
|  | 3.7 | Städtegründungen | | 77 |
| **4** | **Ptolemaios III.** | | | **81** |
|  | 4.1 | Der Dritte Syrische Krieg | | 81 |
|  | 4.2 | Das hellenistische Königtum des dritten Ptolemäers | | 83 |
|  | 4.3 | Das ägyptische Königtum des dritten Ptolemaios | | 87 |
|  | 4.4 | Der König und die Fruchtbarkeit Ägyptens | | 91 |
|  | 4.5 | Aktivitäten in Griechenland | | 96 |
| **5** | **Ptolemaios IV.** | | | **98** |
|  | 5.1 | Die Nachfolgeproblematik | | 98 |
|  | 5.2 | Die Quellenproblematik | | 100 |
|  | 5.3 | Der Vierte Syrische Krieg | | 102 |
|  | 5.4 | Lobpreis und Ehrungen des siegreichen Königs | | 106 |
|  | 5.5 | Sarapis: Der Gott der Ptolemäer | | 108 |
|  |  | 5.5.1 | Die »Heraufkunft« des Sarapis | 108 |
|  |  | 5.5.2 | Sarapis und der Herrscherkult | 111 |
|  | 5.6 | Die Jahre nach Raphia | | 112 |
|  | 5.7 | Prophetische Texte | | 114 |
|  | 5.8 | Der »Charakter« des Ptolemaios | | 117 |

# 6 Ptolemaios V. — 119

| | | |
|---|---|---|
| 6.1 | Die seleukidische Eroberung Koilesyriens | 121 |
| 6.2 | Die ägyptischen Aufstände | 122 |
| 6.2.1 | Die oberägyptische Erhebung | 123 |
| 6.2.2 | Das Dekret von Rosette und das Jahr 197 | 125 |
| 6.2.3 | Ptolemaios V. als Gott der ägyptischen Tempel | 128 |
| 6.2.4 | Das Ende der Aufstände | 129 |
| 6.3 | Die Ereignisse außerhalb Ägyptens | 132 |

# 7 Ptolemaios VI. und Ptolemaios VIII. — 136

| | | |
|---|---|---|
| 7.1 | Die Regentschaft der Königswitwe | 136 |
| 7.2 | Die Regentschaft von Eulaios und Lenaios | 137 |
| 7.3 | Die erste Samtherrschaft | 138 |
| 7.3.1 | Der Sechste Syrische Krieg | 139 |
| 7.3.2 | Weissagungen zum Sechsten Syrischen Krieg | 144 |
| 7.4 | Die zweite Samtherrschaft | 145 |
| 7.5 | Die Herrschaft Ptolemaios' VI. und Kleopatras II. | 148 |
| 7.6 | Die Herrschaft Ptolemaios' VIII. und Kleopatras III. | 153 |
| 7.6.1 | Ptolemaios VIII. und Alexandria | 155 |
| 7.6.2 | Der fette König | 156 |
| 7.6.3 | Ptolemaios VIII. und die Juden Ägyptens | 158 |
| 7.7 | Zwischen Geschwisterkrieg und Versöhnung | 159 |
| 7.7.1 | Ptolemaios VIII. und die Tempel | 161 |
| 7.7.2 | Ptolemaios' VIII. gelungener Ausgleich | 163 |
| 7.7.3 | Die Lage an der Südgrenze Ägyptens | 164 |

# 8 Ptolemaios IX., X. und XI. — 168

| | | |
|---|---|---|
| 8.1 | Die erste Herrschaft Ptolemaios' IX. in Alexandria | 169 |
| 8.2 | Die Herrschaft Ptolemaios' X. Alexander I. | 172 |

| | | | |
|---|---|---|---|
| | 8.3 | Die zweite Herrschaft Ptolemaios' IX. Soter II. | 175 |
| | 8.4 | Ptolemaios XI. | 177 |
| | 8.5 | Lokale Eliten im ersten Jahrhundert | 177 |
| **9** | **Ptolemaios XII.** | | **183** |
| | 9.1 | Die erste Herrschaftsphase Ptolemaios' XII. | 184 |
| | | 9.1.1 Der Pharao Ptolemaios XII. | 184 |
| | | 9.1.2 Das angefochtene Königtum | 186 |
| | 9.2 | Die Alleinherrschaft Berenikes IV. | 188 |
| | 9.3 | Die zweite Herrschaftsphase Ptolemaios' XII. | 190 |
| **10** | **Kleopatra VII.** | | **193** |
| | 10.1 | Ptolemaios XIII. | 195 |
| | | 10.1.1 Der Alexandrinische Krieg | 196 |
| | | 10.1.2 Kleopatra und Caesar in der antiken Literatur | 197 |
| | 10.2 | Ptolemaios XIV. | 199 |
| | 10.3 | Ptolemaios XV. | 201 |
| | | 10.3.1 Kleopatra und Antonius in der antiken Literatur | 205 |
| | | 10.3.2 Die Kleopatra und ihre Untertanen in Ägypten | 209 |
| | | 10.3.3 Der letzte Kampf um das Ptolemäerreich | 213 |
| **11** | **Epilog** | | **215** |
| **12** | **Anmerkungen** | | **220** |
| **13** | **Karten** | | **246** |
| **14** | **Stemma** | | **248** |
| **15** | **Literatur** | | **249** |
| | 15.1 | Übersetzungen | 249 |

|      | 15.2 | Forschungsliteratur | 251 |
|------|------|---------------------|-----|
| **16** | **Register** | | **275** |
|      | 16.1 | Personenregister | 275 |
|      | 16.2 | Ortsregister | 280 |
|      | 16.3 | Sachregister | 283 |

# 1 Vorwort

*»Ich bin alles, was da war, ist und sein wird; und kein Sterblicher hat je mein Gewand aufgedeckt.«*
*Plutarch, De Iside et Osiride 9*

Am 5. Mai des Jahres 218,[1] es war das vierte Jahr der Herrschaft Ptolemaios' IV., begab sich der griechische Reitersoldat Herakleides aus privaten Gründen in das ägyptische Dorf Psya. Der Ort lag inmitten Ägyptens, im Faijum, einer vom Nil gespeisten Oase in der libyschen Wüste. Die aus Makedonien stammenden Pharaonen hatten hier einen Großteil ihrer nichtägyptischen Soldaten angesiedelt, und Ägypter und Fremde lebten Dorf an Dorf und teilweise auch Tür an Tür. Als Herakleides nun arglos durch die Straßen von Psya ging, traf ihn plötzlich ein Schwall abgestandenen Urins aus dem Obergeschoss eines Hauses. Die Ägypterin Psenobastis hatte, wie der Grieche in einer Klageschrift schreibt, ihren Nachttopf ausgeleert und den Spaziergänger dabei – möglicherweise eher willentlich als aus Versehen – mit ihren Exkrementen überschüttet. Verständlicherweise entbrannte daraufhin ein heftiger Streit zwischen Herakleides und der Ägypterin, der darin mündete, dass nicht etwa der Mann, sondern die Frau handgreiflich wurde, Herakleides anspuckte und ihm das Gewand von der Brust riss. In welcher Sprache die beiden miteinander stritten, ob sie sich überhaupt verstanden, bleibt offen. Klar ist, dass der Grieche nicht einmal den korrekten Namen der Dame verstanden hatte, denn Psenobastis – »Der Sohn der Bastet« – ist ein Männername! Die Ägypterin wird also korrekt Thenobastis – »Die Tochter der Bastet« – geheißen haben. Beide schrien sich auf jeden Fall so laut an, dass sich schnell eine Zuschauermenge gebildet hatte, welche Thenobastis schließlich, wie Herakleides berichtet, dazu bewegen konnte, von ihm abzulassen.

Wieder an einem sicheren Ort, verfasste der Elitesoldat die besagte Klageschrift, die er, so wie in dieser Zeit üblich, direkt an den König des Landes schickte. Statt also ebenfalls Gewalt anzuwenden, möglicherweise sogar Selbstjustiz zu üben, hatte Herakleides den Rechtsweg beschritten und eine Anzeige mit der Bitte um Untersuchung des Falls eingereicht:

*»Ich bitte dich also, König, wenn es dir (recht) erscheint, nicht über mich hinwegzusehen, dem solcherart bar jeder Vernunft von einer Ägypterin Gewalt*

*angetan wurde – der Grieche ist und Fremder! –, sondern den Strategen Diophanes anzuweisen, ... dem Dorfvorsteher Sogenes zu schreiben, dass er die Psenobastis vor ihn sende, so dass ihr Fall entschieden werden kann gegen mich wegen dieser (Vorkommnisse) und, wenn das in der Eingabe wahr ist, sie die Strafe erlange, auf die der Stratege entscheidet. Wenn das geschieht, werde ich durch dich, König, Gerechtigkeit erlangen. Lebewohl.«*[2]

Diese kurze, auf einem Papyrus aus dem Wüstensand erhaltene Eingabe an den König führt mitten hinein in ein Land, dessen Gesellschaft durch die Eroberungen Alexanders des Großen und die daran anschließende Herrschaft der makedonischen Könige ein vollkommen verändertes Gesicht erhalten hatte. Unzählige Fremde waren als Soldaten, Verwaltungsexperten und Händler, als Abenteurer und Glückssucher hierhergekommen. Viele, vielleicht sogar alle, waren gekommen, um zu bleiben, denn für die Zuwanderer bedeutete der Weg nach Ägypten in den meisten Fällen einen sozialen Aufstieg: Das Land am Nil war die Neue Welt des hellenistischen Zeitalters. Aus den Fremden wurden damit spätestens in der zweiten Generation Einheimische. Doch sie sahen sich auch noch nach 300 Jahren keinesfalls als Ägypter und das, obwohl sie im Laufe der Jahrhunderte die Lebensgewohnheiten, die Kultur und Religion Ägyptens übernahmen oder in ihrem Sinne adaptierten.[3] Sie beharrten in vielen Fällen trotzdem auf ihrer nichtägyptischen Identität, da sie zu einer privilegierten Bevölkerungsschicht, der Statusgruppe der Hellenen, gehörten, die die entscheidenden Positionen von Heer und Verwaltung innehatte und die auf vielfältige Weise mehr oder weniger offen gegenüber den Ägyptern bevorzugt war.

In einer solchen Gemengelage waren Konflikte unausweichlich. Sie verschärften sich in Zeiten verstärkten Zugriffs der fremden Könige auf die wirtschaftlichen Ressourcen des Landes, was auch die großen einheimischen Aufstände der ersten Hälfte des zweiten Jahrhunderts zeigen. In Oberägypten konnten sich für 20 Jahre sogar einheimische Gegenpharaonen etablieren. Trotz derartiger Verwerfungen ist es den ptolemäischen Königen aber insgesamt gelungen, eine äußerst stabile Herrschaft aufzubauen, denn ihnen war stets an einem Ausgleich zwischen den verschiedenen Untertanengruppen gelegen, sie traten sogar häufig genug schützend für die Ägypter gegen korrupte Funktionäre ein. Sie taten das natürlich nicht aus Menschenfreundlichkeit, sondern weil sie eine im Sinne der Herrschaft funktionierende und arbeitstätige, die Felder bestellende Bevölkerung brauchten, schließlich war das Getreide Ägyptens das Gold der Ptolemäer. So war die letzte Dynastie des Landes am Nil mit einer 300jährigen Dauer gleichzeitig auch die erfolgreichste in der über 3000jährigen Geschichte Ägyptens.

Wie der König und sein Beraterkreis die innere Stabilität gewährleisten konnten, zeigt gerade die eingangs vorgestellte Klageschrift, die die damals bestehende Rechtssicherheit vor Augen führt und den Griechen von Selbstjustiz abhielt. Ebenso sind Eingaben von Ägyptern an den König bekannt. So beschwerte sich am 26. Februar 221 der Bauer Stotoetes beim König, dass ihn der Soldat Geroros gewaltsam aus seinem Haus in Polydeukeia, einem Dorf, das ebenfalls im Faijum lag, herausgeworfen hatte. Er bat um Prüfung und Rechtsgewährung durch den Gauverwalter Diophanes und den ihm zugeordneten Polizeivorsteher Sosibios, damit er sich, und hier kommt das entscheidende Argument, wieder »der Feldarbeit zuwenden kann«.[4] Ein Priester des Ammon und des Herrscherkultes wiederum beschwerte sich in der Zeit des vierten Ptolemäers darüber beim König, dass er mit soldatischen Einquartierungen belästigt wurde, nur »weil er Ägypter« sei, was aber für ihn in seiner Funktion als Priester nicht zu rechtfertigen sei.[5] In der Tat waren die einheimischen Priester eine äußerst privilegierte Gruppe der Bevölkerung, der im Verlauf der ptolemäischen Geschichte eine wichtige Rolle in der Stabilisierung der Herrschaft zukam.

Die gesellschaftlichen Verhältnisse Ägyptens waren maßgeblich vom Handeln und den Weisungen des Königs und seiner Hofgesellschaft bestimmt. Als *basileus* (König) war er den Fremden und als Pharao den Ägyptern sinngebendes und handlungsorientierendes Vorbild. Als *basileus* herrschte er jedoch nicht nur über Ägypten, sondern im dritten Jahrhundert zudem direkt oder indirekt über weite Teile des östlichen Mittelmeerraumes, von Libyen bis nach Kleinasien und über viele Inseln im Mittelmeer. Bis ins erste Jahrhundert waren Kyrene in Nordafrika und Zypern wichtige Bestandteile des Reiches.

Über die Verhältnisse im Land am Nil sind wir vor allem deshalb am besten informiert, weil zu ihnen die meisten antiken Quellen vorliegen und weil nur Ägypten bis zum Ende der Ptolemäerzeit beständiger Herrschaftsraum der Ptolemäer war. Folgerichtig muss und wird ein Schwerpunkt des vorliegenden Buches auf den politischen und sozialen Rahmenbedingungen, den Strukturen der Herrschaft einerseits und der Ereignisgeschichte in Ägypten andererseits liegen.[6] Im Verlauf der Darstellung kommen zudem ausführlich die einschlägigen Quellen, die üblicherweise in den Fußnoten verschwinden, zu Wort. Schließlich sind diese Quellen, wie es schon der eingangs zitierte Papyrus zeigt, äußerst spannend und sie helfen dem Leser, sein Verständnis für die Epoche zu vertiefen, ebenso wie er eigene Einschätzungen zu gewinnen vermag.

Aus diesem Grund finden sich hier natürlich einerseits Auszüge der großen antiken Historiker und Biographen, wie Diodor, Polybios, Livius oder Plutarch, die teils nie oder nur kurze Zeit in Ägypten waren, die aber die Geschichte des ptolemäischen Ägyptens in einen größeren Ereigniszusammenhang stellen und auf diese Weise überhaupt erst eine chronologische Darstellung der Ptolemäerzeit ermöglichen. Gleichzeitig legen die antiken Autoren aber ein »Gewand« der Erinnerung über die Geschichte, unter dem manches verborgen bleibt und vieles in einem anderen Licht erscheint, sich gar völlig anders darstellt. So gleicht die Geschichte Ägyptens dem oben im Zitat vorangestellten Plutarch'schen Bild der Isis von Sais. Aus diesem Grund müssen auch und besonders die ptolemäischen Könige selbst, ihre Verwaltungsbeamten und die ägyptischen Priester ihre Stimme erheben und ihre Version der Ereignisse darlegen. Die Zeugnisse dieser Gruppen sind nicht nur durch Inschriften auf Stein überliefert, wie es sie ebenfalls in anderen Königreichen der hellenistischen Welt gibt, sondern zudem auf Ostraka und vor allem Papyri, die allein in Ägypten aufgrund des trockenen Wüstenklimas zu tausenden erhalten blieben. Aber nicht nur die Eliten kommen zu Wort, sondern auch, wie es die eingangs zitierte Klageschrift zeigt, der »einfache« Mann, der aus seiner ganz eigenen Perspektive als kleines Rad oder Spielball der großen Politik immer wieder persönliche Einblicke in die politische Entwicklung und gesellschaftliche Struktur der Ptolemäerzeit ermöglicht. Der Quellenreichtum Ägyptens macht das über die Geschichte gelegte »Gewand« der Erinnerung also an manchen Stellen zumindest so durchscheinend wie das Gewand einer ptolemäischen Königin.

# 2

# Ptolemaios I.

## 2.1 Das Erbe Alexanders des Großen

Im November des Jahres 333 schlug Alexander der Große das persische Heer und den Großkönig Dareios III. bei Issos. Anschließend nahm er die levantinische Küste in Besitz und eroberte ein Jahr später, wohl im Oktober/November 332 Ägypten. Hier trat der makedonische König als Befreier von der persischen Unrechtsherrschaft auf, erwies den ägyptischen Göttern die von den Persern angeblich verweigerte Ehrung und in Siwa erkannte ihn der von Ägyptern wie auch Griechen verehrte Gott Ammon als seinen Sohn an. Aller Wahrscheinlichkeit nach ließ sich Alexander anschließend in Memphis zum Pharao krönen.[1] Der Makedone war so eingenommen von Ägypten, dass er nach seinem Tod sogar in Siwa bestattet werden wollte. Entscheidend für die spätere Zeit war, dass Alexander an der westlichen Küste Ägyptens die nach ihm benannte Stadt gründete, in der er einige Jahre später seinem liebsten Gefährten Hephaistion ein Grabmal errichten ließ.

Im Frühjahr 331 setzte Alexander seinen Feldzug zur Eroberung des Perserreiches fort und sollte Ägypten lebend nie wieder betreten, denn er starb, nachdem er einen Großteil der damals bekannten Welt grundlegend umgestürzt hatte, am 10. Juni 323 in Babylon. Alexander verschied, ohne einen zur Herrschaft und Nachfolge fähigen Erben hinterlassen zu haben: In der männlichen Linie des Königshauses der Argeaden lebte nur noch sein geistig zurückgebliebener Halbbruder Philipp Arrhidaios, während das Kind seiner hochschwangeren Gemahlin Roxane noch nicht geboren war. Nicht nur der auf dem Sterbebett liegende makedonische König, auch seine engsten Freunde und Generäle müssen vollkommen überrascht von der nun eingetretenen Situation gewesen sein, denn kein zur charismatischen Herrschaft fähiger Erbe Alexanders war vorhanden und dass es ein Argeade sein musste, war eigentlich eine Voraussetzung makedonischen Königtums. Die Diadochen genannten Nachfolger des Eroberers waren zum größten Teil in seinen Kriegen gestählte Militärs. Für das damalige Mitglied der königlichen Leibwache Ptolemaios sollten in der Zukunft vor allem folgende Diadochen wichtig werden: Die Mitglieder der königlichen Leibwache Leonnatos und Lysimachos, der bedeutende General Perdikkas und erfahrene Feldherren wie Seleukos, Antigonos Monophthalmos, der zudem als Satrap Phrygiens über große Truppenkontingente gebot, Krateros, der mit den Veteranen Alexanders auf dem Weg nach Makedonien war, und Antipatros, der Vorsteher Makedoniens und Griechenlands, mit seinem Sohn Kassandros.

Ein jeder von diesen Männern wäre zweifellos ein leistungsfähiger Erbe der Herrschaft gewesen, jeder von ihnen hatte auch den geheimen oder offenen Wunsch, neuer König zu werden. Keiner von ihnen besaß jedoch das nötige Charisma und die Integrationsfähigkeit, um sich gegen die zu Konkurrenten gewordenen Gefährten durchzusetzen und das Alexanderheer in diesem Sinne für sich zu gewinnen.

Insbesondere aufgrund des Drucks des Heers mussten sich die Diadochen vielmehr dazu entscheiden, den geistig behinderten Bruder Alexanders, Arrhidaios, mit dem Namen Philipp (III.) zum König auszurufen, an dessen Seite später der noch ungeborene Sohn der Roxane, Alexander IV., treten sollte. Perdikkas, der vom Sterbenden Alexander dessen Siegelring erhalten hatte und zunächst die Fäden in der Hand hielt, übernahm die Funktion eines Chiliarchen, ein Titel, den ursprünglich der Befehlshaber der Garde des Perserkönigs getragen hatte. »Vorsteher des Königreiches« war Krateros und Antipatros erhielt die Strategie über Europa. Über die genauen Kompetenzen dieser drei Männer herrscht Unklarheit, zumal das Konstrukt wohl bewusst darauf angelegt war, eine umfassende Macht für eine Einzelperson zu verhindern. Da das Alexanderreich nach dem Vorbild des Perserreiches in Satrapien, also territoriale Großeinheiten eingeteilt war, die als Satrapen bezeichnete Verwalter mit umfassenden Kompetenzen führten, behielten die Diadochen dieses System bei und teilten in der sogenannten »Reichsordnung von Babylon« Ende Juni des Jahres 323 die Satrapien untereinander auf. Ptolemaios erhielt Ägypten.

Die folgenden Jahrzehnte verliefen überaus chaotisch. Erschwert wird eine zusammenhängende Darstellung zudem durch die äußerst schlechte Quellenlage. Zunächst geriert sich Perdikkas als Wahrer der Reichseinheit, ihm folgten kurz darauf Antigonos Monophthalmos (»der Einäugige«) und dessen Sohn Demetrios Poliorketes (»der Städtebelagerer«). Um ihre Position zu stützen, übernahmen beide schließlich 306 den Königstitel (*basileus*). Die Reaktion der übrigen Diadochen ließ nicht lange auf sich warten: Zwischen 306 und 304 nahmen Alexanders ehemalige Vertraute Kassandros in Makedonien, Lysimachos in Thrakien, Seleukos in Asien und Ptolemaios in Ägypten ebenfalls den Königstitel an.[2] Damit war die Idee der Reichseinheit auch offiziell zu Grabe getragen worden. Es sollte noch weitere zwei Jahrzehnte dauern, bis sich schließlich eine relative stabile Verteilung herausgebildet hatte: Als Großmächte standen sich seitdem das Seleukidenreich, das weite Teile des von Alexander eroberten Asien umfasste, das Antigonidenreich in Makedonien und Griechenland und das Ptolemäerreich gegenüber, dessen Werden im Folgenden genauer betrachtet werden soll.

## 2.2 Ptolemaios, der Satrap Ägyptens

Wie verhielt es sich nach dem Tod Alexanders mit dem vermutlich 367/366 in der makedonischen Landschaft Eordaia zur Welt gekommen Ptolemaios, der ein enger Weggefährte des verstorbenen Königs war? Nach der Reichsordnung von Babylon reiste er sofort nach Ägypten, um seine Satrapie in Besitz zu nehmen. Als erstes beseitigte er den ihm von seinen Kollegen beigestellten vormaligen Satrapen Kleomenes. Mit Hilfe der 8000 Talente, die Kleomenes in der Alexanderzeit angesammelt hatte, stellte der neue Satrap ein Heer auf.[3] Es ist schwer zu beurteilen, ob Ptolemaios Ägypten als »großes Los« betrachtet hatte, denn wenn er sich für den Besten und damit fähigsten Nachfolger hielt,[4] so muss ihm an einer Herrschaft über das Gesamtreich gelegen gewesen sein. Dieses wiederum war entweder von Makedonien oder von Babylon aus, wo Alexander seine Residenz genommen hatte, zu regieren. Im Nachhinein erwies sich Ägypten jedenfalls als durchaus günstige Satrapie, denn die geopolitische Lage dieses Landes war hervorragend zur Etablierung einer sicheren Herrschaft geeignet. Das von Wüsten und dem Meer eingegrenzte fruchtbare Niltal war nur über den Küstenstreifen der Levante zugänglich und machte es Gegnern äußerst schwer, Ptolemaios in seinem Kernterritorium in Gefahr zu bringen. Zudem konnte der Satrap auf die schier unermesslichen natürlichen Ressourcen des Landes zurückgreifen, wobei insbesondere der Getreidereichtum Ägyptens einen entscheidenden Machtfaktor darstellte. Hiermit konnte er nicht nur die Versorgung der Soldaten gewährleisten, sondern durch den Export auch ausreichend Finanzmittel gewinnen.

Wie die persischen Satrapen und Kleomenes zuvor, so bezog Ptolemaios zunächst den Satrapensitz in der alten Königsstadt Memphis. Sein erstes »Projekt« war danach die Sicherung und Arrondierung seiner Satrapie, wofür sich ihm die alte griechische Kolonie Kyrene geradezu anbot. Die im Westen Ägyptens, an der libyschen Küste gelegene alte Stadt hatte sich ein Jahrzehnt zuvor mittels einer Gesandtschaft Alexander unterworfen. Nach dem Tod Alexanders war hier ein Bürgerkrieg ausgebrochen, denn demokratische Kräfte hatten mit Hilfe des Söldnerführers und Piraten Thibron viele oligarchische Mitglieder der Bürgerschaft ermordet oder vertrieben. Einige von ihnen baten daraufhin in Ägypten um Asyl und sicherlich ersuchten sie Ptolemaios um ein Eingreifen im Sinne der Oligarchie. So kam der Satrap 322 mit seinem Heer nach Kyrene und stellte die Ordnung wieder her. Er folgte dabei dem Beispiel Alexanders im Umgang mit griechischen Stadtstaaten, weil er die Griechenstadt nicht annektierte, sondern ihr vorgeblich Autonomie und Freiheit beließ. Mittels einer Verordnung (*diagramma*) bestimmte er eine Stadtverfassung, die zeigt, dass Ptolemaios weitgehend den *status quo ante* wiederherstellte.[5] Tatsächlich war Kyrene nun aber ein abhängiges Gemeinwesen, denn der Satrap

Ägyptens behielt sich das ewige Amt des Heerführers vor, ein Amt, das er sich mit fünf weiteren regelmäßig gewählten Strategen der Bürgerschaft teilte. Damit war offensichtlich, dass die Außenpolitik Kyrenes unter der Vorherrschaft des Ptolemaios stehen sollte, was auch daran zu erkennen ist, dass er eine Garnison in Kyrene unter seinem Feldherren Ophellas zurückließ.[6] Diodor beschreibt sicherlich ganz richtig den Zustand von Kyrene mit folgenden Worten: »So verloren die Kyrenäer und die Städte im Umkreis ihre Freiheit und wurden dem ptolemäischen Königreich eingegliedert.«[7] Nachdem Ptolemaios 313/312 und erneut 304–300 Aufstände in Kyrene niederschlagen musste, setzte er seinen Stiefsohn Magas als Kommandeur der Region ein und sie wurde friedlicher Teil des Reiches.

Ein Jahr nach der »Befreiung« Kyrenes hatte Ptolemaios zudem ein Bündnis mit den zypriotischen Königen abschließen können,[8] um sich auf diese Weise vor Angriffen von Meeresseite aus abzusichern.

### 2.2.1 Ptolemaios und Alexander der Große

Kurz nach seinen außenpolitischen Erfolgen in Kyrene und Zypern gelang Ptolemaios ein entscheidender propagandistischer Coup. Im Jahr 321 konnte er sich der Mumie Alexanders des Großen bemächtigen, was ihm nach der Prophezeiung eines Sehers des verstorbenen Königs die Garantie gab, dass sein Reich nie erobert werde.[9]

Der Leichnam Alexanders war zunächst zur Mumifizierung in Babylon verblieben, zudem hatte man angeblich zwei Jahre an einem würdigen Leichenwagen für den Verstorbenen bauen müssen. Schließlich setzte sich der Leichenzug in Richtung der makedonischen Königsnekropole in Bewegung. Hiermit verstieß Perdikkas gegen den expliziten Willen Alexanders, der in Siwa, bei seinem Vater, dem Gott Ammon, bestattet werden wollte.[10] Dem Satrapen Ptolemaios fiel es deshalb sicher nicht schwer, das Abfangen des Leichenzuges in Syrien zu rechtfertigten, um die Mumie nach Ägypten umzulenken.[11] Er verbrachte den mumifizierten Alexander jedoch ebenfalls nicht nach Siwa, sondern ließ ihn zunächst in Memphis, vielleicht beim Dromos des Serapeums, »nach makedonischer Sitte« bestatten.[12] Entweder im Zuge der Verlegung des Herrschaftssitzes von Memphis nach Alexandria wenige Jahre später oder aber erst unter dem zweiten Ptolemäer überführte man die Mumie dann nach Alexandria,[13] wo sie in einem großen heiligen Bezirk, in den Quellen »Denkmal« (*sema*) oder »Körper« (*soma*) genannt, ihre letzte Ruhe fand.[14]

Wie eng sich Ptolemaios an das Vorbild Alexanders band, zeigt die Beschreibung seines ›heldenhaften‹ Verhaltens im Ersten Diadochenkrieg des Jahres 321/320. Hier hatte sich der Satrap Ägyptens einem Bündnis des Antipatros und Antigonos Monophthalmos gegen den Reichsverweser Perdikkas angeschlossen, was sich zunächst als unklug erwies, denn Perdikkas erwählte Ägypten und nicht etwa Makedonien, weil ihm Ptolemaios den Leichnam Alexanders entwendet hatte.[15] Er wollte wohl auch in dem sich abzeichnenden Zweifrontenkrieg zunächst Ptolemaios ausschalten, den er möglicherweise als den leichteren Gegner erachtete. Das Unternehmen des Perdikkas, bei dem er die beiden nominellen Könige Philipp Arrhidaios und Alexander IV. mit nach Ägypten führte, geriet aber so sehr zu einem Desaster, dass ihn nach der Niederlage die eigenen Anhänger ermordeten.

Diodor porträtiert Ptolemaios im Gegensatz zu Perdikkas als einen neuen heroischen Alexander.[16] Der Satrap verteidigte persönlich eine belagerte Festung namens »Mauer der Kamele«, als gegnerische Elefanten deren Wehranlagen schwer zusetzten:

*»Ptolemaios seinerseits, umgeben von seinen besten Streitern, wollte auf die anderen Kommandeure und Freunde einwirken, sich mutig in die Gefahren zu stürzen. Er fasste seine Lanze, stellte sich auf den höchsten Punkt des Vorwerkes und blendete damit von seiner erhöhten Position aus den Leitelefanten. Auch dem Inder, der auf dem Tier saß, brachte er eine Wunde bei. Dann richtete er seine Lanze, ohne auf die Gefahr zu achten, gegen die Männer, welche auf der Leiter emporgestiegen, und stürzte sie verwundet samt ihren Waffen kopfüber in den Fluss. Dem Beispiel ihres Anführers folgend setzten die Freunde des Ptolemaios den Kampf fort, und so wurde das nächste Tier, nachdem man seinen indischen Führer heruntergeschossen hatte, völlig kampfunfähig.«*[17]

Während Perdikkas, dem Perserkönig Dareios gleich, nicht direkt im Kampf auftrat, übte Ptolemaios alexandertypische »Führung durch Vorbild«. Erst nach dieser Heldentat griffen die Offiziere, dem Beispiel Ptolemaios' folgend, die gegnerischen Elefanten an, und es gelang ein entscheidender erster Sieg. Diodor schrieb Ptolemaios damit die gleiche Risikobereitschaft zu, wie sie Alexander mit seiner »äußersten Liebe zu Gefahren« aufgewiesen haben soll.[18] Der lobende Bericht des Diodor zeigt weiterhin, dass er auf eine Quelle zurückgriff, die die militärische Leistungsfähigkeit des Ptolemaios über alle Maßen pries: Ptolemaios sollte ein neuer Alexander sein, der ähnlich wie Alexander in Indien, ebenfalls ein Elefantenbesieger war. Es ist zu vermuten, dass eine solche Repräsentation auf Ptolemaios selbst zurückgeht.

Den Anspruch auf Nachfolge Alexanders drückte Ptolemaios zudem sehr geschickt mit Hilfe der Münzprägung aus.[19] Seine Konkurrenten prägten, wie zunächst Ptolemaios auch, die Münzen der Zeit Alexanders weiter. Sie zeigten Herakles im Löwenskalp auf der einen und Zeus, Athena oder Nike auf der anderen Seite. Ptolemaios änderte das 320 oder 319, indem er an der Stelle des Herakles Alexander mit dem Widdergehörn des Zeus-Ammon und dem darüber gelegten Elefantenskalp prägen ließ, zu dem ab 314 noch das Diadem und

**Abb. 1:** Prägung Ptolemaios' I.; Vorderseite: Alexander der Große mit Elefantenexuvie; Rückseite: Zeus; © Cathrine C. Lorber.

die als Chlamys, also Reitermantel getragene Ägis des Zeus hinzutreten konnten.[20] Hiermit hatte Ptolemaios eine neue symbolische Agenda geschaffen, mittels der er sich deutlich von den übrigen Diadochen absetzen konnte, denn die Elefantenexuvie war ein von ihm eigens geschaffenes Attribut für den Gott Alexander, dessen wichtigster Kultort gleichzeitig Alexandria an der ägyptischen Küste war. Der Skalp des Elefanten spielte schließlich auf den Sieg des Alexander in seiner letzten großen Schlacht gegen König Poros und dessen Elefanten in Indien an: Damit hatte das Alexanderreich seine größte Ausdehnung erhalten. So symbolisierte die Kopfbedeckung des neuen Gottes den gesamten von ihm eroberten Raum, von Siwa bis nach Indien, und ihr Schöpfer Ptolemaios konnte sich als legitimer Nachfolger Alexanders präsentieren.

## 2.2.2 Ptolemaios als autonomer Stellvertreter des Königs

Zwar fielen Ptolemaios nach dem Sieg über Perdikkas die beiden nominellen Könige des Reiches, Philipp III. Arrhidaios und Alexander IV., in die Hände, doch verzichtete er auf deren Vormundschaft. Hierin könnte man natürlich einen Beleg dafür sehen, dass Ptolemaios nicht an einer Herrschaft über das Gesamtreich gelegen war, doch handelt es sich in Wirklichkeit um einen geschickten Schachzug gegenüber den übrigen Diadochen. Schließlich strebte der Satrap Ägyptens nach einer autonomen Herrschaft, die auf der Nachfolge Alexanders des Großen basierte, weshalb ihm nicht daran gelegen war, einem jungen Mann wie Alexander IV. als legitimem Erben Alexanders den Weg zum Thron zu bereiten.

Da Ptolemaios »nur« Satrap war, der Idee nach hingegen Philipp III. Arrhidaios König des Alexanderreiches, datierten die Beamten, Priester und Privatleute in Ägypten Urkunden nach den Herrschaftsjahren des Philipp, wobei sie aber häufig Ptolemaios als Satrap miterwähnten. Auf den Reliefs der ägyptischen

Tempel erschien Philipp III. als Pharao beim Opfer vor den Göttern. Die Einbindung des nicht in Ägypten weilenden neuen Pharaos in die lokale Religion zeigt sehr schön ein Beispiel im großen Amun-Tempel von Karnak, in dem schon unter Alexander wichtige Reliefs angebracht worden waren, die den makedonischen Befreier des Landes in die ägyptische Königsideologie integriert hatten.[21]

**Abb. 2:** Philipp Arrhidaios kniet vor Amun-Re, der ihn zum Pharao krönte. Der ibisköpfige Gott Thot steht vor ihm und verkündet die Krönung, dahinter sitzt die Göttin Neith, die den jungen König stillt. Das Relief zeigt also zwei Zeitstufen; © CNRS-CFEETK 135770 / J.-Fr. Gout.

Während der nominellen Herrschaft des Arrhidaios ersetzten die thebanischen Priester im Zentrum des Tempels von Karnak ein Barkensanktuar Thutmosis' III. durch einen Neubau, den sie – in Kopie der thutmosidischen Darstellungen – mit Szenen dekorierten, die Philipp III. als Pharao bei seiner Inthronisation präsentieren.[22] Der Schreibergott Thot verkündet hier:

*»Wort zu sprechen durch Thot, den Herrn der Gottesworte, zu Month, dem Herrn von Theben, und Atum, dem Herrn von Heliopolis: Kommt, damit ihr seht dieses schöne Erscheinen, das gemacht wird durch Amun-Re, den Herrn der Throne der Beiden Länder, für seinen Sohn Philippos! Mögest du erscheinen als König von Ober- und Unterägypten, von den Beiden Ländern, auf dem Sitz des Horus der Lebenden. Ihm hat er gegeben den Thron des Geb, das Herrscheramt des Allherren, Freude wie Re ewiglich.«*

Amun wiederum verkündet:

*»Worte zu sprechen durch Amun-Re: Vollkommener Gott, geliebter Philippos, ich setze fest deine Erscheinung als König von Ober- und Unterägypten auf dem Thron deines Vaters Re.«*[23]

Die Inschriften begleiten ein Tempelrelief, das genau diesen Vorgang der Erwählung des neuen Pharaos darstellt. Nach dem priesterlichen Willen war aus dem Makedonen, der nur ein einziges Mal, im Lager des Perdikkas, während dessen Feldzuges gegen Ptolemaios, ägyptischen Boden betreten hatte, ein legitimer Pharao geworden. Diese Szene zeigt folglich den historiographischen Wert ägyptischer Tempelinschriften: Sie geben nicht unbedingt, vielleicht sogar nur selten, eine historische Realität wieder, sondern verweisen auf religiöse und rituelle Wahrheiten, die die Priester an die gegebenen politischen Großwetterlagen anpassten: Philipp war zwar offiziell König, doch keineswegs der tatsächliche Herrscher Ägyptens und schon gar nicht ein tatsächlich gekrönter ägyptischer Pharao. Die Dekoration zeigt damit erstens, wie wichtig den ägyptischen Priestern das symbolische Vorhandensein eines Pharaos war, denn nur er konnte durch sein Opfer vor den Göttern die Weltordnung, ägyptisch Maat, in Gang halten. Ob dieser Pharao wiederum real in Ägypten anwesend war oder nicht, spielte keine Rolle, denn die Priester übten in allen Tempeln das Opfer in Stellvertretung für ihn aus. Die Szene zeigt zweitens, dass der eigentliche Herrscher Ägyptens, der Satrap Ptolemaios, gegenüber dem unterworfenen Volk nicht als König auftrat, sich nicht als Pharao verstanden wissen wollte, sondern als dessen Stellvertreter in Ägypten.

## 2.2.3 Der Zerfall der Reichseinheit

Ein Ende fand der Erste Diadochenkrieg nach dem Tod des Perdikkas im Jahr 320 mit der Reichsordnung von Triparadeisos in Syrien. Die Position des Reichsverwesers übernahm jetzt Antipatros. Dass dieser wiederum gerade Ptolemaios seine Tochter Eurydike zur Frau gab, zeigt die starke Position, die der Satrap Ägyptens innerhalb kürzester Zeit unter den Diadochen errungen hatte. Sein Schwiegervater hielt dementsprechend auf der syrischen Konferenz das Besitzrecht des Ptolemaios über seinen Herrschaftsraum und damit gleichzeitig den *status quo* fest:

*»Dem Ptolemaios solle gehören: Ägypten und Libyen und der größte Teil des jenseits von diesem Gebiet liegenden Landes und was er etwa in Richtung Sonnenuntergang als speergewonnenes Land hinzugewinnen werde.«*[24]

Mit der Bezeichnung »speergewonnen« griff Antipatros das (möglicherweise nachträglich erst konstruierte) Handlungsvorbild Alexanders des Großen auf. Als dieser den Hellespont überquert hatte, soll sich nach Diodor Folgendes ereignet haben:

*»Er selbst (Alexander) fuhr mit sechzig Kriegsschiffen zur Troas, schoss dort als erster Makedone vom Schiff aus seinen Speer ab, sprang dann, nachdem er ihn in den Boden geheftet hatte, persönlich von Bord herunter und zeigte damit, dass er Asien von den Göttern als eine mit dem Speer gewonnene Beute empfange.«*[25]

Im Grunde genommen hatte Ptolemaios nach Triparadeisos freie Hand für den Westen, eine Möglichkeit, die er jedoch nicht nutzte, vielmehr interessierte er sich in den folgenden Jahren sehr deutlich für Speergewinn im östlichen Mittelmeerraum, also dort, wo eigentlich die anderen Diadochen bereits ihre Einflusszonen hatten.

Nur drei Jahre nach dem Tod des großen Makedonen war damit offensichtlich geworden, dass an eine Einheit des zerfallenen Alexanderreiches nicht mehr zu denken war, denn jeder Satrap sah sich als faktischer Herrscher über das ihm zugeordnete und speergewonnene Territorium und jeder versuchte, soweit das seine Mittel zuließen, die anderen im Kampf um das Gesamtreich auszustechen. Das traf wiederum insbesondere auf Ptolemaios zu.[26] Dessen Streben weg von einer ägyptenzentrierten, also an die Satrapie gebundenen Herrschaft, hin zu einer Dominanz im Mittelmeerraum und darüber hinaus zeigt zudem ganz deutlich die Verlegung des Satrapensitzes von Memphis nach Alexandria. Von der neuen Metropole aus konnten schnell sämtliche Besitzungen mit dem Schiff erreicht werden, seien es die innerägyptischen über einen neu gebauten Kanal zum kanopischen Nilarm, seien es die außerägyptischen von der Nordküste Afrikas bis nach Griechenland.

Wenn aber Ptolemaios dem Anspruch auf die Alexandernachfolge gerecht werden wollte, so lag noch ein langer Weg vor ihm. Sein nächstes Ziel war deshalb Syrien, das er noch 320 in einem gekoppelten See- und Landunternehmen kampflos besetzen konnte.[27] Aus dem anschließenden Zweiten Diadochenkrieg (318–316) hielt sich der Satrap Ägyptens dann weitestgehend heraus, auch wenn er in Konflikt mit Eumenes, dem Stellvertreter des Reichsverwesers Polyperchon geriet, nachdem dieser das Amt des inzwischen verstorbenen Antipatros 319 übernommen hatte. Antigonos Monophthalmos, der Stratege Asiens, ging aus dem Krieg als der starke Mann hervor und konnte seine Herrschaft fast schon bis zu den Grenzen des alten Alexanderreiches ausweiten. Damit brachte er natürlich die übrigen Diadochen gegen sich auf, weshalb Ptolemaios dem aus Babylon vertriebenen Satrapen Seleukos Asyl gewährte. Im anschließenden Dritten Diadochenkrieg (315–311) stand Ptolemaios auf Seiten des Lysimachos, des Herrn von Thrakien, und des Kassandros, des Herrn von Makedonien, gegen besagten Antigonos Monophthalmos. Dieser hingegen vertrat gemeinsam mit seinem Sohn Demetrios Poliorketes und dem von Kassandros aus Makedonien vertriebenen Reichsverweser Polyperchon vorgeblich die Sache der Reichseinheit.

Zum ersten Mal interessierte sich Ptolemaios nun auch offen für Griechenland selbst, spielte möglicherweise mit der Hoffnung auf eine Hegemonie über diesen Raum. So zeigte er zunächst einmal Präsenz und versuchte, seine Beliebtheit zu steigern sowie seine griechische Identität zu erweisen, indem er an den großen griechischen Sportereignissen teilnahm, wie es sein Name in einer delphischen Siegerliste belegt. Auch sein Sohn Lagos erscheint in einer Siegerliste beim Zweigespann junger Pferde im Lykaion. Zudem stiftete Ptolemaios ein Weihgeschenk in Olympia.[28]

Als dann Antigonos 315 ein Freiheitsdekret für die Griechen verkündete, um sich ihre Gefolgschaft zu sichern,[29] tat es ihm Ptolemaios sofort nach:

*»Zur gleichen Zeit, da dies geschah, veröffentlichte Ptolemaios, der von den Beschlüssen gehört hatte, welche von den auf Antigonos' Seite stehenden Makedonen hinsichtlich der Freiheit der Griechen getroffen worden waren, selbst ein ähnliches Dekret. Wollte er doch die Griechen wissen lassen, dass ihm ihre Autonomie nicht weniger als dem Antigonos am Herzen liege. Beide Parteien betrachteten es nämlich als einen nicht geringen Vorteil, sich die Gunst der Griechen zu sichern und wetteiferten daher miteinander in Gefälligkeiten diesem Volke gegenüber.«[30]*

Die öffentliche Meinung der Städte Griechenlands hatte in der Tat enorme Bedeutung für die Legitimation von machtpolitischen Ansprüchen. Die Diadochen waren deshalb grundsätzlich darum bemüht, als Wohltäter, Befreier oder Retter griechischer Städte in Erscheinung zu treten. Wie der Fall Kyrenes aber bereits gezeigt hat, verstanden die Könige unter Freiheit und Autonomie einer griechischen Stadt lediglich innenpolitische Gestaltungsrechte für die Bürgerschaften, die zudem nicht den königlichen Interessen zuwiderlaufen durften.

Da Ptolemaios im Dritten Diadochenkrieg über die phönizische Flotte verfügte, hatte er entscheidenden Einfluss in einer militärischen Auseinandersetzung, die auch und besonders an den Küsten des östlichen Mittelmeerraumes geführt wurde. So war es ein erheblicher Rückschlag für ihn, als Antigonos Monophthalmos mit seinem Landheer die phönizischen Stützpunkte überrannte. Zuvor war es Ptolemaios zumindest gelungen, die Flotte nach Ägypten zurückzuziehen, so dass er weiterhin über die maritime Vormachtstellung verfügte, mit deren Hilfe er die strategisch wichtige Insel Zypern, auf der es zuvor verschiedene Stadtkönigtümer gegeben hatte, eroberte. Einen dieser Könige, den bisher mit ihm verbündeten Nikokreon von Salamis, setzte er 313 zum Strategen der Insel ein; diese Aufgabe übernahm nach dessen Tod 310 Menelaos, der Bruder des Ptolemaios. Nach dem Abfall des Nikokles, des Königs von Paphos, zwang Ptolemaios diesen zum Selbstmord und damit war ganz Zypern in den Herrschaftsraum des Ptolemaios integriert, denn nun gab es keine formal eigenständigen Stadtkönigtümer mehr.[31] Die Insel entwickelte sich nicht nur zu einem wichtigen Marinestützpunkt für die neu aufgebaute Seeherrschaft, sondern ihre Wälder boten gleichzeitig reichhaltig Bauholz für die Flotte.

In Syrien und Phönizien schien die erste Entscheidung des Dritten Diadochenkrieges zugunsten des Ptolemaios im Jahr 312 mit der Schlacht von Gaza gefallen zu sein, in der der Satrap Ägyptens gemeinsam mit dem immer noch bei ihm im Asyl weilenden Seleukos Antigonos' Sohn Demetrios Poliorketes besiegen konnte.[32] Hierbei setzte Ptolemaios auch auf die Unterstützung ägyptischer Soldaten, was zeigt, dass er von Anfang an, ähnlich wie Alexander der Große in seinem Reich, die einheimische Bevölkerung in sein Militär integriert hatte.[33]

Im Anschluss an die Inbesitznahme Phöniziens übergab Ptolemaios dem Seleukos eine Kompanie Soldaten, mit denen es diesem möglich war, Babylon zurückzuerobern. Als Beute von Gaza fiel Ptolemaios zudem eine symbolisch besonders wichtige Waffe in die Hand: Elefanten aus dem Heer des Demetrios. Die gefangenen Soldaten des Gegners wiederum – es sollen 8000 gewesen sein – siedelte der Sieger in den Gauen Ägyptens an, integrierte sie also in sein eigenes Heer.

Die phönizischen Eroberungen konnte Ptolemaios zunächst nicht halten, denn er musste sich 311 vor dem anrückenden Heer des Antigonos Monophthalmos wieder nach Ägypten zurückziehen. Dieser Rückzug fiel für die Bevölkerung der levantinischen Küste desaströs aus, denn Ptolemaios betrieb eine Politik der verbrannten Erde, indem er wichtige Städte wie Jaffa, Akkon, Samaria und Gaza schleifen ließ und zudem Deportationen vornahm. Letzteres können wir auch einem ägyptischen Text entnehmen. In der sogenannten Satrapenstele, einem hieroglyphenägyptisch verfassten Lobpreis der Priester von Buto auf den Satrapen, ist zu lesen:

*»Er versammelte zahlreiche Hellenen mit ihren Pferden und zahlreiche Kriegsschiffe mit ihren Besatzungen. Dann ging er mit seinen Soldaten nach Syrien. Während sie gegen ihn kämpften, drang er ein in ihre Mitte, in dem sein Herz mächtig war wie ein Raubvogel hinter kleinen Vögeln. Er ergriff sie mit einem Mal. Er brachte ihre Großen, ihre Pferde, ihre Kriegsschiffe und alle ihre wunderbaren Dinge nach Ägypten. Danach begab er sich in das Gebiet der Aramäer. Er ergriff sie in einem einzigen Augenblick. Er führte ihr Volk, bestehend aus Männern und Frauen, zusammen mit ihrem Gott, weg als Ersatz für das, was sie gegen Ägypten getan hatten. Dann gelangte er nach Ägypten, indem sein Herz froh war über das, was er getan hatte. Und er feierte ein Fest.«[34]*

Die Priester deuteten den Eroberungsversuch des Ptolemaios in einen typischen pharaonischen Raubzug um, der dazu diente, bei den Nachbaren Schrecken zu verbreiten und Macht zu demonstrieren. Hiermit verwiesen sie auf die Sieghaftigkeit des quasi-Pharaos Ptolemaios, der den Feind in Syrien geschlagen hatte und mit reicher Beute nach Hause zurückgekehrt war. Unklar ist, weshalb die Priester die Beteiligung ägyptischer Soldaten verschwiegen und stattdessen sogar betonten, dass es »Hellenen« waren, die mit Ptolemaios in den Krieg zogen. Genauso verschwiegen sie die Erbeutung der symbolisch so wichtigen Elefanten. Immerhin berichteten sie aber von der Deportation eines Volkes aus dem Gebiet der Aramäer (Irem), deren »Gott« ebenfalls nach Ägypten gebracht wurde. Es ist durchaus wahrscheinlich, dass hiermit die Deportation von Juden gemeint ist. Dass Ptolemaios »ihren Gott« mit fortführte, könnte darauf hindeuten, dass er sie in Ägypten ansiedeln wollte.[35]

Im Rahmen des Friedensschlusses zwischen den Diadochen im Jahr 311 erhielt Ptolemaios erneut Ägypten, Libyen und Arabien zugesprochen.[36] Offiziell war man also beim *status quo ante*, denn die Eroberung Zyperns wurde nicht erwähnt.

Ptolemaios versuchte danach, seinen Einfluss im Norden, in Kleinasien und Griechenland, auszubauen.[37] Hierzu nahm er seit 310 zunächst den östlichen Mittelmeerraum, vor allem die kleinasiatische Küste und damit den Machtbereich des Antigonos Monophthalmos in den Blick. Hauptquartier seiner Unternehmungen war seit 309 die Insel Kos. Ptolemaios wollte von dort aus Kilikien erobern und scheiterte, 309 besetzte er Lykien und Karien und scheiterte abermals. Während dieser Feldzüge kam im Winter 309/308 auf Kos sein Sohn Ptolemaios (II.), der spätere Thronfolger, zu Welt.

Von Kos aus startete Ptolemaios im Frühjahr 308 zudem ein großes Unternehmen in Griechenland, das aber zum größten Teil scheiterte. Die verbliebenen Eroberungen Korinth, Sikyon und Megara musste der Satrap Ägyptens bis 303 wieder aufgeben. Im gerade eroberten Zypern standen die Karten ebenfalls nicht gut für Ptolemaios, hatte 306 doch seine Flotte in der Seeschlacht von Salamis vor der Insel gegen Demetrios Poliorketes verloren. Ähnlichen Schwierigkeiten begegnete Ptolemaios im Westen, wo sein Statthalter in Kyrene, Ophellas, eine im Grunde genommen eigenständige Herrschaft aufgebaut und sich für einen Krieg gegen Karthago mit Agathokles, dem Herrscher von Syrakus, verbündet hatte. Letztlich scheiterte das Unternehmen des Ophellas und Agathokles brachte ihn 308 um. Nun gehörte Kyrene wieder Ptolemaios, der ein Bündnis mit Agathokles schloss und ihm seine Stieftochter Theoxena zur Frau gab.

Damit war Ptolemaios im Jahr 306 wieder auf seine Kerngebiete an der nordafrikanischen Küste zurückgeworfen, also Ägypten und Libyen, wobei die Kyrenaika weiterhin unruhig blieb. Wenn er tatsächlich das ganze Alexanderreich unter seiner Herrschaft vereinen wollte, so ist es klar, dass er zu diesem

Zeitpunkt zunächst einmal Abstand von solch hochfliegenden Plänen hatte nehmen müssen.

## 2.2.4 Die dynastische Anbindung an Alexander

Im Jahr 310 ermordete Kassandros, der Herr Makedoniens, den Sohn Alexanders des Großen von Roxane, König Alexander IV. Damit gab es in direkter Linie keinen legitimen Erben des Königshauses der Argeaden mehr, denn Philipp Arrhidaios war bereits 317 hingerichtet worden. Um die Nachfolge Alexanders antreten zu können, war es von großer Bedeutung für die makedonische Tradition, nicht nur zu seinem engsten Kreis gehört zu haben, sondern vor allem familiär mit ihm verbunden zu sein, schließlich sollte der Monarch aus der Argeadenfamilie stammen. Ptolemaios konnte zumindest darauf verweisen, dass seine Mutter Arsinoe einer Seitenlinie des makedonischen Königshauses entstammte,[38] was aber natürlich nicht viel zu bedeuten hatte. Da Ptolemaios durchaus an einer Nachfolge Alexanders des Großen gelegen war, trachtete er danach, seine verwandtschaftliche Beziehung zu ihm, die er über seine Mutter bereits hatte, auszubauen, um seine Ansprüche zu untermauern. Aus diesem Grund bemühte er sich während seines Aufenthalts auf Kos um eine deutlichere Anbindung an die Linie der Argeaden. Da aus diesem Geschlecht nur noch Alexanders Schwester Kleopatra lebte, versuchte Ptolemaios sie 308 zu heiraten – nach makedonischer Tradition standen einer Vielehe schließlich keine Hindernisse im Wege, er hätte sich also nicht einmal von seinen Gemahlinnen Eurydike oder Berenike I. trennen müssen. Die Argeadin schien hocherfreut über das Angebot und versuchte schleunigst, von Sardeis aus, wo Antigonos Monophthalmos sie interniert hatte, zu Ptolemaios zu gelangen, wurde jedoch ermordet.[39] Möglicherweise entstand nun als Ersatz für diese Verbindung zu Alexanders Königshaus folgende Geburtslegende des Ptolemaios, die wir aus Quellen römischer Zeit kennen.[40] Pausanias berichtet:

*»Den Ptolemaios halten die Makedonen für einen Sohn des Philipp, Sohn des Amyntas, und nur der Sage nach für einen Sohn des Lagos; denn seine Mutter soll, schon schwanger von Philippos, dem Lagos zur Frau gegeben worden sein.«*[41]

Als Sohn Philipps II. wäre Ptolemaios zwar ein Bastard, aber immerhin der Halbbruder Alexanders des Großen. Ptolemaios wäre damit zur Erbfolge berechtigt. Auf diese Weise hatte sich der Satrap Ägyptens die gleiche Position wie Antigonos Monophthalmos gesichert, der sich ebenfalls auf das makedonische Königshaus zurückführte.[42]

Andere Quellen schmückten die Geburtslegende mythologisierend aus. So schöpfte Lagos, dem Arsinoe, die Mutter des Ptolemaios, ihr Kuckuckskind untergeschoben hatte, Verdacht, und setzte das Baby auf einem Bronzeschild aus. Ein Adler habe sich daraufhin schützend über ihn gesetzt, ihn mit seinen Flügeln vor Sonne und Regen geschützt und mit dem Blut von Wachteln als Milch genährt.[43] Ptolemaios teilte auf diese Weise das Schicksal großer Helden, die ebenfalls im Kindesalter ausgesetzt, die von wilden Tieren großgezogen und schließlich Könige wurden.[44] Der Adler wiederum war das Tier des Zeus, Ptolemaios stand damit also unter dem Schutz des Gottes, der auch als Adler mit dem Blitz erscheinend Alexander den Sieg über die Perser verheißen hatte. In seiner Münzprägung erkor Ptolemaios den auf einem Blitzbündel stehenden Greifvogel zum Wappentier der von ihm begründeten Dynastie.[45]

## 2.3 Ptolemaios, der König Ägyptens

Im Jahr 306 weilte Alexander IV. bereits seit gut drei Jahren nicht mehr unter den Lebenden und trotzdem führten die ägyptischen Urkunden ihn immer noch als König. Vier Jahre ohne nominellen König schienen den Diadochen des ehemaligen Alexanderreiches genug. Es war deshalb Antigonos Monophthalmos, der, wie oben erwähnt, als erster infolge des Sieges seines Sohnes Demetrios Poliorketes über Ptolemaios in der Seeschlacht von Salamis das Königsdiadem annahm. Auf einem Papyrus, der den Text eines unbekannten antiken Historikers überliefert, heißt es:

»*Antigonos, Sohn des Philippos, proklamierte als erster sich selbst zum König, da er überzeugt war, dass er diejenigen, die sich in den Machtstellungen befanden, ohne Mühe beseitigen werde, selbst aber seine Herrschaft über die gesamte Ökumene aufrichten und wie Alexander die Reichsmacht an sich bringen werde.*«[46]

Mit dem Königstitel verbunden war der Anspruch auf die Herrschaft über das Gesamtreich Alexanders des Großen – ein Anspruch, den bisher keiner der Diadochen hatte erfüllen können, woraus sich das lange Zögern der Nachfolger erklärt, nach dem Diadem zu greifen.[47] Antigonos wagte dies in einer für ihn durchaus günstigen strategischen Position, denn er bedrängte gemeinsam mit seinem Sohn Demetrios Poliorketes weiterhin den Satrapen Ägyptens.[48] Ptolemaios konnte den 305 in Ägypten eingefallenen König jedoch abwehren, was ein guter Zeitpunkt zur eigenen Königsakklamation durch die Truppen gewesen wäre.[49] Die Papyri aus Ägypten legen aufgrund ihrer Datierung bis ins Jahr 304 nach dem bereits lange verstorbenen Alexander IV. jedoch nahe, dass

Ptolemaios erst seitdem mit den übrigen Diadochen gleichzog und die Königswürde annahm.[50] Zur Kennzeichnung seiner neuen Stellung band er sich das Diadem um, eine antike Version der Krone, ein Band aus Leinen, das auf der Rückseite verknotet um den Kopf gelegt wurde und dessen lange Enden auf die Schultern oder den Rücken des Königs fielen.

**Abb. 3:** Münze mit dem Porträt Ptolemaios' I. als hellenistischer basileus. Die Königswürde zeigt das um den Kopf gebundene Diadem. Die Rückseite präsentiert den ptolemäischen Adler auf dem Blitzbündel. © Catharine C. Lorber.

Mit der Annahme des Königstitels verband Ptolemaios auch die Krönung zum ägyptischen Pharao in Memphis.[51] Wie bei der Inthronisation eines Pharaos üblich, schufen die Priester für den ehemaligen Satrapen eine fünfteilige Titulatur als neuen Erben des Horus auf dem Thron Ägyptens:[52] Der erste Name, der Horusname, der den Pharao als Nachfolger des falkengestaltigen Gottes Horus als Mittler zwischen den Göttern und den Menschen präsentierte, lautet: »Groß an Kraft, starker König.« Es folgt der Name der beiden Herrinnen (Nebti). Hiermit sind die beiden Göttinnen der Krone des Königs gemeint – die geiergestaltige Nechbet, die Oberägypten symbolisiert, und die Uräusschlange Uto, die für Unterägypten steht. Beide beschützen die Krone und den König. Ptolemaios ist der, »der mit Macht erobert, tüchtiger Herrscher«. Der Gold(horus)name des neuen Pharaos ist bisher hingegen noch nicht gefunden worden. Zwei Königsnamen wurden schließlich in einen Königsring, die Kartusche, geschrieben. Sie verlieh dem Namen einen besonderen Schutz. Erstens war das der sogenannte Thronname als König von Ober- und Unterägypten, er lautet »Erwählt von Re, geliebt von Amun«, und zweitens der Eigenname als Sohn des Re »Ptolemaios«.

Die Namen spiegeln durchaus treffend die historischen Entwicklungen wider, denn sie verweisen auf die militärische Leistungsfähigkeit des neuen Pharaos, die bereits in der Satrapenstele zur Sprache kam. In den ägyptischen Urkunden wurde von nun an folgerichtig mit einer neuen Zählung der Regierungsjahre begonnen, wohingegen die griechischen Urkunden ungewöhnlicherweise die Zeit der Herrschaft als Satrap zu den Regierungsjahren hinzuaddierten.

Hatte Ptolemaios nun sein Reich gesichert und war zufrieden oder setzte er sein bereits als Satrap gezeigtes außenpolitisches Engagement nach der Annahme der Königswürde bruchlos fort? Mit dem Titel eines *basileus* muss er sich schließlich als wahrer Nachfolger Alexanders verstanden haben und wäre deshalb zu weiterer Expansion geradezu verpflichtet gewesen. Im Jahr 305 stand er zunächst einmal erfolgreich der von Demetrios Poliorketes belagerten Insel Rhodos bei.[53] Die Inselrepublik blieb frei und dankte dafür dem Sonnengott Helios mit der Aufstellung einer Kolossalstatue des Gottes, die in der Antike zu den sieben Weltwundern zählte. Doch nicht nur das: Ptolemaios, der nach der scheinbar selbstlosen Glanzleistung zugunsten der Insel sogar darauf verzichtet hatte, sie unter seine Herrschaft zu bringen, erhielt von der Bürgerschaft einen Kult als Retter. Ob der Beiname »Retter« (Soter) freilich von den Rhodiern erfunden wurde, muss offen bleiben, selbst wenn Pausanias das behauptet.[54] Ein solcher Beiname war üblicherweise Göttern, insbesondere dem höchsten Gott Zeus vorbehalten, doch hatten schon 307 die Athener Antigonos Monophthalmos und Demetrios Poliorketes als Retter mit einem Kult versehen, weil diese die makedonische Besatzung der Stadt beseitigt hatten. Ptolemaios wiederum hatte sich ganz ähnlich die Gleichsetzung mit einem Gott verdient, weil er durch seinen Eingriff in das Kriegsgeschick die rettende Rolle des Zeus übernommen hatte und deshalb einer entsprechenden Ehrung wert war. Von Diodor ist zu erfahren:

> *»So schickten sie (i.e. die Rhodier) eine feierliche Gesandtschaft nach Libyen, die das Orakel im Ammonheiligtum befragen sollte, ob es den Rhodiern raten könne, Ptolemaios als einen Gott zu verehren. Das Orakel stimmte zu. Und so legten sie in der Stadt einen heiligen Bezirk an, viereckig, an jeder Seite mit einer Säulenhalle von der Länge eines Stadions, und nannten diesen Ptolemaion.«*[55]

Ganz ähnlich handelten später, nach ihrer »Befreiung« von Antigonos Monophthalmos im Jahr 286, die Nesioten, also der Inselbund der Griechen in der Ägäis. Sie erwiesen dem Retter Ptolemaios ebenfalls göttliche Ehren und errichteten ihm hierzu einen Altar auf der Insel Delos.[56] Auf diese Weise konnte Ptolemaios also mit Blick auf seine göttliche Verehrung durch Griechen gleichberechtigt mit den Konkurrenten Demetrios Poliorketes und Antigonos Monophthalmos auftreten.[57]

Unklar ist aber, inwiefern der König selbst danach trachtete, in einem reichsweiten Kult als Retter verehrt zu werden. Dass Ptolemaios I. der zeusgleiche Beiname durchaus gefiel, zeigt die Tatsache, dass er sich mit der Ägis des Zeus darstellte und sich damit an den Rettergott anglich.[58] Erst Ptolemaios II. schuf dann aber den reichsweiten Kult für seinen verstorbenen Vater und seine Mutter als Rettergötter (*Theoi Soteres*).

Zwischen 303 und 301 beteiligte sich Ptolemaios am Vierten Diadochenkrieg, in dem er der Koalition von Kassandros von Makedonien, Seleukos von Asien und Lysimachos von Thrakien gegen Antigonos Monophthalmos und Demetrios Poliorketes beitrat, die Kleinasien, Syrien und Phönizien beherrschten. Von der entscheidenden Schlacht von Ipsos in Phrygien, bei der Antigonos im stolzen Alter von über 80 Jahren den Tod fand, blieb Ptolemaios allerdings fern.[59] Als Mitglied der Siegerkoalition konnte er seiner Herrschaft, trotz der Abwesenheit bei der Schlacht selbst, nicht nur die Pamphylien, Lykien und einen Teil von Pisidien in Kleinasien hinzufügen, sondern auch, abgesehen von Tyros und Sidon die Region Koilesyrien, also das von ihm im Verlauf des Krieges besetzte Syrien und Phönizien. Eigentlich war Koilesyrien dem mit ihm verbündeten Seleukos versprochen gewesen, doch betrachtete Ptolemaios das Land jetzt als speergewonnen.[60] Der geprellte Seleukos gründete daraufhin in unmittelbarer Nähe zur Grenze des ptolemäischen Koilesyrien, am Fluss Orontes, die Stadt Antiochia als neue Metropole seines Reiches. Er zeigte damit seinen Willen auf Einfluss im südöstlichen Mittelmeerraum und etablierte sich als zukünftiger Konkurrent seines einstigen Schutzherren Ptolemaios.

Um 294 gelang es den verbündeten Gegnern des Demetrios Poliorketes, dessen östliche Gebiete in ihre Gewalt zu bringen. Ptolemaios erhielt auf diese Weise Zypern zurück, zudem Lydien und Pamphylien und die letzten in Syrien und Phönizien gehaltenen Städte des Demetrios, Tyros und Sidon. Auch die Kykladen dürften seitdem zu seinem Einflussbereich gehört haben.

Nach dem Fünften Diadochenkrieg (288–286), in dem Ptolemaios gemeinsam mit Lysimachos von Thrakien und dem westlichen Kleinasien, Seleukos von Asien und Pyrrhos von Epirus gegen Demetrios Poliorketes, der inzwischen Makedonien und Teile Griechenlands beherrschte, vorging, konnte der Lagide seinen Einflussbereich bis weit in die Ägäis hinein ausdehnen: 288 half er bei der Befreiung Athens von der makedonischen Herrschaft, er »befreite« zudem, wie bereits erwähnt, den von Antigonos Monophthalmos im Jahr 315/314 gegründeten Bund der Inselbewohner der Ägäis, das *koinon* der Nesioten von der Vorherrschaft seines Gegners und wurde nach einem Friedensabkommen mit Demetrios Poliorketes im Jahr 286 Hegemon des Bundes.[61] Ebenso wie Kyrene und anders als das von Ptolemaios befreite Rhodos war die Nesiotenvereinigung zwar formal autonom und verfügte über eine eigene Bundesversammlung, der jedoch ein als *basileus* der Sidonier bezeichneter Vertreter des Ptolemäers namens Philokles beiwohnte. Philokles war wiederum eine der Schlüsselfiguren in der Mittelmeerpolitik des ersten und zweiten Ptolemäers.[62] Ein Beschluss des Bundes aus der Zeit des zweiten Ptolemäers weist darauf hin, wie geschickt dessen Vater mit Blick auf die Griechen agierte, denn keineswegs war er Herrscher der Nesioten, sondern ganz im Gegenteil, sie preisen, dass

*»der König und Retter Ptolemaios der Urheber vieler und großer Vorteile war für die Nesioten und die anderen Hellenen, indem er sowohl die Städte befreit als auch die Gesetze gegeben und die väterliche Verfassung allen wiederhergestellt und die Abgaben erließ.«*[63]

Hieran ist zu erkennen, wie Ptolemaios mit den Griechen umging: Die meisten Städte, die in den Herrschaftsraum des Ptolemaios gerieten, erfreuten sich der Autonomie und Freiheit, doch endete die Freiheit erstens in der Außenpolitik und zweitens dann, wenn die Innenpolitik nicht nach dem Wunsch des Ptolemaios verlief.

## 2.4 Der Thronfolger

Als König musste Ptolemaios am Aufbau einer dynastischen Herrschaft gelegen sein, was bedeutete, dass er einen Erben brauchte. Ursprünglich hatte Alexander seinen Gefährten mit der Perserin Artakama zwangsverheiratet. Von dieser ist aber nach dem Tod des Alexander nichts mehr zu hören, Ptolemaios hatte vielmehr 320 aus Bündnisgründen (s. o.) die Tochter des Antipatros, Eurydike, geehelicht, die ihm fünf Kinder gebar: Den ältesten Sohn Ptolemaios Keraunos (»der Blitz«), den zweitgeborenen Meleagros und einen weiteren Sohn unbekannten Namens, zudem die beiden Töchter Lysandra und Ptolemais.[64] Da im makedonischen Königshaus Polygamie möglich und üblich war, hatte Ptolemaios Berenike I. als weitere Gattin neben Eurydike erwählt. Ihr erstes gemeinsames Kind war Arsinoe (II.), die spätere ptolemäische Königin, die zwischen 320 und 312 zur Welt kam, es folgten die Tochter Philotera und 308 der auf der Insel Kos geborene Thronfolger Ptolemaios II. Wie konnte es aber dazu kommen, dass Letzterer den Vorzug vor den Söhnen der Eurydike erhielt? Die Gründe mögen in einem Konflikt zwischen Ptolemaios und der Tochter des Antipatros zu suchen sein, die den Königshof im Jahr 287 gemeinsam mit ihren Kindern verließ und in das mit dem Ptolemäerreich verbündete Milet übersiedelte. Nur wenig später, 285/284, machte Ptolemaios I. seinen gleichnamigen jüngeren Sohn zum Mitregenten und zog sich ins Privatleben zurück.[65]

Wahrscheinlich nutzte der Begründer der Ptolemäerdynastie die Ruhe seiner letzten beiden Lebensjahre, um seine Alexandergeschichte zu schreiben. Hier erinnerte er sich auch nochmals seiner großen Heldentaten in Indien, die Arrian in seiner noch heute erhaltenen Geschichte des Alexanderzuges wohl wörtlich übernommen hat.[66] Porphyrios, ein Philosoph des 3. Jahrhunderts n. Chr., fasst die Herrschaft des Ptolemaios wie folgt zusammen:

»*Ptolemaios, welcher der Arsinoe und des Lagos Sohn, wird nach einem Jahr der auf Philippos übertragenen Herrschaft als Statthalter nach Ägypten geschickt, und ist zunächst Statthalter 17 Jahre, dann aber König 23 Jahre, so dass insgesamt 40 ihm zugezählt werden bis zu seinem Ende. Denn bei seinen Lebzeiten gab er die Herrschaft seinem Sohn Ptolemaios, der Philadelphos genannt wurde. Und noch zwei Jahre lebte er unter dem Sohn, der die Herrschaft erlangt hatte; und so wurden nicht mehr 40 sondern 38 dem ersten Ptolemaios, den sie Soter nannten, zugezählt.*«[67]

## 2.5 Strukturen ptolemäischer Herrschaft

### 2.5.1 Der makedonische *basileus* Ptolemaios

Weil das von den Ptolemäern beherrschte Land am Nil häufig als »griechisches« oder »hellenistisches« Ägypten bezeichnet wird, vergisst man gerne, dass die durchaus fest in der griechischen Kultur verwurzelten Könige Makedonen waren.[68] Das zeigt sich auch in ihrem Selbstverständnis, das sich in der Dichtung der Zeit, insbesondere den Werken des Kallimachos und Poseidipp, spiegelt.[69] Die Bezeichnung als Epoche des »griechischen Ägypten« begründet sich daraus, dass griechische Kultur und Sprache entscheidend die Verhältnisse dieser Zeit prägten. Das Makedonisch-Sein der Ptolemäer schloss jedoch keinesfalls aus, dass sie sich gleichzeitig, ebenso wie die Familie Alexanders des Großen, auf griechische Wurzeln zurückführten, denn wie Letztere zählten sie Herakles zu ihren Ahnen. So konnten Ptolemäer natürlich an den Olympischen Spielen teilnehmen oder mit dem Privileg der Bürgerschaft der Stadt Athen geehrt werden, denn in einer panathenäischen Siegerliste erscheint Ptolemaios VI. als Angehöriger der nach seinem Königshaus benannten athenischen Phyle Ptolemais.[70] Da ein Grieche seine Herkunft über die Zugehörigkeit zu einer der Phylen einer griechischen Stadt definierte, war die Identität des Ptolemaios in Athen also diejenige eines Bürgers.

Das Selbstverständnis und die Legitimation des makedonischen Königtums findet sich in einem byzantinischen Lexikon, der Suda, mit folgenden Worten formuliert:

»*Weder Abstammung noch Recht geben den Menschen die Königsherrschaften, sondern die Fähigkeit, ein Heer zu kommandieren oder die Angelegenheiten (pragmata) verständig zu leiten. So war es mit Philipp und den Nachfolgern Alexanders. Denn sein leiblicher Sohn konnte aus seiner Verwandtschaft mit ihm keine Hilfe gewinnen, denn er hatte einen schwachen Charakter. Die auf keine Weise mit ihm verwandten (Männer) wurden Könige der gesamten Welt.«*[71]

Der zentrale Begriff der Ausübung von Herrschaft war der der »Angelegenheiten« des Königs, seiner *pragmata*: Staat und König waren miteinander identisch. Ptolemaios war nicht König von Ägypten oder Kyrene oder Koilesyrien, sondern König schlechthin, der sich nicht über die Zugehörigkeit zu einem bestimmten Land legitimierte.

Wir entnehmen dem Suda-Zitat weiterhin, dass die Herrschaft auf der militärischen Fähigkeit des Königs und der daraus resultierenden Akzeptanz durch das Heer und die Bevölkerung beruhte. Doch hatte es Ptolemaios geschafft, aus dem Heerlagerkönigtum der frühen Diadochenzeit eine Monarchie mit einer festen Residenz in Alexandria zu formen, so dass die römische Bezeichnung der Ptolemäer als »alexandrinische Könige« durchaus den Kern trifft. Auch konnte Ptolemaios am Ende seiner Regierungszeit einen relativ zusammenhängenden Herrschaftsraum sein Eigen nennen, der eindeutig territorial definiert war und von Kyrene über Ägypten und Koilesyrien bis nach Kleinasien reichte, ebenso wie zahlreiche Inseln des östlichen Mittelmeerraums unter seiner direkten, teils auch indirekten Herrschaft standen. Den Zusammenhalt dieser weit verstreuten Reichsteile garantierte eine überlegene Flotte mit Basen im gesamten Mittelmeerraum.

### 2.5.2 Alexandria

Da Alexandria die politische Mitte des Reiches der Ptolemäer bildete, können wir uns nun dieser von Alexander dem Großen im Jahr 331 am äußersten Rande des westlichen Nildeltas gegründeten Stadt zuwenden. Ihre Lage war hervorragend, denn es handelte sich um einen ägyptischen Hafen, der nicht von den jährlichen Nilfluten beeinträchtigt wurde, was gleichzeitig erklärt, weshalb die Stadt nicht am westlichen Nilarm selbst gegründet wurde, dort wo Thonis/Herakleion schon seit Jahrhunderten den Zugang der Griechen zu Ägypten ermöglichte.

Seit wann Alexandria Residenz war, ist aber unklar, doch muss dies vor dem Jahr 311 gewesen sein, denn in diesem Jahr weihten die ägyptischen Priester der im Hinterland Alexandrias gelegenen Stadt Buto die bereits erwähnte Satrapenstele. Hier berichten sie nicht nur von den militärischen Leistungen des Satrapen Ptolemaios, sondern auch Folgendes:

*»Er richtete seine Residenz, ›Die Festung des Königs von Ober- und Unterägypten Erwählt von Amun, geliebt vom Ka des Re, Sohn des Re Alexander‹ ist ihr Name, am Ufer des Mittelmeeres ein, Rhakotis war ihr Name bisher.«*[72]

Der Umzug nach Alexandria beruhte sicherlich vor allem auf geostrategischen und wirtschaftlichen Erwägungen, denn von der Küste aus waren die Besitzungen außerhalb Ägyptens wesentlich besser zu erreichen. Noch bevor man von einem Königshof sprechen kann, residierte Ptolemaios bereits wie ein König in einer vom Reißbrett entworfenen neuen Metropole, die sich schnell zur bevölkerungsreichsten Stadt der antiken Welt entwickelte. Über 200 Jahre später beschrieb Diodor, der Ägypten zwischen 60/59 und 57/56 besucht hatte, Alexandria wie folgt:

»*Kurz gesagt, die Stadt erlebte in den folgenden Zeiten einen derartigen Aufschwung, dass viele sie als die erste unter den Städten der bewohnten Erde zählen; denn was Schönheit, Größe, Menge der Einkünfte und Luxusgüter angeht, übertrifft sie die übrigen Städte bei Weitem. Auch die Masse ihrer Einwohner überragt jene der übrigen Siedlungen; denn während unseres Aufenthalts in Ägypten erklärten uns die Beamten, die im Besitz der Einwohnerlisten waren, dass die Zahl der in Alexandria lebenden Freigeborenen die dreihunderttausend übersteige.*«[73]

Alexandria war eine griechische, nach athenischem Vorbild strukturierte Polis: Die Bürgerschaft verteilte sich deshalb genauso auf Phylen, die in Demen unterteilt waren, welche sich aus Phratrien zusammensetzen. Es gab eine Volksversammlung, einen Rat und Gerichte.[74] Wie griechisch die Stadt war, zeigt auch ein Ausschnitt der Stadtgesetze von Alexandria, die von attischen, ionischen und dorischen Vorbildern herrührten. Die hier dargelegten Regelungen des Nachbarschaftsrechtes muten fast modern an, wenn es heißt:

»*Wenn jemand eine Einfriedung neben einem fremden Grundstück baut, soll er die Grenze nicht überschreiten. ... Wenn er aber einen Graben oder eine Grube gräbt, soll er soviel Abstand halten, wie ihre Tiefe beträgt, und wenn einen Brunnen, einen Klafter, bei der Anpflanzung eines Ölbaumes oder Feigenbaumes soll er 9 Fuß von dem fremden Grundstücke pflanzen, bei anderen Bäumen 5 Fuß.*«[75]

Als neugegründete Polis verfügte Alexandria natürlich über die typische Topographie einer solchen Stadt. Sie lag günstig, von Ost nach West in Form eines makedonischen Kriegsmantels zwischen dem Mareotis-See und dem Mittelmeer ausgestreckt.[76] Die Straßen waren im Schachbrettmuster angelegt und zerteilten das Gelände in gleich große rechtwinklige Bebauungsblöcke. Im Zentrum befand sich, wie bei einer griechischen Stadt üblich, die Agora, bei der wohl auch das Gymnasium und das Stadion zu lokalisieren sind. Theater gab es selbstverständlich ebenfalls. Durch den als Heptastadion bezeichneten Damm war die Stadt mit der vorgelagerten Insel Pharos verbunden. Auf diese Weise hatten sich zwei Häfen gebildet, von denen der westliche, Eunostos genannt, der Handelshafen war. Die Insel Pharos selbst gab einem der sieben Weltwunder, dem Leuchtturm von Alexandria, ihren Namen. Weiterhin fand sich auf der Insel ein ägyptisches Dorf und wahrscheinlich auch ein Tempel der Isis. Nicht nur auf Pharos lag eine ägyptische Ansiedlung, auch im festländischen Teil der Stadt gab es ein großes ägyptisches Stadtviertel namens Rhakotis beim Tempel des Sarapis. Ägypter müssen deshalb einen erheblichen Teil der Einwohner von Alexandria gestellt haben, ohne dass sie den Status von Bürgern hatten. Sie nannten Alexandria aber nicht bei ihrem griechischen Namen, sondern bezeichneten die Stadt insgesamt Rhakotis.[77]

An die Seite der griechischen Polis trat das monarchische und damit makedonische Element: Seitdem Alexandria Sitz des Königs war, nutzten die Herrscher einen Teil des Stadtgebietes als ihre Residenz. Das Palastviertel machte nach Strabon sogar ein Viertel des Stadtgebietes aus, nach Plinius immerhin ein Fünftel.[78] Hier befanden sich nicht nur die Wohnbauten des Königs, sondern auch Parks und Gärten, ein Zoo, ein Theater und Tempel. An einem Ort im Palastviertel, der die griechische Polis mit dem makedonisch-monarchischen Element versöhnen sollte, ließ Ptolemaios die Bibliothek und das Museion errichten und schuf auf diese Weise ein Zentrum griechischer Gelehrsamkeit, das weit in die hellenistische Welt hineinwirkte.[79] Der Satirendichter Timon aus Phleius verfasste, möglicherweise aus Neid auf seine Kollegen in Alexandria, folgenden Spottvers:

»*Viele bevölkern die Weiden des völkerreichen Ägypten: Bücherforschende, eingezäunt Lebende, grenzenlos Rivalisierende, sitzend im Käfig der Musen.*«[80]

Der Ausgleich zwischen griechischer Freiheit der Polis und makedonischer Monarchie war also nicht ganz so gut wie erhofft gelungen, wenn Timon die Denker als Menschen »im Käfig« bezeichnete. Trotzdem, insbesondere aufgrund der guten Rundumversorgung durch den König, war es ein goldener Käfig, so dass zahlreiche Intellektuelle an den Hof kamen und hier ein, wie man bei Timon sieht, auf Konkurrenz und Wettstreit basierendes gutes Auskommen hatten. Zu nennen wären der Universalgelehrte Eratosthenes von Kyrene, Euklid (Mathematik), Aristarchos (Astronomie), Herophilos (Medizin) oder auch Ktesibios (Mechanik). In der frühen Ptolemäerzeit wirkten zudem mit Theokrit von Syrakus, Apollonios von Rhodos, Poseidipp von Pella und Kallimachos von Kyrene die bedeutendsten hellenistischen Dichter am Hofe der Ptolemäer.[81] Mit der Förderung von Dichtung, Künsten und Wissenschaft bemühten sich die Ptolemäer selbstverständlich, ihr Prestige in der hellenistischen Welt zu steigern, denn die Gelehrten und Künstler waren Instrumente der Selbstinszenierung der Könige, die ihren panhellenischen Herrschaftsanspruch zum Ausdruck bringen sollten. Die Nachfolger des ersten Ptolemäers waren zudem wahrhaft bibliomane Könige, die erhebliche Mittel investierten, um die Bibliothek von Alexandria zur größten der Welt zu machen. Das Sammeln von Büchern war also integraler Bestandteil königlicher Selbstdarstellung.[82]

Die Juden, die einen nicht zu beziffernden, aber bedeutenden Teil der Bevölkerung der Stadt stellten, verbanden mit der Bibliothek von Alexandria auch die Übersetzung ihrer heiligen Schriften ins Griechische. Davon handelt der sogenannte Aristeasbrief, ein fiktives Schreiben eines alexandrinischen Juden aus dem zweiten Jahrhundert, in dem der ebenfalls fiktive nichtjüdische Hofbeamte des zweiten Ptolemäers Aristeas seinem Bruder Philokrates erzählt, wie es Ptolemaios II. gelang, das jüdische Gesetz – die fünf Bücher Mose – für seine Bibliothek ins Griechische übersetzen zu lassen. Er hatte den Jerusalemer Hohepriester darum gebeten, Spezialisten des Gesetzes zur Übersetzung des hebräischen Textes nach Alexandria zu schicken: 72 jüdische Gelehrte kamen daraufhin nach Ägypten und vollbrachten das Übersetzungswerk binnen symbolischer 72 Tage. Die Übersetzung erhielt den Namen Septuaginta – die Siebzig, vielleicht als Abkürzung für die 72 Tage und Übersetzer, vielleicht aber auch als Hinweis, dass die Tora im Griechischen auch für die 70 Völker (Gen 10) der Erde verständlich sein sollte. Der anonyme Verfasser des Aristeasbriefes im zweiten Jahrhundert wollte zeigen, wie bedeutend Juden und ihre Religion bereits für die frühen Könige der Dynastie gewesen waren. Ob sich diese aber je für die Tora interessiert haben, ist fraglich. Nötig war eine griechische Übersetzung vor allem für die Juden selbst, die sie für ihre gemeindliche Unterweisung brauchten, weil die Sprache der Völker in der Diaspora auch zur Sprache vieler Juden geworden war.

### 2.5.3 Der Hof und die Freunde des Königs

Im Palastviertel von Alexandria befand sich natürlich auch der Hof (*aule*) des Königs, der sich neben der engeren Familie insbesondere aus seinem Beraterkreis, den »Freunden (*philoi*) des Königs« zusammensetzte. Diese *philoi* übernahmen als Offiziere des Heeres, Verwalter und Botschafter alle wichtigen Aufgaben im Reich. Gemeinsam mit ihnen traf sich der König im *synhedrion*, dem Thronrat.[83] Die Gruppe der *philoi* war jedoch keinesfalls homogen, sondern sie konkurrierten untereinander um Ansehen beim König, das er in Form von Landbelehnungen (*doreai*) oder Priesterämtern im Kult für den zum Reichsgott erhobenen Stadtgründer Alexander steigern konnte. Der »Priester des Alexander« wechselte jährlich und die Namen der Amtsinhaber dienten griechischem Usus entsprechend zur sogenannten eponymen Datierung aller Urkunden: Schreiber datierten Dokumente nicht nur nach dem Regierungsjahr des Königs, sondern zudem nach dem amtierenden Alexanderpriester.[84] Wer also diesen Posten erhielt, stand in allerhöchster Ehre beim König. Wie zu sehen sein wird, begegnen seit dem Ende des dritten Jahrhunderts auch Ägypter in der Hofelite,[85] es handelte sich also keinesfalls um eine griechisch-makedonische, nach außen verschlossene Gruppe, sondern persönliche Qualität und Fähigkeit ebenso wie lokale Vernetzungen in den zugewiesenen Arbeitsbereichen waren nötig, um in die Gunst des Königs zu gelangen.

In der späteren Ptolemäerzeit entwickelte sich zudem die sogenannte Hofrangtitulatur. Verdiente Mitglieder von Heer und Verwaltung konnten jetzt mit Ehrentiteln ihr Prestige gegenüber den Untertanen zur Schau stellen.[86] Solche Hofränge verwiesen später freilich häufig nicht mehr auf Mitglieder des unmittelbaren königlichen Hofes, sondern es handelte sich um funktionsgebundene Ehrentitel, die mit bestimmten Ämtern verbunden waren. Der wichtigste Titel war der eines »Verwandten (des Königs)«, es folgen Mitglieder aus der Gruppe »der ersten Freunde«, Oberleibwächter, Mitglieder der Gruppe »der Freunde (des Königs)«, »der Nachfolger« und der niedrigste und damit erste Hofrangtitel, den man erreichen konnte, war der eines Mitglieds »der Leibwächter«.

Im Palast hielt der König auch seine Festmahle (*symposia*) ab, die keineswegs privaten Charakter hatten, sondern Bestandteil königlicher Selbstdarstellung waren und an denen nicht nur die Mitglieder der Hofelite sowie Gesandte von unterworfenen und freien Staaten, sondern auch Mitglieder der ägyptischen Elite teilnehmen konnten.[87] Wie wichtig Gastmahle für die Inszenierung der Herrschaft, wie stark sie gleichzeitig makedonisch-monarchisch und nicht griechisch waren, zeigt gerade die Kritik an der Institution des Königtums, die sich an den *symposia* festmachte.[88] So wandte sich bereits der athenische Redner Demosthenes gegen den Vater Alexanders des Großen, Philipp II.:

*»Wenn aber jemand vernünftig ist und überhaupt ein rechtliches Empfinden hat, so sei er (für Philipp), wenn er die tägliche Unmäßigkeit im Lebensstil, die Trunkenheit und die anstößigen Tänze nicht ertragen kann, kaltgestellt und gelte nichts. Übriggeblieben sind demnach als Umgang für Philipp nur Räuber, Schmarotzer und solche Menschen, die volltrunkene Tänze von der Art vorführen, bei denen ich mich scheue, sie vor euch hier mit Namen zu nennen.«*[89]

Das Tanzen und die Trunkenheit bei den Symposia entwickelten sich zu einem prägenden Kennzeichen der Außenwahrnehmung der Ptolemäer, und die Römer kritisierten ein solches Verhalten genauso wie Demosthenes lange vor ihnen. Wir dürfen sicherlich davon ausgehen, dass im Palast und den königlichen Gärten Alexandrias zahlreiche Räumlichkeiten und Festzelte vorhanden waren, die speziell auf Symposia ausgerichtet waren.[90] Das macht insbesondere die bei Athenaios überlieferte Beschreibung eines Festzeltes Ptolemaios' II. deutlich, das wahrscheinlich ein Spiegelbild der reichen Ausstattung des Königspalastes selbst bietet und zeigt, dass schwelgender Reichtum und Gelage zu den zentralen Elementen königlicher Selbstdarstellung gehörten:

*»Seine Größe gab Raum für einhundertunddreißig im Kreis aufgestellte Liegen ... Auf den seitlichen Vorsprüngen des Zeltes waren einhundert Marmorplastiken von den Händen der besten Künstler aufgestellt. In den Zwischenräumen zwischen den Säulen Bilder der sikyonischen Maler, abwechselnd Darstellungen aller Art und mit Goldfäden durchzogene Gewänder sowie herrliche Uniformmäntel, ... Darüber standen rechteckige Schilde im Kreis, abwechselnd von Silber und Gold. In den darüberliegenden Räumen von acht Ellen Größe waren Nischen in der Länge des Zeltes angelegt, ... In ihnen befanden sich – jeweils einander gegenüber – Darstellungen von Trinkgelagen mit Gestalten aus Tragödien, Komödien und Satyrspielen, die echte Gewänder trugen. ... Zwischen den Nischen waren Ausbuchtungen gelassen, in denen goldene delphische Dreifüße mit Ständern aufgestellt waren. ... Es wurden aber auch zweihundert goldene Tische mit drei Beinen für diejenigen, die dort speisten, hingestellt, so dass sich je zwei für eine Liege ergaben; ... Hinter diesen befanden sich einhundert silberne Becken und ebenso viele Krüge zum Spülen der Hände.«*[91]

## 2.5.4 Die Reichsverwaltung

Die Verwaltung des Ptolemäerreiches erhielt wahrscheinlich bereits unter dem ersten Ptolemäer ihre entscheidende Ausprägung. Ptolemaios bzw. seinem Beraterstab war an Pragmatik und Aufwandbeschränkung bei gleichzeitiger Effizienz gelegen. Er organisierte die Verwaltung Ägyptens deshalb so, dass er die alten ägyptischen Strukturen mit neuen griechisch-makedonischen Verwaltungskenntnissen verband.[92] Ägypten blieb, wie in pharaonischer Zeit, in ca. 40 Gaue (*nomoi*) unterteilt, der arsinoitische Gau des Faijumsees zusätzlich in drei Unterabteilungen (*merides*). Als Verwaltungschef des Reiches agierte der Dioiket, was im Deutschen in etwa mit Finanzminister übersetzt werden könnte.[93] Zudem gab es einen Hypomnematographos, der als Schreiber der Amtstagebücher fungierte, und den Leiter der königlichen Kanzlei, Epistolographos genannt. Diese Funktionäre arbeiteten in Alexandria. An der Spitze eines Gaues stand, nach einer kurzen Übergangszeit, ein ziviler Stratege, neben dem ein königlicher Schreiber (*basilikos grammateus*) als Leiter einer separaten Finanzbehörde wirkte. Die Gaue wiederum waren in Toparchien untergliedert, für die ein Bezirksschreiber (*topogrammateus*) zuständig war und auf der Dorfebene agierte der Dorfschreiber (*komogrammateus*). Die oberen Positionen der Verwaltung nahmen Zuwanderer ein, die Verwaltungssprache dort war Griechisch, auf lokaler Ebene konnte sich bis zum Ende der Ptolemäerzeit hingegen, weil hier Ägypter tätig waren, das Demotische halten.[94] Eine Sonderrolle hatte bis ins letzte Viertel des dritten Jahrhunderts zudem Oberägypten, dessen Verwaltung maßgeblich in den Händen der Priesterschaft des Amunstempels von Theben lag.[95] Den griechischen Städten seines Reiches, auch den drei Städten in

Ägypten Naukratis, Ptolemais und Alexandria, beließ Ptolemaios ihre griechischen Verwaltungs- und Wirtschaftsstrukturen.[96]

Insgesamt ging die Fremdherrschaft damit erstens sehr flexibel auf die lokalen Begebenheiten ein und sie bemühte sich zweitens, einheimische Eliten mit in die Verwaltung einzubeziehen. Größtmögliche Entscheidungsfreiheit für die Funktionäre vor Ort war dabei allem Anschein nach die Direktive. Der König griff nur dann ein, wenn die Probleme nicht mehr vor Ort geklärt werden konnten. Das zeigt etwa ein Streik der ägyptischen Bauern, die gerade dieses Eingreifen mit erheblichem Nachdruck forderten.[97] Solange also die Abgaben und Steuern nach Alexandria flossen, hatten die Verwaltungsbehörden, die häufig aus der jeweiligen Region selbst besetzt wurden, große Handlungsspielräume. Es gab keinen zentralen Dirigismus oder gar eine totale Kontrolle durch Alexandria, weil das überhaupt nicht möglich war, vielmehr handelten die Funktionäre häufig auch gegen die Interessen des Königs, wie es die zahlreichen königlichen Erlasse zeigen.[98]

Schaut man in die Verwaltung der überseeischen Besitzungen, so sind wir vor allem über Koilesyrien relativ gut unterrichtet.[99] Für die Ptolemäer war die Gegend nicht nur aus militärisch-strategischen Gesichtspunkten von Wichtigkeit, sondern Koilesyrien hatte auch wirtschaftlich gesehen einen hohen Stellenwert. Von hier erhielt man das nötige Holz für den Bau der Flotte, für die Luxusindustrie war der Purpur aus Tyros und Sidon wichtig.[100] Daneben war die Region als Handelsumschlagsplatz zwischen West und Ost, Nord und Süd von immenser Bedeutung. Der Aufbau einer ptolemäischen Landesherrschaft über das Gebiet erwies sich aber als wesentlich schwieriger, als im Stammland Ägypten selbst. Zwischen Küstenregion und Land, zwischen phönizischen Städten und bäuerlichen oder nomadischen Landbewohnern bestanden nicht nur große soziale, sondern teilweise auch kulturelle und ethnische Unterschiede. Hier lebten teils schon seit Jahrhunderten Phönizier, Juden, Araber und Idumäer neben- und miteinander. Obwohl die Ptolemäer also in Syrien-Palästina vollkommen andere Grundvoraussetzungen vorfanden als in Ägypten, waren Steuerwesen und Verwaltung ganz ähnlich wie in Ägypten organisiert. So stand Koilesyrien unter Verwaltung eines Strategen »von Syrien und Phönizien«,[101] dem ein »Verwalter der Einkünfte in Syrien und Phönizien« zur Seite stand. Gegliedert war das Land in Hyparchien und Toparchien.[102] Anders als in Ägypten, wo es nur drei Städte mit griechischer Stadtstaatstruktur gab, verliehen die Ptolemäern in dem wesentlich kleineren Raum Palästina zudem den Rechtsstatus einer Polis an die Küstenstädte Ptolemais-Akkon, Jaffa, Askalon und Gaza und im Ostjordanland an Philadelphia/Amman, Pella/Tabaqat Fahil, Dion/Tell e-Aschari, Philoteria/Beth-Jerach und Dor.[103]

Im ebenfalls militärisch und ökonomisch überaus wichtigen Zypern hatte ein Stratege die Oberaufsicht über alle politischen, wirtschaftlichen und sogar kultischen Angelegenheiten. Seit der Zeit Ptolemaios' II. gab es zudem einen für die Einfünfte der Insel zuständigen Ökonomen. Vor Ort wirkten aber lokale Verwalter mit einem ähnlichen Maß an Autonomie, wie es in Ägypten der Fall war.[104]

## 2.5.5 Die Soldaten

Die Macht des ptolemäischen Königs basierte maßgeblich auf seinem Heer, dessen Soldaten er unterbringen, versorgen, umgarnen und an sich binden musste. In seiner Zeit als Satrap hatte Ptolemaios zunächst viele von ihnen in Festungen über das Land verteilt. Es ist nicht auszuschließen, dass einige der Soldaten zunächst auch in den Arealen ägyptischer Tempel Unterkunft fanden, denn diese waren mit meterhohen Mauern umgeben und vermochten so bestens, einem Ansturm von Feinden standzuhalten. Der ägyptische Priester Djed-Hor aus Athribis berichtet dementsprechend aus der Zeit, als Philipp Arrhidaios nominell Pharao (323–317) war:

»Ich habe zahlreiche Häuser von Soldaten im Inneren der Umfassungsmauer (des Tempels des heiligen Falken) gefunden.«

Doch der Priester wusste Abhilfe ob dieser Entheiligung zu schaffen:

»Ich habe ihre Eigentümer zufrieden gestellt, indem ich ihnen einen Ersatz dafür im Osten des Tempels von Iat-Maat gegeben habe. Sie haben neue Häuser gebaut, die schöner waren als die vorherigen.«

Danach konnte er das Heiligtum wieder »reinigen« und auf diese Weise seiner ursprünglichen Bestimmung zuführen.[105] Die Priester sahen es verständlicherweise überhaupt nicht gerne, wenn die Einquartierung von Soldaten ihre Heiligtümer profanierte, doch hatte bereits der Satrap Ptolemaios, wie es das Beispiel des Djed-Hor zeigt, nichts dagegen, wenn Priester in Eigeninitiative und mit eigenen Mitteln Ausweichquartiere zur Verfügung stellten. Nach einer kurzen Übergangszeit hören wir dann auch nichts mehr davon, dass Soldaten in den Tempeln selbst lebten.

Nicht nur aus Rücksicht auf die Priester und Ägypter, sondern auch aus ökonomischer Perspektive war es für Ptolemaios wichtig, die tausenden Soldaten auf andere Weise unterzubringen. Die Kasernierungen auf Tempelgeländen oder in Festungen kostete ihn schließlich erhebliche Ressourcen, da die Soldaten verpflegt und besoldet werden mussten. Zudem war es für sie ein Leichtes, sich bei einem besseren finanziellen Angebot oder im Falle einer Niederlage auf die Seite eines Konkurrenten des Ptolemaios zu schlagen. So griff Ptolemaios recht früh, vielleicht schon 312, auf die alte griechische Institution der Kleruchie zurück und verteilte die Soldaten als Militärsiedler auf das Land, damit sie selbst für ihren Unterhalt sorgen konnten. Insbesondere die soldatische Elite, die Reiterei, erhielt derart große Ländereien, dass ihre Mitglieder zu den größten Landbesitzern Ägyptens gehörten.[106] Auf diese Weise waren sie an ihr Land gebunden und trugen zudem noch mit ihrer wirtschaftlichen Tätigkeit und ihre Steuern einen Teil zur Staatskasse bei.

Die Ansiedlung der Soldaten in Ägypten erwies sich bereits nach der Niederlage des Ptolemaios in Zypern 306 als Segen, denn die 3000 von Demetrios Poliorketes gefangen genommenen ptolemäischen Soldaten, die nun in dessen Heer überführt werden sollten, flohen, »weil sie ihre Gerätschaften in Ägypten bei Ptolemaios zurückgelassen hatten«.[107]

Wo aber konnte Ptolemaios seine Soldaten in Ägypten ansiedeln, ohne gleichzeitig schwere Konflikte mit der lokalen Bevölkerung zu riskieren? Der eng begrenzte fruchtbare Streifen beiderseits des Nils war schon von ägyptischen Bauern und Tempeln in Beschlag genommen und der Satrap scheute berechtigterweise vor Enteignungen zurück. Aus diesem Grund reaktivierte Ptolemaios einen alten ägyptischen Siedlungsraum aus dem Mittleren Reich – das Faijum, eine durch den heute Bahr Jussuf genannten Seitenarm des Nil gespeiste Oase in der libyschen Wüste. Durch ein groß angelegtes Programm zur Urbarmachung wurde diese in den folgenden Jahrzehnten zur neuen Heimstatt zahlreicher Menschen aus der Fremde.[108]

## 2.5.6 Die ägyptischen Priesterschaften

Ptolemaios war allein schon aus herrschaftspragmatischen Gründen sehr daran gelegen, die ägyptischen Priester für sich zu gewinnen, denn es ist zu allen Zeiten sinnvoll, sich als Fremdherrscher der lokalen Eliten zu bedienen, um mit deren Hilfe Akzeptanz bei der einheimischen Bevölkerung für unliebsame Entscheidungen zu gewinnen, und vor allem auch, die Eliten als aktive Mitarbeiter im Staatswesen zu behalten. Einen Ausgleich zwischen den sich widersprechenden Bedürfnissen der Zuwanderer, insbesondere der Soldaten, und denen der Priester zu finden, war die große Aufgabe, vor der Ptolemaios stand, und die er mit großem Fingerspitzengefühl handhaben musste. Es war eine Aufgabe, die er, wie zu sehen sein wird, vorzüglich meisterte,[109] denn auf drei Ebenen spielten ägyptische Priester seitdem eine entscheidende Rolle: Erstens als Vermittler eines positiven Königsbildes an die Bevölkerung, zweitens als Leiter von Wirtschaftszentren im Lande und drittens als Berater am königlichen Hof.

Die Leitlinien der Politik gegenüber den zahlreichen Priesterschaften hatte bereits Alexander der Große vorgegeben, indem er die ägyptischen Götter ehrte. Ein Papyrus aus seiner Herrschaft belegt eindrücklich, dass die Verwaltung Alexanders des Großen für die Priester Sorge trug. Das Schriftstück war an der

Tür eines Priesterhauses befestigt und verkündete: »(Befehl) des Peukestas: Zutritt verboten. Haus eines Priesters.«[110] Bei diesem Peukestas, der hier den Zugriff auf Priestereigentum untersagte, dürfte es sich um denjenigen makedonischen Offizier handeln, den Alexander der Große als Befehlshaber eines Truppenteils in Ägypten eingesetzt hatte.[111]

Als positiv für die Legitimation Alexanders und der nachfolgenden Ptolemäerdynastie sollte sich erweisen, dass die Phase der letzten Perserherrschaft für Ägyptens Priester eine Zeit des Unheils und der Zerstörung war, denn so konnten sich die neuen Fremdherrscher durch die Förderung der Priester positiv von ihren Vorgängern absetzen: Schon mit dem Satrapen Ptolemaios begann damit eine scheinbar neue Heilszeit. Das Chaos der vorangegangenen Perserzeit schildert etwa der Hohepriester Petosiris von Hermupolis in seiner hieroglyphischen Grabinschrift, die vom Beginn der ptolemäischen Herrschaft stammt:

*»Damals war der Herrscher der Fremdländer (Artaxerxes III.?) Protektor über Ägypten, keine Sache war an ihrer früheren Stelle, seit es dazu kam, dass Kämpfe in Ägypten ausbrachen – der Süden war in Aufruhr, der Norden in Rebellion, die Menschen waren verwirrt, es gab keinen Tempel, der seine Bediensteten noch hatte; die Priester waren geflohen, denn sie wussten nicht, was da geschehen war.«*[112]

Danach fügt Petosiris an, dass mit seiner eigenen priesterlichen Tätigkeit eine neue Zeit für seinen Tempel begann, und das, so impliziert er es, war allein aufgrund der Rettung Ägyptens durch die Griechen möglich. Freilich maßt sich Petosiris selbst im gleichen Atemzug königliche Qualitäten an, die auch in der Dekoration seines Grabes zum Ausdruck kommen, wo er an der Stelle des Pharaos beim Opfer vor den Göttern dargestellt ist. Ähnlich pharaonisch gestaltet ist der biographische Teil der Grabinschrift:

*»Nachdem ich aber Verwalter des Thot, des Herrn von Hermupolis, geworden war, da veranlasste ich, dass der Tempel des Thot in seinen früheren Zustand versetzt wurde. Ich ließ alles geschehen, wie es früher war, jede Reinigung zu ihrer Zeit. Ich beförderte seine Priester, ich avancierte die Stundenpriester seines Tempels, ich erhöhte alle seine Priester, ich gab seinen Bediensteten Anweisung. Die Opfergaben in seinem Tempel verminderte ich nicht, (sondern) ich füllte seine Speicher mit Gerste und Spelt, seine Schatzhäuser mit allen guten Sachen, und ich gab mehr, als was früher dort war, so dass jeder Mann der Stadt Gott um meinetwillen lobte. Ich gab Silber, Gold und jede (Art) Edelstein, und ich erfreute die Herzen der Priester ... Ich spannte den Strick aus, und ich löste das Seil, um den Tempel des Re zu gründen in dem großen Garten. Ich baute ihn aus feinem Kalkstein, vollendet in jeder Arbeit. ... Ich baute das Haus der Göttinnen innerhalb des Tempels von Hermupolis, als ich fand,*

*dass ihr Haus alt war und sie im Tempel des Thot, des Herrn von Hermupolis, wohnten.*«[113]

Diese Leistungen lesen sich fast genau so, wie die Begründungen späterer Ehrendekrete der Priester für die ptolemäischen Könige. Das, was Petosiris hier tat, durfte in der Tat der ägyptischen Königsideologie nach allein der Pharao. Auf lokaler Ebene hatte Petosiris also als ein solcher gehandelt. War das aber auch Hybris gegenüber dem neuen Herrscher Ägyptens? Wollte er damit zeigen, dass das Land unter illegitimer Herrschaft stand? Sicherlich nicht, denn Petosiris konnte all das nur mit der Zustimmung des Satrapen Ptolemaios und weil ein wirklicher Pharao nicht im Lande war – man wusste schließlich nicht, welchen Weg Ptolemaios in der Zukunft einschlagen würde. Die erheblichen finanziellen Investitionen zugunsten der Götter und Priester waren Petosiris des Weiteren allein deshalb möglich, weil er über eine sogar äußerst gute Beziehung zu Ptolemaios verfügte. Das betonte er in seiner Grabinschrift sehr deutlich:

»*Mein Herr Thot, er hat (mich) über alle (meines)gleichen erhoben als Lohn dafür, dass ich ihn bereicherte mit allen guten Sachen, mit Silber und mit Gold, mit Getreide, das aus den Speichern gebracht wurde, mit Feldern, mit Vieh, mit Weingärten, mit Gärten von allen Obstbäumen, mit Schiffen auf dem Wasser, mit allen guten Sachen des Schatzhauses, gemäß meiner Gunst beim Herrscher Ägyptens (und) meiner Beliebtheit bei seinem Hof.*«[114]

Petosiris handelte deshalb zwar quasi-pharaonisch, wies aber gleichzeitig auf seine Abhängigkeit von der Gunst des Herrschers hin, stellte dessen Anspruch mithin keinesfalls in Frage, sondern war stolz auf seinen guten Stand bei ihm.

Der Satrap Ptolemaios beließ den Tempeln nicht nur ihre Besitzungen, sondern stattete ihnen von den Persern enteignete Ländereien sogar wieder zurück. Von einer dieser Landvergaben berichtet die bereits erwähnte Satrapenstele. Das Giebelfeld des Denksteins zeigt eine betreffende Schenkung auch bildlich: Man sieht in der Mitte, Rücken an Rücken, Horus und Wadjet, denen jeweils von außen ein Pharao das Opfer darbringt: Horus erhält das Feld, Wadjet die Gaben des Feldes. Die Kartuschen, in denen üblicherweise der Name des Pharaos eingeschrieben sind, blieben im Giebelfeld leer, weil nominell zu dieser Zeit noch Alexander IV. Pharao war, wohingegen die Schenkung selbst der Satrap Ptolemaios veranlasst hatte, so dass die Priester den Widerspruch durch die Nichtschreibung des Pharaonennamens unterliefen.

Den weitgehenden Schutz der Tempel zeigt auch ein Erlass, den Ptolemaios kurz nach der Annahme des Königstitels verfügte:

**Abb. 4:** Das Grab des Priesters Petosiris in Tuna el-Gebel, der Nekropole von Hermupolis. Der Pronaos ist wie der eines Tempels mit vier Säulen gestaltet, zwischen denen »Schranken« zu sehen sind. Auf diesen Schranken ist Petosiris beim Opfer vor den Göttern dargestellt, einer eigentlich Pharaonen vorbehaltenen Darstellung. Vor dem Pronaos ist ein großer Hörneraltar zu sehen. Photo: Holger Kockelmann.

*»Anordnung des Königs: Heilige Bezirke oder Tempel soll niemandem möglich sein zu [verkaufen] noch zu erwerben, unter keinerlei Vorwand; auch sollen [weder die] Steuerpächter davon Steuer entgegennehmen noch die Archivbeamten [entsprechende Urkunden] errichten noch irgendjemand eine Einquartierung vornehmen. [Wenn aber jemand in einer Sache] dem in der An[ordnung] Festgesetzten [zuwider]handelt, sollen seine Verfügungen ungül[tig sein], und zusätzlich soll er dem Alexan[der] heilige [... Drachmen] büßen.«*[115]

Ptolemaios garantierte also das Tempeleigentum und wollte verhindern, dass korrupte Personen versuchen, Gewinn aus der Veräußerung von Tempelbesitz zu ziehen. Gleichzeitig schützte er, nach einer chaotischen Übergangszeit zu Beginn seiner Herrschaft, die Heiligtümer vor den eigenen Steuerpächtern und vor der Einquartierung von Soldaten des Ptolemäerheeres in den Tempelbezirken – spätestens seitdem er Pharao war, genossen die Tempel Immunität vor Angehörigen des Heeres.

Gerade die Priesterschaften der alten religiösen Zentren von Memphis und Theben erhielten besondere Förderung,[116] ohne dass beide, wie teils angenommen, in Konkurrenz zueinander gestanden haben müssen. Das sicherlich engste Bündnis gingen die Ptolemäer mit den Priestern der alten Königsstadt Memphis ein. Die dortigen Hohepriester des Ptah waren in den folgenden drei Jahrhunderten die wichtigsten einheimischen Unterstützer der Fremdherrschaft.[117]

Die Priesterschaften des Landes gelangten mit der Förderung der Ptolemäer in der Folgezeit wieder in den Besitz erheblicher Geldmittel. Das prunkvolle Grab des Petosiris zeigt den jetzt auch wiedergewonnenen persönlichen Reichtum, der sich in der Tatsache spiegelt, dass die Priester sich nun wieder, wie es das Beispiel von Priestergräbern in Theben zeigt, prachtvolle Grabausstattungen leisten konnten.[118]

Abb. 5: Die Satrapenstele aus dem Jahr 311. Bildliche Umsetzung der Landschenkung an Horus und Wadjet von Buto durch den Satrapen Ptolemaios; aus: Mariette/Maspero, Monuments divers, Taf. 14.

Die Priester setzten ihre Vermögen aber auch für die Tempel ein, wie es das oben erwähnte Beispiel des Djed-Hor von Athribis im Delta zeigt, der finanziell dazu in der Lage war, den Soldaten des Heeres neue Wohnungen zu errichten. Noch wichtiger ist, dass die Priester wieder zu umfangreichen Baumaßnahmen an ihren Heiligtümern in der Lage waren. Das zeigt das Beispiel des Petosiris, der sogar ganze Tempel neu errichtet haben will. Bereits unter der Satrapenherrschaft des Ptolemaios muss es den Priestern folglich wirtschaftlich (wieder) sehr gut gegangen sein. Bestätigt findet sich das in einer weiteren Priesterinschrift, die der Prophet eines Heiligtums des ägyptischen Gottes Herischef in Herakleopolis namens Hor hinterlassen hat:

*»Ich habe die Heiligtümer Oberägyptens und Unterägyptens, die des Südens und des Nordens an diesem Ort erneuert und den Tempel des Nehebkau ... Ich habe ein großes Werk im heiligen Bezirk des Herischef vollbracht.«*[119]

Nach der darniederliegenden Bau- und Dekorationstätigkeit an den ägyptischen Tempeln während der Perserzeit begann nun also, durch die großzügige Förderung der neuen Fremdherrschaft, eine bis in die Römerzeit reichende letzte Blüte des ägyptischen Tempelbaus, die sich noch heute für die Zeit Ptolemaios' I. an den Tempeln in Naukratis, Terenuthis, Hermupolis, Sharuna, Tebtynis und Koptos nachweisen lässt.[120] Die Priester trieben die Bau- und Dekorkationstätigkeit insbesondere aus eigener Initiative voran,[121] wenngleich natürlich der König, seine Funktionäre und Soldaten ebenfalls, wie es griechische Stiftungsinschriften zeigen, Tempel finanzierten.

Das Verhältnis zwischen dem König und der einheimischen Priesterschaft war folglich von einem Geben und Nehmen geprägt, wobei insbesondere auf materieller Seite der Fremdherrscher eher den gebenden Part innehatte, weil er die Priesterschaften mit zahlreichen Sonderrechten versah. Er war auf sie angewiesen und die Priester zahlten ihm das investierte Kapital in symbolischem Nutzen, der sich unmittelbar politisch auszahlte, zurück: Sie schufen einen Pharao, der voll und ganz als Herrscher Ägyptens legitimiert war.[122]

Die ägyptischen Priester sollten aber nicht nur ein positives Bild des neuen Pharaos bei der ägyptischen Bevölkerung vermitteln, sondern die Tempel waren mit ihrer ökonomischen und administrativen Erfahrung auch als Wirtschaftszentren eines Landes, das seinen Reichtum vor allem aus der Agrarwirtschaft bezog, ein eminent wichtiger struktureller Faktor. In der Zeit, als Diodor Ägypten bereiste, also im ersten Jahrhundert, soll ein Drittel des Landes den Tempeln gehört haben.[123] Man muss deshalb davon ausgehen, dass die Priesterschaften maßgeblich für die Organisation der Landwirtschaft längs des Nils zuständig waren, wobei aber der Staat sicherlich einen erheblichen Teil der von den Bauern an die Tempel abgeführten Einkünfte für sich einforderte.[124] Im Gegenzug dafür überwies der König den Tempeln seit dem ausgehenden dritten Jahrhundert eine *syntaxis* genannte Subvention, die zu der *apomoira* (s. u.) für den Herrscherkult hinzutrat.[125] Kontrolle über die Finanzverwaltung der Tempel übten die Könige über das neu geschaffene Amt des Aufsehers (*epistates*) aus, der in jedem Tempel ursprünglich von außen eingesetzt wurde. Später, etwa seit dem späten dritten Jahrhundert, weisen die ägyptischen Namen der Aufseher darauf hin, dass sie aus der jeweiligen Priesterschaft selbst stammten.[126]

Die Priester blieben aber nicht nur auf ihre Tempeltätigkeiten beschränkt, sondern konnten auch in höchste Ränge innerhalb der ptolemäischen Verwaltung und des Hofes aufsteigen. Der sicherlich bekannteste Priester, der es bis an den Hof des Königs geschafft hatte, war Manetho von Sebennytos, der mehrere Schriften in griechischer Sprache, insbesondere auch eine Geschichte Ägyptens und ein Werk über die ägyptische Religion verfasst hatte und auf diese Weise den neuen Herren Ägyptens die Kultur seines Landes nahebrachte. Ob es die Persönlichkeit Manetho wirklich gab, ist umstritten, doch legt die Tradition über ihn nahe, dass sich bereits Ptolemaios I. für die Kultur seines Landes interessierte und ägyptische Priester an seinen Hof berief.[127] Ein solcher am Hof wirkender Priester aus Memphis zeigt das Selbstverständnis des ägyptischen Beraterkreises des Ptolemaios in einer hieroglyphischen Inschrift, die er auf seiner Statue hat anbringen lassen: »In der Zeit der Griechen wurde ich durch den Herrscher von Ägypten gerufen, er erwählte mich und er befolgte die Pläne, die ich ihm gab.«[128] Da nicht vom Pharao, sondern Herrscher gesprochen wird, dürfte es sich noch um die Satrapenzeit des Ptolemaios handeln.[129]

Vor allem Priester aus Unterägypten (Mendes, Tanis, Bubastis und Sebennytos)[130] konnten in der folgenden Zeit bis in die Reichsführung aufsteigen und das Amt des Dioiketen, das wichtigste Verwaltungsamt der Ziviladministration, übernehmen. Es ist vor allem deshalb schwer, solche Priester zu identifizieren, weil sie sich für ihre öffentlichen Funktionstätigkeiten einen griechischen Namen zulegten. Der erste namentlich bekannte Ägypter in dieser Funktion war Harpachepesch aus der Zeit des fünften Ptolemäers.[131] Wir können ihn nur deshalb identifizieren, weil er eine ägyptische Statue mit hieroglyphischen Inschriften über seine Karriere hinterlassen hat. Hier führt er seine zahlreichen Priesterämter in den verschiedensten Tempeln an, doch eben auch die Tatsache, dass er Verwaltungs- und Finanzchef Ägyptens für den König war. Als »Verwaltungsgrieche« dürfte er mit dem aus anderen Dokumenten bekannten Apollonios, Sohn des Theon, zu identifizieren sein.[132]

Die bejahende Einstellung des Königs zu den lokalen Eliten und der ägyptischen Kultur und Religion spiegelt sich im Übrigen bei den Mitgliedern der Hofelite, die ägyptische Kulte förderte und sich teils selbst sogar ägyptisch bestatten ließ.[133] In der späteren Ptolemäerzeit finden wir Mitglieder der griechischen Funktionärselite dann selbst als Priester ägyptischer Kulte.[134]

# 3

# Ptolemaios II.

## 3.1  Ptolemaios, der Thronfolger

»*Und dich, Lanzenkämpfer Ptolemaios, gebar dem Lanzenkämpfer Ptolemaios die glorreiche Berenike ...; und er, dem Vater gleichend, ein geliebter Sohn, wurde geboren. ... und aus der Höhe ließ dreimal der große Adler von den Wolken einen Schrei ertönen, der glückverheißende Vogel. Von Zeus kam wohl dieses Zeichen: Zeus, dem Kroniden, liegen ehrfurchtgebietende Könige am Herzen, und der ganz besonders, den er liebgewinnt gleich nach seiner Geburt. Großer Glückssegen ist sein Begleiter, groß das Land, über das er herrscht, groß das Meer.*«[1]

Mit diesen Worten schildert der Dichter Theokrit die Geburt seines Gönners Ptolemaios' II. auf der Insel Kos. Da Theokrit das Gedicht auf dem Höhepunkt der Macht des zweiten Ptolemaios verfasst hatte, war die Prophezeiung anlässlich der Geburt bereits in Erfüllung gegangen. Wie bei seinem Vater spielte beim zweiten Ptolemäer ein Adlerprodigium eine entscheidende Rolle: Der Vogel verkündete im Namen des Zeus die Herrschaft des Ptolemaios über Land und Meer.

Der Philosoph und Physiker Straton von Lampsakos, der Dichter und Grammatiker Philetas von Kos und dessen Schüler, der Bibliothekar Zenodotos von Ephesos, garantierten die beste Erziehung für den Thronfolger. Vielleicht noch zu Lebzeiten seines Vaters musste der junge Ptolemaios die Tochter des Lysimachos, Arsinoe (I.), heiraten. Es war eine politische Heirat, denn im Gegenzug dafür gab der erste Ptolemäer seine Tochter Arsinoe (II.) in die Hand des Lysimachos. Dem Vater war also ein besonders enges Bündnis mit dem Herrscher über Thrakien und das westliche Kleinasien überaus wichtig, wohl um sich im nordöstlichen Mittelmeerraum abzusichern. Die Ehe des Sohnes zeitigte Erfolg, denn Arsinoe I. brachte den Thronfolger Ptolemaios (III.), einen weiteren Sohn namens Lysimachos und die Tochter Berenike zur Welt. Der erste Ptolemäer hatte damit seine dynastische Herrschaft in der dritten Generation abgesichert. Die Koregentschaft mit seinem Sohn seit 285/284 garantierte schließlich auch den reibungslosen Herrschaftsübergang.

## 3.2 Ptolemaios II. – Die Alleinherrschaft

Nach dem Tod seines Vaters im Jahr 283 übernahm der Sohn, dem man erst postum den Beinamen Philadelphos – der Schwesterliebende – gab,[2] die Regierungsgeschäfte. In den makedonischen Datierungen von Urkunden war dieses Jahr deshalb das erste Regierungsjahr. Interessanterweise lassen aber die ägyptischen Urkunden weiterhin die Zählung der Herrschaftsjahre mit dem Beginn der Koregentschaft laufen, es besteht also die Möglichkeit, dass der Sohn bereits im Beisein des Vaters die Doppelkrone Ägyptens erhalten hatte. Als Pharao verfügte Ptolemaios II. über eine fünfteilige hieroglyphische Titulatur, deren Gold(horus)name sogar auf die Einsetzung durch den Vater verweisen könnte, wenn nicht Amun gemeint ist: »Sein Vater ließ ihn (auf dem Thron) erscheinen.« Der Horusname lautete »Starker Jüngling«, der Herrinnenname »Groß an Kraft«. Als König von Ober- und Unterägypten erhielt er die Bezeichnung »Stark ist der Ka des Re, geliebt von Amun«, der ebenso wie der Eigenname Ptolemaios in den schützenden Königsring, die Kartusche, eingetragen wurde. Obwohl eine doppelte Zählung der Regierungsjahre sehr schnell zu Verwirrungen führen konnte, insbesondere dann, wenn Urkunden demotischer und griechischer Schrift nebeneinander verwendet wurden, schaltete man erst im Jahr 267/266 durch die Auslassung des 17. und 18. Jahres in der ägyptischen Zählung beide Kalender gleich.[3]

Zwar hatte ihm sein Vater durch die Koregentschaft eine legitime Nachfolge gesichert, doch gab es Konkurrenten um den Thron – erstens den Halbbruder Magas, der in Kyrene eine eigene Herrschaft aufgebaut hatte, und zweitens den vom Vater enterbten Halbbruder Ptolemaios Keraunos, der gemeinsam mit dem König über Syrien und Vorderasien, Seleukos I., zu einer Königsherrschaft gelangen wollte. Diese Konstellation zwang Ptolemaios dazu, seine eigene militärische Leistungsfähigkeit unter Beweis zu stellen. Die Herrschaft des neuen Königs stand deshalb, wie schon die seines Vaters, unter dem selbstgewählten Diktat des Krieges und dem Versuch, teilweise gestützt auf Bündnisse mit anderen Königen und Staatswesen, die Herrschaft über weitere Territorien des ehemaligen Alexanderreiches auszudehnen. Dabei gelangte Ptolemaios auch in bis dahin von Alexander nicht betretene Gegenden wie Äthiopien und Arabien.[4]

Nach seinem Herrschaftsantritt bekräftigte Ptolemaios, ganz im Sinne der Bündnispolitik seines Vaters, zunächst das ptolemäische Militärbündnis mit der wichtigen griechischen Stadt Milet an der kleinasiatischen Küste, die kurz zuvor noch den Seleukiden zugetan war. In einem Ehrenbeschluss der Stadt für den zweiten Ptolemäer ist zu lesen:

»*Als das Volk bereits früher Freundschaft und Wehrgemeinschaft mit dem Gott und Ptolemaios gewählt hatte, geschah es, dass die Stadt zu Wohlstand und Glanz kam und das Volk vieler und großer Güter gewürdigt wurde, weshalb ihn das Volk mit den größten und schönsten Ehren bedacht hat. Als nun sein Sohn König Ptolemaios die Herrschaft übernahm und die Freundschaft und Wehrgemeinschaft mit der Stadt erneuerte, bemühte er sich eifrig um das, was allen Milesiern nützt, übereignete dem Volk Land, bescherte ihm den Frieden und war außerdem für die Stadt Ursache anderer Wohltaten.«*[5]

Es war ein ungleiches Bündnis – Milet bekennt offen, was es alles Ptolemaios I. zu verdanken hatte und zeigte dem Sohn auf diese Weise, was es von ihm erwartete: Eine Stützung der privilegierten Stellung innerhalb des kleinasiatischen Mittelmeergebietes. Zum Dank würden die Milesier weiterhin loyale Bundesgenossen der Ptolemäer bleiben und außerdem durfte sich der zweite Ptolemäer erhoffen, infolge eines weiterhin wohltätigen Verhaltens gegenüber der Stadt genauso wie sein Vater mit einem Kult in Milet versehen zu werden. Die Vorherrschaft über den Mittelmeerraum garantierte die starke ptolemäische Flotte, die in einem Netz von Marinestützpunkten an zentralen Stellen untergebracht war: So auf Zypern, den Inseln Thera und Keos, in Itanos auf Kreta und zudem in Methana, das auf der Peloponnes lag und somit den ptolemäischen Einfluss auf der Athen gegenüberliegenden Küste sicherte.[6]

Zum ersten Mal zu Felde zog Ptolemaios II. 280/279 gegen den Seleukiden Antiochos I. in den »Syrischen Erbfolgekrieg« oder »Karischen Krieg«. Über diese Auseinandersetzung ist nicht viel bekannt, doch machte Ptolemaios allem Anschein nach erhebliche Gebietsgewinne in Kleinasien.[7] Diese Eroberungen bildeten in gewisser Weise ein Präludium zu den beiden großen Syrischen Kriegen, die Ptolemaios II. später gegen die Seleukiden ausfocht. Zunächst wandte sich der König aber nach Süden. So ließ er eine Arabienexpedition und einen Zug nach Äthiopien durchführen und begann zudem, die Küste des Roten Meeres zu erschließen. Der Weg nach Süden war für ihn vor allem deshalb interessant, weil hier Elefanten – zwar nicht die großen afrikanischen, sondern heute ausgestorbene kleine Waldelefanten mit einer Schulterhöhe von etwa zweieinhalb Metern – lebten, die er als Kriegs- und Prestigewaffe gegen die etwa einen Meter höheren indischen Elefanten der Seleukiden einzusetzen gedachte.[8] Wirkliche militärisch entscheidende Bedeutung hatten solche Elefanten nicht, da sie im Kriegsgeschehen zu unberechenbar waren, doch brachte ihr Besitz und ihre Aufstellung in der Schlachtreihe Ansehen, ebenso wie man sich möglicherweise erhoffte, den Gegner einzuschüchtern. Späte Quellen geben an, dass Ptolemaios 300 oder sogar 400 Elefanten besessen habe.[9]

Äthiopien war aber auch deshalb wichtig, weil von hier, häufig als Transitland aus südlicheren Regionen, Luxusgüter, Sklaven, Elfenbein und exotische Tiere kamen. Daher war eine direkte Kontrolle des Korridors in die Subsahara durchaus von Vorteil. Hierdurch geriet Ptolemaios freilich in Konflikt mit dem Königreich von Kusch im Zentralsudan und auch mit den freien nomadischen

Gesellschaften dieser Region. So kam es sogar zu Einfällen von Äthiopiern in Ägypten.[10] Ptolemaios war deshalb im Jahr 275 oder 274, wie die Pharaonen zuvor, dazu gezwungen, durch militärische Expeditionen seine Dominanz vor Augen zu führen und die südlichen Nachbarn vor weiteren Einfällen abzuschrecken.

Die Südgrenze Ägyptens lag traditionell am ersten Nilkatarakt, beim heutigen Assuan und der Nilinsel Elephantine. Um die Region zwischen dem ersten und zweiten Katarakt, das sogenannte Dreißigmeilenland (Triakontaschoinos), rangen die meroitischen Könige und die Ptolemäer in den folgenden Jahrhunderten. Ptolemaios II. hatte möglicherweise bereits das Dreißigmeilenland jenseits des Ersten Katarakts seiner direkten Herrschaft unterstellt.[11] In diesem Zusammenhang ist sicherlich der Ausbau des Tempels der Isis auf der Nilinsel Philae, die einige Kilometer südlich von Assuan liegt, zu verstehen. In der Folgezeit entwickelte sich die Priesterschaft von Philae zu einem der wichtigsten wirtschaftlichen Akteure, der in ganz erheblichem Maß von den ptolemäischen Königen gefördert wurde und auf diese Weise gleichzeitig die Grenzregion sicherte.

Wenn der in Alexandria wirkende Dichter Theokrit den Herrschafts- und Einflussraum des Ptolemaios mit folgenden Worten pries, dann hatte er wohl die frühen Jahre des zweiten Ptolemäers vor Augen:

»*Über das alles ist der stolze Ptolemaios König. Ja, und von Phoinikien schneidet er sich einen Teil ab und von Arabien und Syrien und Libyen und den dunklen Aithiopern; über alle Pamphylier und die Lanzenkämpfer Kilikiens gebietet er, die Lykier, die kriegliebenden Karer und die Kykladen-Inseln; denn für ihn befahren die besten Schiffe die See, und alles Meer und Land und rauschende Flüsse gehorchen Ptolemaios als ihrem Herrn, und viele Reiter und viele Schildkämpfer, mit funkelndem Erz gerüstet, sammeln sich um ihn.*«[12]

Wohlwissend verschwieg Theokrit das Fehlen der Kyrenaika, wo der Halbbruder des Ptolemaios ein mehr und mehr eigenständiges Regiment führte, unklar ist hingegen, weshalb die für die Seeherrschaft so wichtige Insel Zypern keine Erwähnung fand.

Zusammengehalten hat Ptolemaios seine Herrschaft durch die bereits erwähnte perfekt organisierte Flotte, die den Nachrichten- und Personaltransfer über das Mittelmeer und Rote Meer garantierte. In diesem Zusammenhang dürfte auch folgende Information der ägyptischen Priester von Mendes zu verstehen sein, die eine hieroglyphische Inschrift mit dem Lob des Königs verfasst hatten, in der sie unter anderem angeben:

»*Eine andere [schöne] Tat, die von seiner Majestät gemacht wurde: Es wurde ein Kanal gegraben im Osten von Ägypten, um seine Grenze zu machen gegen die Fremdländer, um die Tempel zu [schützen(?)]. Nicht wurde Gleiches gemacht von den Königen von Ober- [und Unterägypten vor ihm].*«[13]

Bei diesem Kanal handelt es sich um denjenigen, den einst Pharao Necho zwischen dem Roten Meer und dem Nil hatte graben lassen und den Ptolemaios, sicherlich mit Blick auf die Besitzungen an der Levante, 270 in Stand setzen ließ. Auf diese Weise gedachte er, das Netz an Handels- und Jagdstationen, das er in den folgenden Jahren an der Küste des Roten Meeres anlegte, mit dem Nil und dem Mittelmeer zu verbinden. Die Priester setzen hier freilich einen anderen Akzent als den der Öffnung von Seewegen: Sie verweisen auf den Schutz Ägyptens. Das wird durch eine weitere hieroglyphische Inschrift der Priester von Pithom unterstrichen:

»*Er grub einen Kanal nach seinem Wunsch, nämlich seines Vaters Atum ... Er machte eine große Mauer inmitten seiner östlichen Wüste von bewundernswerter Höhe, über die es kein Lachen gibt, um die Feinde abzuwehren. ..., (wenn) sie herabsteigen nach Ägypten.*«[14]

Dem König war eine Sicherung der Grenzregion zwischen Ägypten und Palästina wichtig, die »große Mauer« dürfte eine Festungslinie bezeichnen. Das ist vor allem deshalb erstaunlich, weil Koilesyrien Bestandteil des Reiches war, also eine Sicherung der Grenze in dieser Zeit eigentlich nicht nötig gewesen wäre. Da Ptolemaios aber genau das tat, ist davon auszugehen, dass er sich seiner syrischen Besitzungen nicht ganz so sicher war, wie es die Selbstdarstellung vermuten lässt und dass er Ägypten als letzte Rückzugsbastion ausbauen wollte, was gerade mit Blick auf den Beginn des Ersten Syrischen Kriegs 274 durchaus sinnvoll war, da eine groß angelegte Invasion des Antiochos drohte.

### 3.2.1 Die neue Legitimation der Herrschaft

Ptolemaios erarbeitete in den ersten Jahren seiner Herrschaft gemeinsam mit dem Hof und sicherlich auch in kreativem Austausch mit den Untertanen ein Programm seiner Selbstdarstellung, das auf fünf Pfeilern ruhte: Erstens seiner dynastischen und göttlichen Herkunft, zweitens seiner militärischen Sieghaftigkeit, drittens dem von ihm garantierten dionysischen Wohlstand, viertens der von ihm neu begründeten Tradition der Geschwisterheirat und fünftens der Selbstvergöttlichung. Dieses unter ihm begründete Programm prägte sowohl die Selbstdarstellung als auch das von außen wahrgenommene Bild ptolemäischer Herrschaft für die folgenden beiden Jahrhunderte.

Zunächst vergöttlichte Ptolemaios seinen Vater, machte mithin sich selbst zum Sohn eines Gottes. Das war ihm ein Leichtes, denn griechische Gemeinwesen hatten den Vater, wie gesehen, schon längst als Rettergott verehrt. Ptolemaios errichtete dem Ahn unter der Anrufung »der Retter« einen eigenen Tempel in Alexandria.[15] Nach dem Tod der Mutter ließ er sie in den Kult für den Vater mit aufnehmen, so dass man in Alexandria die beiden Rettergötter verehren konnte. Theokrit dichtete hierzu:

»*Nur er weihte duftende Tempel der lieben Mutter und seinem Vater und stellte, in Gold und Elfenbein prangend, dort als Helfer sie auf für alle, die wandeln auf Erden.*«[16]

Da ein neuer Gott und sein Kult Anhänger brauchen, der Kult also möglichst in die Welt getragen werden musste, richtete Ptolemaios zu Beginn der 270er Jahre ein großes internationales Fest der Ptolemaia zu Ehren Ptolemaios' I. ein, das den Olympischen Spielen gleichrangig sein sollte: So wie Griechen in Olympia den höchsten Gott Zeus ehrten, so sollten sie in Alexandria den Gott Ptolemaios ehren. Das neue Sportfest – in der Antike war ein solches immer auch ein religiöses Fest – fand deshalb versetzt zu den Olympischen Spielen in einem gleichen Zeitabstand statt und Griechen konnten sich hier auch in den gleichen Disziplinen messen, also sportlichen Turnieren, Pferderennen und Musikwettbewerben. Nun ist es das eine, ein großes Fest und damit die Göttlichkeit des Vaters zu beschließen, ein anderes ist es freilich, wenn niemand hieran teilnimmt oder nur diejenigen Untertanen, die hierzu mehr oder weniger gezwungen wurden. Es musste folglich Anreize für eine freiwillige Teilnahme geben, die den Untertanen und vor allem den Angehörigen freier griechischer Staaten oder anderer Königreiche einen Besuch der Spiele, die oft beschwerliche und teure Reise nach Alexandria schmackhaft machten. Das aktive Bemühen des Königs um eine Akzeptanz der neu geschaffenen Wettkämpfe ist seiner Bitte an griechische Gemeinden zu entnehmen, den Agon als isolympisch, also den Olympischen Spielen gleichwertig, anzuerkennen. Die Inselgriechen, das Koinon der Nesioten, kamen dieser Bitte in einem Ehrenbeschluss nach, dem jedoch ebenfalls zu entnehmen ist, dass die Griechenvereinigung unter dem Vorsitz des ptolemäischen generalbevollmächtigten Aufsehers über die Überseegebiete tagte, also den Beschluss nicht ganz so frei traf, wie es den Anschein haben sollte. Die Nesioten hatten sich von diesem nämlich nicht zweimal bitten lassen, dem sicherlich freundlich vorgetragenen Ansinnen des Königs nachzukommen, und beschlossen:

»*Der Wettkampf soll als ein dem Olympischen gleicher gelten, und die Sieger der Nesioten sollen die gleichen Ehrungen erhalten, wie sie in den Gesetzen bei jedem (Mitglied) der Nesioten niedergeschrieben sind für die Sieger bei den olympischen Wettkämpfen ... (und es sei beschlossen), dass die Ratsmitglieder auch drei Festgesandte wählen, die, nach Alexandria gekommen, sowohl für das Heil des Bundes der Nesioten dem Ptolemaios Soter opfern als auch dem König den Kranz überreichen sollen.*«[17]

Doch nicht nur solche indirekt sehr deutlich beherrschten Gemeinden entschlossen sich zu Teilnahme. Das gleiche tat unter Ptolemaios III. auch die Amphiktyonie aus Zentralgriechenland, die in der Tat nicht unter ptolemäischer Herrschaft stand. Das war von überaus großem politischen Wert für den Nachfolger des zweiten Ptolemäers, weil hiermit die Schutzgemeinschaft eines der wichtigsten Orakelheiligtümer Griechenlands, des Orakels des Apollon von Delphi, den neuen Festkult sanktioniert hatte. Apollon selbst hatte auf diese Weise indirekt seine Zustimmung erklärt. Die Amphiktyonen taten das aber sicherlich nicht deshalb, weil sie Ptolemaios I. auf einmal für einen dem Zeus gleichen Gott hielten – zumindest ist das wenig wahrscheinlich –, sondern weil sie sich bei ihren politischen Aktivitäten die finanzielle und politische Unterstützung der Ptolemäer erhofften.[18]

Der entscheidende Anreiz zur Teilnahme von Griechen des Mittelmeerraumes war dann aber noch ein weiterer: Ptolemaios erwies sich während der Festspiele auf einer Festprozession den Zuschauern gegenüber überaus freigiebig. Wie diese Prozession genau ausgesehen hat, ist unbekannt. Gerne möchte man glauben, dass die Schilderung des Autors Athenaios von Naukratis aus dem zweiten Jahrhundert nach Christus zutrifft, der vorgeblich den Zeitzeugen Kallisthenes zitierend eine gigantische Festprozession des zweiten Ptolemaios beschreibt.[19] So soll der Umzug nicht aus einer, sondern aus insgesamt acht Prozessionen bestanden haben: Er begann mit einer nach dem Morgenstern benannten Abteilung, dann folgte die der Vorfahren der Könige, woran sich die des Dionysos anschloss. Nach einer Abteilung des Zeus und der anderen Götter und einer des Alexander auf einem von vier Elefanten gezogenen Wagen folgten eine riesige Truppenparade und eine Abteilung der königlichen Familie. Den Abschluss machte schließlich eine nach dem Abendstern benannte Abteilung. Das ist eine durchaus logische Abfolge, die den kosmischen Herrschaftsanspruch (Morgen- und Abendstern), die Angleichung des Ptolemaios an Dionysos, seine legtime Übernahme des Erbes Alexanders und die militärische Sieghaftigkeit des Königs betont.

Allein die Prozessionsabteilung des Dionysos beschreibt Athenaios ausführlicher und diese reichte im Grunde genommen aus, um die gesamte Stadt auszufüllen und zudem die finanziellen Reserven des Reiches erheblich anzugreifen. Die Beschreibung ist derart übertrieben, dass sie so unmöglich stattgefunden haben kann. Es soll etwa einen Wagen mit einer vier Meter hohen Statue der Amme des Dionysos, Nysa, gegeben haben. Sie konnte mechanisch aufstehen und aus einer goldenen Schale Milch ausgießen. Ein anderer Wagen habe einen 3630 Liter fassenden Weinschlauch befördert, aus dem die ganze Zeit über

Wein sprudelte, es folgte ein silberner Mischkrug, der 672 Liter habe aufnehmen können. So fantastisch geht es in einem fort:

*»Auf anderen Wagen wurden ein goldener Thyrsos von 45 Meter Höhe, eine silberne Lanze von 30 Meter und auf einem weiteren ein goldener Phallos von 60 Meter Länge mitgeführt, der mit Bildern bemalt und mit vergoldeten Bändern umwickelt war. An der Spitze hatte er einen goldenen Stern, dessen Umfang drei Meter betrug.«*[20]

Es ist wohl ein frommer Wunsch der modernen Geschichtsschreibung, dass der Bericht ein tatsächliches Geschehen präsentiert. Der antike Autor scheint hier eher ein Wissen des zweiten Jahrhunderts nach Christus über die Selbstdarstellung ptolemäischer Könige zusammenzufassen, das er in der von ihm kreierten Prozessionsbeschreibung übertreibend und seiner Erzählintention folgend darstellte. Trotzdem ist seine Schilderung natürlich nicht unbrauchbar, denn er fasste im Grunde genommen alles das zusammen, was wir auch ansonsten über das Selbstverständnis und die Repräsentation der Ptolemäer wissen, so dass sie in ihrem Kern sicherlich auf einen Augenzeugenbericht zurückgeht: Es ging Ptolemaios II. erstens darum, die Sieghaftigkeit der Dynastie aufzuzeigen, sogar vorgeblich indische Gefangene ließ er mitführen. Zweitens betonte er seinen dionysischen Reichtum und stellte zudem das Wohlleben, die Fruchtbarkeit Ägyptens und die sexuelle Potenz seiner Familie heraus. Hiermit hatte Ptolemaios II. einen neuen Akzent in der Selbstdarstellung der Dynastie begründet, der deutlich vom Ideal seines Vaters abwich.[21] Drittens betonte die Prozession die dynastische Herkunft des Königs, bei der auch Alexander der Große eine Rolle spielte, denn Ptolemaios I. und Alexander erschienen gemeinsam auf einem Wagen. Hierdurch wollte der amtierende König sicherlich erstens auf die enge Verbindung beider Herrscher verweisen und gleichzeitig herausstellen, dass er in beider Nachfolge stand. Die Prozession zeigt weiterhin nicht nur, dass er symbolisch Besitz von seinem Reich ergriff, sondern führt gleichzeitig den viel weitergefassten Herrschaftsanspruch Ptolemaios' II. vor Augen, der in der Nachfolge des Alexanders des Großen und Dionysos' bis nach Indien reichte. Den Willen des zweiten Ptolemäers auf die Führung Griechenlands zeigt die mitgeführte Personifikation Korinths – als *pars pro toto* für die Mitglieder des von Philipp II. begründeten korinthischen Bundes – und Statuen der Städte, die Alexander in Kleinasien von der Perserherrschaft befreit hatte. Von besonderer Bedeutung für die Außendarstellung war deshalb sicherlich auch die enorme Truppenparade, die auf die militärische Kraft des Ptolemaios verweisen sollte: Der unbesiegbare König wollte, in der Nachfolge Alexanders des Großen, Anführer der griechischen Welt sein.

### 3.2.2 Pharao Ptolemaios II.

Waren die Feste in Alexandria insbesondere mit Blick auf den Mittelmeerraum ausgerichtet, dienten also der Legitimation und Repräsentation des hellenistischen *basileus* Ptolemaios, so zeigt seine Politik in Ägypten selbst, dass er auch alles dafür tat, als Pharao anerkannt zu werden. Hierzu stand er in engen Beziehungen zu den ägyptischen Priesterschaften. Von besonderer Bedeutung waren für ihn die Priester von Sebennytos, einer Stadt im Nildelta, die Residenz der letzten einheimischen Dynastie der Nektanebiden war, aus der auch der bereits erwähnte Manetho stammte. Da die Perser Pharao Nektanebos II. vertrieben hatten, lag es auf der Hand, sich als »Erben« dieser Dynastie darzustellen und so eine rechtmäßige Nachfolge auf dem Pharaonenthron zu suggerieren. Ptolemaios II. ließ deshalb den von den Nektanebiden begonnenen Tempel der Isis von Sebennytos im heutigen Behbeit el-Hagar fertigstellen.[22]

Der Kult der Isis erlebte unter Ptolemaios II. nicht nur im Delta, sondern in ganz Ägypten eine besondere Förderung, wie es die Errichtung des großen Heiligtums der Isis von Philae an der Südgrenze zeigt. Natürlich profitierten auch viele andere Kulte von dem großzügigen König, was Inschriften lokaler Priesterschaften belegen, die auf den Stelen von Mendes, Pithom und Sais erhalten sind.[23] Das Geschäft zwischen König und Priesterschaft funktionierte also: Für die Gewährung von Vorteilen gestalteten die Priester Ptolemaios zu einem Pharao aus. Sie verwiesen auf Wohltaten des Königs für die Tempel Ägyptens und das gesamte Land, die Sorge des Königs für den göttlichen Apis- und Mnevisstier und die Rückholung geraubter Götterbilder aus dem Ausland.[24] Sie vermeldeten zudem den Nachlass von Steuern in ganz Ägypten, die Erhöhung von Steuern, die den Tempeln zukamen, ebenso die Stiftungen des Königs an die Tempel. Sogar eine ägyptische Leibgarde soll der König nach Auskunft der Priester aufgestellt haben.[25] Im Sinne des Prinzips *do ut des* war das alles nötig, denn der ägyptische Gott Thot selbst hatte dem König offenbart:

»*Zufrieden möge sein [der König von Ober- und Unterägypten ...] wahrhaftig, wenn er gedeihen lässt die Opferkuchen des lebenden Widders. Es sei nützlich für den König in Wahrheit, Wahrheit, wenn er gedeihen lässt den Opferkuchen für den Widder, Herr von Djedet, damit vergrößert werden die Gottesopfer, damit erweitert wird sein Gebiet, damit gemacht wird alles Nützliche für sein Haus. Wenn aber vermindert wird der Tisch seiner Opferkuchen, dann fällt viel Unheil auf die Menschen. Wenn aber der Tisch seiner Opferkuchen versorgt wird, so bringt er viele Nahrungsmittel in das ganze Land. Denn die Nilschwemme überflutet den Acker infolge seiner Opferkuchen. Sie (= Nilflut) ist der Vater für den König.*«[26]

Es kamen also die ausreichenden Nilfluten, weil sich der neue Pharao um die Tempel Ägyptens kümmerte. Wir werden im weiteren Verlauf der Ptolemäerzeit sehen, welche Gefahr entstehen konnte, wenn dem einmal nicht so war.

### 3.2.3 Gott und Göttin: Ptolemaios II. und Arsinoe II.

In der Zeit zwischen 279 und 276/275 ereignete sich etwas, das auf ideologischer Ebene die nächsten 250 Jahre ptolemäischer Herrschaft bestimmen sollte, ohne dass man es zu diesem Zeitpunkt hätte ahnen können: Die auf das 40. Lebensjahr zugehende ältere Schwester des Ptolemaios, Arsinoe (II.), kam aus Samothrake nach Alexandria und anschließend schlossen die beiden Vollgeschwister – aus welchen Gründen auch immer – den Bund der Ehe.[27] Damit begründete Ptolemaios das Ideal der Geschwisterheirat.

Arsinoe war zuvor mit König von Thrakien verheiratet gewesen. Seiner Gemahlin zu Ehren hatte der König 294 sogar den Namen von Ephesos in Arsinoe ändern lassen.[28] Drei Kinder entstammten ihrer Ehe: Ptolemaios (298), Philipp (297) und Lysimachos (294).[29] Deren Vater Lysimachos fiel jedoch 281 in Lydien während der Schlacht von Kurupedion gegen König Seleukos. Damit war nicht nur der Sechste Diadochenkrieg beendet, sondern auch die Diadochengeschichte, denn der Sieger und letzte Diadoche Seleukos I. fand kurz darauf den Tod durch die Hand des Ptolemaios Keraunos und damit war kein Nachfolger Alexanders mehr am Leben. Ptolemaios Keraunos, der von der Thronfolge ausgeschlossene Sohn Ptolemaios' I. mit Eurydike, hatte sich daraufhin in Thrakien und Makedonien als Herrscher etablieren können und war schließlich, nach der Ermordung des Seleukos I., von dessen Heer zum König ausgerufen worden. Arsinoe heiratete nach dem Tod des Lysimachos genau diesen siegreichen König, ihren Halbbruder. Es war natürlich, wie bei allen dynastischen Ehen üblich, keine Liebesheirat, vielmehr musste Arsinoe zur Ehe gezwungen werden, denn Ptolemaios Keraunos benötigte sie, um seine Legitimation zu untermauern: Infolge der Heirat konnte er schließlich als Rächer an Seleukos I. für den Tod ihres Gatten Lysimachos auftreten. Die ihm angetraute Halbschwester scheint er jedoch nicht besonders geachtet zu haben, tötete er doch zwei ihrer Söhne, um legitime Erben des Lysimachos zu beseitigen. So wählte Arsinoe nicht lange nach der Eheschließung die Insel Samothrake als Aufenthaltsort, um dem direkten Kontakt mit ihrem Ehemann zu entgehen.[30] Nachdem ihr verhasster Halbbruder und Gemahl schließlich bei einer Schlacht gegen die Kelten gefallen war, reiste Arsinoe an den alexandrinischen Hof. Hier schockierten Bruder und Schwester die griechische Welt, weil Ptolemaios, wie Pausanias voll moralischer Entrüstung schreibt, »sich nun in die Arsinoe verliebte, die doch von beiden Seiten her seine Schwester war, und sie wider jede makedonische Sitte heiratete, freilich in Übereinstimmung mit der der Ägypter, über die er nun herrschte«.³¹ Seine erste Gemahlin, Arsinoe I., verbannte Ptolemaios wiederum nach Koptos in Mittelägypten.³²

Mit der Aussage, dass es wider die makedonische Sitte war, die Vollschwester zu heiraten, hatte Pausanias durchaus Recht, doch ist es keinesfalls so, dass die beiden sich nach ägyptischem Vorbild vermählten, denn auch in Ägypten, selbst im Königshaus, war die Geschwisterehe zwar nicht ausgeschlossen, aber doch unüblich. Immerhin konnte sich Ptolemaios aber auf das Beispiel von Isis und Osiris berufen und mit Blick auf seine griechischen Untertanen machte der König ebenfalls ein göttliches Vorbild für seine Geschwisterehe geltend, das der Dichter Theokrit überliefert:

*»Keine bessere Frau als sie gibt es, die den Gatten in den Gemächern mit dem Arm umfängt, von Herzen liebend ihren Bruder und Ehemann. So hat sich auch der Unsterblichen (Zeus' und Heras) heilige Hochzeit vollzogen, welche die Herrin Rhea geboren hatte, als Könige des Olymp; und ein Lager zum Schlafen für Zeus und Hera bereitet Iris, ein Mädchen noch, die Hände mit Salben gereinigt.«*³³

Die Ehe der ptolemäischen Geschwister war also mit der »heiligen Hochzeit« (*hieros gamos*) des Zeus und der Hera gleichzusetzen und damit legitim, ja sakral. Dass jedoch nicht alle Griechen diese Erklärung akzeptierten, belegt nicht nur Pausanias mit seinem Dünkel, sondern auch der zeitgenössische Dichter Sotades, der spottend schrieb: »Er stieß den Stachel in ein unheiliges Loch.«³⁴ Da Autokraten sich Spott nur selten gefallen lassen, insbesondere dann, wenn es um das eigentlich mit der Heirat bezweckte persönliche Charisma ging, schließlich war eine göttliche Ehre beschlossen worden, endete der Spott für Sotades tödlich:

*»Denn als er mit dem Schiff aus Alexandria hinausfuhr und ... schon vor der drohenden Gefahr in Sicherheit zu sein schien ..., da nahm ihn Patroklos, der Feldherr des Ptolemaios, auf der Insel Kaunos gefangen, sperrte ihn in ein bleiernes Faß, brachte ihn zum Meer und versenkte ihn.«*³⁵

Wie zur Zeit seines Vaters, so erwiesen natürlich die verbündeten Staaten, ebenso wie Städte, die sich unter direkter Herrschaft befanden, dem König und seiner Gemahlin Ehren. Die Athener stellten etwa vor dem Eingang zum Odeion Statuen des Königs und der Königin auf, die Pausanias noch Jahrhunderte später sah.³⁶

Ptolemaios II. richtete zudem seiner Gemahlin und sich selbst einen Kult in Alexandria ein, der vor allem bei seinen griechischen Untertanen Anerkennung finden sollte. Hierzu gliederte er den Kult an den von seinem Vater eingerichteten Reichskult für Alexander den Großen an, so dass spätestens seit dem Jahr

272/271 der seit dem Jahr 290 bekannte Priester des Alexander auch Priester der Geschwistergötter, also Priester Ptolemaios' II. und Arsinoes II., war, denn das war beider Kultname.[37] Da die Urkunden im gesamten Reich nach dem Alexander- und Geschwistergötterpriester datiert wurden, war den Untertanen einerseits die Göttlichkeit des zweiten Ptolemäerpaares und andererseits deren Bindung an und Legitimation durch Alexander stets vor Augen geführt. Es gab weiterhin einen alexandrinischen Tempel für den Kult der beiden Geschwistergötter, und ein Theadelphia genanntes Fest, mit dem das Herrscherpaar seine Göttlichkeit in Alexandria öffentlich feiern ließ.[38]

Als Gemahlin des Königs führte Arsinoe den Titel »Bruderliebende« (*Philadelphos*), und es ist sehr wahrscheinlich, dass sie bereits zu Lebzeiten als »bruderliebende Göttin« (*Thea Philadelphos*), wie sie auf Opferaltären unbekannter Datierung genannt wurde, den Kult erhielt.[39] Der Flottenadmiral Kallikrates von Samos, der sich durch zahlreiche Stiftungen für das zweite Ptolemäerpaar in der griechischen Welt hervortat,[40] weihte am Kap Zephyrion nahe Alexandria einen Tempel der »Königin Arsinoe Kypris« oder »Arsinoe Philadelphos Kypris«. Hier war die neue Göttin aufgrund des auf Zypern (»Kypris«) als Geburtsort der Aphrodite verweisenden Beinamens an die Liebesgöttin angeglichen und gleichzeitig wurde sie als Herrin der Seefahrt (*Euploia*) verehrt.[41] Auf diese Weise griff der Admiral einerseits den Aspekt der ptolemäischen Seeherrschaft auf, den er selbst als bedeutender Vertreter durchsetzte, andererseits akzentuierte er den durch die Dynastie garantierten Aspekt der Fruchtbarkeit. Die Göttin Arsinoe hatte für das Ptolemäerreich also eine Schutzfunktion zu Land und zu Wasser inne, oder, wie es ein weiteres Epigramm Poseidipps formuliert:

*»Sei es, dass du das Meer mit dem Schiff durchfahren, sei es, dass du am Festland das Tau festmachen willst: Schenk Arsinoe, der Hüterin der Seefahrt, einen Gruß und rufe die hehre Göttin aus dem Tempel, den der Sohn des Boiskos, als er Admiral war, Kallikrates aus Samos, vor allem für dich, Seefahrer, geweiht hat. Oft aber strebt auch ein anderer Mann nach glücklicher Seefahrt und bedarf dieser Göttin. Deswegen, wenn du <wieder> an Land gehst und wenn du aufs erhabene Meer hinausfährst, wirst du in ihr eine Göttin finden, die deinen Bitten Gehör schenkt.«*[42]

Ein treffendes Bild dieser neuen »Herrin der Seefahrt« liefert ein Mosaik aus dem unterägyptischen Thmuis, das eine ptolemäische Königin mit der Schiffskrone als Personifikation der ptolemäischen Seeherrschaft zeigt.[43]

Die neue Göttin Arsinoe konnte zudem, wie es auch das Mosaik zeigt, sehr militärisch auftreten, was ebenfalls einen Aspekt der Aphrodite darstellte.[44] So sprach eine Untertanin sie (im Traum) wie folgt an:

**Abb. 6:** Mosaik mit einer Personifikation der Seefahrt aus Thmuis; möglicherweise eine ptolemäische Königin, Arsinoe II. oder Berenike II.

»*Arsinoe, dir ist, vom Wind durchweht zu werden durch die Falten hindurch, dies linnene Kopftuch, aus Naukratis geweiht worden, ... So erschienst du, Bruderliebende: in der Hand den spitzen Speer, Herrin, und in der Armbeuge den hohlen Schild haltend. Die aber, die du <darum> gebeten hast, hat dir dies Stück weißen Stoffs dargebracht, Hegeso, ein junges Mädchen makedonischer Abkunft.*«[45]

Griechen hatten, wie bereits zu sehen war, den lebenden Monarchen in hellenistischer Zeit durchaus vergöttlicht, zumindest dann, wenn dieser über eine aus

Sicht der Verehrer gottgleiche Macht verfügte oder wenn sie sich einen Vorteil von ihm erhofften. So geschah es bei verschiedenen siegreichen hellenistischen Königen, die griechische Städte befreiten und ihnen (zumindest nominell) ihre Autonomie zurückgaben. Das Besondere ist aber, dass bei den Ptolemäern, in Anlehnung an das Vorbild Arsinoes II., auch deren Gemahlinnen vergöttlicht wurden, die mithin Funktionen verschiedener Göttinnen übernahmen. Im Falle der Arsinoe war das die durch sie garantierte Fruchtbarkeit und weitere mit Aphrodite verbundene Aspekte, aber eben auch, was gerade zu Beginn der hellenistischen Zeit im Herrscherkult entscheidend war, die militärische Stärke der Athena oder Aphrodite. Es handelte sich um eine Zuschreibung von Göttlichkeit, die einerseits die Untertanen vornahmen, um sich Vergünstigungen und Wohlwollen des Königs zu sichern, andererseits ist auch dem König selbst an einer Vergöttlichung seiner Gemahlin gelegen gewesen, denn er, der Gott, wollte mit einer Göttin vermählt sein, so wie Zeus mit Hera, das göttliche Vorbild der Geschwisterheirat.

Wie sah es aber mit der ägyptischen Umsetzung dieser Vorstellung von der Göttlichkeit der Königsgemahlin aus? Die Priester erhoben die Königin bereits vor dem 12. Regierungsjahr des Königs (274/273) zur ägyptischen Bruderliebenden Göttin. So ist in der Stele von Pithom zu lesen:

*»12. Regierungsjahr, dritter Monat der Achet Jahreszeit. ... Seine Majestät durchzog Ägypten zusammen mit ... Arsinoe, der Göttin, die ihren Bruder liebt«.*[46]

Ägyptische Stelen zeigen Ptolemaios zudem beim Opfer vor seiner vergöttlichten Gemahlin, die eine eigens für sie komponierte Krone erhielt.[47] Eine wirkliche Blüte erlebte der Kult für Arsinoe dann nach ihrem Tod, denn seitdem wurde sie unumschränkt als ägyptische und als griechische Göttin verehrt.

Neben seiner Schwester unterhielt Ptolemaios im Übrigen mit zahlreichen anderen Damen intime Beziehungen, die er öffentlich inszenierte. Als Polybios 100 Jahre später in Ägypten war, konnte er in Alexandria noch »viele Statuen von Kleino, der Mundschenkin von ‹Ptolemaios Philadelphos›« bewundern, »nur mit einem Chiton bekleidet und einem Trinkhorn in den Händen«. Als weitere Gespielinnen des Philadephos nennt der Grieche Myrtion, Mensis und Potheine, die vom König die »schönsten Häuser« erhielten, »aber die beiden letzteren«, weiß Polybios, »waren Flötenspielerinnen, Myrtion eine Varieté-Dame, die jeder als eine gemeine Hure kannte«.[48] Nun ist es freilich so, dass Polybios den zweiten Ptolemäers als unmoralisch und den sexuellen Genüssen verschriebenen Mann zeichnen möchte, weshalb offen bleiben muss, ob das Geschilderte der Wahrheit entspricht. Ptolemaios scheint auf jeden Fall keinen Hehl aus seiner Zuneigung zu seinen jeweils aktuellen Favoritinnen gemacht zu haben und sie in seine königliche Repräsentation eingebunden zu haben. Nach dem Tod der Arsinoe erlangte etwa Belestiche die besondere Aufmerksamkeit des Königs, die ein Heiligtum und einen Kult erhielt, in dem sie mit Aphrodite gleichgesetzt wurde.[49]

## 3.2.4 Die unter die Götter aufgenommene Göttin Arsinoe II.

Wie groß der Einfluss Arsinoes II. auf die Politik des Königs war, muss offenbleiben. Sehr lange kann sie auf keinen Fall in der Regierung mitgewirkt haben, denn nach kurzer Ehe verstarb die bruderliebende Göttin bereits im Jahr 270,[50] wurde nach griechischer Vorstellung von den Dioskuren »geraubt« und traf dort, wo Griechen sich die Götter dachten, auf ihre ebenfalls bereits verstorbene und vergöttlichte Schwester Philotera.[51] Das göttliche Zwillingspaar, Kastor und Polydeukes, das Arsinoe II. in den Himmel geführt hatte, besaß große Bedeutung für den Arsinoekult, denn es band den Kult der neuen Göttin an das Heer, da die göttlichen Zwillinge als Retter aus der Seenot und in der Schlacht galten, was eine Funktion war, die sie mit Arsinoe teilten. Als Zeussöhne waren die Zwillinge zudem direkt mit Arsinoe verwandt, die über Vater und Mutter von Herakles und Dionysos und damit von Zeus abstammte. Besondere Verehrung erhielten die Dioskuren wiederum im Faijum, wo die meisten ptolemäischen Soldaten siedelten, die Kastor und Polydeukes hier mit dem in Doppelgestalt verehrten Krokodilgott Sobek gleichsetzten. Vielleicht auch wegen Arsinoes Nähe zu den Dioskuren benannte der König nach dem Tod der Schwester das Faijum, das sein Vater und er selbst zu einem der wichtigsten griechischen Siedlungsräume Ägyptens gemacht hatte, in den *arsinoitischen* Gau um.

In Alexandria wiederum errichtete der Witwer der Gemahlin einen Tempel am Handelshafen, schließlich war sie Schutzgöttin der Seefahrer. Geplant war, hier eine aus Eisen bestehende schwebende Statue der göttlichen Königin zu installieren, die von einem Magneten in der Luft gehalten werden sollte.[52] Wie Ptolemaios I. mit dem Elefantenskalp ein neues Attribut für den Gott Alexander geschaffen hatte, so schuf Ptolemaios II. ein neues Attribut für die Göttin Arsinoe: Das Doppelfüllhorn, das den Reichtum seiner Herrschaft symbolisieren sollte.[53] Die Vorstellung von der mit der Göttin verbundenen Fruchtbarkeit zeigt sich auch in dem neu eingerichteten Priestertum einer jährlich wechselnden »Korbträgerin der bruderliebenden Arsinoe« (*kanephoros Arsinoes Philadelphu*),[54] denn der Korb war Zeichen der Fruchtbarkeit. Die Kanephore erschien seitdem neben dem Alexanderpriester in den Datierungsformularen ptolemäischer Urkunden, und ein jüngst edierter Papyrus belegt die wohl erste Priesterin dieses Kultes namens Berenike, Tochter des Andromachos, für das Jahr 268/7.[55]

Auf einem weiteren Papyrus haben sich die Kultregularien erhalten, die bei den Prozessionen zu Ehren der Göttin einzuhalten waren:

<»(Die Prozession führt vorbei am) ... des Tempels der Arsinoe ... Thesmophorion ... des Tempels des Ptolemaios ... Niemand soll gehen ... zusammen mit der Kanephore und dem Kultbild der Arsinoe Philadelphos außer den Prytanen, den Priestern, [...], den Epheben und den Stabträgern. Die aber der Arsinoe Philadelphos opfern wollen, sollen vor ihren eigenen Häusern opfern oder auf den Dachterrassen oder entlang des Weges, auf dem die Kanephoros geht. Hülsenfrüchte oder ein Geflügeltier sollen alle opfern oder welche Opfertiere ein jeder auch opfern will, außer Schaf und Ziege. Die Altäre sollen sie alle aus Sand bauen. Wenn aber einige gebaute Ziegelaltäre besitzen, sollen sie Sand darauflegen und auf diesen die Holzscheite, auf welchen sie die Hülsenfrüchte verbrennen werden. Sie sollen Zelte errichten...«[56]

Die Weinkannen, die zur Trankspende für die Göttin und spätere Ptolemäerinnen genutzt wurden, sind in zahlreichen Exemplaren aus Fayence erhalten und als sogenannte Ptolemäeroinochoen bekannt.[57]

### 3.2.5 Die ägyptische Göttin Arsinoe

Fünf Jahre nach dem Tod der Königin veranlasste der König, dass die ägyptischen Priester Arsinoe II. in allen ägyptischen Tempeln als Gottheit anerkannten. Hiervon berichtet eine hieroglyphische Stele aus der Stadt Sais, der zu entnehmen ist, dass Ptolemaios II. in seinem 20. ägyptischen Regierungsjahr, also 264, alle Priester und Verwaltungsfunktionäre des Landes zusammenkommen ließ, um ihnen den Auftrag zu erteilen, eine Statue der Isis-Arsinoe in ihren jeweiligen Tempeln aufzustellen. Die Verbindung der Arsinoe gerade mit Isis lag in Ägypten schließlich auf der Hand, denn die griechische Aphrodite konnte mit ihr gleichgesetzt werden, zudem griff Isis an der Südgrenze den militärischen Aspekt der Verteidigung Ägyptens auf, denn in ihrem Tempel in Syene/Assuan trug sie den Namen »Isis, an der Spitze des Heeres«.[58]

Auf einer Inspektionsreise ein Jahr später zeigten die Priester von Sais dem König, dass die neue Göttin entsprechend seinem Willen tatsächlich im Tempel von Sais aufgestellt worden war.[59] Den Vorgang der Aufnahme der verstorbenen Göttin Arsinoe unter die Götter beschreiben wiederum die Priester von Mendes in einer hieroglyphischen Stele:

»Diese Göttin ging hinauf zum Himmel, sie vereinte sich mit dem Leib dessen, [der ihre Schönheit geschaffen hat], ... Nachdem die Mundöffnung dieser Göttin vier Tage lang vollzogen worden war, ging sie hinaus als lebende Seele. Man jubelte ihr zu in Mendes beim Vollziehen ihres Festes, beim Lebendig-Erhalten ihrer Seele dort neben den lebenden Widdern, wie es für die Seelen aller Götter und Göttinnen seit der Urzeit bis heute getan wird. ... Seine Majes-

*tät befahl ihre Statue in allen Tempeln aufzustellen. Es gefiel ihren Priestern, weil sie ihre Ansicht gegenüber den Göttern und ihre Vortrefflichkeit gegenüber den Menschen kannten. Ihre Statue wurde aufgestellt im Gau von Mendes neben dem Lebenden der Seelen (?) wie die göttlichen (?) Frauenstatuen, die mit ihm zusammen sind. Ihre Abbilder wurden in jedem Gau hergestellt wie die seiner Begleiterinnen, die dort waren. Ihr (Statuen-)Name wurde gemacht als: Geliebt vom Widder, Göttin, die ihren Bruder liebt, Arsinoe.«*[60]

Anders als nach griechischer Vorstellung, in der der Tod als Raub durch die Dioskuren interpretiert wurde, diente hier die Himmelfahrt der Vereinigung mit dem Schöpfer nach dem Vorbild ägyptischer Götter. Damit hatte die neue ägyptische Göttin Anrecht auf eine Statue und einen Kult im Allerheiligsten und da der Pharao der oberste Priester Ägyptens war, konnte nur er diese Entscheidung fällen und seine verstorbene Gemahlin zur Göttin, die den Tempel mit dem jeweiligen Hauptgott teilt, zur *synnaos thea*, erklären. Des Weiteren verfügte die neue Göttin sogar im Zentrum ägyptischer Religion, in Memphis, über einen eigenen Tempel.[61]

Für den Kult der Arsinoe führte der König zudem im Jahr 263 reichsweit eine neue Kultsteuer ein, die seit einer Revision 259 den Namen *apomoira* (wörtlich: Portion, Anteil) trug. Ein Sechstel, für bestimmte Gruppen nur ein Zehntel der Erträge aus Weingärten und Obstfeldern, die nicht zu Tempelländereien gehörten, waren seitdem für den Arsinoekult zu entrichten.[62] Damit hatte Ptolemaios II. eine neue Sondersteuer eingeführt, die aber die Tempel und die ägyptischen Priesterschaften verschonte, denn für die Erträge aus den entsprechenden Tempelländereien gab es schon zuvor eine Abgabe der Bauern, die diese an die Heiligtümer für die Gottesopfer entrichteten – so sollte es auch bleiben. Die neue Sondersteuer betraf vielmehr insbesondere die nach Ägypten eingewanderten neuen Siedler. Wohin dann die nicht unerheblichen zusätzlichen Einkünfte aus dem Obst- und Weinanbau wirklich gingen, mag offen bleiben – eingezahlt wurden sie auf jeden Fall in die königliche Kasse, die sie dann an die Kultinstitutionen der Arsinoe weiterleitete. Aufgrund dieser Konstruktion und aufgrund von königlichen Erklärungen, die Abgabe *wieder* an die Tempel weiterzuleiten,[63] ist davon auszugehen, dass die *apomoira* häufig nicht dem Kult der Arsinoe zugute kam, sondern dass es sich um eine Art Sonderabgabe handelte, die vor allem die Neusiedler in Ägypten an der Finanzierung des Staates beteiligte.[64]

## 3.3 Magas und der Erste Syrische Krieg

Wenden wir uns nun wieder der Ereignisgeschichte zu: Im Jahr 276, Ptolemaios befand sich auf dem Höhepunkt der Macht, versuchte sein Halbbruder Magas, den der Vater zum Statthalter von Kyrene gemacht hatte, die Usurpation. Er erklärte sich zum König, erhob damit Anspruch auf das Gesamtreich und verbündete sich hierzu mit dem seleukidischen König Antiochos I. Ptolemaios drohte daher ein Zweifrontenkrieg, doch Magas musste einen Feldzug nach Ägypten abbrechen, weil in Libyen ein Aufstand ausgebrochen war. Der alexandrinische König wiederum konnte nicht zum Gegenschlag ausholen, weil die eigens für die Rückeroberung Kyrenes angeworbenen 4000 keltischen Söldner im Jahr 275 rebellierten.[65] Der König schloss die Meuterer aus dem Norden daraufhin auf einer Nilinsel ein und ließ sie verhungern. Der Sieg des Ptolemaios fand Eingang in den Hymnus auf die Insel Delos des Dichters Kallimachos zu Ehren des Apollon. Er ließ den Gott, dessen wichtiges Heiligtum von Delphi die Kelten bei ihrem Zug in den Süden gebrandschatzt hatten, in die Zukunft schauen, eine Zukunft freilich, die sich bereits ereignet hat. Der Gott hat folgende Vision:

*»(Ptolemaios II.) wird das Wesen seines Vaters erkennen lassen. Und auf uns beide wird einst in der Zukunft ein harter Kampf zukommen, wenn gegen Griechen ihr Barbarenschwert zücken und den keltischen Ares aufstacheln werden die spätgeborenen Titanen, die aus dem äußersten Westen heranstürmen, Schneeflocken gleich oder ebenso zahlreich wie Sterne ... Von diesen Schilden werden die einen meine Ehrengabe sein, die anderen aber, die sahen, wie am Nil ihre Träger im Feuer den letzten Atemzug taten, werden daliegen als Kampfpreis der großen Mühen des Königs.«*[66]

Kallimachos gestaltete also die eigentlich unbedeutende Niederschlagung eines Aufstandes von gerade einmal 4000 Soldaten – das Heer des Königs wird mindestens 80 000 Soldaten umfasst haben – zu einem glorreichen Sieg des Ptolemaios im globalen griechisch-makedonischen Krieg gegen die Kelten aus. Der König hatte damit einen rituellen Dienst für Apoll selbst vollzogen. Als Erinnerung an diesen Sieg prägte Ptolemaios II. den ovalen Gallierschild als Beizeichen auf seine Münzen.[67] Auf diese Weise konnte oder wollte Ptolemaios gleichzeitig seine militärische Unfähigkeit vergessen machen, Kyrene zurückzuerobern.

In den folgenden Jahren scheinen sich die Beziehungen zwischen den beiden verfeindeten Halbbrüdern sehr verbessert zu haben, so dass Ptolemaios um 250 seinen zum Nachfolger vorgesehenen Sohn Ptolemaios (III.) mit der Tochter des Magas, Berenike (II.), verloben ließ, die als Gemahlin des dritten Ptolemäers eine bedeutende ptolemäische Königin wurde.

Nach der Niederschlagung der Keltenrevolte wandte sich Ptolemaios gegen den Seleukiden Antiochos I. und führte von 274 bis 273 oder 271 den für ihn wenig erfolgreichen sogenannten Ersten Syrischen Krieg. Kurzzeitig drohte dabei sogar eine Invasion Ägyptens, doch hielten Antiochos Probleme in seinem Reich von derartigen Plänen letztlich ab und zu einem unbekannten Zeitpunkt schlossen der Seleukide und der Ptolemäer einen Frieden, der den *status quo* garantierte.

Den letztlich gescheiterten Feldzug gegen Antiochos deuteten die ägyptischen Priester von Pithom, ähnlich wie es die Priester von Buto mit dem Feldzug des Satrapen Ptolemaios getan hatten (s. o.), als ein Unternehmen um, das nur dazu diente, die einst angeblich von den Persern geraubten Götterbilder nach Ägypten zurückzuführen:

*»Es ging seine Majestät in das Gebiet von Asien. Er erreichte Palästina (?). Er fand Götter von Ägypten dort überall. Er brachte sie Richtung Ägypten.«*[68]

Nach den vorangegangenen militärisch wenig erfolgreichen Unternehmungen versuchte Ptolemaios, auf anderem Weg seinen Einfluss auszubauen, und deshalb begann er, sich stärker im Mittelmeerraum zu vernetzen. So nahm er noch 273 erste Kontakte mit Rom auf, das den von Ptolemaios ursprünglich unterstützten und in Italien eingefallenen hellenistischen König Pyrrhos besiegt hatte. Jetzt tauschten beide Mächte Gesandtschaften aus, schlossen ein Bündnis, und Ptolemaios versah die römischen Gesandten, wie zu erwarten, mit reichen Geschenken.[69] Auch mit Karthago hatte Ptolemaios Verträge abgeschlossen.[70] Es ist davon auszugehen, dass er zudem die guten Beziehungen seines Vaters zu Syrakus aufrecht erhielt, denn auch sein Nachfolger Ptolemaios III. stand mit Hieron von Syrakus in Kontakt, der sogar während einer Nahrungsmittelknappheit ein Luxusschiff mit Getreide nach Ägypten schickte.[71] Die Verträge mit den Mächten im Westen zeigen, dass Ptolemaios jenseits von Kyrene keine expansionistischen Ziele verfolgte, sondern daran dachte, sich im Westen durch die Bündnisse vor möglichen Gegnern zu schützen bzw. die dortigen Machthaber von einem Zusammengehen mit seinem verfeindeten Bruder abzuhalten. So wahrte Ptolemaios II., als es zum Ersten Punischen Krieg zwischen Rom und Karthago kam, Neutralität.

Zu Beginn der 260er Jahre muss sich der König, vielleicht wegen des Todes seiner Schwestergemahlin, Gedanken um die Thronfolge gemacht haben. Er tat es deshalb seinem Vater nach und beteiligte bereits zu seinen Lebzeiten den Sohn an der Herrschaft, indem er ihn zum Thronfolger deklarierte. Das zeigt etwa ein Papyrus mit einem Darlehensvertrag aus dem Jahr 268/7 der folgende Datierungsformel hat:

*»Unter der Herrschaft des Ptolemaios, Sohn des Ptolemaios, und des Sohnes Ptolemaios, 18. Jahr, in der Amtszeit des Alexanderpriesters Lykos, Sohn des*

*Klesia, und der Geschwistergötter, in der Amtszeit der Korbträgerin der Arsinoe Philadelphos Berenike, Tochter des Andromachos, im Monat Audnaios...«*[72]

## 3.4 Die Verhältnisse in Griechenland

Seit den späten 270er Jahren mischte sich Ptolemaios politisch in Griechenland ein und folgte damit der Politik seines Vaters. So agierte er insbesondere gegen den König Makedoniens, Antigonos II. Gonatas, der Griechenland als sein Einflussgebiet betrachtete. Möglicherweise wollte Ptolemaios den Antigonos hier binden und die eigene Vorherrschaft auf den Inseln im östlichen Mittelmeerraum stärken. So stand der Ptolemäer im Chremonideischen Krieg (268–261) den Griechen, vor allem Athen und Sparta, gegen Antigonos II. Gonatas bei.[73] Der Athener Chremonides, dem der Krieg seinen Namen verdankt, brachte zwischen 268 und 265 einen Beschluss in die athenische Volksversammlung ein, durch den eine Allianz mit Sparta geschlossen werden sollte. In der Antragsbegründung heißt es:

»*Chremonides, Sohn des Eteokles, aus (dem Demos) Aithalidai stellte den Antrag: Früher sind Athener und Lakedaimonier und die Bundesgenossen beider (Städte) gemeinsame Freundschaft und Bundesgenossenschaft miteinander eingegangen und haben miteinander viele ehrenvolle Kämpfe gegen jene gekämpft, welche die Städte zu knechten sich unterfingen, woraus sie sich selbst Ruhm erworben und den übrigen Griechen die Freiheit verschafft haben. Und nun, da eine ähnliche Krise ganz Hellas erfasst hat durch die, die den Umsturz der Gesetze und der bei allen bestehenden traditionellen Verfassungen anstreben, ist auch der König Ptolemaios, in Übereinstimmung mit der Haltung seiner Vorfahren und seiner Schwester um die gemeinsame Freiheit der Hellenen sichtbar bemüht. Und das Volk der Athener hat mit ihm ein Bündnis geschlossen und hat beschlossen, auch die übrigen Hellenen zu derselben Einstellung aufzurufen. Ebenso haben die Lakedaimonier, Freunde und Bundesgenossen des Königs Ptolemaios, auch mit dem Volk der Athener ein Bündnis beschlossen zusammen mit Eleiern, Achaiern, Tegeaten, Mantineiern, Orchomeniern, Phi(g)aleiern, Kaphyeern und mit den Kretern, die im Bündnis mit Lakedaimoniern und Areus und den übrigen Bundesgenossen stehen...*«[74]

Der Antragsteller argumentiert einerseits mit dem stereotypen Gegensatzpaar Freiheit und Tyrannei und betont andererseits die nötige Eintracht der Griechen. Das Bündnis aller Griechen gegen Antigonos sei geboten, weil er Knechtschaft bringe und den Umsturz der Gesetze und Verfassung betreibe. Damit erinnert der Antragsteller an die Zeit der Perserkriege und setzt den makedonischen König Antigonos mit den Perserkönigen gleich. Die letzte große Verfassungsgarantie hatte wiederum Alexander der Große in der Nachfolge seines Vaters Philipp II. den im Korinthischen Bund zusammengeschlossenen griechischen Städten gewährt. Auf diese Weise übernahm Ptolemaios dessen Position als Schützer der Griechen. Er und Arsinoe II. – hier lediglich als seine Schwester genannt – bemühten sich folglich vordergründig um die Freiheit der Griechen, ähnlich wie das auch Ptolemaios I. getan hatte (s. o.), in Wirklichkeit ging es natürlich um Einflusssphären und die Eindämmung des Antigonos.

Entscheidend war für Ptolemaios in seiner Selbstdarstellung also, dass sein Handeln Akzeptanz in der griechischen Welt fand. Das konnte er nur nach dem Beispiel Alexanders des Großen, auf den er sich berief, um seine machtpolitischen Ziele durchzusetzen. Das war in gewisser Weise allen hellenistischen Königen wichtig, denn sie alle wollten von den griechischen Städten als veritable Nachfolger Alexanders anerkannt werden. Die griechischen Städte waren sich dessen durchaus bewusst und sie versuchten, hieraus ihren Gewinn zu schlagen. Gleichzeitig waren sie sich aber auch im Klaren über ihre prekäre Lage als Spielbälle der Großmächte. Das zeigt ein Brief des Ptolemaios an die lykische Stadt Telmessos aus der frühen Zeit seiner Herrschaft:

*»König Ptolemaios grüßt Stadt und Beamte von Telmessos. Es übergaben uns die von euch ausgeschickten Gesandten den Kranz sowie den Brief von euch, und sie verhandelten auch selbst, worüber sie von euch beauftragt zu sein angaben. Dass ihr nicht zur Dorea gemacht werden sollt, haben wir daraufhin euren Repräsentanten zugestanden, und wurde an Philokles und Aristoteles geschrieben. Lebt wohl!«*[75]

Da sich die Stadt der königlichen Bevorzugungen nicht sicher war, hatte sie dem König zusammen mit einem Bittbrief einen Kranz geschenkt. Solche Kränze bestanden üblicherweise aus Gold und waren von erheblichem materiellen Wert. In dem Brief muss die Stadt Ptolemaios gebeten haben, ihr weiterhin die Freiheit zu belassen, denn allem Anschein nach bestand die Gefahr, zu einer *dorea* zu werden. *Dorea* bezeichnet zunächst einmal das Geschenk, die Stadt wollte also nicht an einen anderen König, lokalen Dynasten oder Hoffunktionär verschenkt werden, was bedeutete, dass betreffende Person über die Einkünfte des Gemeinwesens verfügen konnte und die innere Automonie letztlich aufgehoben war. Hierin zeigt sich, wie hellenistische Herrscher mit griechischen Städten, denen sie ja eigentlich immer die Autonomie und Freiheit beließen, umgehen konnten: Wenn sie es für nötig erachteten, so übergaben sie ganze Stadtgemeinschaften mitsamt ihrer Ländereien an Funktionäre und Vertraute als Verdienst für besondere Leistungen. Sicherlich aus Anlass seines Herrschaftsantritts garantierte der König damals der Stadt Telmessos ihre Autonomie – eine Garantie, die aber nicht viel Wert war, denn 259 oder 257/6 verschenkte Ptolemaios die Stadt dann doch als *dorea* an Ptolemaios, den Sohn des Lysimachos.[76]

Der Chremonideische Krieg, an dem Ptolemaios sich nur mit der Flotte, die nichts ausrichten konnte, und finanziell beteiligte, war aufgrund der fehlenden Unterstützung mit ptolemäischen Soldaten für die vereinten Griechen nicht zu gewinnen. Antigonos II. Gonatas konnte die militärischen Schlüsselpositionen in Griechenland besetzt halten – insbesondere den Hafen von Athen und den Isthmos von Korinth. Nachdem der spartanische König Areus 265 sein Leben am Isthmos verloren hatte und die ptolemäische Flotte ebenfalls keine Entlastung für Athen bringen konnte, musste die belagerte Stadt aufgrund einer drohenden Hungersnot 262 aufgeben und verlor damit sogar ihre innenpolitische Autonomie. Die athenischen Parteigänger des Ptolemaios, insbesondere Chremonides, wanderten nach Ägypten aus.[77]

Trotz der politischen Rückschläge setzte Ptolemaios seine Politik der Einmischung in Griechenland fort, denn im Zuge des Chremonideischen Krieges hatte er seine Flottenbasen in der Region durchaus ausbauen können. An einen unmittelbaren Einfluss auf das griechische Festland war dennoch, trotz eines Seesieges (um 250) über Antigonos, nicht mehr zu denken. So beließ es Ptolemaios bei politischer und finanzieller Unterstützung der Mittelmächte, vor allem des achäischen Bundes, weil er auf diese Weise die militärischen Kräfte des makedonischen Königs in Zentralgriechenland binden wollte. Viele der Inseln des östlichen Mittelmeers, von Kreta bis zu den Kykladen, standen weiterhin unter ptolemäischer Kontrolle. Eine wichtige Rolle spielte dabei die ptolemäische Garnison auf Thera, die eine Zentrallage in diesem Raum hatte.

## 3.5 Der Zweite Syrische Krieg

Die Niederlage gegen Antigonos hatte Ptolemaios, wie zu sehen war, nicht nachhaltig geschadet, auch wenn sein Einfluss in Griechenland massiv zurückgegangen war. Der König kümmerte sich jetzt wieder intensiv um die Verhältnisse in Syrien und Kleinasien. Hier brach ein Jahr später der Zweite Syrische Krieg (260–253) gegen Antiochos II. aus, dessen Anlass möglicherweise darin lag, dass Ptolemaios sich auf Seiten des Pergameners Eumenes in dessen Konflikt mit dem Seleukiden eingemischt hatte. Nun verbündeten sich aber Rhodos und der König Makedoniens, Antigonos II. Gonatas, mit Antiochos II., und auch Ptolemaios, »der Sohn« und Mitregent, der die ptolemäischen Truppen in

Kleinasien kommandierte, sagte sich auf einmal von seinem Vater los.[78] Diese ganz erhebliche Krise fand schließlich ein glimpfliches Ende für den alexandrinischen König: Der von ihm abgefallene Sohn versöhnte sich wohl wieder mit dem Vater, auch wenn er nun auf die Prinzregentschaft verzichten musste.[79] Mit Antigonos II. Gonatas schloss Ptolemaios II., nachdem seine Flotte im Jahr zuvor eine herbe Niederlage bei Kos hatte einstecken müssen, 254 einen Sonderfrieden, der dazu führte, dass sogar Festgesandte aus dem unter makedonischer Herrschaft stehenden Argos am Fest der Ptolemaia des gleichen Jahres teilnahmen. Um den Reichtum und das Wohlleben unter seiner Herrschaft zu zeigen, sorgte Ptolemaios dafür, dass die Gesandtschaft die Möglichkeit erhielt, das von seinem Vater und ihm kultivierte Faijum als großes neues und fruchtbares Siedlungsgebiet für die nach Ägypten ziehenden Fremden zu besichtigen.[80]

Im Jahr 253 konnte Ptolemaios schließlich mit Antiochos II. Frieden schließen, der aber erhebliche Gebietsverluste in Kleinasien und Syrien festschrieb. Letzteres stand nur noch bis ungefähr zum Fluss Eleutheros (Nahr el-Kebir) unter ptolemäischer Herrschaft, denn hierhin schickte, wie einem Papyrus zu entnehmen ist, Ptolemaios seine Tochter Berenike, deren Hochzeit mit dem Seleukiden den Frieden besiegelte.[81] Die mit der Hochzeit verbundene unermesslich hohe Aussteuer sorgte dafür, dass Berenike in der antiken Überlieferung den Beinamen *phernephoros* – die Mitgiftbringerin – erhielt.[82] Zwar war Antiochos bereits mit einer Frau namens Laodike verheiratet, doch war das, wie bei makedonischen Königen üblich, kein Hinderungsgrund für eine weitere Ehe. Antiochos richtete es aber zumindest so ein, dass beide Gemahlinnen in Zukunft an unterschiedlichen Orten weilten. Da Berenike sich in der Königsresidenz Antiochia aufhielt, Laodike hingegen in Ephesos in Kleinasien, scheint die neue dem Seleukiden die wichtigere Gemahlin gewesen zu sein.

In Kyrene war wiederum um 250 König Magas gestorben. Da der Sohn des Ptolemaios, Ptolemaios (III.), mit der Tochter des Magas, Berenike (II.), verlobt war, stand im Grunde genommen einer »Wiedervereinigung« mit Kyrene nur noch die Witwe des Magas, die Seleukidin Apama, im Wege.[83] Dieser war natürlich in keiner Weise an einer Einbindung ins Ptolemäerreich gelegen, weil das ihre Bedeutungslosigkeit mit sich gebracht hätte. So versuchte sie, ein Bündnis mit den Antigoniden aufzubauen, indem sie Demetrios den Schönen (Kalos), Berenike (II.) zur Frau geben wollte. Verkompliziert wurde die Angelegenheit dann auch noch dadurch, dass es eine Partei in der Stadt gab, die versuchte, die alte Unabhängigkeit zu erlangen. Am Ende konnte sich die Tochter des Magas, Berenike (II.), gegen die Mutter durchsetzen und heiratete wahrscheinlich schon jetzt Ptolemaios III.[84] Kyrene gehörte damit wieder zum Ptolemäerreich.

Als Ptolemaios II. dann im Jahr 246 starb, hinterließ er seinem Sohn ein fest begründetes Königreich. Sicherlich ist es nicht ganz verfehlt, wenn Appian über den Verstorbenen zusammenfasst:

*»Ein sehr bemerkenswerter König ob seiner Fähigkeit, Gelder aufzubringen, ob seiner Ausgabenfreudigkeit und des Prunkes seiner Werke für die Öffentlichkeit.«*[85]

## 3.6 Das Wirtschaften der Ptolemäer

Da die wirtschaftlichen Verhältnisse in Ägypten unter dem zweiten Ptolemäer ihre entscheidenden Ausprägungen erhielten, seien sie an dieser Stelle kurz umrissen. Da das Gold der Ptolemäer das Getreide Ägyptens war, lag, wie zu allen Zeiten, ein Schwerpunkt der ägyptischen Ökonomie auf der Landwirtschaft, insbesondere dem Getreideanbau. Um die Ertragsfähigkeit seines Landes zu berechnen, ließ Ptolemaios II. dieses sogar von Elephantine bis zum Mittelmeer registrieren.[86] Die Besitzverhältnisse des fruchtbaren Landes waren unterschiedlich,[87] denn anders, als es die Vorstellung vom »speergewonnene« Land vermuten lässt, die suggeriert, dass ganz Ägypten Eigentum des Königs war, musste sich der Eroberer mit den gewachsenen Eigentumsverhältnissen in Ägypten arrangieren. Natürlich gab es jetzt auch Königsland im Eigentum des Herrschers, das sogenannte königliche Bauern bewirtschafteten. Ebenfalls konnte der König sein Land als Lehen an hochstehende Funktionsträger vergeben (gr. *dorea*, also eigentlich »geschenktes Land«), das nach deren Tod wieder an den Staat zurückfiel. Eine besondere Rolle in der Vergabe von Land spielten weiterhin die Soldaten des ptolemäischen Heeres, die, wie bereits ausgeführt, ein »Landlos« (*kleros*) erhielten, um ihren Lebensunterhalt in Friedenszeiten bestreiten und gleichzeitig durch ihre Steuern zum Staatswohl beizutragen. Das betreffende Land war nicht ihr Eigentum, doch konnte es an Söhne vererbt werden, solange eine militärische Tätigkeit gewährt blieb.[88] Neben diesen Ländereien im Eigentum des Königs gab es aber auch riesige Güter in Oberägypten, die den Tempeln gehörten, ebenso wie sich in dieser Region Land in Privatbesitz findet.[89] Auch die drei griechischen Städte in Ägypten, also Alexandria, Naukratis und Ptolemais, konnten über eigenes Land verfügen.

Da Ptolemaios II. und seine Nachfolger so viel an Erträgen wie möglich aus dem Land erwirtschaften wollten, führten sie auch neue Techniken in der Bewässerung[90] oder in der Bodenbearbeitung ein. Paradebeispiel für die agrarischen Umwälzungen dieser Zeit ist das unter den ersten beiden Ptolemäern wieder urbar gemachte Faijum, dessen Nutzungsfläche sie verdreifachten.[91] Während des Mittleren Reiches, in der Herrschaft von Pharao Amenemhet III. (1853–1806/05), war die Seelandschaft schon einmal extensiver bewirtschaftet worden – bis in die griechisch-römische Zeit verehrte man dort deshalb Amenemhet als Lokalgott, seine »Labyrinth« genannte Pyramidenanlage war eine Touristenattraktion. Kurz nach dem Beginn der römischen Herrschaft bereiste der griechische Historiker Strabon das Faijum und beschreibt seinen Reichtum mit folgenden Worten:

»*Dieser Gau ist der bemerkenswerteste von allen, sowohl was sein Äußeres als was seine Fruchtbarkeit und seine Ausstattung betrifft. Er ist nämlich erstens als einziger mit Oliven bepflanzt; es sind große, ausgewachsene Bäume, die treffliche Früchte tragen, ... Ferner bringt der Gau nicht wenig Wein sowie Getreide, Hülsenfrüchte und die übrigen Samen in sehr großer Menge hervor.*«[92]

Viele Produktionsmethoden und organisatorische Voraussetzungen, die sich in pharaonischen Zeiten entwickelt hatten, übernahmen und modifizierten die neuen Landesherren, sie verbanden dabei ihre fiskalischen Institutionen mit der pharaonischen Wirtschaftsweise.[93] Unter Ptolemaios II. bildete sich auch das prägendste Kennzeichen der ptolemäischen Wirtschaft aus: Das sogenannte Monopolwesen, dessen Ursprünge sich im Bereich der Geldwirtschaft finden lassen, denn im ptolemäischen Herrschaftsraum durfte bereits auf Beschluss Ptolemaios' I. nur noch mit ptolemäischer Münze Handel betrieben werden.[94] Durch eine mehrmalige Reduktion des ptolemäischen Münzfußes strich die königliche Bank beim Eintausch fremder Währungen, den jetzt jeder Händler, der mit nichtptolemäischem Geld nach Alexandria kam, durchführen musste, den Mehrwert des ausländischen gemünzten Metalls für sich ein.[95] Der König versuchte, insbesondere Handel und Produktion in Monopolen zu organisieren, wobei es sowohl Teil- bzw. Verkaufsmonopole (beispielsweise auf Fertigspeisen) als auch Vollmonopole (etwa auf Öl, Bankwesen, Salz, Jagd, Steinbrüche und Bergwerke) gab. Das Besondere der Monopole war, dass in vielen Fällen nicht staatliche Beamte, sondern Privatleute bzw. private Kapitalgesellschaften die Abgaben einzogen, eine Aufgabe, die der König an sie verpachtet hatte.[96] Auch die ägyptischen Tempel spielten im ptolemäischen Monopolsystem als Produzenten eine Rolle. In ihren Manufakturen wurden beispielsweise im Auftrag der Regierung hochwertige Leinenstoffe hergestellt.[97]

Eines der wichtigsten monopolisierten Produkte war pflanzliches Öl. Seine Gewinnung stand unter der Kontrolle des Staates, die Produktionsmittel wurden von staatlicher Seite zur Verfügung gestellt, in der Produktion selbst waren dann aber Privatpersonen tätig, die bereits erwähnten königliche Bauern, die auf den königlichen Besitzungen arbeiteten und unter staatlicher Vorgabe und Überwachung entsprechende Pflanzen (Sesam, Rizinus, Safflor, Kürbis, Leinsamen, Rettich) anbauen mussten. Sie bekamen nach der Ernte Fixpreise bezahlt, die ihren Aufwand gedeckt haben müssen, ebenso wie sie ihnen einen gewissen Gewinn gebracht haben werden. Private Pächter kauften daraufhin die Ernte auf, produzierten das Öl und standen für Ausfälle in Haftung. Das Risiko lag folglich bei den Pächtern, die dafür aber die Möglichkeit hatten, Gewinne aus etwaiger Überproduktion für sich einzustreichen, ebenso wie ihnen ein fester Basislohn zustand. Das produzierte Öl wurde an den meistbietenden Interessenten veräußert, der dann einen Monat lang für einen betreffenden Bezirk das alleinige Verkaufsrecht besaß. Der Weg des Produktes Öl war somit von der Aussaat der Ölpflanzen bis hin zum Verkauf des produzierten Öls an die Konsumenten unter ständiger staatlicher Kontrolle. Gleichzeitig versuchte der König, mittels extrem hoher Zollgebühren (50 %), Öleinfuhren nach Ägypten zu unterbinden.[98]

Ähnlich risikoneutral wie bei der Verpachtung der Monopole an Privatleute, die die Einnahmen garantierte, die Gefahr des Verlustes aber den Pächtern überließ, agierte der Staat bei der Einnahme der Steuern und Abgaben. Steuern ergaben sich aus den verschiedensten Quellen (Ertragssteuer, Erbschaftssteuer, Gewerbesteuer, Bodensteuer, Verkaufssteuer).[99] Die wichtigste Steuer war die vom zweiten Ptolemäer eingeführte auf Salz, denn sie fungierte im Grunde genommen als Kopfsteuer.[100] Besondere Personengruppen, wie Trainer von Athleten, Griechischlehrer, Schauspieler, Anhänger von Dionyskultvereinen, Sieger von athletischen Wettkämpfen mitsamt ihren Familien, waren zumindest in der frühen Ptolemäerzeit von der Salzsteuer ausgenommen, was zeigt, dass der König durchaus darum bemüht war, Träger griechischer Kultur zu privilegieren.[101]

Das Eintreiben der meisten Steuern lag in der Hand von privaten Pächtern, die für ein bestimmtes Gebiet in Vorausleistung für die Steuerpflichtigen traten bzw. der königlichen Kasse die Steuereinnahmen garantierten. In Verbindung mit staatlichen Stellen trieben sie dann selbst die Steuern ein, wobei sie den Überschuss an Einnahmen behalten konnten. Dieses aus Griechenland übernommene System der »Steuerpacht« garantierte dem König die Steuereinkünfte, leitete das Risiko für eventuelle Ausfälle aber an die Steuerpächter weiter.[102]

Für ihre außenpolitischen Aktivitäten brauchten die Ptolemäer geprägtes Edelmetall, und dieses musste mit dem Außenhandel erwirtschaftet werden.[103] Alle Güter wurden deshalb nach Alexandria gebracht und hier in den staatlichen Speichern gelagert, um sie als Exportgut zu nutzen. Getreide war die wichtigste ptolemäische Handelsware, die alle anderen wirtschaftlichen Produkte des Landes, wie etwa Papyrus oder Glas, übertraf.[104] Ein wesentlicher Teil des ungeheuren ptolemäischen Reichtums basierte dementsprechend auf dem Verkauf von Getreide an die gesamte hellenistische Oikumene.[105]

Aber nicht nur zur griechischen Welt unterhielten die Ptolemäer wirtschaftliche Kontakte, auch nach Arabien und darüber hinaus bis nach Indien hin hatten sie Handelsbeziehungen aufgebaut, die sich auf Luxuswaren konzentrierten. Sogar in China wurde ein Produkt des alexandrinischen Kunsthandwerkes, ein Achatrhyton, gefunden.[106] Der Handel nach Osten lief zum einen über den

Landweg mit Karawanen, so dass enge Kontakte zu den Nabatäern geknüpft wurden, zum anderen aber auch über das Rote Meer, das schon Ptolemaios II. als Handelsweg erschlossen hatte. An der Ostküste Ägyptens bis an den Golf von Aden lagen Stützpunkte der Ptolemäer.

## 3.7 Städtegründungen

In Ägypten hatten die Ptolemäer nur eine einzige Stadt griechischen Rechts gegründet. Es handelt sich um die von Ptolemaios I. angelegte Polis Ptolemais Hermiu in Oberägypten, das die Ägypter Psoi nannten.[107] Die neue griechische Stadt lag etwa 200 km nördlich von Theben, an der Stelle eines in der ägyptischen Tradition bisher unbedeutenden Ortes namens Per-sui (»Haus der Krokodile«).[108] Das möglicherweise bereits seit saitischer Zeit von Griechen besiedelte Areal entwickelt sich im Laufe der Zeit zur größten Siedlung in der Thebais.[109] Als Gründer (*ktistes*) der Stadt erhielt Ptolemaios I. hier, ähnlich wie Alexander der Große in Alexandria, einen Kult. Weshalb der Vater des zweiten Ptolemäers nur diese eine griechische Stadt gegründet hatte, die nun neben Alexandria und den alten griechischen Handelshafen Naukratis im Delta trat, muss offen bleiben. Vielleicht wollte er Ptolemais als griechischen Gegenpol zum ägyptischen Kultzentrum Theben etablieren. In dem kaum von ptolemäischer Präsenz durchdrungenen Oberägypten bildete die Garnison von Ptolemais auf jeden Fall einen entscheidenden Stabilisator der neuen Herrschaft.

Ist ansonsten von einer Stadtgründungstätigkeit Ptolemaios' I. wenig bekannt, so war sein Sohn Ptolemaios II. sicherlich derjenige Ptolemäer, der die meisten Städte in seinem Herrschaftsraum von Kleinasien bis zu den Küsten des Roten Meeres anlegte. Er folgte in der Benennung seiner Städte einem bestimmten Muster: Alle tragen Namen, die mit dem Königshaus in Zusammenhang standen – seltener handelt es sich um den Namen des Königs selbst, meistens aber um den (Bei-)Namen der Königin, also Arsinoe, oder den Namen der Schwester Philotera.

Gerade in bisher nicht oder nur wenig von Griechen bewohnten Regionen legte Ptolemaios Städte entweder neu an oder strukturierte bisher unbedeutende einheimische Gemeinden durch die Ansiedlung von Soldaten zu einer Stadt um.[110] Diese neuen Städte dienten einerseits der Sicherung der eroberten Territorien und andererseits, vor allem in den Ägypten angrenzenden Regionen der Ostwüste entlang des Roten Meeres, der Sicherung der Verbindungswege und des Handel in den Osten und Süden. In Kleinasien hingegen, wo Griechen schon seit Jahrhunderten lebten, bot es sich an, neben Neugründungen, die zu

Konflikten mit bereits bestehenden griechischen Städten führen konnten, vorhandene Städte dynastisch umzubenennen, wie es in Patara geschehen ist, das Ptolemaios II. mit dem Stadtnamen Arsinoe »neu« gründete.[111] In solchen Fällen mussten Städte natürlich ptolemäische Garnisonen aufnehmen, was mit Sicherheit zu Konflikten zwischen Soldaten und Bürgern führte, von denen wir jedoch fast nichts erfahren. Wenn aber der Garnisonskommandant Pandaros, Sohn des Nikias, aus Herakleia von der Bürgerschaft der Stadt Xanthos in Lykien dafür gelobt wird, dass er »sich äußerst vorzüglich und würdig des Königs verhalten hat und der Stadt keinen Anlass zu Tadel geboten hat«, dann wird das bei anderen Kommandanten möglicherweise nicht immer der Fall gewesen sein.[112]

Über den Gründungsakt einiger Städte liefern die hieroglyphische Inschrift der Priesterstele von Pithom und spätere griechische Autoren Informationen. So legte der zweite Ptolemäer eine Arsinoe genannte Stadt am Ausgang des von ihm instandgesetzten Kanals zwischen Rotem Meer und Nil an.[113] Hierzu schrieben die Priester:

*»Seine Majestät gelange nach Kem-Wer. Er baute eine große Stadt des Königs dort (?) auf den großen Namen der Tochter des Königs Ptolemaios.«*[114]

Häufiger jedoch ließ Ptolemaios seine Städte von Bevollmächtigten gründen, etwa Expeditionsleitern oder Generälen. Diesen Fall schildern die Priester für die Stadt Ptolemais Theron/Epitheras, die der ptolemäische General Eumedes zum Zwecke der Elefantenjagd angelegt hatte:

*»Es wurde dort eine Stadt gebaut, groß für den König auf den großen Namen des Königs von Ober- und Unterägypten, Herr der beiden Länder, Ptolemaios. Er (= der General) besiedelte die Siedlung für ihn mit Soldaten seiner Majestät und mit jedem Würdenträger Ägyptens, der beiden Länder, und der Bewohner der Fremdländer. Er schuf Ackerland in ihr, das gepflügt wurde mit Pflugstieren. Nicht hat es sich dort ereignet seit der Urzeit. Er fing dort viele Elefanten für den König.«*[115]

Ptolemaios ließ einerseits Städte mit griechischer Verfasstheit anlegen, andererseits Gemeinwesen, die zwar als *polis* bezeichnet werden konnten, bei denen aber nicht davon auszugehen ist, dass sie auch über die entsprechende rechtliche Stellung, die Institutionen und innere Autonomie verfügten. Letzteres geschah vornehmlich in Ägypten, wohingegen außerhalb des Landes am Nil griechische Städte mit innerer Autonomie einer *polis* die ptolemäische Herrschaft garantieren konnten.

Eine Inschrift aus der Zeit des dritten Ptolemäers zeigt, mit welchem Ziel sein Vater die Militärkolonien hatte anlegen lassen. Der ptolemäische Stratege

Aetos, Sohn des Apollonios, hatte Arsinoe auf dem Territorium der griechischen Stadt Nagidos in Kilikien gegründet. Unter dem dritten Ptolemäer bestritt die Bürgerschaft von Nagidos auf einmal das Recht der Siedler von Arsinoe, Land zu bebauen, das ehemals Nagidos gehört hatte. Der Stratege Kilikiens, Thraseas, ein Sohn des Stadtgründers Aetos, der inzwischen die Aufgabe seines Vaters übernommen hatte, regelte die Angelegenheit, indem er Nagidos um einen Beschluss »bat«, Arsinoe als autonomes Gemeinwesen im Sinne einer Apoikie (»Kolonie«) der Metropolis Nagidos anzuerkennen, wodurch gleichzeitig die Landnahme der Siedler legitimiert wurde. Die Inschrift zeigt zudem, weshalb Nagidos sein Anrecht auf das einst besiedelte Land berechtigterweise verloren hatte, denn die Bürger von Nagidos erklären die Gründung von Arsinoe, die sie nun anerkennen, wie folgt:

»*Weil Aetos, Sohn des Apollonios, Bürger von Aspendos und bei uns (in Nagidos), als er Stratege in Kilikien war, einen günstig gelegenen Ort besetzt und dort eine Stadt Arsinoe gegründet hat, ... und an diesem Platz Siedler angesiedelt und ihnen das Land zugemessen hat, das uns gehörte, nachdem er Barbaren, die sich dort breit gemacht hatten, vertrieben hatte.*«[116]

So ist also klar, dass das Gebiet einerseits Nagidos ursprünglich gehört hatte, andererseits durch die Präsenz von nichtgriechischer Bevölkerung das Zugriffsrecht der Stadt auf ihr Land nicht möglich gewesen ist, da es erst der ptolemäische General wieder befreit hatte. Dem von den Nagidiern ebenfalls zitierten Schreiben des Strategen ist wiederum zu entnehmen, worum es dem König neben der Sicherung einer strategisch wichtigen Position ging: Die Militärsiedler sollten das Land »ganz bearbeiten und bepflanzen, damit ihr selbst zu Wohlstand kommt und dem König die Einkünfte größer macht, als es im Anfang geschehen ist«.[117] Auf diese Weise war nicht nur ein zusätzliches Einkommen für die Krone garantiert, sondern gleichzeitig die Kosten einer reinen Militärgarnison gespart, da sich die Soldaten selbst versorgen mussten.

Aus welchem Grund Ptolemaios II. und seine Nachfolger in Ägypten keine eigenständige griechische Polis gründeten, muss, wie erwähnt, offen bleiben, doch natürlich legte Ptolemaios Ansiedlungen seiner Soldaten im Land an, die meisten hiervon im von ihm wieder urbar gemachten Faijum. Das eindrücklichste Beispiel hierfür ist das Dorf Philadelphia, das ein »Alexandria im Kleinen« war.[118] So dürften zwei ägyptische Weber den Ort sicherlich nicht versehentlich als »Stadt« (*polis*) bezeichnet haben, um so auf die besonders großartige Gestaltung des Gemeinwesens hinzuweisen:

»*Wir haben nämlich von dem Ruhm der Stadt gehört und dass du als Vorsteher nützlich und gerecht bist, also haben wir beschlossen, nach Philadelphia zu Dir zu kommen, wir selbst und unsere Mutter und die Ehefrau.*«[119]

Dass es sich bei diesem Ort um eine vollständige Neugründung handelte, zeigt die Tatsache, dass Philadelphia, ähnlich wie Alexandria, über einen Stadtplan nach dem hippodamischen System verfügt, der sich heute noch gut erkennen lässt. Jedes Quartier maß 100 x 200 ägyptische Ellen (ca. 50 x 100 m), in denen 20 Häuser Platz fanden.[120] Wie im Fall der Stadt Arsinoe in Kleinasien, war es auch hier ein hoher ptolemäischer Beamter, der die Siedlung auf- und ausbaute – der zweitwichtigste Mann Ägyptens nach dem König, sein Finanzminister (Dioiket) Apollonios. Dessen Wirken zeigt etwa der an ihn gerichtete Brief eines gewissen Diodoros, der über Nachschubschwierigkeiten an Baumaterialien klagt.[121] In einem weiteren Brief weist Apollonios seinen Verwalter Zenon an, einen Sarapistempel zu errichten:

*»Apollonios sendet Zenon Grüße. Ordne an, dass beim Isistempel ein Sarapistempel, beim Heiligtum der Dioskuren, errichtet wird, und ... Trage Sorge dafür, dass entlang des Kanals ein Dromos beide Heiligtümer verbindet. Lebe wohl!«*[122]

Neben diesen Kultstätten sollte auch ein Tempel der Geschwistergötter, also von vergöttlichtem König und Königin, erbaut werden, wie aus einem weiteren Brief des Apollonios an Zenon zu erfahren ist:

*»Apollonios sendet Zenon Grüße. Wenn Antikritos erscheint, dann zeige ihm das gesamte Dorf und den Ort, an dem wir das Heiligtum des Königs und der (Arsinoe) Philadelphos bauen wollen, und den Dromos und den heiligen Hain. Zeige ihm auch die Umdeichung und [...] meines Besitzes und mache deutlich, dass wir gerade damit anfangen, das Dorf zu gründen. Lebe wohl!«*[123]

Arsinoe II., die namengebende Göttin der Siedlung Philadelphia, hatte also, genauso wie in der kleinasiatischen Polis Arsinoe, einen eigenen Tempel.

Die Siedler, zum größten Teil waren es Soldaten, mussten hier nicht auf die Annehmlichkeiten eines griechischen Lebens verzichten, denn es gab ein Theater und ein Gymnasium. Auch Tempel für verschiedene griechische und ägyptische Gottheiten waren vorhanden, so erhielten neben Zeus, Demeter und die Dioskuren auch die ägyptische Thoeris und Poremanres, der vergöttlichte Pharao Amenemhet III. einen Kult.[124] Es fällt zudem auf, dass der von den baulichen Strukturen deutlich herausgehobene Tempel ein ägyptisches Heiligtum war, in dem möglicherweise der krokodilgestaltige Sobek, den die Griechen Suchos nannten, verehrt wurde.[125] Die Fremden wandten sich in Ägypten also auch den einheimischen Kulten zu.

# 4

# Ptolemaios III.

Der um 284 geborene dritte Ptolemäer konnte nach dem Tod seines Vaters im Jahr 246 ohne Schwierigkeiten die Thronfolge antreten. Der Sohn übernahm die Legitimationsstrategien seines Vater so getreu, dass er sogar seine Gemahlin Berenike als »Schwester« ausgab, obwohl sie in Wirklichkeit nur entfernt mit ihm verwandt war. Bereits 244/243 ließ er diese und sich selbst unter dem Kultnamen »Wohltätergötter« in den griechischen Dynastiekult einfügen, erhielt also nahezu von Anbeginn seiner Herrschaft an einen Kult als Gottheit. Wie dem sicherlich selbstgewählten Kulttitel »Wohltätergott« zu entnehmen ist, wollte er seinen Untertanen insbesondere durch diesen Aspekt göttlichen Wirkens entgegentreten.

Entsprechend ptolemäischer Tradition krönten die ägyptischen Priester ihn zum Pharao: Sein Horusname lautete: »Über den sich Götter und Menschen freuen, wenn er das Königtum von seinem Vater empfängt«, in einer anderen Variante »Der an Kraft Große, der unter seinen Feinden ein Gemetzel anrichtet«. Sein Herrinnenname war »Tapferer Beistand der Götter, vortreffliche Mauer Ägyptens«, dem sich der Gold(horus)name »Groß an Kraft, der Nützliches tut, Herr von Sedfesten wie Ptah-Tatenen, König wie Re« anschloss. An die Seite des in Kartusche geschriebenen Eigennamens Ptolemaios trat als weiterer mit Namensring versehener Bestandteil der Thronname »Erbe der beiden Geschwistergötter, erwählt von Re, lebendes Abbild des Amun.«[1]

## 4.1 Der Dritte Syrische Krieg

Als Thronfolger musste und wollte Ptolemaios sein militärisches Talent unter Beweis stellen, denn durch einen Sieg gewonnenes Charisma sicherte die Gefolgschaft von Soldaten und Untertanen. Die Gelegenheit zum Krieg bot sich unmittelbar nach der Herrschaftsübernahme und zwar dort, wo der Vater noch eine Scharte hinterlassen hatte, die es auszuwetzen galt: In der Levante und in Kleinasien, von denen Teile des Ptolemäerreiches nach dem Zweiten Syrischen

Krieg (260–253) an den Seleukiden Antiochos II. verloren gegangen waren. Der Seleukide Antiochos II. hatte nach seinem Sieg eine der Töchter Ptolemaios' II., Berenike Phernephoros, die man dann auch Syra nannte, geheiratet. Mit der Eheschließung waren erhebliche Tribute verbunden, die als Aussteuer kaschiert die Niederlage des Ptolemaios festgeschrieben hatten. Die eigentlich friedensstiftende Heirat barg letztlich die Rechtfertigung für den nächsten Krieg, den Ptolemaios III. begann, als im Sommer des Todesjahres Ptolemaios' II. auch der seleukidische König starb. Dieser hatte wiederum nicht nur von Berenike Syra einen minderjährigen Sohn gleichen Namens, sondern auch von seiner ersten Gemahlin Laodike einen erwachsenen Erben namens Seleukos (II.). Da beide Mütter die Nachfolge im Seleukidenreich für ihren jeweiligen Sohn beanspruchten, kam es zum Dritten Syrischen Krieg, den man bereits in der Antike nach der ersten Frau des verstorbenen Königs Antiochos' II. als Laodike-Krieg bezeichnete.[2]

Soweit es sich der fragmentarischen Überlieferung entnehmen lässt, hatte sich Antiochos II. zum Zeitpunkt seines Todes bei seiner ersten Gemahlin Laodike in Ephesos aufgehalten, die unmittelbar handelte und ihrem Sohn Seleukos die bereits vom Vater zugestandene Thronfolge sicherte. Berenike Syra hingegen befand sich mit dem sechs Jahre alten Antiochos in der königlichen Metropole Antiochia am Orontes, wo Parteigänger der Laodike beide töteten.[3] Ptolemaios III. war aber bereits, kurz nachdem ihn die Kunde vom Tod des Antiochos ereilt hatte, mit einem Heer in Richtung des Seleukidenreiches aufgebrochen, sicherlich nur vorgeblich, um seinem Neffen Antiochos die Nachfolge auf den seleukidischen Thron zu sichern, in Wirklichkeit aber, um selbst das Seleukidenreich in Besitz zu nehmen und damit dem Traum von einer Wiederherstellung des Alexanderreiches einen großen Schritt näher zu kommen. Hierzu hätte die Hochzeit mit der Vollschwester Berenike Syra genügt – in makedonischer Tradition wäre es schließlich, wie bereits erwähnt, durchaus möglich gewesen, zwei Gemahlinnen nebeneinander zu haben.

Noch im Spätsommer oder Herbst 246 begann er seinen Angriff auf die seleukidischen Besitzungen an der nördlichen Levante und gleichzeitig im nordöstlichen Mittelmeerraum. Der König selbst nahm die seleukidischen Residenzstädte Antiochia und Seleukeia in Pieria in Nordsyrien ein, sein Halbbruder Ptolemaios Andromachu, ein unehelicher Sohn Ptolemaios' II., Gebiete an der thrakischen Küste. Es handelte sich deshalb wohl keinesfalls um einen spontanen Feldzug, sondern um ein von längerer Hand vorbereitetes Unternehmen, das möglicherweise schon auf Plänen des zweiten Ptolemäers basierte.

Berenike Syra und ihr Sohn weilten zur Zeit des Eintreffens des Ptolemaios bereits nicht mehr unter den Lebenden, der Ptolemäer konnte sich also nicht mehr als Verteidiger des Thronanspruchs seines Neffen gerieren oder seine Schwester ehelichen. So versuchte er nun mit großen Aufwand, Laodike als perfide Mörderin darzustellen und auf diese Weise das Thronrecht im Seleukidenreich für sich zu reklamieren. Er führte das Heer, wie die Vorbilder der Ptolemäer, Dionysos, Herakles und Alexander der Große, tief ins Seleukidenreich hinein und unterwarf es angeblich bis hin nach Baktrien. Er habe dabei, wie Polyainos im zweiten Jahrhundert nach Christus schreibt, »das gesamte Land vom Taurus bis nach Indien ohne eine einzige Schlacht« eingenommen.[4] Von den tatsächlich erfolgten Kampfhandlungen schweigen die meisten griechischen Quellen in der Tat, hier erscheint der Feldzug als eine Art Triumphzug, denn die Städte hätten sich in Freude dem neuen Herren ergeben. Aus einer babylonischen Chronik ist aber bekannt, dass es von Dezember 246 bis Februar 245 zur Belagerung und Einnahme von Seleukia am Euphrat (Apameia oder Sippa) und Babylon gekommen ist, anders als der König es vermittelt wissen wollte, also durchaus schwere Kämpfe nötig waren und er nicht überall mit Jubel begrüßt wurde. Sogar das nahe den ptolemäischen Besitzungen in Koilesyrien gelegene Damaskus musste von Ptolemaios belagert werden – diese Stadt konnte bis zu ihrer Entsetzung durch Seleukos standhalten.[5]

Ptolemaios war am Ende aber dann doch nur scheinbar ein unangefochten siegreicher König, denn ein Aufstand in Ägypten[6] zwang ihn, noch 245 zurück in die Heimat zu ziehen, um den Besitzstand sowohl in Ägypten als auch an den Küsten des Mittelmeeres zu wahren. Bereits im Sommer des selben Jahres, am 11. Juli, wurde im mesopotamischen Uruk nach Seleukos II. datiert, doch erst 241, also vier Jahre später, schlossen beide Mächte einen Frieden auf Basis des *status quo*.[7] Dieser war mehr als trefflich für Ptolemaios ausgefallen, denn das Ptolemäerreich hatte jetzt die bisher größte Ausdehnung seiner Geschichte erreicht. Es umfasste nun die Küste Thrakiens (Ainos und Maroneia), den Hellespont, Ionien, Karien, Lydien, Pamphylien und Kilikien ebenso wie die Levante – insbesondere auch Seleukia, die einst seleukidische Metropole, das ehemalige Tor der Seleukiden zum Mittelmeer.

## 4.2 Das hellenistische Königtum des dritten Ptolemäers

In der von Ptolemaios II. gegründeten Elefantenjagdstation Adulis an der Küste des Roten Meeres, die weit entfernt von der hellenistischen Zivilisation lag, kopierte im sechsten Jahrhundert nach Christus ein Mönch namens Kosmas Indikopleustes eine heute nicht mehr erhaltene griechische Inschrift, die von den Siegen des Ptolemaios im Dritten Syrischen Krieg berichtet und die ein exzellentes Beispiel für das Selbstverständnis des hellenistischen Königtums der Ptolemäer ist, weil sie die Eigenperspektive des Königs vorstellt:

»*Großkönig Ptolemaios, Sohn des Königs Ptolemaios und der Königin Arsinoe, der Geschwistergötter, den Kindern von König Ptolemaios und Königin Berenike, den Rettergöttern, von Vaterseite Nachkomme des Herakles, des Sohnes des Zeus, von Mutterseite des Dionysos, des Sohnes des Zeus, ist, nachdem er die Königsherrschaft über Ägypten, Libyen, Syrien, Phönikien, Zypern, Lykien, Karien und die Kykladen von seinem Vater übernommen hatte, zu Felde gezogen nach Asien mit Fußtruppen, Reitereinheiten, der Flotte und troglodytischen und äthiopischen Elefanten, die sein Vater und er selbst als erste zuvor aus diesen Ländern erjagt, nach Ägypten hinabgeführt und für den Kriegsdienst trainiert hatten. Nachdem er Herr über das gesamte Land diesseits des Euphrats geworden war und über Kilikien, Pamphylien, Ionien, den Hellespont, Thrakien, alle Streitkräfte in diesen Ländern und die indischen Elefanten und nachdem er sich alle Alleinherrscher, die in diesen Ländern sind, untertan gemacht hatte, überschritt er den Fluss Euphrat, und nachdem er sich Mesopotamien, Babylonien, die Susiane, die Persis, Medien und den gesamten Rest bis nach Baktrien untertan gemacht und alles, was von den Persern an heiligen Gegenständen aus Ägypten weggeführt worden war, aufgespürt und mit den übrigen Schätzen von diesen Orten nach Ägypten hat bringen lassen, schickte er die Streitkräfte durch die Kanäle zurück [... hier bricht der Text ab].*«[8]

Am Beispiel dieses kurzen Siegestextes lassen sich im Grunde genommen alle wichtigen Elemente ptolemäischer Selbstdarstellung erarbeiten, die deshalb im Folgenden vorgestellt werden sollen:

Ptolemaios führt mit dem Titel Großkönig den alten Titel des Perserkönigs, sieht sich also als Herrscher nicht nur Ägyptens, sondern auch des gerade eroberten Asiens.[9] Er konnte sich vor allem deshalb zu Recht so bezeichnen, weil er nach Auskunft seiner Inschrift das Perserreich in seinem alten Umfang unter seine Herrschaft gebracht hatte. Der Erweis von Sieghaftigkeit war folglich essentiell für die Legitimation ptolemäischen Königtums: Kurz nach seinem Herrschaftsantritt hatte sich Ptolemaios die Nachfolge auf dem Thron aufgrund seiner Siege verdient.

So sehr es Ptolemaios aber wichtig war zu zeigen, dass er ein Eroberer war, so sehr fällt gleichzeitig das Fehlen homerischer Heldentaten auf: Ptolemaios ist nicht Sieger einer einzigen Schlacht, er hat keinen Feind vernichtend geschlagen, und das, obwohl es in Wirklichkeit zu erfolgreichen Belagerungen gekommen ist. Dies kann natürlich einerseits daran liegen, dass der Text der Inschrift nicht vollständig überliefert ist und die Schlachten im nicht mehr erhaltenen Teil beschrieben waren. Andererseits zeigt der Text, dass die Eroberungen bereits »bis nach Baktrien« abgeschlossen waren, das militärische Unternehmen also beendet war. Ein weiterer Bericht des gleichen Königs über den Feldzug belegt zudem, dass der König nicht auf die Darstellung seiner Sieghaftigkeit an und für sich wert legte, sondern einen anderen Aspekt seines Auftretens betonen wollte:

Er beschrieb, wie ihn die Eliten und die Bevölkerung Seleukias und Antiochias in größter Freude begrüßt hatten.[10] Der König wollte also, ähnlich wie Alexander der Große, als Befreier erscheinen, verschwieg deshalb sogar seine siegreiche Belagerung Babylons. Zustimmung und Akzeptanz ohne militärischen Sieg wogen mehr als der Sieg selbst. Jedem ptolemäischen König war es wichtig, von den Untertanen als freudig begrüßter Retter und Wohltäter anerkannt zu werden.

Neben der Bedeutung der Ausweitung des Herrschaftsgebietes für einen hellenistischen König lässt die Inschrift erkennen, wie wichtig Ptolemaios das Heer war, denn er handelte im Text nicht allein, sondern hatte seine Leistung gemeinsam mit allen Truppengattungen errungen. Durch die Hervorhebung des Heeres verwies Ptolemaios gleichzeitig auf seinen Rückhalt bei den Soldaten. Die Dankbarkeit der Reitersoldaten, der Elite des Heeres, spiegelt sich wiederum in einem Tempel, den sie in Hermupolis für das zweite und dritte Ptolemäerpaar stifteten.[11]

Weiterhin ist dem Text zu entnehmen, wie eng Ptolemaios sich an die dynastischen Vorgänger band. Das zeigt die Tatsache, dass deren Kultnamen im Protokoll der ptolemäischen Urkunden stets neben dem des aktuellen Herrschers genannt wurden. Es ist das Porträt des ersten Ptolemäers, das bis zum Ende der Dynastie vornehmlich auf den Vorderseiten der Münzen geprägt wurde, was die Bedeutung der dynastischen Kontinuität hervorhebt. Ptolemaios führte seine Eltern zudem auf Dionysos und Herakles und über diese beiden auf Zeus selbst zurück, nicht nur Menschen, sondern auch Götter waren seine Vorfahren.[12] Da Dionysos und Herakles seit hellenistischer Zeit zudem Asienfeldzüge zugeschrieben wurden[13] und Ptolemaios in seinem Unternehmen dieselben Räume durchzogen hatte wie Dionysos und Herakles und wie diese mit reicher Beute sowie mit indischen Elefanten zurückgekehrt war, wird deutlich, dass der König ein neuer Dionysos und Herakles sein wollte. Die selbstgewählte Angleichung des Herrschers an die beiden mythischen Vorbilder findet sich auch in der Kleinplastik verschiedentlich aufgegriffen. So gibt es Porträtköpfe, die ihn mit den sprießenden Stierhörnern und der *Mitra*-Stirnbinde des Dionysos abbilden, und Statuetten, die ihn als Herakles zeigen.[14] In Dionysos spiegelt sich der den Sieg feiernde König, in Herakles der siegreiche Held an sich.

Als Nachfolger des Dionysos führte Ptolemais III. in einer *imitatio Dionysii* dessen Indienfeldzug durch und kam mit reicher Beute nach Ägypten zurück. Schon Ptolemaios II. hatte mit dem Fest der Ptolemaia gezeigt, wie wichtig in seiner Herrschaft die Vermittlung von dionysischem Reichtum und Wohlstand war – diese *tryphé* wurde zentrales Kennzeichen ptolemäischer Selbstdarstellung.[15] So übernahmen die Ptolemäer seitdem regelmäßig die Attribute des Dionysos (etwa die sprießenden Stierhörner, die Mitra, Efeukranz und Thyrsosstab). Ptolemaios XII. führte sogar den Beinamen Junger Dionysos. Die Ptolemäer suchten deshalb auch, den Kult für diesen Gott zu kontrollieren, denn der Kult für Dionysos war gleichzeitig Kult für den König.[16] Ptolemaios IV. ordnete etwa an, dass »diejenigen, die im Land die heiligen Riten des Dionysos vollziehen«, sich in einem Register in Alexandria eintragen und auf drei Generationen den Nachweis führen mussten, von wem sie die betreffenden Riten übernommen hatten.[17] Die dionysische Techniten, also wörtlich die als Handwerker/Künstler des Dionysos bezeichneten vereinsmäßig organisierten Anhänger des Gottes, hatten sogar das Privileg, von der Kopfsteuer befreit zu sein.

Das Füllhorn und auch das Doppelfüllhorn (*dikeras*) der Arsinoe II. waren die wichtigsten Symbole des überbordenden Reichtums der Dynastie, der insbesondere mit den Ptolemäerinnen verbunden wurde.[18] Die ostentative Zurschaustellung von Wohlstand brachte des Weiteren eine inszenierte Fettleibigkeit des Königs mit sich, die Ptolemaios III., IV., VIII. und IX. den Bei- oder Spottnamen *Tryphon* – der Wohllebende – oder auch *Physkon* – der Fettwanst – einbrachten.[19] Ägypter mögen sich bei solchen Formen der Selbstdarstellung an den Übeschwemmungsgott Hapi mit massigem Bauch und hängenden Brüsten erinnert gefühlt haben und die Könige als Personifikationen der Fruchtbarkeit Ägyptens erkannt haben. Gerade diese Form der stolzen Adipositas stieß freilich insbesondere die Römer vor den Kopf, stand sie doch im Gegensatz zur römischen Mannhaftigkeit, der *virtus*.

Ptolemaios stellte sich in der Inschrift von Adulis des Weiteren als Jäger von Elefanten dar[20] und griff damit ein altes makedonisches Königsideal auf, da die Jagd nach makedonischer Vorstellung ein Vorrecht des Königs war, der nach dem Beispiel des Löwen- oder Eberjägers Herakles die größten Erfolge erzielte.[21] Schon der Großvater, Ptolemaios I., hatte dieses Jagdideal Alexanders aufgegriffen, als er ein Gemälde von sich in Auftrag gab, das ihn neben Dionysos als Meleager bei der Jagd auf den kalydonischen Eber zeigte.[22] Der jagende König gehörte gleichzeitig natürlich auch fest in die Vorstellung eines guten orientalischen Herrschers. Im Neuen Reich sind sogar Elefantenjagden von Thutmosis I. und Thutmosis III. in Syrien belegt.[23] Ein Zusammenhang zwischen dem ptolemäischen Herrscherideal und diesen alten pharaonischen Vorstellungen, von denen wir nicht wissen, ob sie 1000 Jahre später auch den Ptolemäern bekannt waren, ist aber vor allem aufgrund der direkten makedonischen Vorbilder nicht nötig.

Nach Auskunft der Adulisinschrift erwies Ptolemaios sich mit der Heimführung von reichhaltiger Beute, die er sicherlich auch für Geschenke und Feste nutzte, nicht nur als Wohltäter seiner griechischen Untertanen, sondern, indem er zudem die (angeblich) von den Persern geraubten heiligen Dinge nach Ägypten zurückbrachte, auch als Wohltäter der Ägypter. Hiermit stellte er sich in die Tradition seines Großvaters und Vaters, von denen ebenfalls behauptet wurde, sie hätten von den Persern geraubte Götterbilder zurück nach Ägypten gebracht.[24] Die unterworfenen Völker durch Wohltätigkeit von der Herrschaft zu überzeugen, war schließlich schon der Rat des Isokrates an Philipp II. von Makedonien gewesen.[25] Im Grunde genommen ist die Wohltätigkeit eines der wichtigsten Wesensmerkmale aller hellenistischen Könige.[26] So schrieb Ptolemaios III. in einem Brief an die Stadt Xanthos: »Wir loben nun euch, dass ihr immer dieselbe Gesinnung hegt, und dass ihr euch dankbar an die Wohltaten erinnert.«[27] Das Ideal königlicher Wohltätigkeit findet sich auch in unzähligen Eingaben an den König wieder. Meist schließen die an den König gesandten Briefe mit einer Wunschformel, in der der Bittsteller an die Menschenfreundlichkeit des Königs appelliert und die Hoffnung zum Ausdruck bringt, Ptolemaios möge sich als Retter oder Wohltäter erweisen – er sollte sich eben nicht nur als Wohltäter proklamieren, sondern auch als solcher tatsächlich verhalten.[28]

Die Siegesinschrift von Adulis präsentiert also in ihrer Kürze alle wesentlichen Aspekte des ptolemäischen Königtums. Insbesondere die in der Wohltätigkeit ausgedrückte Fürsorge des Herrschers ist schließlich erst durch seine militärisch begründete oder gesicherte Macht möglich: Der hellenistische König war Retter und Wohltäter (*soter kai euergetes*) seiner Untertanen.

## 4.3 Das ägyptische Königtum des dritten Ptolemaios

Der Zufall der Überlieferung hat nicht nur die königliche Selbstdarstellung des Sieges zu Beginn des Dritter Syrischen Krieges übermittelt, sondern auch ein in hieroglyphischer, demotischer und griechischer Schrift verfasstes Ehrendekret der ägyptischen Priester aus dem Jahr 243, die aus ihrer Perspektive die Leistungen des Ptolemaios in diesem Feldzug beschrieben. Hierzu hatten sie sich anlässlich des Festes der Theadelphia zu Ehren des zweiten Ptolemäerpaares im Isistempel von Alexandria versammelt und einen Ehrenbeschluss für den König verabschiedet. Nach der hieroglyphenägyptisch abgefassten Version lautet die Begründung für die Ehrung des Königs:

*»Seine Majestät zog aus Ägypten heraus im ersten Jahr, in dem er das große Amt aus der Hand seines Vaters übernommen hatte. Seine Majestät schlug [siegreich (?) die Gebiete/Städte von Asien, o. ä.], die in der Hand (im Besitz) seines Feindes waren. Er zog Tribute ein, (bestehend) aus ihren vollkommenen, wunderbaren und zahlreichen Kostbarkeiten. Seine Majestät erbeutete alle ihre Menschen, viele Pferde, zahlreiche Elefanten und die feindlichen Kenbet-Schiffe, weil Seine Majestät im Kampf siegreich war. Er brachte sie insgesamt nach Ägypten als Gefangene. ... Seine Majestät trug selbst Sorge für die Götter-*

*bilder, die weggebracht worden waren von ihren Plätzen in den Tempeln in Ägypten, nach den beiden Retenu, (nach) Syrien, Chereg, Se(n)ger und Susa in der Zeit des die-Tempel-Verletzens durch die elenden Asiaten Persiens. Er durchzog die Fremdländer und suchte sie. Seine Majestät brachte (sie) nach Ägypten in einem großen Fest (zurück) ... Er bewahrte Ägypten vor inneren Unruhen zu jeder Zeit, er kämpfte für es in einem fernen Tal.«*[29]

Die Priester betonten also, dass Ptolemaios III. seine Feinde geschlagen und einen Sieg davon getragen, große Beute errungen, die geraubten Götterbilder nach Ägypten zurückgebracht und Ägypten durch den Kampf in der Fremde (»in einem fernen Tal«) in Frieden bewahrt hatte. Bis auf die Erwähnung der Rückführung der Götterbilder und den Verweis auf den Gewinn großer Beute, die sich auch in der Königsinschrift von Adulis finden, setzte die priesterliche Darstellung des königlichen Sieges vollkommen andere Akzente als Ptolemaios. Er hatte schließlich betont, dass er sich Menschen und Länder untertan gemacht hatte und sie ihn mit Freuden begrüßten. Hiervon war bei den Priestern nicht die Rede, denn nach ihrer Darlegung hatte Ptolemaios die Feinde Ägyptens geschlagen und Beute nach Ägypten gebracht. Auf diese Weise stellten die Priester den fremden König in direkte Tradition zu den einheimischen Pharaonen, denn in ihrer Schilderung lässt sich das historische Handeln des Ptolemaios als ein altes pharaonisches Ritual lesen, das z. B. eine Szene am sogenannten Euergetestor im Tempel von Karnak zeigt. Man sieht hier Ptolemaios III. als Pharao, der mit der Rechten einen Asiaten am Schopf gepackt hält, um ihn mit der erhobenen Linken, in der er eine Keule hält, zu erschlagen. Ihm gegenüber stehen Osiris und Isis. Ptolemaios III. sagt im hieroglyphischen Text unter anderem:

*»... ich strecke meinen Arm mit der Keule des Tötens aus, nachdem ich den Bösen gepackt habe, der mit seinem Seil gefesselt ist. Ich führe das Massaker an ihm dir gegenüber aus. Ich trenne seinen Kopf ab, ich zerstückle seine Luftröhre, ich nehme die Atemluft von seiner Nase fort. Ich reiße sein Herz heraus von seiner linken Seite (?).«*

Auf diese Leistungen des Königs für die Götter antwortet Osiris dem König:

*»... ich jubele darüber, dass du den Feigling geschlagen hast. Du bist mein Erbe, der auf meinen Thron nachfolgt. Ich gebe dir (daher) mein Amt des Herrschers der beiden Länder, (möge) deine Lebenszeit der Ewigkeit (entsprechen).«*

Isis fügt dem hinzu:

*»Ich gebe dir das Amt meines Sohnes Horus, damit du (auf) seinem Thron rechtmäßig herrschen mögest.«*[30]

Üblicherweise hat die Darstellung solcher Rituale einen performativen Charakter: Die Feindvernichtung geschieht, weil sie gezeigt ist, denn die Darstellungen bilden nicht die Wirklichkeit ab, sondern stellen sie her. Ptolemaios III. war nun ein Pharao, der das kultisch unabdingbar notwendige Feindvernichtungsritual tatsächlich durchgeführt hatte. Und das führt zurück zum Priesterdekret: Am Ende ihrer Beschlussbestimmungen konstatieren die Priester den Lohn der Götter für das Handeln des Ptolemaios:

»*Als Gegenleistung hierfür haben die Götter ihnen (dem Königspaar) ein großes Königtum gegeben mit Trefflichkeit und Großem, das ihnen in Ewigkeit bleibt.*«[31]

Die Priester hatten ihren Beschluss also nach der Idee einer ägyptischen Tempelritualszene konstruiert: Der König vollzieht das Ritual und die Götter garantieren ihm im Gegenzug dafür die Herrschaft.

Damit bleibt festzuhalten, dass das Konzept des siegreichen Pharaos sich in einem Punkt erheblich von dem des siegreichen *basileus* unterscheidet: Der Pharao musste kein Eroberer sein, sondern ein Herrscher, der Ägypten, und allein dieses, rituell und real vor den Feinden schützt, indem er sie vernichtet und dadurch den Frieden im Land garantiert.

Im Jahr 238 erließen die Priester ein zweites Dekret für Ptolemaios III. Auch hier findet sich neben spezifischen Leistungen des Ptolemaios, wie der Bewahrung Ägyptens vor einer Hungersnot, eine ganze Reihe von Topoi, die genau so auch in Ehrendekreten griechischer Städte hätten stehen können, die aber in ihrer Kombination durchaus aufschlussreich für die priesterliche Darstellung des fremden Pharaos sind:

»*Da der König Ptolemaios ... und die Königin Berenike, seine Schwester und Gemahlin, die Wohltätergötter, fortwährend viele große Wohltaten den Heiligtümern im Lande erweisen und die Ehren der Götter in weiterem Umfang vermehren, und dem Apis(stier), dem Mnevis(stier) und den anderen angesehenen heiligen Tieren im Lande in jeder Hinsicht ihre Sorge zukommen lassen mit hohen Kosten und Aufwand, ... und da sie allen im Lande und den anderen, die ihrer Königsherrschaft untertan sind, die gute gesetzliche Ordnung gewähren, ... haben die Götter ihnen ihr Königtum in gut gefestigtem Zustand gegeben, und sie werden ihnen alle anderen guten Dinge bis in Ewigkeit geben.*«[32]

Nach Auskunft des Dekretes hatte der fremde Pharao für die Götter gesorgt und seinen Untertanen das Recht gesprochen – dafür garantierten die Götter ihm sein Königtum. Inhaltlich ist diese Beschreibung der Wohltaten, die durchaus auch griechischen Idealtopoi entspricht, nach dem Vorbild eines alten ägyptischen kulttheologischen Traktates strukturiert, das die Funktion des Pharaos umschrieb. In dem alten Text heißt es:

*»Re hat den König eingesetzt auf der Erde der Lebenden für immer und ewig beim Rechtsprechen der Menschen, beim Befrieden der Götter, beim Entstehenlassen der Maat, beim Vernichten der Isfet (= Chaos, des Gegenteils von Maat). Er (der König) gibt Gottesopfer den Göttern und Totenopfer den Verklärten.«*[33]

Es ist also offensichtlich, dass die Priester den fremden König in die Rolle des Pharaos als Sonnenpriester eingeschrieben haben, denn Ptolemaios stellte einerseits mit seinen Stiftungen die Götter zufrieden, sorgte sich also um die ägyptischen Kulte, und kümmerte sich andererseits um die soziale Ordnung Ägyptens, das Wohlbefinden der Menschen: Ptolemaios garantierte damit also die ägyptische Weltordnung Maat. Nur haben die Priester die Stabilität des Königtums in diesem Fall als Lohn des Königs für sein Handeln formuliert, wohingegen im alten Traktat der Pharao genau zu diesem Zwecke von Gott auf Erden eingesetzt wurde. Inhaltlich bedeutet das das Gleiche, doch ist der Fokus ein anderer: Im Dekret liegt der Schwerpunkt darauf, dass Ptolemaios deutlich als von den Göttern abhängig gekennzeichnet ist, wohingegen der Pharao nach dem Traktat von ihnen eingesetzt ist und deshalb seine Machtvollkommenheit besitzt. Beider Aufgabe ist aber die gleiche: Die Aufrechterhaltung der Maat.

**Abb. 7:** Großer Pylon des Horus-Tempels von Edfu, Photo: Martin Stadler

Den Priestern war mithin ein ganz entscheidender Kommunikationsakt in zwei Richtungen gelungen. Die erste Adressatengruppe ihrer Ehrungen waren natürlich die Fremdherrscher. Um diese auf Augenhöhe zu erreichen, verwendeten die Priester das Muster des griechischen Ehrendekretes und als eine von drei im Dekret niedergeschriebenen auch die griechische Sprache. Mit dem Beschluss zeigten sie den fremden Pharaonen, dass sie, wie die griechischen Poleis, den König als ihren Wohltäter und Retter betrachteten, kommunizierten auf diese Weise aber auch in einer Form der *captatio benevolentiae*, dass der Herrscher sich bitte auch weiterhin derart verhalten möge. Die zweite Adressatengruppe ihres Ehrendekretes war aber die ägyptische Bevölkerung, für die sie die typische Form einer ägyptischen Stele und die demotische Schrift benutzten, ebenso wie sie aus den fremden Königen einheimische Pharaonen machten, die allen Anforderungen an ihr Amt gerecht wurden.

In seiner Funktion als Pharao erscheint Ptolemaios III. dann auch als Bauherr in allen wichtigen Tempeln des Landes. So begann man in seiner Zeit mit der Errichtung des Isistempels von Syene und des Osiristempels von Kanopos.[34] Der wichtigste, heute noch erhaltene Tempel seiner Herrschaft ist aber der großer Horustempels von Edfu, in dessen Gründungsinschrift es über die Ereignisse am 23. August 237 heißt:

»*Dieser schöne Tag im 10. [Regierungsjahr], der 7. (Tag) des Monats Epet-Hemetes (Epiphi) zur Zeit der Majestät des Sohnes des Re Ptolemaios (III.), war der Senut-Fest(tag), an dem die Ausmaße (des Baues) festgelegt wurden auf dem Erdboden, der erste aller Senut-Fest(tage) des Strickspannens bei der Gründung des Großen-Sitzes-des-Re-Harachte (Edfu), der Gründung des Thronsitzes-des-Endotes (Edfu). Der König selbst und Seschat, die Große, legten den Grundriss des ‹Ersten-Heiligtums (Edfu)› fest.*«[35]

Der religiösen Fiktion nach hat Ptolemaios persönlich an den Gründungszeremonien teilgenommen – ob das auch tatsächlich so war, muss freilich offen bleiben. Ebenso lässt sich nicht sagen, ob der König selbst den Neubau in Auftrag gegeben hatte, oder ob die Priester aus eigener Initiative aufgrund ihrer durch den König gewährten finanziell guten Lage den Tempel errichteten.[36]

## 4.4 Der König und die Fruchtbarkeit Ägyptens

Ptolemaios hatte seinen erfolgreichen Feldzug nach Asien aufgrund eines Aufstandes in Ägypten abbrechen müssen. Die Ursache dieser ersten überhaupt belegten einheimischen Erhebung gegen die Fremdherrschaft ist aller Wahrscheinlichkeit in niedrigen Nilfluten zu suchen, die zu erheblichen Nahrungsmittelengpässen geführt hatten,[37] der Nil war schließlich die Lebensader Ägyptens, da seine jährliche ausreichende Überschwemmung die Fruchtbarkeit des Landes garantierte. In dem im Jahr 238, also fünf oder sechs Jahre später von den ägyptischen Priestern verfassten Ehrendekret für den König berichteten sie nun, dass:

»*... der Fluss einmal nur ungenügend anstieg und alle im Lande wegen dieses Ereignisses niedergeschmettert waren und an die vergangene Vernichtung dachten unter einigen die früher König waren, unter denen es sich ereignete, dass die Einwohner des Landes von einer Dürre heimgesucht wurden.*«[38]

Was hier als scheinbar durch die Natur bedingte Katastrophe erscheint, war in Wirklichkeit ein Unglück, für das der Pharao, also Ptolemaios höchstpersönlich in unmittelbarer Verantwortung stand, denn die Ereignisse der Natur und das Handeln des Königs bildeten einen direkten Zusammenhang, schließlich garantierte er die ausreichende Nilflut durch das von ihm vollzogene Opfer vor den Göttern. Nicht das religiöse Fehlverhalten der Menschen, sondern die mangelhafte Versorgung der Götter durch den Pharao war damit auch Ursache von Hungernöten.

Ptolemaios hatte sich folglich als schlechter König erwiesen und bot den Anführern des Aufstandes die religiöse Legitimation für ihren Umsturzversuch. Die Priester, die von der niedrigen Nilflut noch einige Jahr später in ihrem Ehrendekret berichten, haben natürlich bereits die erfolgreiche Niederschlagung des Aufstandes im Blick und geben deshalb an, dass sich solche Katastrophen bereits in alten Zeiten ereignet hatten, wenn sie auf die vorherigen Pharaonen verweisen. Im konkreten Fall war es wohl nicht nötig, das weiter auszuführen, doch zeigen andere Quellen, dass in der Ptolemäerzeit Erzählungen über Hungersnöte in der Zeit des Alten Reichs, also einer ältest möglichen Vergangenheit, eine ganz erhebliche Relevanz hatten. Die betreffenden Geschichten stellten einen direkten Zusammenhang zwischen der Vernachlässigung der Götter durch Pharaonen und daraus resultierenden Hungernöten her, wiesen aber auch darauf hin, wie die betreffenden Könige das Unglück meisterten, gaben also Beispiele dafür, wie ein guter Pharao im Angesicht von Katastrophen zu reagieren hatte.

**Abb. 8:** Die sogenannte Hungersnotstele auf der Nilinsel Sehel; Photo: Stefan Pfeiffer.

Der bekannteste Text hierüber ist die sogenannte Hungersnotstele, die auf einem Felsen hoch über der Nilinsel Sehel eingraviert ist. Sie zeigt im Giebelfeld Pharao Djoser (reg. 2720–2700) beim Weihrauchopfer vor Chnum, Satis und Anukis, der Götterdreiheit von Elephantine. Der Text der Stele ist literarisch strukturiert: Eine sieben Jahre andauernde Hungersnot hatte Ägypten aufgrund zu niedriger Nilfluten heimgesucht. Die Schilderung der Notzeit ist realistisch und erinnert an die Anspielung des Kanoposdekretes, wenn der Pharao berichtet:

»*Ich war in Kummer am Thron, und die Insassen des Palasts waren bekümmert. Mein Herz litt gar sehr, weil die Überschwemmung in (meiner) Zeit nicht kam in einer Zeitspanne von 7 Jahren. Das Getreide war gering, die Pflanzen mangelten, alle Sachen, die man essen könnte, waren knapp. Jedermann raubte (?) von seinem Gefährten (?). Sie wankten bis zum Punkt, nicht mehr zu gehen. Die Kinder waren in Tränen, die Jünglinge strauchelten, die Alten hatten bekümmerte Herzen. Die Schenkel waren verkrümmt, während sie auf dem Boden hockten, die Arme waren eingewinkelt. Der Hofstaat litt Mangel, die Heiligtümer waren verschlossen, die Kultstätten voll Staub. Alles Existierende existierte nicht (mehr).*«[39]

Der Gelehrte Imhotep klärte den Pharao daraufhin darüber auf, dass sich die Nilquellen in Elephantine befinden und wie wichtig der Kult des Chnum hier sei. Dann erschien dem König eben dieser Gott im Traum und verkündete ein Ende der Trockenheit. Djoser schenkte dem Tempel des Gottes deshalb ein

Zehntel der Steuer- und Zolleinkünfte aus dem südlich von Elephantine anschließenden Grenzland in Nubien und eine neue Glückszeit konnte beginnen.

Siebenjährige Hungersnöte, wie sie auch aus der biblischen Josphesgeschichte bekannt sind, sollen der ptolemäerzeitlichen Überlieferung nach auch unter den Pharaonen Nerferkasokar (reg. 2744–2736) und Cheops (reg. 2620–2580) das Land heimgesucht haben.[40] Unter der Herrschaft des dritten Ptolemäers hatten solche Geschichten erhebliche innenpolitische Relevanz erhalten, schließlich konnten die Aufrührer den Fremdherrscher, unter dem sich durch niedrige Nilfluten hervorgerufene Hungersnöte androhten, als illegitimem Pharao darstellen.

Die einzige Lösung in einer solchen Notlage war, wie es schon die Hungersnotstele im Einzelfall von Elephantine gezeigt hat, nach Auskunft dieser Texte, die Götter Ägyptens mit reichen Gaben zu beschenken. In der ptolemäerzeitlichen demotischen Version des Traums des Cheops findet man deshalb die Handlungsanweisung:

»*Fahre südwärts zu [den Städten] Oberägyptens, fahre nordwärts zu den Städten Unterägyptens. Mögest du den Tempel jedes Gottes für ihn gründen, mögest du für Speisen in den Produktionsstätten der Götter sorgen, mögest du das Verfallene erneuern, mögest du das leer Gefundene füllen, mögest du Rituale vollziehen in den Tempeln.*«[41]

Ptolemaios III. war es zwar mit dem heimgekehrten Heer problemlos möglich gewesen, den Aufstand niederzuschlagen – ein Aufstand, dessen Ursachen und Niederschlagen das Dekret von 243 sicherlich bewusst verschweigt. Doch das Ansehen des Königs in der Bevölkerung blieb allem Anschein nach beschädigt, weshalb sich die ägyptischen Priester sich sechs Jahr später, sie schrieben ja »als einmal« der Nil nicht anstieg, dazu genötigt sahen, Ptolemaios als rechtmäßigen Pharao nach dem Vorbild des Djoser oder Cheops, als Bewältiger einer drohenden Hungerkatastrophe darzustellen: Gemeinsam mit seiner Gemahlin kümmerte sich der König nicht nur um die Tempel Ägyptens, er übertraf sogar die alten Pharaonen:

»*und da sie (Ptolemaios und Berenike), ... fürsorglich für die in den Heiligtümern und die anderen Einwohner des Landes eintraten, indem sie für vieles im Voraus Sorge trugen und einen großen Teil der Steuereinkünfte erließen, um der Errettung der Menschen willen, indem sie aus Syrien und Phönizien und Zypern und aus mehreren anderen Gegenden Getreide zu hohen Preisen in das Land herbeiholen ließen, haben sie die in Ägypten Lebenden bewahrt, wodurch sie eine ewige Wohltat und ein sehr großes Denkmal ihrer Vortrefflichkeit denen hinterlassen, die jetzt leben, wie auch den Nachkommen.*«[42]

Ptolemaios hatte folglich in dem Moment, als die Nilflut ausgeblieben war, die Funktion des Nils selbst übernommen, weshalb so schlimme Ereignisse wie in vorheriger Zeit gar nicht erst eintreten konnten. Weil der König sich derart für die Tempel und Ägypten eingesetzt hatte, garantierten ihm die Götter nach Aussage der Priester seine Herrschaft:

*»hierfür haben die Götter ihnen ihr Königtum in gut gefestigtem Zustand gegeben, und sie werden ihnen alle anderen guten Dinge bis in Ewigkeit geben.«*[43]

Eine Rebellion wäre damit Hybris an den Göttern selbst.

Als Dank für die königlichen Leistungen, die Ptolemaios, auch das ist nicht traditionell, gemeinsam mit seiner Gemahlin vollbracht hatte, vervollständigten die Priester den Kult, den das Königspaar in den Tempeln des Landes erhielt, denn sie hatten Ptolemaios III. und Berenike II. bereits 243 in den Status von Göttern erhoben. Nach dem Vorbild Arsinoes II., deren Vergöttlichung in den ägyptischen Tempeln noch Ptolemaios II. selbst angeordnet hatte, hatten die versammelten Priester damals festgelegt, dass der lebende Herrscher und seine Gemahlin im Allerheiligsten Statuen erhielten, vor denen ein Kult zu vollziehen war. In dem zweiten Ehrendekret von Kanopos gestalteten die Priester im Jahr 238 die Vergöttlichung weiter aus, indem die Priesterschaft nun in ihren Titeln das Priesteramt der Wohltätergötter, also des Königspaares, zu führen hatte. Ganz entscheidend war der daran anschließende Beschlusspunkt: Es sollte ein neues Fest geben, das mit dem Aufgang des Sirius zu Ehren der Wohltätergötter zu feiern war. Der Aufgang des Hundssternes (Sirius/Sothis), der im Juli nach 70tägigem Verschwinden wieder am Nachthimmel zu sehen war, kündigte das lebenserhaltende Ereignis der Nilflut an, und ganz Ägypten feierte das Himmelsereignis in der Hoffnung auf eine anstehende reichliche Nilflut. Durch die Anbindung des Herrscherkultfestes an den Sothisaufgang bekräftigten die Priester die Verbindung des die Versorgung garantierenden Gott-Pharaos mit der Nilflut und machten sie allen Ägyptern bekannt, die natürlich an den mehrtägigen Feiern teilnahmen. Zudem verabschiedeten die Priester eine Kalenderreform, die im bisherigen 365tägigen solaren Kalender einen vierjährlich einzuschiebenden Schalttag vorsah. Das war nicht nur aus Perspektive der Zeitrechnung eine revolutionäre Idee, sondern auch deshalb, weil nicht der Pharao, sondern die Priester sich als Herren der Zeit geriert und damit ihre Macht demonstriert hatten. Die Reform konnte sich jedoch nicht durchsetzen, und erst Caesar sollte, nachdem er wahrscheinlich in Ägypten hiervon erfahren hatte, eine Umsetzung dieses entscheidenden Einschnitt in die Zeitrechnung gelingen.

Zum Zeitpunkt der Priestersynode des Jahres 238 hatte sich aber auch ein großes Unglück für das Königshaus ereignet, denn die Tochter des dritten Ptolemäerpaares war verstorben. Die Priester verglichen deshalb die Verstorbene mit dem Sothisstern, der schließlich ebenfalls regelmäßig verschwand. So sei die Königstochter zu Sothis geworden und kündigte mit ihrem regelmäßigen Wiedererscheinen das große Glück der Nilflut an. Als »Berenike, Herrin der Jungfrauen« sollte Berenike-Sothis von nun an die Fruchtbarkeit des Landes garantieren und den jungen Mädchen eine verehrungswerte Göttin sein. Die Fruchtbarkeit Ägyptens und die regelmäßige Nilflut waren von jetzt an unmittelbar mit der göttlichen Dynastie verknüpft.

## 4.5  Aktivitäten in Griechenland

Nach der Beendigung des Dritten Syrischen Krieges wandte sich Ptolemaios III. von der Politik direkter Expansion ab und suchte nach anderen Wegen, erstens seinen Einfluss in der griechischen Welt aufrecht zu erhalten und zweitens durch geschickte Bündnispolitik Vorteile für mögliche weitere Unternehmungen zu erringen, die er aber aufgrund seines Todes nicht mehr durchführen konnte. Die politische Lage in Griechenland war in dieser Zeit verworren, denn alle Mittelmächte hatten zwar Angst vor einem expansiven Makedonien, waren aber gleichzeitig gegenseitig verfeindet. Es gab zwei große Städtebünde, den Bund der Achaier und den der Aitoler. Zudem spielten Sparta und Athen weiterhin eine wichtige Rolle. Ptolemaios unterstützte in Griechenland zunächst die Bestrebungen des Aratos, des Anführers des achäischen Bundes, der Makedonien die Vorherrschaft streitig machte. Das mit einer makedonischen Garnison besetzte Athen konnt 229, aufgrund der inneren Krise in Makedonien, dessen Besatzung mit erheblichen Geldzahlungen, zu denen möglicherweise auch Ptolemaios etwas beigesteuert hatte,[44] zum Abzug bewegen. Die einst führende Stadt Griechenlands nahm nach Erringung ihrer Freiheit unmittelbar wieder Beziehungen zu Alexandria auf, weil sie sich von Ptolemaios Schutz und Unterstützung gegen Ambitionen des neuen makedonischen Königs Antigonos Doson erhoffte.[45] Sicherlich deshalb erhob die Stadt Ptolemaios und seine Gemahlin 224/3 zu Göttern, schuf sogar eine neue, mit dem Namen des Königs versehene Abteilung der Bürgerschaft (Phyle). Eine athenische Gemeinde (Demos) wiederum benannte man nach Berenike als Berenikidai. Zudem wurde das Fest der Ptolemaia eingerichtet.[46] Dementsprechend gab es nun auch einen »Priester des Ptolemaios und der Berenike« in der Stadt.[47] Mag diese Vergöttlichung des lebenden Herrschers im einstigen intellektuellen Zentrum der griechischen Welt verwundern, so entsprach sie doch ganz dem, was Athen bisher für allerlei andere Herrscher getan hatte. So hatte die Stadt bereits Demetrios Poliorketes im Jahr 294 mit folgenden Worten gepriesen:

*»Die anderen Götter haben sich so weit entfernt oder haben kein Ohr oder sie sind nicht oder nicht uns zugewandt. Dich aber sehen wir da, nicht hölzern und nicht steinern, sondern lebend wahr – beten darum zu Dir.«*[48]

Es ist recht offensichtlich, welchen Zweck die Vergöttlichung des Ptolemaios für die Athener hatte: Ein als Gott verehrter Herrscher musste den Verehrenden bei Gefahr auch wie ein Gott beistehen und genau diese Hilfe erhofften sich die Athener in militärischer Hinsicht gegen das bedrohlich nahe Makedonien.

Athen war Ptolemaios wiederum nicht nur aus politischen, sondern auch aus kulturellen Gründen wichtig. So ließ er sich für die Bibliothek in Alexandria die Originale der griechischen Tragiker Aischylos, Sophokles und Euripides schicken, um, wie er angab, sie in Alexandria abschreiben zu lassen. Anstelle aber der Originale schickte er die Abschriften nach Athen zurück.[49] Erneut sieht man hieran den hohen Stellenwert kultureller Bildung für die Selbstdarstellung des ptolemäischen Königs.

Im Stellvertreterkonflikt mit Makedonien hatte Ptolemaios, wie erwähnt, zunächst den achäischen Bund unterstützt, von dem er sich aber 226 abwandte, weil ihm dessen Konkurrent, der spartanische König Kleomenes III., stärker schien. Von nun an erhielt Sparta die ptolemäischen Subsidien, weshalb sich der achäische Bund den Makedonen zuwandte. Ptolemaios wiederum schloss des Weiteren mit dem unmittelbar an der Südgrenze Makedoniens liegenden ätolischen Bund ein Bündnis. Die Ätoler errichteten dem König und seiner Familie in ihrem zentralgriechischen Bundesheiligtum in Thermos sogar eine Statuengruppe.[50] Mit dem Spartanerkönig Kleomenes hatte der König aber den Falschen unterstützt, denn dieser floh 222 nach einer Niederlage nach Alexandria.[51] Im Dezember des gleichen Jahres schließlich verstarb Ptolemaios im Alter von etwa 60 Jahren. Er hinterließ seinem Sohn ein Reich, das viele Küsten des östlichen Mittelmeerraumes umspannte. Zusammengehalten werden konnten die weit voneinander entfernt liegenden Besitzungen aufgrund einer immer noch überlegenen Flotte.[52]

# 5 Ptolemaios IV.

Ptolemaios III. war mit der Tochter seines Onkels Magas von Kyrene verheiratet. Da Ptolemaios II. die Tradition begründet hatte, dass der Nachfolger der Sohn von Bruder und Schwester zu sein hatte, gab sich der dritte Ptolemäer erstens nicht als Sohn der ersten, sondern der zweiten Arsinoe aus und bezeichnete zweitens Berenike, seine Cousine, als seine Schwester. Deren Sohn Ptolemaios IV. wiederum nahm die Tradition ernst, indem er seine leibliche Schwester Arsinoe III. heiratete.

## 5.1 Die Nachfolgeproblematik

Die Verleihung des Beinamens »der Vaterliebende« – *Philopator* – noch zu Lebzeiten des Vaters zeigt, dass Ptolemaios III. seine Nachfolge bereits zu Lebzeiten geregelt hatte.[1] Nach seinem Tod stritten sich jedoch trotzdem der zur Nachfolge bestimmte Ptolemaios und sein Bruder Magas um das Königtum, wobei Magas auf die Unterstützung seiner Mutter zählen konnte und aufgrund eines erfolgreichen Feldzugs nach Kleinasien im Jahr 223 oder 222 bereits seine Sieghaftigkeit unter Beweis gestellt hatte, was ihn als hervorragend geeigneten Thronfolger auswies.[2]

Zwei Männer des Hofes, Sosibios und Agathokles, regelten die Angelegenheit aber im Sinne Ptolemaios' IV., und Magas ebenso wie die Königswitwe Berenike II. fanden den Tod.[3] Damit waren die Wirren der Thronfolge aber noch nicht behoben, denn am Hofe hielt sich immer noch der exilierte spartanische König Kleomenes auf, der, als Ptolemaios IV. einmal im nahegelegenen Kanopos weilte, einen Aufstand anzettelte, der ihn am Ende aber selbst das Leben kostete, denn die Alexandriner verweigertem dem Spartaner die Gefolgschaft. Kleomenes und seine Gefährten wählten daraufhin den Freitod und Ptolemaios ließ, um einen Schlussstrich unter weitere Versuche von Usurpation zu ziehen, den Leichnam des spartanischen Königs öffentlich aufhängen und dessen Familie töten.[4]

Wie sein Vater dürften auch der 244 geborene Ptolemaios IV. und seine Schwestergemahlin Arsinoe III. unmittelbar nach Herrschaftsantritt in den Dynastiekult integriert worden sein, ihr Kulttitel »die Vaterliebenden Götter« (*Theoi Philopatores*) verweist, wie erwähnt, auf die Legitimation der Herrschaft durch den Vater, die gerade aufgrund der Thronstreitigkeiten und der gegensätzlichen Haltung der Mutter Berenike in Frage stand. Des Weiteren galt Mord an Familienmitgliedern in der Antike so wie heute als verabscheuungswürdiges Verbrechen, und bei Ptolemaios lag die Vermutung nahe, dass er auf irgendeine Weise in den Tod seiner Mutter verwickelt war. So erbaute der Thronfolger der Mutter einen eigenen Tempel, um ihr gegenüber seine Pietät zu unterstreichen und Gerüchten über eine persönliche Verstrickung in ihren Tod entgegenzuwirken. Wohl zehn Jahre später ließ Ptolemaios der Mutter sogar ein eponymes Priesteramt, das der »Kampfpreisträgerin (*atholophoros*) der Berenike« einrichten, das nun nach dem Alexanderpriester und vor der »Kanephore der Arsinoe« in allen Datierungsprotokollen zu nennen war. Ptolemaios wählte den Kulttitel »Kampfpreisträgerin« möglicherweise aufgrund der Siege von Pferdewagen der Berenike bei den Nemeischen und Olympischen Spielen.[5] Das Bemühen um eine Ehrung der Familie, die in der Betonung der Göttlichkeit der Mutter und der Liebe zum Vater im Kulttitel zum Ausdruck kam, zeigt ebenfalls ein großes Bauprojekt innerhalb Alexandrias, bei dem Ptolemaios die Gräber seiner Dynastie in das bestehende Grabmal Alexanders verlegte, nun also Dynastiekult und Alexanderkult auch örtlich zusammenfügte.[6]

Als ägyptischer Pharao erhielt Ptolemaios eine entsprechende Königstitulatur, von der auf einem Papyrus sogar eine griechische Übersetzung erhalten ist.[7] Sein Horusname lautete: »Starker Jüngling, sein Vater hat ihn (auf dem Thron) erscheinen lassen.« Damit sollte die dynastische Legitimation unterstrichen werden. Der Herrinnenname wies ihn aus als »groß an Kraft, mit freundlichem Herz (= fromm) gegenüber allen Göttern, Retter der Menschen« aus. Der Gold(horus)name lautete: »Der Ägypten heil sein lässt, der die Heiligtümer erhellt, der die Gesetze befestigt wie Horus, der Zweimalgroße, Herr von Sedfesten wie Ptah Tatenen, Herrscher wie Re.« Als Thronname erhielt Ptolemaios in Kartusche die Wendung geschrieben: »Erbe der beiden Wohltätergötter, erwählt von Ptah, stark ist der Ka des Re, lebendes Abbild des Amun.« Sein ebenfalls in Kartusche geschriebener Eigenname war »Ptolemaios, er lebe ewiglich, geliebt von Isis«.[8] Dieses »geliebt von Isis« war ein neues Element im hieroglyphischen Eigennamen ptolemäischer König und zeigte, dass Ptolemaios als Sohn der Isis, als neuer Horus zu verstehen war, was sich auch in den Tempelbauten der Zeit, etwa dem Geburtshaus (Mammisi) des Horus von Koptos oder dem Bau des Harpokratestempels »auf Befehl von Isis und Sarapis« im Serapeum von Alexandria spiegelt.[9]

## 5.2 Die Quellenproblematik

Die Hauptquelle zur politischen Ereignisgeschichte der mittleren Ptolemäerzeit ist der griechische Autor Polybios aus der Stadt Megalopolis auf der Peloponnes, der ein bedeutender griechischer Politiker und Feldherr war. Als Befehlshaber der Reiterei (Hipparch) im achäischen Bund führte er den Krieg gegen Rom an und kam nach der Niederlage 168 als Geisel in die Hauptstadt des wachsenden Imperiums, wo er in den engsten Kreis der zu dieser Zeit wichtigsten römischen Familie der Scipionen gelangte.[10]

17 Jahre später kehrte er nach Griechenland zurück und wollte seinen vornehmlich griechischen Zeitgenossen in einer 40 Bücher umfassenden Universalgeschichte erklären, wie es den Römern gelungen war, in den knapp 50 Jahren, die zwischen dem Beginn des Punischen Krieges 221 bis zum Sieg Roms über das makedonische Königreich 169 lagen, die Weltherrschaft zu erringen. Der Erfolg Roms war für ihn einerseits in seiner politischen Verfassung und andererseits in fähigen Einzelpersönlichkeiten begründet. Gleichzeitig habe aber auch das Schicksal, die Tyche, ihren nicht unerheblichen Teil beigetragen. Im Kontext der römischen Expansion beschäftigte sich Polybios von 220 an auch mit den politischen Verhältnissen des Ptolemäerreiches, das schließlich eine der entscheidenden, für Polybios freilich dem Untergang geweihten hellenistischen Weltmächte des dritten Jahrhunderts war. Trotz seiner gegenteiligen Bekundungen dürfen wir von ihm keinen objektiven Bericht über die Ereignisse erwarten, auch wenn oder gerade weil er nur aus einem zeitlichen Abstand von einem halben Jahrhundert schrieb und auf unmittelbare Quellen zurückgriff, die ihm jedoch eine verfälschte bzw. einseitige Darstellung des Geschehens boten.[11] Jeder Versuch, die Verfasser der Quellen des Polybios zu identifizieren, ist zum Scheitern verurteilt.[12] Gerade dann, wenn Polybios' Schilderung höchste Plausibilität für seine Adressaten beansprucht, ist Vorsicht angebracht, denn insgesamt unterstellte Polybios sein Werk eindeutig dem oben genannten Erkenntnisziel. Das zeigt etwa seine Zusammenfassung der ptolemäischen Außenpolitik, in der er mit Ptolemaios IV. hart ins Gericht ging: Die ersten drei Ptolemäer hätten schließlich den äußeren Angelegenheiten

> »nicht weniger, sondern weit mehr Sorge zugewandt ... als der Regierung von Ägypten. Sie hatten daher, im Besitz von Koilesyrien, den Königen von Syrien zu Wasser und zu Lande schwer zu schaffen gemacht und hatten den Dynasten in Kleinasien, ebenso aber auch den Inseln hart im Nacken gesessen, da sie die bedeutendsten Städte, festen Plätze und Häfen an der ganzen Küste von Pamphylien bis zum Hellespont und in der Gegend von Lysimacheia beherrschten. Auch für Thrakien und Makedonien waren sie gefährliche Nachbarn gewesen, da sie Ainos, Maroneia und einige noch weiter gelegene Städte

*in ihrer Gewalt hatten. Da sie also ihre Hände so weit ausgestreckt und sich durch diese entfernten Besitzungen wie durch einen Gürtel von Vorfeldbefestigungen gesichert hatten, hatten sie niemals für ihr ägyptisches Reich zu fürchten brauchen. Dies war der Grund gewesen, weshalb ihr Hauptinteresse den auswärtigen Angelegenheiten zugewandt gewesen war. Der jetzige König (i.e. Ptolemaios IV.) aber behandelte all dies mit Nachlässigkeit, von unziemlichen Liebesaffären in Anspruch genommen und sinnlosem, pausenlosem Trunke ergeben. Kein Wunder, dass sich in kurzer Zeit mehr als einer fand, der nach der Krone und ihm nach dem Leben trachtete. Der erste war der Spartanerkönig Kleomenes.«*[13]

Die Fakten stimmen insofern, als dass die ersten drei Ptolemäer über die Thalassokratie, die Herrschaft über das östliche Mittelmeer, und über weitreichende Ländereien an dessen Küsten verfügt hatten, die Ptolemaios IV. in vielen Bereichen in der Tat verlor. Polybios' Erklärung für das »Versagen« des vierten Ptolemäers ist hingegen nur schwer nachvollziehbar, denn seiner Auffassung nach war es die persönliche Unfähigkeit des neuen Königs, der sich lieber mit Liebesaffären und dem übermäßigen Alkoholkonsum beschäftigte als mit »Außenpolitik«. Hierzu lässt sich erstens bemerken, dass der vierte Ptolemäer aufgrund von wirtschaftlichen Problemen und Aufständen dazu gezwungen war, sich ganz erheblich um die inneren Angelegenheiten Ägyptens zu kümmern. Zweitens ist die Unterscheidung, die Polybios zwei Generationen später zwischen einer ägyptischen Innen- und einer nichtägyptischen Außenpolitik der Ptolemäer traf, kontrafaktisch, denn den ersten drei Königen der Dynastie ging es nicht darum, »ihr ägyptisches Reich« zu sichern, Ägypten war lediglich der Kernbestandteil eines von Alexandria regierten Herrschaftsraumes, der sich an den Küsten des gesamten östliche Mittelmeers erstreckt hatte. Drittens entspricht es schließlich dem von seinem Leser zu »erlernenden« Erklärungsmodell, dass ein machtvoller Staat zugrunde geht, wenn sich sein Herrscher dem luxuriösen Leben hingibt. Polybios wendete also das ptolemäische Herrscherideal der *tryphé* – des Wohllebens – gegen die Ptolemäer, um Griechen und Römern darzulegen, weshalb es gezwungenermaßen mit den Ptolemäern nicht gut enden konnte, wohingegen Rom mit Hilfe seiner Tugend, der *virtus*, immer weiter wachsen werde.

Trotz aller Kritik an Polybios ist es ein Vorteil, dass er persönlich unter der Herrschaft Ptolemaios' VIII. Ägypten bereist hat, er also in der Tat eine unmittelbare Quelle für die Verhältnisse Ägyptens in dieser Zeit ist. Doch selbst beim Zeitzeugen Polybios ist Vorsicht geboten, denn Strabon schreibt: »Polybios wenigstens, der die Stadt (i.e. Alexandria) besucht hat, spricht mit Abscheu von den dortigen Zuständen.«[14] Wir sollten ihn, allein aufgrund seiner negativen Einstellung gegenüber Alexandria und Ägypten, nicht als objektiven Berichterstatter begreifen. Er war vielmehr ein intentionaler Geschichtsschreiber, der die Ereignisse deutete und wahrscheinlich auch in seinem Sinne formte, ebenso wie er auf eine bereits geformte Überlieferung zurückgriff und diese bearbeitete. Eine wichtige Quelle ist er trotz alledem vor allem deshalb, weil er vor Augen führt, wie Griechen und Römer die ptolemäische Dynastie in ihrer Zeit wahrnahmen.

## 5.3  Der Vierte Syrische Krieg

Im Sommer des Jahres 221, also etwa zur Zeit des ptolemäischen Thronwechsels, hatte Antiochos III., der etwa zwei Jahre zuvor den Königsthron des Seleukidenreiches bestiegen hatte, versucht, das ptolemäische Koilesyrien/Phönizien, vom Orontes bis nach Raphia, zu besetzen. Nachdem dieser erste Versuch gescheitert war, gelang es ihm im zweiten Anlauf, im Jahr 219.[15] Für Ptolemaios IV. und besonders für seine Berater Agathokles und Sosibios war das ein ganz erheblicher Schlag, schließlich war damit die Herrschaftsbefähigung des unter zwielichtigen Umständen auf den Thron gekommenen jungen Königs nachhaltig in Frage gestellt: Nun galt es, Ptolemaios als einen siegreichen König auszuweisen und Koilesyrien zumindest zurückzuerobern. Doch zunächst schienen Ptolemaios und sein militärischer Führungsstab große Probleme gehabt zu haben, auf die Bedrohung zu reagieren, denn erst im Frühjahr 217, also zwei Jahre später, war ein Heer zusammengestellt, das dazu in der Lage war, den Kampf in und um Koilesyrien aufzunehmen.

Die Entscheidungsschlacht fand dann am 23. Juni 217 im Grenzgebiet Ägyptens, bei Raphia, dem modernen Raffa, statt. Ptolemaios ging aus ihr als Sieger hervor, Antiochos ergriff die Flucht und Koilesyrien war wieder ptolemäisch. Neben unserer Hauptquelle Polybios ist unter anderem das sogenannte »Raphiadekret« der ägyptischen Priester überliefert, das diese 216 in Memphis zu Ehren des siegreichen Ptolemaios verabschiedet hatten.[16] Der Bericht dieser Zeitgenossen ist natürlich genauso wenig zuverlässig wie der des Polybios, der seine Erzählung mit mancherlei Anekdote ausschmückt, wie z. B. der über einen versuchten Mordanschlag auf Ptolemaios oder die Angst der bei der Schlacht mitkämpfenden afrikanischen Elefanten des Ptolemaios vor den indischen des Antiochos.[17]

Betrachten wir also, was die Quellen über die Schlacht berichten: Am 23. Juni 217 standen sich nicht nur insgesamt 143 000 Infanteristen und Kavalleristen gegenüber, sondern beide Könige hatten, wie erwähnt, auch Elefanten in ihrem Heer – 102 Elefanten befanden sich auf Seiten der Seleukiden, 73 auf Seiten der Ptolemäer. Die Angabe des Polybios, dass Ptolemaios zudem

20 000 ägyptische Soldaten in der Phalanx aufgestellt hatte, wird später noch von Bedeutung sein.

Da es für beide Könige die erste große militärische Bewährungsprobe war, fasst Polybios auch die Reden zusammen, die sie angeblich an ihre Truppen gehalten haben sollen, und sicherlich haben beide Heerführer tatsächlich so oder ähnlich zu den Soldaten gesprochen:

»*Beide Könige ... konnten ... sich ihren Truppen gegenüber auf keine eigene hervorragende, allgemein anerkannte Tat berufen. Sie erinnerten daher, um den Phalangiten Mut und Zuversicht einzuflößen, an den Ruhm der Vorfahren und deren große Taten. Vor allem aber wiesen sie die Anführer persönlich, die Truppen insgesamt, die dem Kampf entgegengingen, auf die Belohnungen hin, die sie von ihnen zu erwarten hätten, um sie dadurch noch mehr zu Standhaftigkeit und Tapferkeit in den bevorstehenden Schlacht anzufeuern. So oder ähnlich waren die Ansprachen, die sie entweder in eigener Person oder durch Dolmetscher im Vorbeireiten an die Truppen richteten.*«[18]

Rechtmäßige Herrschaft beruhte innerhalb einer Monarchie, wie zu erwarten, zunächst und vor allem auf der Herkunft, was ebenfalls die bereits besprochene Adulisinschrift Ptolemaios' III. deutlich gemacht hat. Auch die zu erwartende Beute, mit der die Könige ihre Soldaten zur Tüchtigkeit und Standhaftigkeit ermunterten, war von großer Wichtigkeit, denn der zu erwartende Gewinn, nicht das hehre Ideal, sein Leben für einen König zu opfern, sicherte die Gefolgschaft der Soldaten.

In seiner ausführlichen Schilderung der Schlacht, bei der Polybios auf eine literarische Komposition des siegreichen Königs aus alexandrinischer Hand zurückgegriffen haben wird, ist das Handeln des Ptolemaios in ähnlicher Weise vorgestellt wie Diodor die Heldenhaftigkeit des ersten Ptolemaios bei der Verteidigung der Festung Kamelmauer beschrieben hatte (s. o.): Der König führte durch Vorbild, er kämpfte wie Alexander der Große an vorderster Front und ermutigte auf diese Weise seine Soldaten, es ihm nachzutun und in einer gefährlichen Situation das Blatt zu seinen Gunsten zu wenden:

»*Jetzt trat er plötzlich mitten vor die Reihen der Seinen und zeigte sich beiden Heeren, Schrecken verbreitend beim Gegner, Mut und Kampfeseifer der eigenen Leute mächtig belebend.*«[19]

Wir sehen an dem Bericht, wie nach Ansicht der alexandrinischen Hofpropaganda ein König zu handeln hatte. Er war durch seine Herkunft und die Leistung seiner Ahnen bereits legitimer König und konnte aus dieser Herkunft zudem die individuelle Kraft schöpfen, seine persönliche Sieghaftigkeit unter Beweis zu stellen. Diese Darstellung übernahm Polybios von seiner Quelle, obwohl er gleichzeitig, wie weiter oben dargelegt, in Ptolemaios IV. gerade denjenigen König sah, der den langen Untergang seiner Dynastie einleitete und der sich nur dem genussvollen Leben hingab.

Schauen wir nun auf den Bericht der zeitgenössischen Priester: In ihrem Ehrendekret führten sie aus, dass die Götter und Göttinnen Ägyptens dem König vor der Schlacht in einem Traum seinen Sieg offenbart hatten:[20]

»[Du wirst siegreich sein gegen] deine Feinde, wir werden [bei dir] sein zu aller Zeit, indem wir dir Schutz gewähren und deinen Leib heil sein lassen.«[21]

Die Priester stellten damit die Rechtmäßigkeit des fremden Pharaos durch göttliche Erwählung heraus, die sich im Sieg manifestierte und bewies. Ptolemaios hatte sich damit nach dem Sieg vollumfänglich als Nachfolger auf dem Horusthron erwiesen.

Die totale Niederlage des Gegners preisen die Priester wiederum mit folgenden Worten:

»Am 10. des genannten Monats besiegte er (i.e. Ptolemaios) ihn in ruhmvoller Weise. Die unter seinen Feinden, die in dieser Schlacht bis in seine Nähe vordrangen, die tötete er vor sich, wie Harsiesis vordem seine Feinde geschlachtet hat. Er setzte Antiochos in Schrecken, (er) warf (sein) Diadem und seinen Mantel weg. Man floh mit seiner Frau.«[22]

Der Pharao rückt damit auf die gleiche Ebene wie sein göttliches Vorbild Harsiese (»Horus, Sohn der Isis«), der der Rächer seines von Seth ermordeten Vaters Osiris, des Herrschers Ägyptens, war und danach den Thron des Landes als rechtmäßiger Nachfolger des Osiris eingenommen hatte. Hiervon handelt der sogenannte Horusmythos, den die Ägypter in ptolemäischer Zeit nicht nur mit einem großen Fest in den Tempeln Ägyptens feierten, sondern den die Priester auch gerne an den Tempelwänden darstellten. Der Mythos führt das mythologisch begründete Selbstverständnis ägyptischen Königtums vor Augen und erklärt gleichzeitig das Sonnenjahr und die kosmische Ordnung: Naturordnung und Sieghaftigkeit waren in diesem Denken unmittelbar miteinander verknüpft. Ein sehr schönes Beispiel des Mythos findet sich im Tempel von Edfu auf Reliefs an der Innenseite der Westwand der Umfassungsmauer textlich und bildlich dargestellt.[23] Nach dieser Erzählung ist der mit Osiris gleichzusetzende Sonnengott Re alt und schwach geworden, so dass sich Rebellen gegen ihn erheben. Der zur Hilfe gerufene Horus vernichtet daraufhin die Feinde. Hierzu zieht er den Nillauf abwärts von Unternubien bis ins Delta und harpuniert sie.

»Er warf [seine] Harpune auf sie, und er streckte sie zu Boden. Er richtete ein großes Gemetzel unter ihnen an. ... Er zerschnitt sie mit seinem Messer, er gab *ihre Innereien seinen Gefolgsleuten, und er gab ein Stück Fleisch von ihnen einem jeden Gott und jeder Göttin.«*[24]

Der Anführer der in Form von Nilpferden und Krokodilen dargestellten Rebellen war der Gott Seth, der als Mörder des Osiris für das Böse schlechthin stand und den die Griechen Typhon nannten. Aufgrund der Vernichtung der Feinde, präsentiert als das Speeren von Nilpferden, Krokodilen, Antilopen und Asiaten, hatte Horus seine Leistungsfähigkeit und damit das Anrecht auf die Nachfolge des Osiris auf dem Thron Ägyptens erhalten.

**Abb. 9:** Episode aus dem Horusmythos. Horus auf dem Boot speert mit Unterstützung des an Land stehenden Pharaos den als Nilpferd dargestellten Götterfeind; Photo: Holger Kockelmann.

Vergleicht man das wiederum mit der Darstellung des Ptolemaios im Dekret von Raphia, so ist zu erkennen, dass die Priester den Horusmythos erweiterten, denn Harsiese-Ptolemaios hatte nicht etwa das von Feinden bedrohte Ägypten gerettet, keinesfalls Asiaten im Land am Nil vernichtet, sondern eine zum Ptolemäerreich gehörende Region von Feinden befreit bzw. diese vernichtet. In der Darstellung der Priester war Koilesyrien damit Teil Ägyptens. Hier zeigt sich, wie aktiv die Priester das Bild des fremden Pharaos ausgestalteten und wie sehr sie dazu bereit waren, neue politische Begebenheiten in ihre Mythologie einzubauen. Sie griffen in ihrem direkten Vergleich des Ptolemaios mit Horus, der in den Priesterdekreten des dritten Ptolemäers noch nicht vorkam, zudem eine Neuerung in der Pharaonentitulatur des vierten Ptolemäers auf, denn er war, wie bereits erwähnt, nach Auskunft seines hieroglyphischen Eigennamens »geliebt von Isis«. Liebe bedeutet in diesem Zusammenhang, dass er »erwählt« von Isis war, womit seine Sohnschaft von Osiris und Isis betont werden sollte. Der sethianische Gegner Antiochos hingegen warf die beiden zentralen Kennzeichen eines hellenistischen Königs weg: Diadem und Purpurmantel, hatte sich also, obwohl es dem Pharao Ptolemaios nicht gelungen war, ihn zu vernichten, seines Amtes entledigt.

## 5.4 Lobpreis und Ehrungen des siegreichen Königs

Nach der Rückeroberung Koilesyriens bis auf die Königsstadt Seleukia, die auch nach dem Friedensvertrag bei Antiochos verblieb, ordnete Ptolemaios drei oder vier Monate lang die dortigen Verhältnisse.[25] Danach kehrte er nach Ägypten zurück.[26] Natürlich ehrten ihn die Untertanen an der Levante über alle Maßen, als er zu ihnen kam. Mit den Worten des Polybios:

*»Der Menschenschlag jenes Landes aber ist seiner ganzen Art nach vor anderen bereit, sich nach der politischen Konjunktur zu richten und dem jeweiligen Sieger zu huldigen ... Sie ließen es daher in übermäßiger Kriecherei in nichts fehlen und überschütteten Ptolemaios mit Ehrungen aller Art, Kränzen, Opfern und Altären, die ihm geweiht wurden.«*[27]

Der antike Historiker hatte aus seiner Perspektive durchaus Grund, das Handeln der Lokalbevölkerung – unter ihnen dürften sich auch viele Griechen befunden haben – als »übermäßige Kriecherei« zu bezeichnen, denn die Opfer und Altäre für den König stellten Ptolemaios mit den unsterblichen Göttern gleich, was Polybios nicht gutheißen konnte.[28] Von den kultischen Ehren der Bewohner Koilesyriens für Ptolemaios berichteten auch die ägyptischen Priester:

*»Alle Menschen, die in den Städten waren, empfingen ihn, indem ihr Herz froh war, indem sie ein Fest feierten, indem sie herauskamen ihm entgegen mit den Schreinen der Götter, deren Macht in den Herzen ist, indem sie ein Brandopfer und ein Speiseopfer machten. Manche gaben ihm einen Goldkranz, indem sie versprachen, ihm eine Königsstatue aufzustellen und ihm einen Tempel zu bauen.«*[29]

Die Priester betonten ebenso wie Polybios die lokale Initiative für den Herrscherkult, der sich aus der angeblich spontanen Freude über den Sieg heraus ergeben haben soll. Als siegreicher König wollte Ptolemaios nach Auskunft der ägyptischen Priester ein Befreier sein:

»*Die Bilder der Götter, die in den Tempeln waren, die Antiochos beschädigt hatte, er befahl, sie durch andere zu ersetzen und sie (wieder) an ihren (alten) Platz zu setzen. Er verwandte viel Gold, Silber und Edelsteine für sie und ebenso für die Geräte, welche in den Tempeln waren, welche jene Leute weggenommen hatten. Er trug Sorge, sie zu ersetzen.*«[30]

Dass die Priester die Frömmigkeit des Königs für die nichtägyptischen Götter eigens betonen, ebenso wie sie auch die Begeisterung der nichtägyptischen Lokalbevölkerung über ihre Befreiung herausheben, ist durchaus ungewöhnlich, erinnert gleichzeitig aber an die stereotypen Wendungen der ägyptischen Priesterdekrete in Bezug auf das königliche Handeln gegenüber den ägyptischen Göttern und zeigt, wie dargelegt, dass in der Darstellung der Priester Koilesyrien Bestandteil Ägyptens war.

Das Raphiadekret zeigt des Weiteren, dass die Priester (vorgeblich) selbst die Initiative ergriffen und den Sieg des Königs, ebenso wie die Levantiner, mit Statuen zum Ausdruck brachten, denn sie beschlossen:

»*Man soll eine Statue des Königs Ptolemaios, des ewig Lebenden, von Isis Geliebten, aufstellen, die man ›Ptolemaios Horus, der seinen Vater schützt, dessen Sieg schön ist‹ nennt, und eine Statue seiner Schwester Arsinoe, der vaterliebenden Götter, in den Tempeln Ägyptens in jedem einzelnen Tempel an dem sichtbarsten Platz des Tempels, indem sie gemacht sind in ägyptischer Arbeit.*«[31]

Die Statue zeigte also Horus-Ptolemaios mit einem spezifischen Beinamen, der ihn als siegreichen Schützer des Vaters ausweist. Hiermit spielten die Priester natürlich abermals auf den Horusmythos an, mit dessen Hilfe sie zuvor bereits den Sieg des Ptolemaios mythologisiert hatten, schließlich ist Horus nach Auskunft dieses Mythos »der Schützer, der seinen Vater schützt, der große Bewacher, der seinen ‹Schöpfer› bewacht ... der den Feigling erstochen hat.«[32]

Neben den Statuen von Ptolemaios-Horus und Arsinoe sollte in jedem Heiligtum eine dritte Statue aufgestellt werden, die den jeweiligen Hauptgott des Tempels bei der Übergabe des Siegesschwertes an den König zeigte.[33] Auch die Stelen, auf denen die Priester das Dekret in jedem Tempel des Landes publizierten, erhielten eine Darstellung des königlichen Sieges: Anders jedoch als in der ikonographischen Tradition Ägyptens bekannt, ist der Pharao hier zu Pferd abgebildet und erschlägt die Feinde nicht mit einer Keule, sondern durchbohrt den knienden Gegner mit einem Speer. Das ist wiederum einerseits eine direkte Anspielung auf die griechische Darstellung des hellenistischen Königs, der zu Pferd reitend den Gegner niedersticht – wie es etwa auf dem bekannten Alexandermosaik aus Pompeji zu sehen ist –, andererseits auch eine direkte Anspielung auf Tempeldarstellungen im Rahmen des Horusmythos, die den Gott Horus beim Speeren seiner Feinde zeigen.

**Abb. 10:** Ptolemaios IV. als reitender Pharao beim Erspeeren eines Feindes; © Ulrike Denis.

Als Erinnerung an den Sieg beschlossen die Priester ein monatlich zu feierndes Fest mit dem Namen »Gott-König Ptolemaios Horus, Rächer seines Vaters, dessen Sieg schön ist«.[34] Es dürfte mit einer ähnlichen Bedeutung aufgeladen gewesen sein wie die Feier des Horussieges und der dort zelebrierten rituellen Wiederholungen des Horusmythos.[35]

## 5.5 Sarapis: Der Gott der Ptolemäer

Eine entscheidende Rolle in der königlichen Repräsentation des Sieges von Raphia spielte die ägyptische Gottheit Sarapis, denn Münzen zeigen ihn gemeinsam mit seiner Gemahlin Isis erstmals als »Retter«.[36] Zudem erhielten das Königs- und das Götterpaar gemeinsam in Alexandria einen Tempel.[37] Wie eine Inschrift im »befreiten« Koilesyrien zeigt, übernahmen auch Untertanen die damit vorgegebene Verbindung des Götterpaares mit dem Herrscherpaar. Ein Alexandriner stiftete damals im heutigen Laboué (dem antiken Libo) im Libanon eine Inschrift mit folgender Widmung:

»(Geweiht) zum Heil des Königs Ptolemaios und der Königin Arsinoe, der Vaterliebenden Götter, dem Sarapis und der Isis, den Rettern, (von) Marsyas, Sohn des Demetrios, Alexandriner, der oberste Schreiber.«[38]

Wer aber war dieser Gott Sarapis, den Ptolemaios mit seinen Sieg verband und dessen Kult seit der Zeit Ptolemaios' I. belegt ist?

## 5.5.1 Die »Heraufkunft« des Sarapis

In Memphis, der alten Hauptstadt des Pharaonenreiches, bedachten die Ägypter von alters her neben Ptah auch den lebenden Apisstier mit besonderer Verehrung. Der Kult für den Stier stand seit dem Alten Reich in engster religiöser Beziehung zum ägyptischen Pharao, denn er war als Träger seines göttlichen Amtes mit dem memphitischen Apis theologisch verwandt.[39] Das erste und wichtigste, was Alexander der Große nach der »Befreiung« Ägyptens von der persischen Fremdherrschaft wohl auch deshalb tat, war das Opfer vor dem memphitischen Stier, das er mit griechischen Wettkampfspielen verband.[40] Zum ersten Mal findet sich damit ägyptischer Kult mit griechischen Kultelementen – als welche die Spiele zu werten sind – vereint. Nicht nur Alexander der Große ehrte den Apis, besonders die Ptolemäer waren sich der herrschaftslegitimierenden Bedeutung des Apis bewusst. So nahmen sie sich auch des toten Stieres, also des Osiris-Apis, an,[41] denn nach seinem Tod ging jeder Apisstier in die eine Gottheit Osiris-Apis ein. Die in Memphis lebenden Griechen, die sogenannten Hellenomemphiten der vorptolemäischen Zeit, verehrten diese Gottheit wiederum bereits unter dem Namen Osorapis.

Vermutlich unterzogen bereits Ptolemaios I. und sein Beraterstab den Osiris-Apis dann einer partiellen *interpretatio Graeca*. Sie übersetzten die spezifisch memphitische Gottheit allerdings nicht, wie eigentlich zu erwarten, mit einer bisher bekannten Gottheit, etwa mit Zeus oder Dionysos, sondern Osiris-Apis erhielt, in Anlehnung an die ägyptische Aussprache von Osorapis, den Namen Sarapis.[42] Eine »einfache« *interpretatio Graeca* des ägyptischen Gottes war vom Stifter des Kultes in Alexandria nicht gewollt, weil der zum Reichs- und alexandrinischen Stadtgott etablierte Sarapis wesentlich mehr Funktionen in sich vereinen sollte, als sie irgendeine griechische Gottheit, und sei es auch der höchste Gott Zeus, aufzeigen konnte. So verband Sarapis Aspekte des Vater- und Rettergottes Zeus und des Unterweltgottes Pluto-Hades mit denen des Gottes der Fruchtbarkeit Dionysos und des Heilgottes Asklepios.[43] Auch wies Sarapis spezifisch ägyptische Eigenschaften auf, insbesondere das durch den Apis garantierte Heil der Herrschaft und vielleicht auch die im Festvollzug mögliche Annäherung des Königs an Ptah. Die Aufgabe als Orakelgottheit könnte Sarapis ebenfalls von Apis übernommen haben. Besonders wichtig war daneben die

Herrschaft über die Unterwelt und die Garantie der Fruchtbarkeit des Landes, die Osiris verkörperte.

Der Kult für Sarapis verband griechische und ägyptische Elemente zu etwas Neuem.[44] Griechisch war insbesondere das Erscheinen des Gottes, normgebend werden sollte die Kultstatue, die einen sitzenden Mann mit Bart, als Kennzeichen der Vatergottheit, und *Kalathos*, dem Fruchtkorb als Kennzeichen der Fruchtbarkeitsgottheit, auf dem Kopf zeigt. An der Seite des Gottes sitzt der dreiköpfige Hund Kerberos, der Wächter der Unterwelt, der Sarapis als Unterweltgottheit charakterisiert.[45] Zudem scheinen bedeutende Elemente der griechischen Mysterientradition in das Kultgeschehen mit eingeflossen zu sein. Als ägyptisches Element trat auf einigen Darstellungen des Gottes die ägyptische Atefkrone an die Stelle des Kalathos.[46] Auch das Kult- und Festgeschehen übernahm ägyptische Ausdrucksformen.[47] Die Verbindung griechischer und ägyptischer Elemente findet sich schließlich besonders aussagekräftig im großen Sarapistempel von Alexandria selbst, den Ptolemaios III. errichten lassen hatte. Es handelte sich dem Aussehen nach um einen von Säulenhallen umgebenen griechischen Tempel, der aber, wie jeder ägyptische Tempel, ein Nilometer zur Nilstandsmessung und dem memphitischen Sarapieion nachgeahmte unterirdische Galerien aufwies.[48] Es war aber ein so deutlich ägyptischer Kult, dass allein Ägypter als Priester in Frage kamen.[49]

Das derart entstandene Amalgam griechischer und ägyptischer Kultformen findet sich in der Kultgründungslegende selbst wieder, die am ausführlichsten Plutarch und Tacitus überliefern.[50] Hier ist zu erfahren, dass Sarapis Ptolemaios I. zwei Mal im Traum erschienen war und ihm den Auftrag erteilte, seine Statue, die sich in Sinope am Schwarzen Meer befände, nach Alexandria zu verbringen. Der Gott wurde dort unter dem Namen Pluto verehrt. Dass es sich um eine Statue des Sarapis handelte, erfuhr der König nach der Beratung mit dem Athener Timotheus, der aus dem Priestergeschlecht dem Eumolpiden des Mysterienkultes von Eleusis stammte, und dem ägyptischen Priester Manetho. Ptolemaios ließ die Statue in seine neue Hauptstadt bringen und errichtete an der Stelle eines alten Sarapis- und Isisheiligtums eine neue Kultstätte. Den Gott gab es also bereits, nur seine Erscheinung in Form der Götterstatue war neu. Die angebliche Unterstützung des Ptolemaios durch den griechischen Mysterienexperten Timotheus und den ägyptischen Priester Manetho dürfte als Reflex auf das Bemühen des Königs zu werten sein, einen Kult einzurichten, der griechische Mysterientradition mit ägyptischem Götterkult verband.

Sarapis sollte insbesondere Griechen und Makedonen eine Möglichkeit bieten, in der neuen ägyptischen Heimat eine deutlich ägyptische Gottheit mit griechischem Aussehen verehren zu können. Dass Sarapis nämlich ein ägyptischer Gott war, daran bestand kein Zweifel, schließlich war er Gemahl der Isis. Seine Kennzeichnung als einheimischer Gott zeigt auch ein Königseid, in dem es heißt: »Ich schwöre bei König Ptolemaios, dem Sohn des Königs Ptolemaios, und der Königin Berenike, und den Geschwistergöttern und den Wohltätergöttern (lies: Rettergöttern), ihren Ahnen, und bei Isis und Sarapis und bei allen *einheimischen* Göttern und Göttinnen.«[51]

Zunächst findet sich der Kult in militärischen Zusammenhängen, wobei vor allem der König oder staatliche Funktionäre für seine Einrichtung verantwortlich waren.[52] Die Griechen und Makedonen nahmen den Kult jedoch allem Anschein nach im dritten Jahrhundert zunächst kaum an. Erst seit dem zweiten Jahrhundert lässt sich ein gesteigertes privates Interesse an einer Sarapisverehrung feststellen, denn erst seitdem gaben Eltern verstärkt ihren Kindern Namen, die auf Sarapis verwiesen, wie etwa Sarapion oder Sarapas.[53] Ägypter wiederum interessierten sich fast überhaupt nicht für den neuen Gott, sie blieben den Kulten ihre alten Götter treu und sahen keine Notwendigkeit, einen Gott, den sie als Osiris-Apis kannten, in einer anderen Form und mit einem neuen Kult zu verehren.

### 5.5.2  Sarapis und der Herrscherkult

Wir haben bereits gesehen, dass Ptolemaios IV. und Arsinoe III. in einem alexandrinischen Tempel den Kult gemeinsam mit Sarapis und Isis erhielten und dass das Götterpaar auch prominent im Königseid vor den anderen Göttern gemeinsam mit dem Königspaar als Schwurgottheiten angeführt wird. Es ist durchaus wahrscheinlich, dass die ptolemäischen Könige reichsweit in den Tempeln des Sarapis am Kult des Gottes partizipierten, sie also Götter waren, die den Tempel mit Sarapis und Isis teilten. So gab es im Sarapistempel von Alexandria auch (Kolossal-)Statuen der Herrscher neben derjenigen des Sarapis, wie es etwa für Ptolemaios III. belegt ist.[54] Man fand zudem Statuenfragmente, von denen ein Kopf Ptolemaios IV. und einer Arsinoe III. zugewiesen werden konnte. Mit einem dritten Kopf, dem des Sarapis, bildeten sie vormals eine überlebensgroße Statuengruppe.[55]

Sarapiskult und Herrscherkult waren also auf das engste miteinander verbunden. Getragen haben den offiziell instituierten Herrscherkult wiederum bereits seit der Zeit des zweiten Ptolemäers Königskultvereine, sogenannte Basilisten, die wahrscheinlich insbesondere im Militär entstanden. Solche Vereine boten den aus den diversen Völkern Südosteuropas und des Vorderen Orients stammenden Militärangehörigen eine kultur- und religionsüberschreitende Möglichkeit religiöser Verehrung des Herrschers, ein Netz sozialer Sicherheit und, was sicher besonders wichtig war, auch die Möglichkeit des gemeinsamen Feierns. Ein derartiger Basilistenverein der ptolemäischen Militärgarnison auf der Kykladeninsel Thera stiftete unter der Leitung eines gewissen Diokles einen Tempelspeicher (*thesauros*) an den dortigen Tempel des Sarapis, der Isis und des Anubis.[56] Es liegt nahe, dass die Basilisten nicht nur die betreffende Stiftung an den Tempel vornahmen, sondern dass sie auch den Herrscherkult beim Tempel, möglicherweise auch im Tempel selbst vollzogen haben. Die Verbindung des vereinsmäßig organisierten Herrscherkultes mit dem Kult für Sarapis dürfte auf jeden Fall an dem offiziellen Vorbild Alexandrias orientiert gewesen sein.

In Kleinasien erlebten der Herrscherkult und der Kult von Sarapis und Isis gerade in der Zeit nach der Schlacht von Raphia ein Aufblühen, wie es zwei Weihungen an Sarapis, Isis und das vierte Ptolemäerpaar aus Ephesos zeigen, wo die hier stationierten ptolemäischen Soldaten einen Altar für die Opfer an Ptolemaios IV., Arsinoe III., Sarapis und Isis vollzogen.[57]

## 5.6 Die Jahre nach Raphia

Nach Raphia beendete Ptolemaios sein kriegerisches Engagement im außerägyptischen Raum und bemühte sich stattdessen, als Vermittler zwischen den anderen Mächten aufzutreten. Er betrieb von nun an vor allem eine das Reich sichernde Bündnis- und Friedenspolitik, eine Politik die letztlich expansive Bestrebungen ausschloss.[58] So bemühte Ptolemaios sich bei den griechischen Staaten um Friedensvermittlungen und einen Ausgleich.[59] Mit Rom wiederum erneuerte der König während des Zweiten Punischen Krieges (218–201) den Freundschaftsvertrag, wobei der Senat später für die Treue der Ptolemäer in dem, für Rom existenziell bedrohlichen Krieg dankte.[60] Unter dem vierten Ptolemäer lässt sich sogar ein in hohe Ränge des Ptolemäerheeres aufgestiegener Römer, der Festungskommandant Lucius, Sohn des Gaius, nachweisen. Er war in der ptolemäischen Flottenbasis Itanos auf Kreta stationiert und hatte dem Herrscherpaar ein Nymphaion erbaut.[61]

Ägypten selbst hingegen entwickelte sich immer mehr zu einem Krisenherd und das, obwohl der König sich besonders um die Priester kümmerte. Deren zuletzt kurz nach Raphia garantierten Einkünfte ermöglichten ihnen zahlreiche Bauprojekte in den Tempeln Ägyptens.[62] Doch die Priester scheinen ihren Einfluss auf Teile der Bevölkerung verloren zu haben. Das lag einerseits daran, dass viele von ihnen Profiteure der Fremdherrschaft waren, und andererseits in der konkreten innenpolitischen Problemlage vor allem daran, dass der Krieg mit den Seleukiden die Kassen des Königs, die schon zu Beginn seiner Herrschaft nahezu leer waren, erheblich beansprucht hatte, was zu einer Inflation führte, die den König zu einer Währungsreform zwang.[63] Den verstärkten Geldbedarf der Krone zeigte schon im Jahr 209/208 eine ägyptenweite Immobiliendeklaration, mit der der König eine Abgabe für den Besitz von Häusern verband.⁶⁴ Aufgrund ihrer zunehmenden Ausbeutung entzogen sich deshalb viele Bauern durch Landflucht der Arbeit auf den Feldern, was dazu führte, dass das Land nicht bebaut wurde und die Einnahmen des Königs noch weiter zurückgingen – ein Teufelskreis.⁶⁵ Zum Ende seiner Herrschaft wurde Ptolemaios den Problemen deshalb nicht mehr wirklich Herr, so dass im Jahr 207, zwei Jahre vor seinem Tod, ägyptische Aufstände ausbrachen, über deren Beginn es in der großen hieroglyphischen Bauinschrift des Tempels von Edfu heißt:

»*Seine (i.e. des Tempels) Haupttür und die Türen seiner Kapellen wurden fertiggestellt bis zum 16. Regierungsjahr seiner Majestät. Dann brachen Unruhen aus. Rebellen erhoben sich in Oberägypten, und die Arbeit am Thronsitz-der-Götter (Edfu) kam zum Erliegen.*«⁶⁶

Erst 20 Jahre später konnte der Sohn und Nachfolger Ptolemaios' IV. die Erhebungen niedergeschlagen.

Interessant und gleichzeitig problematisch ist, was Polybios über die Ursachen der Aufstände berichtet, weil es nur schwer mit dem zu verbinden ist, was chronologisch gesehen tatsächlich geschah. An der Schilderung des antiken Historikers über die Ursachen der Aufstände gegen die Ptolemäer lässt sich deutlich zeigen, wie schwierig die Rekonstruktion der Ereignisgeschichte des Ptolemäerreiches auf seiner Grundlage ist. Er schrieb über die Ereignisse nach Raphia:

»*Ptolemaios hatte gleich in der nächsten Zeit einen Krieg gegen die Ägypter zu führen. Während sich nämlich sein Entschluss, die Ägypter für den Krieg gegen Antiochos zu bewaffnen, im Augenblick bewährt hatte, erwies er sich für die Zukunft als ein schwerer Fehler. Übermütig geworden durch den Sieg bei Raphia, waren sie nicht mehr bereit zu gehorchen, sondern suchten nach einem Führer oder einem, der diese Rolle spielte, überzeugt, sich im Übrigen selber helfen zu können. Und das taten sie am Ende auch, nicht lange danach.*«⁶⁷

Polybios stellte in dem kurzen Abschnitt folgende Kette von Zusammenhängen her: Vor der Zeit Ptolemaios' IV. habe es, so impliziert Polybios es zumindest, keine großen Kontingente ägyptischer Soldaten im Ptolemäerheer gegeben, was Ptolemaios änderte: Er bewaffnete die Ägypter – 20 000 von ihnen waren nach Raphia gezogen. Diese Soldaten waren dann am siegreichen Ausgang der Schlacht beteiligt und aufgrund ihrer Beteiligung wurden sie »übermütig«, weshalb sie schließlich »nicht lange Zeit danach« einen Aufstand gegen die Fremdherrschaft anzettelten. Zwei chronologische Probleme ergeben sich aus dieser Schilderung.

Das erste Problem ist das der Identifizierung des Aufstandes. Es liegt schließlich auf der Hand, die von Polybios erwähnte Erhebung mit den zuvor genannten großen ägyptischen Aufständen gleichzusetzen, die ein Jahrzehnt nach der Schlacht von Raphia das gesamte Land heimgesucht hatten. Das widerspricht jedoch direkt der Angabe, dass der Soldatenaufstand kurze Zeit nach Raphia stattfand. Die Soldaten wären also recht lange »übermütig« und nicht in der Lage »den Befehl zu ertragen« gewesen,[68] was Polybios ebenfalls bewusst gewesen sein muss, schließlich schrieb er an späterer Stelle, dass ein (nicht näher benannter) Krieg in den späten Jahren des Ptolemaios stattfand, womit wiederum die Aufstände gemeint gewesen sein dürften.[69]

Das zweite Problem ist Polybios' Angabe, dass erst Ptolemaios IV. Ägypter in die Truppe aufgenommen hatte. Auch das ist sicherlich so nicht ganz richtig, denn bereits unter Ptolemaios I. waren, wenn Diodor nicht falsches Zeugnis ablegen sollte, Ägypter im Heer tätig und 267 sind sie auch in der Marine belegt.[70] Ptolemaios II. soll sogar eine ägyptische Leibwache aufgestellt haben.[71] Weiterhin übernahmen schon unter den ersten Ptolemäern Ägypter militärische Führungspositionen.[72] Es wäre schließlich gänzlich unverständlich, wenn die frühen Ptolemäer das Wehrpotential ihres größten Untertanenvolkes nicht genutzt hätten, nahmen sie neben Griechen und Makedonen doch ganz selbstverständlich auch andere Völker in ihr Heer auf.

So hatte Polybios nicht nur einen falschen Erzählzusammenhang zwischen der Schlacht von Raphia und der ägyptischen Erhebung konstruiert, sondern auch nicht völlig korrekte Angaben zur Rekrutierung von Ägyptern für das Ptolemäerheer gemacht, wobei natürlich nicht auszuschließen ist, dass seit Raphia eine quantitativ höhere Menge von Ägyptern in das Heer Aufnahme fand, schließlich gingen nach und nach die Außenbesitzungen der Ptolemäer verloren. Polybios aber stellt hier die militärgeschichtliche Entwicklung bewusst schief, wenn nicht gar falsch dar, um sein Bild von der Dekadenz des Ptolemäerreiches unter Ptolemaios IV. zu belegen, eines Königs, der sogar so weit gegangen war, die von Polybios verachteten Ägypter in sein Heer zu integrieren.

So prägten dann nicht etwa aus dem »Übermut« von ägyptischen Soldaten im Heer des Ptolemaios, sondern aus der wirtschaftlichen und sozialen Not geborene Aufstände der Landbevölkerung, denen sich sicherlich auch ägyptische Soldaten angeschlossen hatten, das Ende der Herrschaft des vierten Ptolemäers.

## 5.7 Prophetische Texte

Das Leid und die Not ägyptischer Bauern unter den Bedingungen der ptolemäischen Herrschaft und die Wahrnehmung der eigenen Machtlosigkeit in den gegebenen herrschaftspolitischen Verhältnissen findet sich im »Klagelied des Papyrus Berlin«, der »Prophezeiung vom Lamm des Bokchoris« oder dem »Töpferorakel« reflektiert. Hierbei handelt es sich um sogenannte prophetische Texte, die über aktuelles oder zukünftiges Unheil in Ägypten berichten, das aber durch eine neue Heilszeit beendet werden wird.[73] Eine genaue zeitliche Einordnung dieser Schriften, von denen die meisten nur in einem Exemplar überliefert sind, ist nur schwer möglich, doch die Unheilsschilderungen spiegeln verschiedene Episoden in der Zeit einer Fremdherrschaft und so besteht die Möglichkeit, dass die Texte immer wieder neu gelesen, adaptiert und gedeutet wurden. So heißt es in dem (möglicherweise perserzeitlichen) Klagelied:

*»Wir rufen dich an (?), Herr der Götter [...]. Mögest du zerlegen ihre Anführer, mögest du schlachten die mit starkem Arm, mögest du bändigen [ihre] Starken, mögest du schlachten [ihre] Starken.«*[74]

Diese Feindvernichtung war eigentlich eine Aufgabe des durch die Götter begnadeten Pharaos (s. o.), die nun der Gott selbst durchführen sollte. Die Hoffnungslosigkeit war so groß, dass man hier von den Göttern persönlich Hilfe erwartete, weil es eben keinen rechtmäßigen Pharao gab.

Besonders deutlich mit den Ptolemäern ins Gericht geht die antialexandrinische Rezension des Töpferorakels. Da es in drei Versionen überliefert ist, darf man davon ausgehen, dass es eine weite Verbreitung, Bearbeitungs- und Überlieferungsgeschichte hatte, die letztlich auch zu Übersetzungen ins Griechische, die Sprache der Feinde, führte. So ist es sicherlich kein Zufall, dass im Töpferorakel von Typhoniern – Anhängern des Seth – berichtet wird, die eine Stadt am Meeresufer, die »Stadt im Bau« (*ktizomene polis*) errichtet haben, was die Übersetzung des ägyptischen Namens von Alexandria, Rhakotis, war. Die Typhonier sind damit niemand anders als die Makedonen und Griechen. Ihre Herrschaft ist eine Zeit der Aussetzung der Rituale in den Tempeln, des Fehlens eines dafür verantwortlichen guten Pharaos, denn der Nil wird nicht ansteigen, die Saat wird verdorren:

*»Weil der Nil Mangel leiden wird, wird die unfruchtbare Erde verdorben sein, wenn sie (die Saaten) aus ihrem Schoß entlässt. Man wird über das Schick[sal] (?) trauern und sagen: ›... unseliges (?) Ägypten, zu den Zeiten der Typhonier das Opfer fürchterlicher Übeltaten, die Jahr für Jahr gegen dich ersonnen sein werden.‹ Die Sonne wird blass werden, weil sie die Übel in Ägypten nicht sehen will. Die Erde wird auf die Samenkörner nicht ansprechen. Ihre meisten werden vom Sturm zerstört sein. [Dem Bauern werden für] alles, was er nicht besät hat, Abgaben abgefordert. Man kämpft in Ägypten gegeneinander, weil man keine Nahrung hat. Denn das, was man anbaut, wird [ein anderer ernten und sich davon machen].«*[75]

Das alles geschehe, weil der Gott Ptah (im Griechischen übersetzt mit Hephaistos) nicht mehr in seiner Stadt Memphis ist und dorthin zurückkehren will. Die Gottesferne und das Herbeisehnen der Götter ist ein ganz entscheidendes Motiv all dieser Texte, denn auch in einem Payrus aus Tebtynis wird das Fernsein der Götter beklagt:

*»Die großen Götter Ägyptens werden ihren [Tempel] und ihre Stadt verlassen aufgrund der Sünden, die täglich begangen werden.«*[76]

Damit einher gehen natürlich niedrige Nilfluten und eine Umkehr der Zeiten:

*»[Die Übersch]wemmung wird kommmen zu ihrer Zeit, abzunehmen, [sie wird ab]nehmen [zu ihrer Zeit zu kommen. Man wird] pflügen auf dem Feld zu der Zeit des [Er]ntens.«*[77]

Das Ausbleiben der Nilflut und die Umkehr der Zeiten ist hinreichendes Kennzeichen dafür, dass es keinen gottesfürchtigen, ritualvollziehenden Pharao mehr gibt.

Die Texte zeigen, dass die akute Not, das Gefühl der Hilflosigkeit und des Ausgeliefertseins, vor allem auf den erheblichen wirtschaftlichen Druck zurückzuführen waren, unter dem die ägyptischen Bauern standen, denn das Motiv der ausbleibenden Nilflut und der schlechten Ernten ist zwar ein Topos von Notzeiten, entspricht gleichzeitig aber auch der lebensweltlichen Realität. Einer religiös gedeuteten Realität, die nur dann eintrat, wenn die Götter nicht mit ihren Kulten versehen wurden. Gerade in solchen Notfällen wäre ein Pharao gefordert gewesen, der einschreitet und hilft. So hatten es noch Ptolemaios III. und Berenike II. gehandhabt, als nur eine Nilflut nicht hinreichend ausgefallen war: Sie erließen einen erheblichen Teil der Steuereinnahmen und importierten Getreide aus ihren Außenbesitzungen nach Ägypten.[78] Mit diesem Handeln konnte der König den ersten Aufstand gegen die Fremdherrschaft beenden. Aus diesem Grund hatten die Priester auch die Zeiten wieder ordnen können, denn sie führten eine Kalenderreform durch, die die »Ordnung und Auffüllung des früheren Rückstandes in Bezug auf die Zusammenstellung der Jahreszeiten und des Jahres und der Gesetzmäßigkeiten in Bezug auf die gesamte geregelte Bewegung der Himmelsachse« ermöglichte.[79]

Sein Nachfolger Ptolemaios' IV. war zu solchen Notmaßnahmen aufgrund der prekären Lage in seinen überseeischen Herrschaftsgebieten nicht mehr in der Lage bzw. nicht gewillt, seiner pharaonischen Verantwortung für die Landbevölkerung nachzukommen.

## 5.8 Der »Charakter« des Ptolemaios

Die antike literarische Überlieferung zeichnet Ptolemaios, wie dargelegt, als megalomanen und inkompetenten König, als extremes Beispiel ptolemäischen Wohllebens, der letztlich für den Niedergang des Reiches verantwortlich war.[80] Treffend findet sich das in der Aussage des Polybios zusammengefasst:

»Hat nicht den König Ptolemaios Philopator die Hetäre Agathokleia beherrscht, die, die das ganze Königreich zugrunde gerichtet hat?«[81]

Nach Iustin hatte der König zu Beginn seiner Herrschaft sogar eines der schlimmsten Verbrechen überhaupt begangen, denn er sei der Mörder des eigenen Vaters gewesen.[82]

Auch Plutarch sah die Ursachen des Niedergangs der Dynastie bereits zu Beginn der Herrschaft des Königs aufscheinen, denn nach dem Tod des Vaters

»versank der königliche Hof sofort in Zuchtlosigkeit, Völlerei und Weiberherrschaft ... Denn der König selbst war durch die Weiber und den Trunk innerlich so verdorben, dass er, wenn er einmal nüchtern war und das ihm erreichbare Höchstmaß von Ernsthaftigkeit erreicht, religiöse Feste feierte und eine Pauke in der Hand im königlichen Palast Umzüge hielt, während die wichtigsten Regierungsgeschäfte von Agathokleia, der Geliebten des Königs, und der Mutter, der Bordellwirtin Oinanthe, versehen wurden.«[83]

Natürlich handelt es sich hierbei vor allem um nachträgliche Erklärungsmuster. Die Frauenherrschaft passt gut in die antike Vorstellung von einem inkompetenten Herrscher, was Plutarch nochmals bei der Herrschaft der Kleopatra VII. aufgriff. Die Beschreibung der Feste hingegen zeigt – wenn sie denn tatsächlich so stattgefunden haben –, dass Ptolemaios das Friedensideal eines sich als Dionysos gebärdenden Herrschers verkörpern wollte,[84] das bereits seine Vorgänger propagierten. Plutarch kannte natürlich dieses Herrscherideal, verkehrte es aber ganz bewusst ins Gegenteil.

Gerade wegen dieser eindeutig literarisch gestalteten und mit moralischen und politischen Botschaften versehenen Berichte bleibt es vergebene Mühe, sich auf irgendeine Art und Weise dem Charakter des Ptolemaios nähern zu wollen – auch wenn die moderne Literatur das gerne versucht.[85] Seine literarisch überlieferten Charakterzeichnungen spiegeln eher politische oder kulturelle Begebenheiten der jeweiligen antiken Verfasser als den tatsächlichen Charakter eines Königs, den sie nicht einmal kennengelernt hatten. Natürlich handelte jeder König, wie seine Untertanen auch, aus der individuellen Entscheidungsfreiheit heraus, die jedem Menschen zu eigen ist. Am Ende bleibt es aber ein Glasperlenspiel, das dazu verführt, historische Entwicklungen auf das gefühlsgeleitete Handeln »großer« Menschen zu reduzieren und die sozialen, politischen, religiösen und kulturellen Strukturen und Rahmenbedingungen, in die herrscherliches Handeln eingebunden war, außer Acht zu lassen. Aus dem gleichen Grund wird man auch nicht feststellen können, welchen Einfluss die beiden Männer auf den König hatten, denen er letztlich die Sicherung der Thronfolge zu verdanken hatte, also Sosibios und Agathokles. Dass beide wichtige Ratgeber waren, die auch »international« so wahrgenommen wurden, zeigen auf jeden Fall Ehrenbeschlüsse der griechischen Städte Tanagra und Orchomenos für Sosibios und die Errichtung einer Ehrenstatue für ihn in Knidos.[86]

# 6

# Ptolemaios V.

Als Ptolemaios IV. im Juli/August des Jahres 204 starb, fand unter ungeklärten Umständen kurz darauf auch die Königsgemahlin Arsinoe IV. den Tod. Es liegt durchaus nahe, dass die beiden Hauptakteure der folgenden Zeit, der erfahrene Hofpolitiker Sosibios und der Jugendfreund des Königs Agathokles hierfür verantwortlich waren. Vielleicht spielte Agathokles' Schwester Agathokleia, die Geliebte des Königs, ebenfalls eine Rolle.[1] Es lag auf jeden Fall, gute 18 Jahre nach dem Tod des dritten Ptolemaios, abermals an Sosibios, den Übergang der Herrschaft zu organisieren. Gemeinsam mit Agathokles gelang ihm das zunächst vor allem deshalb problemlos, weil, anders als beim letzten Herrscherwechsel, die Nachfolge des Königs nicht zur Debatte stand, denn der fünf Jahre alte Ptolemaios V. war der einzige verfügbare Thronfolger, zumal der Vorgänger den im Jahr 210 geborenen Sohn bereits kurz nach seiner Geburt zum Mitregent erklärt hatte.[2] Strittig war aber, wer sich als Reichsverweser bis zu dessen Volljährigkeit um die Belange des Reiches kümmern durfte bzw. ob nicht sogar ein Thronrat die Regierungsgeschäfte übernehmen könnte.

Eine ausführliche Schilderung der aus diesem Problem erwachsenden blutigen Ereignisse am Königshof findet sich allein bei Polybios, der seinen Bericht nach eigener Auskunft auf Grundlage von Darstellungen anderer Geschichtsschreiber, möglicherweise insbesondere auf Basis des alexandrinischen Hofbeamten Ptolemaios von Megalopolis, zusammenfasste. Seine Quellen wiederum hätten, wie Polybios kritisierte, ihre Berichte in »grellsten Farben gemalt, um ihren Lesern gruseln zu machen.«[3] Mit dieser Angabe wollte er seinen eigenen Bericht von denen der Vorgänger abheben, denn er meinte: »Eine solche Behandlungsweise konnte nicht in meiner Absicht liegen.« Letztlich ist dann aber seine Darstellung in gleicher Weise geraten.[4]

Was war also geschehen: Sosibios und Agathokles riefen zunächst die militärische Elite im Königspalast zusammen und krönten in aller Gegenwart Ptolemaios V. mit dem Diadem. Daraufhin verlasen sie das Testament des Vaters, der, wen wundert es, beide Hofleute zu Vormündern des jungen Ptolemaios eingesetzt hatte. Damit war die Thronfolge des jungen Ptolemaios gesichert und die beiden bedeutendsten Männer des Reiches sollten, solange der König zu jung für eine eigenständige Führung der Staatsgeschäfte war, die Herrschaft in seinem Sinne ausüben. Nach der Bestattung der Urnen Ptolemaios' IV. und seiner Gemahlin kümmerte sich Agathokles um die Loyalität der Truppe, indem er eine Soldauszahlung vornahm. Sosibios hingegen muss kurz nach dem Staatsakt verstorben sein, denn von ihm ist im Folgenden bei Polybios nicht mehr die Rede.

Agathokles tat alles, um erstens die bestehenden außenpolitischen Verhältnisse und zweitens seinen eigenen Regentschaftsanspruch zu sichern. Er schickte Gesandtschaften an auswärtige Mächte, um die bestehenden Freundschafts- und Bündnisverträge zu bekräftigen und beseitigte alexandrinische Konkurrenten. Zudem wollte er in Griechenland Söldner anwerben, was angesichts des Aufstands in Oberägypten allzu verständlich war, von Polybios aber dahingehend interpretiert wird, dass er mit den neuen alte Truppen in Alexandria ersetzen wollte, um sich eine eigene loyale militärische Gefolgschaft zu sichern.

Die Dinge verliefen für Agathokles jedoch alles andere als reibungslos, denn am Hof gelang es einer Gruppe um den General Tlepolemos mit Unterstützung der makedonischen Soldaten 203/202, die Macht an sich zu reißen. Der General ließ Agathokles, der sich angeblich durch seine ausschweifende Lebensweise beim Volk delegitimiert hatte und dem das Volk den Mord an der Königsgemahlin Arsinoe zuschrieb, mitsamt seiner Familie im Stadion Alexandrias hinrichten. Den Befehl hierfür gab natürlich nicht Tlepolemos selbst, sondern der junge König habe die Hinrichtung durch sein Nicken angeordnet. Auch die Vollstreckung des Todesurteils organisierte der neue starke Mann auf geschickte Weise: Er inszenierte sie als Rache der Stadtbevölkerung an Agathokles für dessen Schandtaten und Lebensführung. Auf diese Weise festigte Tleopolemos seine eigene Stellung als Retter des jungen Königs, der nun nicht nur über die Gefolgschaft des Heeres, sondern auch über die Unterstützung der Stadtbevölkerung verfügte.

Polybios malte die Hinrichtung des Agathokles und seiner Familie in schlimmsten Bildern aus, um auf diese Weise zu zeigen, wie unzivilisiert die Alexandriner selbst waren:

»Es dauerte nicht lange, da wurde zuerst Agathokles in Fesseln hineingeführt, und schon eilten einige auf ihn zu und stießen ihn auf der Stelle nieder, eine Tat des Hasses, in Wirklichkeit eher ein Freundschaftsdienst: sie waren schuld daran, dass er der verdienten Strafe entging. Darauf wurde Nikon gebracht, dann Agathokleia, nackt, mit ihren Schwestern, danach alle anderen Familienmitglieder. Zuletzt führten sie Oinanthe, die sie aus dem Thesmophoreion fortgerissen hatten, in das Stadion, nackt auf einem Pferd sitzend. Alle miteinander wurden dem Pöbel preisgegeben, der sie biss, stach, ihnen die Augen ausriss. Immer wenn einer niederstürzte, rissen sie seine Glieder auseinander, bis sie alle völlig verstümmelt hatten. Denn die Grausamkeit in der Wut bei den Einwohnern Ägyptens ist entsetzlich.«[5]

Tlepolemos konnte sich jedoch nicht lange an seiner Position erfreuen, denn schon ein Jahr später stürzte ihn ein Mann des Hofes namens Aristomenes, der aus dem Umkreis des Agathokles stammte und das kommende Jahrzehnt ptolemäischer Politik prägen sollte.

## 6.1 Die seleukidische Eroberung Koilesyriens

Die Wirren und Streitigkeiten am Ptolemäerhof, das Fehlen eines eigenständig agierenden Königs gaben dem Seleukidenkönig Antiochos III. die unverhoffte Möglichkeit, die Schmach von 217 gegen Ptolemaios IV., also die Niederlage von Raphia, wettzumachen und im Winter 203/202 erneut auf Koilesyrien zuzugreifen. Mit dem König Makedoniens Philipp V. hatte der Seleukide angeblich verabredet, das Ptolemäerreich untereinander aufzuteilen:

»*Und dabei schützten sie nicht einmal, wie es Tyrannen zu tun pflegen, irgendeinen nichtigen Grund für ihre Schändlichkeit vor, sondern stürzten sich ohne Weiteres wie Raubtiere auf ihre Beute, so dass sie mit Recht der Vorwurf trifft, es ebenso gemacht zu haben wie die Fische, bei denen, und zwar innerhalb derselben Gattung, der Tod des Kleinen, wie man sagt, Nahrung und Lebensunterhalt für den Großen ist. Wer könnte auf diesen Vertrag schauen, ohne dass er in ihm wie in einem Spiegel mit eigenen Augen die Ehrfurchtslosigkeit gegen die Götter, die Rücksichtslosigkeit gegen die Menschen, die unersättliche Habsucht und Machtgier dieser Könige zu sehen meinte?*«[6]

Hier lernen wir aus der Perspektive des Griechen Polybios die römische Legitimation für das spätere, ebenfalls rücksichtslose Vorgehen Roms gegen Makedonen und Seleukiden kennen, denn das strafende Schicksal selbst habe »die Römer gegen jene ins Feld geführt und durch deren Eingreifen das, was jene wider das Recht an anderen zu tun willens waren, nach Recht und Gebühr über sie selbst verhängt«.[7]

Ob es aber den Geheimvertrag zwischen Philipp und Antiochos wirklich gegeben hat, ist gerade aufgrund seiner Bedeutung für Roms aus antiker Sicht völkerrechtswidriges Handeln umstritten.[8] Nicht zu bezweifeln ist hingegen der Wille des Antiochos, sich endgültig in den Besitz des ptolemäischen Koilesyriens zu setzen, was ihm auch gelang. Drei Jahre nach dem Einfall des Antiochos musste sich der ptolemäische General Skopas infolge seiner Niederlage bei Paneion und seinem vergeblichen Versuch, Sidon zu halten, im Jahr 199 endgültig geschlagen geben. Damit hatte die hundertjährige Herrschaft der Ptolemäer in dieser wichtigen Region ein Ende gefunden. Zwar konnte Skopas ein weiteres Vordringen des Seleukiden nach Ägypten unterbinden, doch waren die Tage des Generals gezählt, denn der Reichsverweser Aristomenes ließ ihn hinrichten.

In der Zwischenzeit, im Jahr 197, noch vor der Erreichung seines 14. Lebensjahres, feierte der Hof die *anakleteria* des Königs, die offizielle Feier anlässlich des Erreichens der Volljährigkeit.[9] Allem Anschein nach war er erst von diesem Zeitpunkt an als eigenständiger Herrscher anerkannt, obwohl die Urkunden seine Regierungsjahre seit dem Tod des Vaters datierten und er seit 205 das Diadem trug. Im Herrscherkult, in den er bereits 199 aufgenommen wurde, führte der fünfte Ptolemäer die Beinamen *Theos Epiphanes* und *Eucharistos*, der »Erschienene und der Begnadete Gott«.[10] Ein Jahr nach den *anakleteria* in Alexandria fand dann auch die Krönung des Knaben zum Pharao in Memphis statt, wo er von den Priestern folgende Titulatur erhielt: »Horus: Der Jüngling, er ist als König erschienen auf dem Thron seines Vaters.« Sein Name »der beiden Herrinnen« lautete: »Groß an Kraft, der die beiden Länder befestigt, der Ägypten leben lässt, mit trefflichem Herz vor den Göttern«. Der Gold(horus)name war: »Der das Leben gedeihen lässt für die Menschen, Herr der Dreißigjahrfeste wie Ptah, Fürst wie Re.« Als König von Ober- und Unterägypten hieß er »der Erbe der beiden Götter, die ihren Vater lieben, erwählt von Ptah, stark ist der Ka des Re, lebendes Abbild des Amun«. Und als »Sohn des Re« war er »Ptolemaios, er lebe ewiglich, geliebt von Ptah, der Gott, der erscheint, Herr der Vollkommenheit«.

## 6.2 Die ägyptischen Aufstände

Ptolemaios V. kam auf den Thron, als die makedonisch-griechische Fremdherrschaft, wie dargelegt, von schweren ägyptischen Aufständen erschüttert wurde. Die Erhebungen, die viele Jahre seiner Herrschaft prägen sollten, waren gleich in mehreren Landesteilen, in der Thebais, im Delta und sogar im wichtigsten griechischen Siedlungsraum, im mittelägyptischen Faijum, ausgebrochen, doch ist unklar, wie sie miteinander in Zusammenhang standen.[11] Konnte das ptolemäische Heer in Unterägypten die Ruhe bereits 196 zunächst wieder herstellen, so dauerte der von Gegenpharaonen angeführte thebanische Aufstand bis 186. Danach scheinen jedoch im Delta die Unruhen erneut aufgeflammt zu sein, zumindest berichtet Polybios von einer Erhebung in unmittelbarer Nähe zu Alexandria, bei Sais, im Herbst des Jahres 185. Möglicherweise zog erst die Niederschlagung einer weiteren Revolte im Ort Sema-Behedet im Delta im Jahr

183/182 einen endgültigen Schlussstrich unter die lange Zeit der Wirren in der Herrschaft Ptolemaios' V.[12]

Nicht nur die Tatsache, dass damit über 20 Jahre in Ägypten Krieg herrschte, sondern auch, dass Aufstände an voneinander unabhängigen Stellen im Land immer wieder aufflammen konnten, zeigt, dass die Legitimation des ptolemäischen Pharaonentums ebenso wie die herrschaftliche Durchdringung Ägyptens nach über 120 Jahren nahezu vollständig verloren gegangen war und mit brutaler Gewalt aufrechterhalten bzw. wiedergewonnen werden musste. Wie danach die Akzeptanz der fremden Pharaonen hergestellt werden konnte, bleibt noch zu erforschen, zumindest herrschte für die kommenden Jahrzehnte relative Ruhe im Land.

Die Aufstände waren natürlich nicht grundlos ausgebrochen, sondern hatten ihre Ursache in den erheblichen sozialen und wirtschaftlichen Unterschieden, die sich zwischen ägyptischer Bevölkerung und herrschenden Zuwanderern und ihren einheimischen Profiteuren, allen voran bestimmten Priesterschaften, aufgetan hatten. So waren Menschen, die nicht des Griechischen mächtig waren – und das waren die meisten Ägypter –, grundsätzlich »Barbaren« für Griechen, konnten deshalb auch offen benachteiligt werden, selbst dann, wenn das gegen die Richtlinien des Königshauses verstieß.[13]

Der Druck auf die Bauern hatte sich durch eine wirtschaftliche Krise und eine bereits erwähnte Inflation verstärkt.[14] Die Krise verschärfte sich zudem in Zeiten außerägyptischer Bedrohungslagen aufgrund des unmittelbaren Zugriffs der Herrschaft auf weitere Ressourcen des Landes.[15]

## 6.2.1 Die oberägyptische Erhebung

Die meisten Informationen über die panägyptischen Aufstände liegen zu der langen thebanischen Erhebung vor, die bereits 206, unter Ptolemaios IV. begonnen hatte.[16] Nach der Etablierung des einheimischen Pharaos Haronnophris (= Hyrganopher = »Horus Wenefer«) verschwanden griechische Urkunden aus seinem Herrschaftsbereich, das Ägyptische war wieder die alleinige Sprache der Verwaltung. Den Aufbau der Hofverwaltung illustriert der eventuell fiktive demotische Brief eines niederen Priesters des Amun von Theben, der gleichzeitig zeigt, dass sich die Amunspriesterschaft in den Dienst der neuen Herrscher gestellt hatte. Das auf einer Kalksteintafel überlieferte Schreiben stammt aus dem ersten Herrschaftsjahr Haronnophris' und es heißt dort:

»*der Pastophor (?) des Amun-Re, König der Götter, des großen Gottes, der Schreiber des Kanals des Wassers von Theben Padiheremheb, Sohn des Padichons, [ist der, der] vor seinem Vorgesetzten, dem Schreiber des Königs [...], Sohn des Padiusir, der Urkundenschreiber, sagt: >[Oh, möge Amun-Re-König-*

*der-Götter, der] große [Gott], seine Lebenszeit lange dauern lassen, während er ihm Lob gibt vor dem Pharao, er lebe, sei heil und gesund, Haronnophris, er lebe, sei heil und gesund, [geliebt von Isis], geliebt von Amun-Re, König der Götter, der große Gott, und allen am Hof des Pharao.«*[17]

Hier tritt uns also die Kanzlei des Pharaos entgegen, es war damit eine Parallelwelt zur ptolemäischen Verwaltung entstanden, denn unmittelbar nach seinem Herrschaftsantritt muss Haronnophris den »Schreiber des Königs« und einen »Urkundenschreiber« in ihr jeweiliges Amt eingesetzt haben.

Nach seiner Ausrufung zum Pharao trug Haronnophris den Titel »Geliebt von Isis, geliebt von Amun, dem König der Götter, dem großen Gott«.[18] Er führte also nicht nur einen programmatischen Eigennamen, der auf Horus und Osiris (= Wen-nefer) verwies und ihn damit zum rechtmäßigen Erben des Pharaonenthrones erklärte, sondern zeigte mit den Beinamen auch seine Erwählung durch die Gemahlin des Osiris, Isis, und durch Amun von Theben auf. Amun wiederum war nach alter ägyptischer Vorstellung derjenige Gott, der den König mit der Mutter seines Vorgängers zeugte, eine Legitimation, die nicht nur im thebanischen Raum mit dem bedeutendsten ägyptischen Tempel des Amun wichtig war, sondern gesamtägyptisch die Erwählung des Haronnophris durch den Gott zum Ausdruck brachte.

Im Jahr 199 folgte Haronnophris ein Pharao namens Chaonnophris (= Anch-Wennefer = »Es lebe Osiris«) auf dem thebanischen Thron, der die Regierungsjahre seines Vorgängers weiterzählte, also mit dem siebten Jahr begann. Vielleicht war er also von Anfang an schon Mitregent gewesen. An der Verbreitung der nach diesen beiden Pharaonen datierten Urkunden lässt sich ablesen, dass die gesamte Thebais, teilweise sogar der Raum vom oberägyptischen Lykopolis bis hin nach Pathyris, in einheimischer Hand war, was immerhin 360 Kilometer des Nillaufs ausmachte.

Den Pharaonen Oberägyptens lag daran, mit ihrer Herrschaft eine neue Heilszeit beginnen zu lassen und einen Anreiz für noch unentschiedene Ägypter auszusenden, sich dem Aufstand anzuschließen. Aus diesem Grund verzichteten sie bewusst auf den Aufbau eines Steuersystems – zumindest fehlt jeglicher Beleg hierfür, wohingegen aus der Ptolemäerzeit ansonsten zahlreiche Steuerquittungen auf Ostraka und Papyri bekannt sind.[19]

Haronnophris und Chaonnophris konnten sich durchaus berechtigte Hoffnung auf eine Vertreibung der Fremden aus Ägypten machen, denn ihr Aufstand hatte historische Präzedenz im zweiten Jahrtausend, in der Zeit der Herrschaft der Hyksos, die als fremde Pharaonen ebenfalls vom Nildelta aus über Teile Ägyptens geherrscht hatten. Die Begründer der 18. Dynastie hatten diese Fremdherrscher von Theben aus vertreiben können. Dass die Erinnerung daran noch in ptolemäischer Zeit wach war, belegt die ägyptische Geschichte des Manetho, eines Priesters, der sein Werk in griechischer Sprache für die Ptolemäerkönige verfasst hatte und den Flavius Josephus im ersten Jahrhundert n. Chr. zitiert. Die Schilderung der über 1000 Jahre zurückliegenden Ereignisse erinnert an das, was die Ägypter nach Auskunft der prophetischen Texte auch unter den Ptolemäern erlitten hatten:

»*Unerwartet führten von Osten her Menschen eines unbekannten Volkes mit großer Dreistigkeit Krieg gegen das Land und brachten es mit Leichtigkeit kampflos in ihre Gewalt; und nachdem sie die darin Herrschenden überwältigt hatten, brannten sie des Weiteren die Städte schonungslos nieder und zerstörten die Heiligtümer der Götter. Gegen alle Einwohner aber verhielten sie sich ganz und gar feindselig, indem sie die einen niedermetzelten, von den anderen auch die Kinder und <die> Frauen in die Sklaverei führten. Schließlich machten sie sogar einen der ihren zum König, einen gewissen Salitis. Dieser residierte in Memphis, wobei er Ober- wie Unterägypten mit Steuern belegte und eine Besatzung an den geeignetsten Orten zurückließ.*«[20]

Zwar herrschten die ptolemäischen Könige in Alexandria, zerstörten auch keine Städte und Tempel, doch die Besatzung des ganzen Landes und der als Versklavung empfundene Zustand der einheimischen Bauern konnte unter den Ptolemäern ähnlich gedeutet werden. Die neue Heilszeit kam dann wie folgt zustande:

»*Danach aber ... habe es eine Erhebung der Könige von Theben und des übrigen Ägypten gegen die Hirten (= Hyksos) gegeben und es sei ein großer und lange andauernder Krieg ausgebrochen.*«[21]

Am Ende dieses Krieges stand die Vertreibung der Hyksos und es folgte die glanzvolle 18. Dynastie mit der Ausbreitung ägyptischer Herrschaft bis in die Levante.

## 6.2.2 Das Dekret von Rosette und das Jahr 197

Während die ptolemäische Generalität und der Reichsregent Aristomenes den Verlust fast sämtlicher festländischer Außenbesitzungen an der östlichen Levante und in Kleinasien hinnehmen mussten, waren sie gleichzeitig zu einem entschiedenen militärischen Eingreifen innerhalb Ägyptens gezwungen. Ein vorläufiger Waffenstillstand mit den Seleukiden und die Verlobung des Ptolemaios mit der Tochter des Antiochos schufen schließlich den Freiraum, alle Kräfte auf die Niederschlagung der Aufstände und die Rückgewinnung ganz Ägyptens zu konzentrieren. Zunächst war die Ordnung im Umfeld Alexandrias wiederherzustellen, denn nicht nur in Oberägypten, sondern auch im Nildelta hatten Rebellen die Herrschaft übernommen. Von den Kämpfen des Juli 197,[22] die schon im Jahr vor dem endgültigen Friedensschluss mit den Seleukiden stattfanden, berichtet das 196 beschlossene Ehrendekret der ägyptischen Priesterschaft, das sie in Memphis während der Krönung Ptolemaios' V. zum Pharao verabschiedet hatte. Bekannt ist der Priesterbeschluss nach seinem Fundort als Dekret von Rosette, das Jean-François Champollion den Schlüssel zur Entzifferung der Hieroglyphenschrift lieferte. Der Text ist in hieroglyphischer, demotischer und griechischer Schrift zu Stein gebracht und entspricht dem formalen Schema eines griechischen Ehrendekretes: Auf eine Datierung folgt der Anlass der Zusammenkunft der Priester mit einer ausführlichen Begründung für die Ehren, die die Priester für den König verabschieden wollten, und erst dann die Auflistung der betreffenden Ehren. Das Muster entsprach damit dem Priesterdekret des Jahres 243 von Alexandria und dem des Jahres 238 von Kanopos für den dritten Ptolemäer sowie dem Raphiadekret von 217 für den vierten Ptolemäer. Als Begründung für die Ehrung des 13 Jahre alten Königs diente dessen persönlicher Sieg über den unterägyptischen Feind:

*»Er kam auch nach Lykonpolis, das im busiritischen Gau, das erobert und gegen eine Belagerung befestigt war, sowohl mit einem ziemlich reichen Vorrat an Waffen als auch allem anderen Unterhalt insgesamt, weil dort seit langer Zeit eine Auflehnung von den in die Stadt eingedrungenen Gottlosen war, die sowohl gegen die Heiligtümer als auch gegen die in Ägypten Lebenden viel Schlechtes getan haben, und er hat sie belagert, indem er sie mit Wällen und Gräben und erheblichen Mauern umgeben hat. Als der Nil in seinem achten Regierungsjahr ganz besonders über die Ufer trat und wie gewohnt die Ebene überschwemmte, hielt er ihn zurück, indem er an vielen Orten die Mündungen der Kanäle befestigte, ... in kurzer Zeit nahm er die Stadt im Sturm ein und vernichtete alle in ihr befindlichen Gottlosen, so wie Hermes und Horus, der Sohn der Isis und des Osiris, die die an denselben Orten befindlichen Abtrünnigen dereinst bezwangen. Die Anführer der Aufständischen aber, die auch in der Zeit seines Vaters das Land verwüstet und gegenüber den Heiligtümern Unrecht getan hatten, brachte er nach Memphis, um dem Vater ebenso wie seiner eigenen Königsherrschaft beizustehen, er bestrafte alle, wie es üblich ist zu dem Zeitpunkt, an dem er ankam, um gleichzeitig für sich die üblichen Bräuche für die Übernahme der Königsherrschaft durchzuführen.«*[23]

Es ist schwer vorstellbar, dass der junge König zu diesen strategischen Leistungen in der Lage war, in der Realität hatten natürlich seine Generäle unter dem Oberbefehl des Aristomenes die Belagerung organisiert und durchgeführt. Für die ideologischen Belange der Priester war es aber wichtig, dass der Pharao persönlich handelte, denn sie wollten Ptolemaios als Heilsherrscher darstellen und damit eine Inversion der prophetischen Literatur vornehmen, die die Fremdherrscher als Typhonier darstellte. Alles das, was die Prophetie den Fremdherrschern negativ anlastete, sind nun die Untaten der ägyptischen Rebellen: Nicht Ptolemaios ist der Götterfeind – er ist nicht einmal Fremder –, sondern die Rebellen, da sie sich an den Tempeln und den Bewohnern des Landes vergangen hatten. Der Nil stellte sich in den Dienst des Ptolemäers, der damit als rechtmäßiger Pharao ausgezeichnet war. Hier hat nun auch der Horusmythos, der in der Zeit des vierten Ptolemäers noch ins Ausland verlegt worden war, seinen wirklichen Sitz im Leben (s. o.). Waren es im dritten Jahrhundert die Perser und ihnen nachfolgend die seleukidischen Könige, die als Götterfeinde vom Horus-Pharao vernichtet wurden, so übernahmen nun die ägyptischen Rebellen diese Rolle, der Horusmythos konnte in Ägypten selbst, dort wo er seinen mythologischen Verortung hatte, wiederholt werden. Ptolemaios V. war Horus, der das Übel, das die sethianischen Götterfeinde an seinem Vater Osiris-Ptolemaios IV. begangen hatten, rächte.

Die Hinrichtung der Feinde fand anlässlich der Krönung Ptolemaios' V. zum Pharao statt, schließlich handelte es sich um ein Ritual, das zu den »üblichen Bräuchen für die Übernahme der Königsherrschaft« gehörte und hierzu trug, wie man dem Dekret weiterhin entnehmen kann, der König die Pschent-Krone, die traditionelle Pharaonenkrone Ober- und Unterägyptens, »als er in das Heiligtum in Memphis eintrat.«[24]

Von Bedeutung für die königliche Selbstdarstellung und vor allem, um zu zeigen, welche Vorteile den Priestern und der Bevölkerung unter ptolemäischer Herrschaft zukamen, sind die Wohltaten im Dekret aufgelistet, die der König mit seiner Volljährigkeitserklärung verband: Er mehrte und garantierte die Einkünfte der Heiligtümer, reduzierte Steuern und Abgaben, erließ Schulden und sorgte für die heiligen Tiere, insbesondere den Apis- und Menvisstier. Hinzu kamen neue Vergünstigungen für die Tempel, wie das Einfrieren der Abgabe, die auf die Annahme eines Priesteramtes zu entrichten war, auf den Tarif, der unter Ptolemaios IV. zu entrichten war. Bestimmte Tempelbedienstete mussten des Weiteren nicht mehr einmal jährlich nach Alexandria reisen und der Tempelbau wurde durch königliche Förderung vorangetrieben. Aus dem konkreten Anlass heraus ist zudem die Amnestie für Deserteure und politisch Andersdenkende zu erklären. Alles in allem bleibt diese Übereinkunft mit den Priestern also den Rahmenrichtlinien der ägyptenfreundlichen Politik des dritten Ptolemäers treu. Ptolemaios V. oder richtiger vor allem seine Berater wollten auf diese Weise den aufständischen Ägyptern eine positive Alternative zu den Gegenpharaonen bieten.

### 6.2.3 Ptolemaios V. als Gott der ägyptischen Tempel

So wie es seit der Zeit Ptolemaios' III. üblich war, integrierten die Priester den frisch gekrönten Pharao Ptolemaios nach seiner Heldentat als ägyptischen Gott in den Kult ihrer Tempel. Das war in der ägyptischen Religion eigentlich ein Widerspruch in sich, denn der Pharao war oberster Priester des Landes, konnte also nicht gleichzeitig den Kult für sich selbst vollziehen. Die Einführung des Königs als Gott in die Tempel ist deshalb als Übernahme und ägyptische Adaption des alexandrinischen Herrscherkultes zu verstehen. Als ägyptische Götter partizipierten der lebende König und seine Gemahlin (die Ptolemaios V. zu diesem Zeitpunkt noch nicht hatte) am Kult für den jeweiligen Hauptgott und die weiteren im Tempel verehrten Gottheiten, sie waren *synnaoi theoi*, Götter, die den Tempel und Kult mit dem Hauptgott teilten. Für die Bevölkerung waren die neuen Götter während königlicher Reisen im Land real erfahrbar. Um aber ein vollwertiger ägyptischer Gott zu sein, bedurfte es einer Statue, vor der die Priester den Kult im Inneren des Tempels vollziehen konnten. Das wiederum ermöglichen die Priester mit folgender Bestimmung:

»*Und sie sollen ein Götterbild und einen goldenen Schrein für den König Ptolemaios, den Gott Epiphanes Eucharistos, ..., in jedem Heiligtum anfertigen und es in den Allerheiligsten neben den anderen Schreinen aufstellen; und während der großen Prozessionen, bei denen die Schreine herausgetragen werden, soll der Schrein des Gottes Epiphanes Eucharistos mit herausgetragen werden.*«[25]

Es folgen einige Bestimmungen zum Schrein des Ptolemaios, die zeigen, dass der König im Tempel als eine Gottheit erschien. Wie jeder Gott, so erhielt Ptolemaios auch ein besonderes Tempelfest:

»*Und weil der 30. des Monats Mesore, an dem der Geburtstag des Königs gefeiert wird, und genauso der 17. des Monats Phaophi, an dem er die Königsherrschaft von seinem Vater übernommen hat, eponyme Tage (= Festtage) in den Heiligtümern sind, die der Anfang von vielen guten Dingen für alle sind, soll an diesen Tagen ein Fest und eine Prozession in den Heiligtümern in Ägypten monatlich begangen werden, und es sollen in ihnen Brandopfer und Trankspenden und die anderen Bräuche vollzogen werden.*«[26]

Ptolemaios V. standen in seinem göttlichen Status zudem eigene Feste zu, von denen das wichtigste eine große Prozession war, die außerhalb des Tempels stattfand, denn nur so war die dringend für den Herrscherkult nötige Öffentlichkeit gewährleistet. An solchen mehrtägigen Festen nahm die lokale Bevölkerung teil, wobei sie verköstigt wurde und arbeitsfrei hatte. Da die Priester die Prozession mit einem zentralen Datum des ägyptischen Kalenders verbanden, dem ägyptischen Neujahrsanfang, der ohnehin schon ein Festtag war, hatten sie den neuen Gott mit einem schon immer positiv besetzten Ereignis in Verbindung gebracht.

Um Sichtbarkeit und Öffentlichkeit des Gottes zu erwirken, sahen die Priester zudem eine Statuengruppe in jedem Tempel am Dromos oder im Vorhof vor, also dort, wo auch Laien sich aufhalten konnten. Die Gruppen zeigten Ptolemaios V., der von dem jeweiligen Hauptgott des Tempels ein ägyptisches Sichelschwert gereicht bekam. Hiermit war der Hauptaspekt der Begründung des Dekretes nochmals aufgegriffen: Die Sieghaftigkeit des jungen Königs über die sethianischen Götterfeinde. Diese Sieghaftigkeit wiederum verdankte er, wie es die Priester bildlich zeigten, allein den ägyptischen Göttern: Sie sind es, die ihm die Siegeswaffe reichen. Ptolemaios V. war damit in der Darstellung der Priester ein Gott, der von den ägyptischen Göttern eingesetzt und begnadet, aber damit auch von diesen abhängig war. Auf diese Weise hatten die Priester indirekt ihre eigene Position gestärkt, schließlich waren sie die Interpreten des Willens der ägyptischen Götter. Den Sonderstatus des Gottes Ptolemaios unter den ägyptischen Göttern erkennt man daran, dass es keine ägyptischen Tempel gab, in denen *allein* ein Ptolemäer verehrt worden wäre – das war nur im griechischen Herrscher- und Dynastiekult möglich.

Um der ägyptischen Bevölkerung einen steten Kontakt zu dem neuen Gott zu ermöglichen, beschlossen die Priester weiterhin, dass es Privatleuten erlaubt sei, zu Hause einen Schrein des Königs aufzustellen, an dem man dann »sowohl das monatliche als auch das jährliche Fest feiern« konnte, »damit offensichtlich ist, dass die Ägypter den Gott Epiphanes Eucharistos, den König, preisen und ehren, so wie es üblich bei ihnen ist«.[27]

## 6.2.4 Das Ende der Aufstände

Es dauerte nach dem Erlass des Dekretes von Rosette noch weitere zehn Jahre, bis der zum Gott erklärte Ptolemaios, oder richtiger, sein General Komanos dazu in der Lage war, am 27. August 186 auch das aufständische Theben niederzuringen. Das ist ihm sicherlich maßgeblich mit Hilfe von neu angeworbenen Soldaten aus der hellenistischen Welt gelungen. Komanos wiederum errang den entscheidenden Sieg gerade zu der Zeit, als sich die ägyptischen Priester bei Ptolemaios in Alexandria zu einer Synode im Tempel der Isis zusammengefunden hatten. In scheinbar spontaner Begeisterung verabschiedeten sie daraufhin eineinhalb Wochen später, am 6. September 186, ein Ehrendekret für Ptolemaios. Dieses Dekret ist in zwei Abschriften erhalten, auf einer hieroglyphisch beschrifteten Stele, die sich heute im Kairener Museum befindet, und auf der Wand des Geburtshauses (Mammisi) des Horus im Tempel der Isis von Philae. Bekannt ist es heute unter dem Namen Philensis II-Dekret, weil auf der Wand des Mammisi von Philae rechts daneben ein weiteres Ehrendekret angebrachtet ist, das sogenannte Philensis I-Dekret, das die Priester zwei Jahre später ebenfalls für den fünften Ptolemäer verabschiedeten.[28] Das Philensis II-Dekret wiederum berichtet in der Beschlussbegründung der Ehren für Ptolemaios, dass

»*seiner Majestät berichtet wurde aus dem Mund des Vertrauten seiner Majestät, dem Liebling des Königs, des Obersten der Reiterkommandeure, Aristonikos, Sohn des Aristonikos bezüglich [K]omanos, der zu den besten Freunden seiner Majestät zählt, mit den Worten: ›Er (= Komanos) hat gekämpft im Südland in dem Gebiet von Theben mit dem Rebell, dem Feind der Götter, dem [Aufrüh]rer Chaonnophris, und den Soldaten der Nubier, indem sie mit ihm vereint waren. Er (= Komanos) hat sie getötet, dieser Aufrührer (aber) wurde lebend gefangen genommen.‹*«[29]

Nicht der General selbst, sondern der Eunuch und Höfling sowie amtierender Alexanderpriester Aristonikos[30] übermittelte dem König, möglicherweise als dieser gerade gemeinsam mit den ägyptischen Priestern die Beratungen führte, die frohe Botschaft.

Wie bereits im Dekret von Rosette, so beschrieben die Priester auch hier die Recht- und Gottlosigkeit der einheimischen Gegenkönige, stilisieren sie zu Typhoniern, zu Anhängern des Seth:

»*Die [ge]samten Götter Ägyptens und alle [Göttinnen] haben das veranlasst, was alles der König von Ober- und Unterägypten, der Sohn des Re Ptolemaois, er lebe ewig, geliebt von Ptah, der erscheinende Gott getan hat gegen den Feind der Götter, Chaonnophris, der den Aufruhr in Ägypten begonnen, Betrüger (um sich) versammelt und alle Gebiete Ägyptens in Unruhe versetzt hatte, indem er Böses entstehen ließ mittels ihrer Macht (im (?)) Gau von Theben, indem man die Heiligtümer zerstörte (und) ihre Priester sowie die Stundenpriester ihrer Tempel tötete. Geplündert wurden ihre Altäre (und) ihre Ausstattung. Ihr (= der Rebellen) Arm erreichte ihre Schreine und sogar (ihre) Kultbilder. Sie wiesen zurück (= sie kümmerten sich nicht um?) die Städte und ihre Leute, bestehend aus Männern, Frauen und Kindern, ebenso wie sie (alles) andere in Unordnung brachten, sie erhöhten die Steuern der Fruchtländer, sie haben das Wasser abgegraben und Feuer (?) gelegt.*«[31]

Es ist schwer vorstellbar, dass sich Haronnophris und Chaonnophris, die beide eine Legitimation ihres Anspruchs als Pharaonen durch die ägyptischen Priester benötigten, wirklich an den Tempeln vergangen hatten.[32] Das gleiche gilt für die Angabe über Steuererhöhungen, gibt es doch, wie gesagt, anders als unter ptolemäischer Herrschaft, keine Steuerquittung aus ihrer Herrschaftszeit. Für die Priester war es aber wichtig, die Gegenpharaonen genau so zu schildern, denn sie mussten entsprechend der ägyptischen Topoi als die sethianischen Bösen erscheinen. Die Untaten der Assyrer und Perser in Ägypten,[33] ebenso wie die Untaten der Typhonier in der Prophetie waren identisch mit dem, was die einheimischen Rebellen getan hatten: Zerstörung und Plünderung der Tempel und Götterbilder, Ermordung der Priester, die Verweigerung der Sorge um die Bewohner des Landes, die Erhöhung der Steuern. Wie anders handelte hingegen Ptolemaios, dessen Wohltaten genau das Gegenteil darstellten: Er finanzierte nach Auskunft des Dekretes Tempel und Kulte, sorgte für die Rechtssicherheit der Menschen. Damit war er überhaupt kein Fremder, sondern voll und ganz ägyptischer Pharao.

Die Priester beschlossen deshalb erneut, wie schon beim Dekret von Rosette, eine Statuengruppe, die den König und die Königin zeigt, wie sie vom jeweiligen Hauptgott des Tempels das Sichelschwert erhalten. Ebenso sollte ein entsprechendes Bild auf die Stelen eingraviert werden, die das Dekret enthalten. Der Tag der Meldung des Sieges (3. Mesore) und der Tag der Gefangennahme des Chaonnophris (23. Epiphi) sollten zudem in Ägypten als Prozessionsfeste gefeiert werden, bei denen man die Statuen von König und Königin aus dem Allerheiligsten hinausführte und der Öffentlichkeit präsentierte.

Ein Schwerpunkt der Beschreibung der königlichen Leistungen lag nicht nur auf der Niederschlagung des Aufstandes, denn den Sieg hatte Komanos im Auftrag des Königs davongetragen, sondern auch auf der Schilderung der königlichen Wohltaten für Ägypten und die Tempel. Diese finden sich teilweise auch bestätigt in einem Amnestieerlass, den Ptolemaios einen Monat später, am 9. Oktober 186 veröffentlichte und der zeigt, wie sehr ihm an einer Kooperation und Akzeptanz der Bevölkerung und Priester gelegen war. Ganz deutlich ist zu erkennen, dass ohne eine Mitarbeit der Priester in Oberägypten kein Staat zu machen war. So erließ er eine Amnestie und den Befehl, dass Geflohene wieder in die Heimat zurückkehren sollten. Wie erheblich nämlich die Bauernbevölkerung ihre Länder verlassen hatte oder im Verlauf von Kampfhandlungen zu Tode gekommen war, zeigt ein Verwaltungsschreiben des Jahres 190:

»*Seit der Zeit des Aufstandes des Chaonnophris hat es sich ergeben, dass viele der Ägypter zugrunde gegangen sind und das Land nicht mehr bebaut wurde.*«[34]

Das verwüstete Land musste nun wieder verteilt bzw. die Bauern, die es neu in Anspruch genommen hatten, registriert werden, und die Steuern waren wieder an den Fiskus abzuführen. Ein weiteres Priesterdekret des Jahres 23 verwies explizit auf eine entsprechende Amnestie.[35]

Ausgenommen von der Amnestie waren lediglich diejenigen, die vorsätzlichen Mord begangen oder aber, und das zielte auf die besondere Position der Priesterschaften, die sich an den Tempeln und Tempelspeichern vergangen hatten. Es folgten viele Bestimmungen, die letztlich darauf hinauslaufen, dass der König die Schulden, die Personen durch Steuer- und Abgabenhinterziehung an den Staat hatten, vollständig erließ. Anschließend verfügte Ptolemaios noch ein Verbot privater Schiffsrequisitionen und beschloss den Schutz von Privatschuldnern vor Inhaftierung durch königliche, städtische oder den Tempeln angehörende Funktionsträger.[36] Der König versuchte also recht deutlich, die Fehler seines Vorgängers wettzumachen, der durch seine rigorose Eintreibung von Steuern und Abgaben letztlich die Erhebungen herbeigeführt hatte. Gleichzeitig verstärkte er die Hellenisierung und Kontrolle Oberägyptens durch die Einführung griechischer Verwaltungsstrukturen, was aber nur oberflächlich gelang, denn die Ägypter blieben ihren Traditionen weiterhin treu und erlernten kaum das Griechische. Es ist zudem interessant, dass die ptolemäischen Festungen, die nun in Oberägypten an vielen Stellen neu gebaut wurden, nicht etwa mit fremden Soldaten, sondern zumindest in Pathyris mit Ägyptern aus der Region besetzt wurden.[37] Versprach sich der König hiermit die Loyalität der Bevölkerung oder handelt es sich bei Pathyris um den Sonderfall einer schon zuvor besonders königstreuen Stadt?

Aufgrund der Beharrungskraft der indigenen Pharaonen ist davon auszugehen, dass sie über die Gefolgschaft erheblicher Teile der lokalen Bevölkerung in den von den Ptolemäern »befreiten« Regionen Ägyptens verfügt hatten. Inwiefern jedoch die üblicherweise von den Ptolemäern privilgierten Priesterschaften aktiv am Aufstand beteiligt waren, ob sie Mitläufer oder Legitimatoren und Ideengeber waren, bleibt unklar.[38] Gerade die thebanischen Amunspriester müssen die neuen Pharaonen unterstützt haben, schließlich beriefen sich Haronnophris und Chaonnophris auf eine Legitimation durch Amun von Theben. Andererseits ging der König mit der Amunspriesterschaft von Theben nach seinem Sieg nicht wirklich harsch ins Gericht, da ihre Ämterstruktur erhalten blieb.[39] Das könnte darauf hindeuten, dass die Priester des Amun nicht als Entscheidungsträger am Aufstand beteiligt waren.

## 6.3 Die Ereignisse außerhalb Ägyptens

Nachdem der seleukidische König Antiochos III. im Jahr 197 auch noch die ptolemäischen Besitzungen in Kleinasien eingenommen hatte, fand die ptolemäische Vorherrschaft über das östliche Mittelmeer ihr endgültiges Ende. Die Verlobung des 15-jährigen Ptolemaios mit der seleukidischen Prinzessin Kleopatra besiegelte 196 das Ende des Fünften Syrischen Krieges auf Basis einer Anerkennung des Verlustes nahezu aller überseeischen Besitzungen für Alexandria: Nur noch Ägypten, die Kyrenaika, Zypern und ein aus Itanos auf Kreta, Arsinoe an der Küste der Peloponnes und der Insel Thera gebildeter Militärbezirk[40] waren nun Bestandteile des Ptolemäerreiches.

Im Winter 194/193 fand in Raphia die Hochzeit von Ptolemaios V. mit Kleopatra I. »Syra« statt, einem Ort, den Antiochos sicherlich bewusst ausgewählt hatte, denn hier hatte ihn 217 der Vater des fünften Ptolemäers geschlagen. Nun konnte Antiochos den Erinnerungsort einer Niederlage als Ort einer Siegeszeremonie neu deuten, die die Hochzeit als Festschreibung der Niederlage des lagidischen Königs für ihn letztlich war.[41] Eventuell war der Sieger dem neuen Schwiegersohn sogar soweit entgegengekommen, dass er als Mitgift in die Hochzeit die Hälfte der jährlichen Einnahmen aus dem ehemals ptolemäischen Gebiet zusagte, schließlich brauchte er eine ruhige Südflanke für seine bevorstehende Auseinandersetzung mit Rom. Kleopatra wiederum erscheint in den Urkunden von nun an als »Schwester« des Königs – die vom zweiten Ptolemäer begründete Tradition der Geschwisterheirat hatte also die Folge, dass selbst nicht aus der Dynastie stammende Gemahlinnen in die Fiktion der Geschwisterehe eingebunden wurden.[42]

Den Aristomenes, der als Vormund des Königs die Geschicke des Reiches lange Jahre in der Hand gehalten hatte, ließ Ptolemaios wohl vor 192 vergiften. Für Diodor stellte die Ermordung einen entscheidenden Wendepunkt im Leben des Ptolemaios dar:

*»Ptolemaios, der König von Ägypten, wurde eine Zeit lang gelobt. Seinen Vormund Aristomenes, der die ganze Verwaltung gut geführt hatte, liebte er anfangs wie einen Vater und handelte in allem nach seinem Rat. Später aber wurde sein Gemüt durch Schmeichler verdorben und nun fing er an, den Aristomenes zu hassen und zwang denselben endlich durch einen Schierlingstrank seinem Leben ein Ende zu machen. Dann verwilderte er immer mehr und sein Streben war auf tyrannische Gesetzlosigkeit und nicht auf Ausübung einer königlichen Gewalt gerichtet. Daher wurde er von den Ägyptern gehasst und geriet in Gefahr seinen Thron zu verlieren.«[43]*

In den folgenden Jahren tritt uns in der literarischen Überlieferung tatsächlich ein sehr eigenständig handelnder Ptolemaios entgegen, ohne dass jedoch die negative Wahrnehmung des Diodor eine objektive Bestätigung finden könnte. Natürlich hatte der König aber einen verlässlichen Beraterkreis – seine *philoi* – an deren Spitze der Eunuch Aristonikos stand. Zu ihm schrieb Polybios:

*Aristonikos, der Diener von König Ptolemaios, war zwar ein Eunuch, aber von klein an zusammen mit dem König aufgewachsen. Mit fortschreitenden Jahren zeigte er einen männlicheren Charakter, einen männlicheren Mut, als es bei*

*Eunuchen sonst der Fall ist. Er war ein geborener Soldat und war die meiste Zeit mit militärischen Übungen und Aufgaben beschäftigt. Außerdem war er geschickt im Verhandeln und – eine seltene Eigenschaft – frei von aller Überheblichkeit. Schließlich hatte er eine selbstverständliche Freude daran, anderen einen Gefallen oder einen Dienst erweisen zu können.«*[44]

Seine ganz besondere Rolle am Hof[45] war auch den ägyptischen Priestern aufgefallen, die, vollkommen entgegen aller ägypytischer Tradition, Aristonikos in zwei Priesterdekreten, dem von 186 und dem von 182, explizit erwähnen. In letzterem Beschluss beschreiben sie zudem seine Leistungen als Reitergeneral bei der Niederschlagung des einheimischen Aufstandes. So spiegelte sich also die politische Realität am Hof sogar in den Priesterdekreten.[46]

Während Ptolemaios noch mit den Aufständen beschäftigt war, hatten sich die Römer als Großmacht etabliert. Seit 192 standen sie mit Antiochos im Krieg und Ptolemaios war der Feind seines Feindes ein mehr als willkommener Freund, dem er sich, in Kenntnis der römischen Stärke, andienen wollte. So schickte er im Jahr 191 als Kriegsunterstützung 1000 Pfund Gold und 20 000 Pfund Silber nach Rom. Der Senat nahm die Subsidien aber nicht an, weil er sich nicht in der Planung der Nachkriegsordnung ptolemäisch binden wollte. Sogar das Angebot von Truppen schlug Rom deshalb aus.[47] Trotzdem schickte das Königspaar auch 190, nachdem Griechenland unter römische Vorherrschaft gelangt war, eine Gesandtschaft, diesmal nur mit Glückwünschen zum Sieg und der Bitte, auch Kleinasien und Syrien zu befreien. Verbunden damit war ein weiteres Hilfsangebot, auf das Rom abermals nicht einging. Vielleicht wollte der Senat Alexandria für den Friedensschluss mit Antiochos von 196 abstrafen, auf jeden Fall zeigt die Verweigerung der Annahme von Hilfe, dass Rom nicht gewillt war, Ptolemaios nach dem erwarteten römischen Sieg ehemalige ptolemäische Besitzungen in Kleinasien zurückzuerstatten. Nachdem Antiochos geschlagen und 188 der Friede von Apameia geschlossen war, fielen die kleinasiatischen Besitzungen der Seleukiden deshalb an die dortigen kleinstaatlichen Bundesgenossen Roms, das potentiell als Konkurrent der Römer wahrzunehmende Ptolemäerreich hingegen ging, wie schon fast zu erwarten, leer aus.[48]

Nachdem Rom ihm die kalte Schulter gezeigt hatte, versuchte Ptolemaios, zumindest die guten Beziehungen zu anderen befreundeten Mächten im Mittelmeerraum aufrechtzuerhalten. So schickte er 187/186 Gesandte zum achäischen Bund, um das Bündnis zu erneuern.[49] Hierbei scheute der König keinen Aufwand, denn die Gesandten brachten 200 Talente, also etwa 5,2 Tonnen geprägten Kupfers, und 6000 Peltasten-Rüstungen aus Bronze als Geschenk nach Griechenland.[50] Doch seitdem sich Rom zur vorherrschenden Macht entwickelt hatte, scheuten die Griechen vor Bündnissen mit hellenistischen Königen zurück. Aus formalen Gründen vertagten die Achäer deshalb die Erneuerung des

Bündnisses unter dem Vorwand, dass im ausformulierten Beeidungstext nicht konkret festgehalten sei, welcher frühere Vertrag erneuert werden sollte; erst vier Jahre später 182/181 konnten der Bund und Alexandria ihre Verträge erneuern.

Wie sehr Ptolemaios V. wiederum danach trachtete, wieder in den Besitz Koilesyriens zu gelangen, zeigt dann das unrühmliche Ende seines Lebens im September 180. Nach Auskunft des Porphyrios wollte er den Feldzug gegen das Seleukidenreich mit dem Geld der Mitglieder seines engsten Beraterkreises finanzieren, weshalb diese ihn umbrachten.[51]

# 7

# Ptolemaios VI. und Ptolemaios VIII.

Ägypten stand im zweiten Jahrhundert für fast 65 Jahre unter der gemeinsamen und auch abwechselnden Herrschaft der beiden Brüder Ptolemaios' VI. und Ptolemaios' VIII.[1] Ein siebter Ptolemäer mit dem Beinamen Neos Philopator hat nie geherrscht, weshalb der hier als »achter« gezählte Ptolemaios von den antiken Autoren korrekt als »siebter« geführt wurde.[2]

Das Besondere an der Herrschaft beider Brüder, die von Zusammenarbeit und Konkurrenz, sogar Geschwisterkriegen geprägt war, zeigt sich darin, dass nun auch die Frauen der Dynastie eine entscheidende Rolle spielten. Das größte Problem bei der Rekonstruktion der Epoche ist die Tatsache, dass es an einem durchgehenden Bericht über die verwirrenden Ereignisse aus der Feder eines antiken Geschichtsschreibers fehlt, und bereits die antiken Historiker Probleme damit hatten, die königlichen Akteure aufgrund ihrer identischen Namen – Ptolemaios oder Kleopatra – auseinanderzuhalten. Wir sind deshalb dazu gezwungen, aus der fragmentarischen literarischen Überlieferung, insbesondere des Polybios, Diodor und Iustin,[3] ebenso wie aus kurzen Zitaten anderer Autoren ein Gesamtbild zu erstellen, das durch die Quellen aus der Zeit selbst, insbesondere Inschriften und Papyri, komplettiert werden kann. Ein weiteres Problem insbesondere der historischen Interpretation begründet sich aus der Tatsache, dass die antike literarische Überlieferung durchweg negativ über Ptolemaios VIII. berichtet, ihn in den schlimmsten Farben schildert und als ein Gegenbild zu Ptolemaios VI. entwirft. Schwer ist deshalb auszumachen, was hierbei stimmt und was der Erzählintention der antiken Autoren oder ihrer Gewährsmänner geschuldet ist.

## 7.1 Die Regentschaft der Königswitwe

Nach dem Tod des fünften Ptolemäers im Jahr 180 übernahm erstmals eine Frau, die Königswitwe Kleopatra I., die politische Leitung des Reiches, denn der vorgesehene Thronfolger und älteste Sohn, der spätere sechste Ptolemäer, war zu diesem Zeitpunkt gerade einmal sechs oder gar erst vier Jahre alt, also genauso jung wie sein Vater, als dieser zum Waisen und König geworden war.[4] Wahrscheinlich ließ die Mutter, die mit ihrer faktischen Alleinherrschaft zum Vorbild für die nachfolgenden Ptolemäerinnen wurde, den Knaben zunächst noch nicht zum König krönen, doch wie zu Beginn der Herrschaft seines Vaters, wurden die Urkunden nach ihm datiert – allerdings mit der Besonderheit, dass die Königin in der Datierungsformel vor dem Namen des Königs genannt wurde. Sie übte folglich die Herrschaft nicht nur in Stellvertretung für ihren Sohn aus, sondern verstand sich als eigentliche Herrscherin, was besonders eine Datierung wie diese zeigt: »Unter der Königsherrschaft der Kleopatra, der Mutter, der Erscheinenden Göttin, und des Ptolemaios, Sohn des Ptolemaios, des Erscheinenden Gottes, Jahr 3.« Hier fehlt beim Sohn sogar der Königstitel, und seinen späteren Kultnamen »Der Mutterliebende Gott« – *Theos Philometor* – trug er ebenfalls noch nicht.[5]

## 7.2 Die Regentschaft von Eulaios und Lenaios

Nach dem Tod der Königin 177/176 übernahmen der makedonische Eunuch Eulaios und der ehemalige syrische Sklave Lenaios, also zwei Männer, die erstaunlicherweise nicht aus dem Militär stammten, die Vormundschaft des sechsten Ptolemäers.[6] Erstmals war es damit einem Eunuchen zugefallen, die Geschicke eines Königsreiches zu lenken und das, obwohl mit dem General Komanos (s. o.) ein ausgezeichneter und fähiger Mann zur Reichsführung zur Verfügung gestanden hätte – seine Stunde sollte jedoch erst sechs Jahre später kommen. Die beiden Reichsverweser ließen Ptolemaios auf jeden Fall wenig später, noch vor dem 5. März 175, zum Gott erheben.[7] Als Mutterliebenden *König* hatte ihn schon seine Mutter bezeichnen lassen – nun erhielt er den Kulttitel Mutterliebender *Gott* (*Theos Philometor*).[8] Bald darauf, noch vor dem 15. April 175, ließen ihn die beiden Vormünder seine Schwester Kleopatra II. heiraten, damit war auch diese dem Titel nach eine Göttin.[9]

Außenpolitisch hatte möglicherweise bereits der verstorbene Vater, Ptolemaios V., die Rückeroberung Koilesyriens beabsichtigt, auf jeden Fall planten nun Eulaios und Lenaios einen Feldzug gegen das Seleukidenreich. Der Zeitpunkt war gut gewählt, denn dort hatte in der Zwischenzeit ebenfalls ein Herrscherwechsel stattgefunden. Auf Seleukos IV. war 175 Antiochos IV. Epiphanes gefolgt, der als Bruder der ersten Kleopatra gleichzeitig auch Onkel Ptolemaios' VI. war. Möglicherweise wollten die beiden Regenten in Alexandria die prekäre Lage des seleukidischen Thronwechsels nutzen, um die ptolemäische

Macht über das gesamte Seleukidenreich auszudehnen[10] – die Verwandschaftsbeziehungen hätten das durchaus erlaubt: Als Neffe des verstorbenen Seleukiden hätte Ptolemaios schließlich eine gewisse Legitimation zur Herrschaft gehabt, ähnlich wie das bei Ptolemaios III. der Fall war (s. o.).

## 7.3 Die erste Samtherrschaft

Einige Monate vor Beginn des Krieges gegen Antiochos ereignete sich etwas Seltsames in Alexandria: 170/169 fügten Lenaios und Eulaios dem Königspaar Ptolemaios VI. und Kleopatra II. ihren Bruder Ptolemaios VIII. als weiteren König hinzu.[11] Eine solche Herrscherkonstellation hatte es zuvor noch nicht gegeben, so dass zu fragen ist, weshalb sich die Vormünder hierzu entschieden. Da die Quellen zu den Gründen schweigen, lässt sich darüber nur spekulieren. So ist etwa daran zu denken, dass die beiden mit ihrem Schritt die Eintracht innerhalb der Familie hervorheben und durch die Hinzufügung des etwa zwei Jahre jüngeren Bruders die Stabilität und Dauer des ptolemäischen Königtums zum Ausdruck bringen wollten. Lenaios und Eulaios hätten also die Legitimation ihrer Vormundschaft und sicherlich vor allem auch der Kriegsanstrengungen symbolisch untermauert. Möglich ist aber auch, dass es Spannungen am Hof gab und die beiden mittels der Einbindung des achten Ptolemäers in die Herrschaft diesen gleichzeitig auch ihrer direkten Kontrolle unterstellen wollten, um einem mit ihnen konkurrierenden Unterstützerkreis des jüngeren Ptolemaios zuvorzukommen.[12] Dass Hofleute durchaus versuchten, die Kindkönige in ihrem Sinne zu nutzen, zeigt schließlich auch das spätere Handeln des Dionysios Petosarapis, der den jüngeren Bruder an die alleinige Macht bringen wollte, um sich selbst Staatsführung zu verschaffen (s. u.).

Mit Beginn der Dreierherrschaft setzte auf jeden Fall die Zählung der Regierungsjahre wieder mit dem ersten Jahr ein, wie es auch folgendes Datierungsformular zeigt:

»*Im ersten Jahr der Herrschaft des Ptolemaios (VI.) und des Ptolemaios (VIII.), des Bruders, und der Kleopatra (II.), der Kinder des Ptolemaios und der Kleopatra, der Erschienenen Götter, unter dem Priester, der in Alexandria amtiert, des Alexander, der Rettergötter, der Geschwistergötter, der Wohltätergötter, der Vaterliebenden Götter, der Erschienenen Götter und der Mutterliebenden Götter.*«[13]

Der Titulatur des Alexanderpriesters, also des »Priesters, der in Alexandria amtiert«, ist zu entnehmen, dass im Anschluss an die ersten fünf Ptolemäerpaare – die Rettergötter bis Erschienenen Götter – den lebenden drei Königen ein Anteil am Dynastiekult mit dem Titel »die Mutterliebenden Götter« eingerichtet worden war.

Noch im gleichen Jahr, im Winter 170/169, vollzogen die Vormünder zudem die Volljährigkeitserklärung des sechsten Ptolemäers, die *anakleteria*.[14] Mit dem darauf folgenden Krieg gegen Syrien sollte also eine neue Zeitrechnung ihren Anfang nehmen. Kurz darauf krönten die Priester von Memphis allein Ptolemaios VI. zum Pharao.[15] Sein Horusname lautete: »Der im Mutterleib Ausgezeichnete, der sich zugesellt zum lebenden Apis in ihrer beider Geburtsstätte.« Erstmals tritt hier in der ptolemäischen Königstitulatur die unmittelbare Bindung des lebenden Königs an den Apis-Stier auf, wobei beider Geburt parallelisiert wird. Dieser Anschluss an den königstheologisch so bedeutsamen Gott, der im Tod zu Osorapis wurde, behielten alle Nachfolger bei. Gleichzeitig zeigt sich hier die enge Verbindung des Königshauses zur Priesterschaft von Memphis.[16] Die Legitimation als Nachfolger des fünften Ptolemäers drückt dann der Herrinnenname aus: »Den wahrhaftig sein Vater (auf dem Thron) hat erscheinen lassen.« Der Goldname stellt ebenfalls den Bezug zu Memphis her, diesmal über dessen Hauptgott Ptah, wenn er lautet »Groß an Kraft, Herr der Sed-Feste wie sein Vater Ptah-Tatenen, der Vater der Götter, Herrscher wie Re.« Als Thronnamen erhielt er die Wendung »Erbe der beiden Erschienenen Götter, Erscheinungsform des Ptah, der die Maat des Re herstellt, erwählt von Amun«.[17] Sein zweiter in einer Kartusche geschriebener Name war »Ptolemaios, er lebe ewiglich, geliebt von Ptah«. So war die Titulatur also vollkommen in die memphitische (Königs-)Theologie eingebunden. Es fällt aber auf, dass jeglicher militärische Aspekt in dieser Titulatur fehlte, was gerade mit Blick auf den anstehenden Krieg erstaunt. Die Krönung zum König und Pharao hätte schließlich durchaus von einem siegreichen Feldherrn profitiert, ähnlich hatte schon Ptolemaios III. seinen Herrschaftsantritt mit Eroberungen verbunden.

### 7.3.1 Der Sechste Syrische Krieg

Die beiden Vormünder entfesselten nach der Volljährigkeitserklärung des sechsten Ptolemäers den Sechsten Syrischen Krieg gegen das Seleukidenreich (170/169–168). Wie jeder Krieg, so hatte natürlich auch dieser Eroberungsfeldzug eine sorgfältig vorbereitete Rechtfertigung. Nach alexandrinischer Auffassung war Koilesyrien, dessen Rückeroberung das offizielle Kriegsziel war, Bestandteil des Ptolemäerreiches, den Antiochos III. dem Reich in einem illegitimen Krieg entrissen hatte.[18] Außerdem behaupteten Eulaios und Lenaios, dass Koilesyrien Mitgift der ersten Kleopatra bei ihrer Heirat mit Ptolemaios V. war.[19] Eine militärische Eroberung war in dieser Perspektive lediglich die Wiederherstellung eines angestammten Rechts, das auch, sollte der Senat in Rom Einwände gegen die Annexion haben, jedem Römer einsichtig sein musste. Nach Auffassung des Antiochos hingegen war Koilesyrien speergewonnen und damit rechtmäßig Bestandteil des Seleukidenreiches,[20] außerdem habe es bereits Antigonos, der Ahn des Geschlechts, zugesprochen bekommen, die Ptolemäer seien damit von jeher illegitime Herrscher der Region gewesen.[21] So sollten auch die seleukidischen Argumente mit Blick auf Rom den Anspruch auf die Herrschaft über Koilesyrien unterstreichen.

Beide Parteien hatten deshalb Gesandtschaften nach Rom geschickt, um ihre jeweilige Sicht darzulegen. Gerade in Alexandria musste man schließlich befürchten, dass der Senat ein Ausgreifen nach Koilesyrien verhindern wollte, wohingegen Antiochos um eine weitere Beschränkung seines Herrschaftsraumes durch Rom fürchtete. Während sich die Gesandtschaft des Antiochos über die Ungerechtigkeit des geplanten ptolemäischen Angriffs beschwerte, bat die alexandrinische Gesandtschaft lediglich um die Erneuerung des Bündnisvertrags, was Rom gewährte.[22] Dem Seleukiden beschied der Senat wiederum, dass er in dieser Sache, nach vorheriger, reiflicher Überlegung, an Ptolemaios schreiben werde.[23] Letztlich verhielt sich Rom auf diese Weise scheinbar neutral, damit sich keines der beiden Königreiche auf Seiten des Königs Perseus in den von Rom zeitgleich geführten Dritten Makedonischen Krieg (171–168) einmischte, gewährte den Alexandrinern aber faktisch freie Hand zum Schlag gegen Antiochos IV.

Der Kriegseröffnung durch Eulaios und Lenaios waren zunächst jedoch keine Taten gefolgt, denn noch ehe sich die ptolemäischen Truppen überhaupt in Bewegung gesetzt hatten, stand Antiochos IV., vielleicht schon im Februar 169 und damit kurz nach den *anakleteria* des Ptolemaios, mit seinem Heer an der Grenze Ägyptens und besiegte die zu Landesverteidigern gewordenen Aggressoren kurz hinter dem Berg Kasios, wonach er die wichtige Festung Pelusion erobern konnte.[24] Damit stand Antiochos, wie einst Alexander dem Großen, Ägypten offen, und folgerichtig nahm er das Land bis auf Alexandria in Besitz. Ptolemaios VI. floh zunächst nach Samothrake, kam dann aber nach Alexandria zurück und unterwarf sich nach längeren Verhandlungen schließlich im April in Memphis den Friedensbedingungen seines Onkels, die insbesondere vorsahen, dass ptolemäische Besitzansprüche auf Koilesyrien aufgegeben werden sollten.

Der Seleukide hatte aber nicht mit der alexandrinischen Machtkonstellation gerechnet, denn nun rief die Bevölkerung in Alexandria – Eulaios und Lenaios waren beseitigt worden – den jüngeren Bruder Ptolemaios' VI., Ptolemaios VIII., zum alleinigen König aus. Hinter dieser Aktion standen sicherlich die neuen starken Männer, der unter dem fünften Ptolemäer ausgezeichnete General Komanos (s. o.) und der Kavallerieoberst Kineas.[25] Entscheidend ist an diesem politischen

Akt vor allem die Tatsache, dass die alexandrinische Bevölkerung und nicht das ptolemäische Heer für die Rechtmäßigkeit des Herrschaftsanspruchs des nun ausgerufenen Königs sorgte – eine Konstellation, die sich bis zum Ende der Ptolemäerherrschaft des Öfteren wiederholen sollte und die zeigt, wie wichtig einem König das Wohlwollen und die Akzeptanz der Stadtbürgerschaft sein mussten, zu der natürlich auch die zahlreich dort lebenden Soldaten gehörten.[26]

Der Seleukide belagerte Alexandria nach dieser Usurpation, die sich gegen den von ihm bevorzugten legitimen König Ptolemaios VI. richtete. Die Stadt konnte aufgrund ihrer günstigen geostrategischen Lage jedoch selbst einer längeren Belagerung problemlos standhalten, so dass Antiochos IV. nicht nur den Eroberungsversuch aufgab, sondern sich aus unbekannten Gründen im Herbst 169 sogar vollständig aus Ägypten zurückzog. Er ließ den Neffen Ptolemaios VI. als rechtmäßigen König, aber ohne Unterstützung, zurück.

Etwa neun Monate lang hatte sich der seleukidische König in Ägypten aufgehalten. Es gibt die Vermutung, dass er sich in dieser Zeit in Memphis zum Pharao hatte krönen lassen, denn Porphyrios schrieb:

»*Sodann ging Antiochos, wobei er den Knaben verschonte und Freundschaft vortäuschte, nach Memphis hinaus, und indem er dort nach ägyptischer Sitte die Königsherrschaft empfing und behauptete, er werde für den Knaben Sorge tragen, unterwarf er sich mit wenig Kriegsvolk ganz Ägypten.*«[27]

Tatsächlich schreiben demotische Urkunden seinen Namen in eine Kartusche, und es gibt einen königlichen Erlass griechischer Sprache an Militärsiedler im Faijum in seinem Namen.[28] Wenn aber der Seleukide wirklich sein Königtum über Ägypten ausgedehnt hätte, dann würde das bedeuten, dass Ptolemaios VI. zu diesem Zeitpunkt selbst noch *kein* Pharao war bzw. dass der Onkel, der sich doch angeblich mit dem Neffen versöhnt hatte, ihn als König Ägyptens abgesetzt hatte. Das ist alles wenig wahrscheinlich. Natürlich war Antiochos auch in Ägypten *basileus*, also hellenistischer König, weshalb er dort als solcher Urkunden ausstellte. Dass wiederum in ägyptischen Texten sein Name in einem Königsring, die Kartusche geschrieben wurde, resultierte schlichtweg aus diesem Status als *basileus* und bedeutet nicht zwingend, dass er auch Pharao war. In ähnlicher Weise war nämlich auch der Name seines von Pharao Ptolemaios V. vernichtend geschlagenen Vaters Antiochos' III. im demotischen Text des Dekrets von Raphia in eine Kartusche geschrieben worden.[29] Gerade weil Antiochos wieder aus Ägypten abgezogen war und ihm an einer offensichtlichen Machtübernahme in Ägypten – natürlich vor allem mit Blick auf Rom – nicht gelegen gewesen sein konnte, ist nicht mit einer Krönung zum Pharao während seines ersten Feldzugs zu rechnen. Er muss vielmehr, jedenfalls zu diesem Zeitpunkt, ein Protektorat über Ägypten unter seinem von ihm geschützten Neffen angestrebt haben. Die Angabe Justins über eine Krönung zum Pharao muss deshalb ein Missverständnis des antiken Autors sein. Sie passt wesentlich besser in einen späteren Zusammenhang, der sich bald darauf ereignete.

Ptolemaios VI. hatte sich nämlich, kaum hatte Antiochos Ägypten verlassen, mit seinen Geschwistern versöhnt, womit die alte Dreierherrschaft wieder hergestellt war. So zog Antiochos im Frühjahr 168 erneut gegen die Ptolemäer – diesmal in einer koordinierten Aktion von Land- und Seestreitkräften. Letztere sollten Zypern einnehmen, wobei der dortige ptolemäische Stratege Makron kampflos die Seiten wechselte. Rom wiederum konnte den Ereignissen nur tatenlos zusehen, weil seine militärischen Kräfte weiterhin im Krieg mit dem Makedonenkönig Perseus gebunden waren. Ziel des Seleukiden war es jetzt, die Römer möglichst noch vor deren sich abzeichnenden Sieg über Perseus mit einer Annexion des Ptolemäerreiches vor vollendete Tatsachen zu stellen. Wieder eroberte Antiochos das Land bis auf Alexandria und wieder stand er vor der nur unter größten Mühen zu erobernden Metropole. Wenn der eben erwähnte Bericht des Porphyrios über eine Krönung des Antiochos zum Pharao zutreffend ist, dann kann das nur im Verlauf der zweiten Eroberung geschehen sein.

Rom hatte aber inzwischen bei Pydna über Makedonien gesiegt. Damit konnte sich der Senat den Ereignissen im Osten zuwenden. Da er keinerlei Interesse daran hatte, dass Antiochos IV. seine Machtbasis um Ägypten erweiterte und damit zu einem potentiellen Gegner der römischen Hegemonie werden könnte, entschloss er sich zum Eingreifen. Jetzt geschah etwas Erstaunliches, das gleichzeitig auf die Macht des Wortes Roms verwies: Der Senat setzte keine Legionen in Bewegung, sondern die angesehenen Senatoren Gaius Popillius Laenas, Gaius Decimus und Gaius Hostilius, um Antiochos einen Brief zu übermitteln.[30] Im Juli 168, also fast gleichzeitig mit dem Heer des Antiochos, trafen die römischen Diplomaten vor den Toren Alexandrias ein. Die Gesandtschaft konnte mit dem Selbstbewusstsein auftreten, dass Rom kurz zuvor, am 22. Juni, den makedonischen König Perseus besiegt und sein Reich zerschlagen hatte. So kam es zu einer viel zitierten Episode, dem »Tag von Eleusis«, den Polybios wie folgt schildert:

*»Als Antiochos gegen Ptolemaios heranzog, um Pelusion zu besetzen, trat ihm der römische Gesandte Popilius Laenas in den Weg. Der König grüßte ihn schon von weitem durch lauten Zuruf und streckte ihm die Hand entgegen. Popilius aber reichte ihm die Schreibtafel, die er bereit hielt und auf der der Senatsbeschluss geschrieben stand, und hieß ihn zuerst das Schriftstück lesen, wie mir scheint, weil er ihm den Gruß als Zeichen der Freundschaft nicht eher zu bieten wünschte, als er sich von der Gesinnung des anderen überzeugt hatte, ob er Freund oder Feind sei. Als der König gelesen hatte, erklärte er, seinen Freunden (= seinem Beraterstab) das Schreiben mitteilen und sich mit ihnen über die neue Lage beraten zu wollen. Darauf tat Popilius etwas, was man*

*nicht anders als hart und im höchsten Maße demütigend bezeichnen kann: Er zog mit einem Weinrebenstab, der ihm gerade zu Hand war, einen Kreis um Antiochos und hieß ihn in diesem Kreis seine Antwort auf den Senatsbeschluss erteilen. Der König, obwohl befremdet über dieses Ansinnen und die Anmaßung des römischen Gesandten, zögerte doch nur kurze Zeit und erwiderte dann, er werde alles tun, was die Römer von ihm verlangten. Jetzt ergriff Popilius seine Hand, und er und seine Mitgesandten begrüßten Antiochos auf das herzlichste.«*[31]

Mit dem Schreiben hatte der Senat den bedingungslosen Abzug des Königs verlangt, den er in der Tat, dem Wunsche Roms folgend, Ende Juli durchführte; sogar Zypern musste er wieder räumen. Der König zog sich, offen gedemütigt, aber immerhin unter Mitnahme enormer Beute aus den eroberten Gebieten zurück.

Fest steht damit, dass eine römische Gesandtschaft den zu diesem Zeitpunkt mächtigsten König im Osten zur Befolgung des römischen Willens gebracht hatte, ohne dass auch nur ein römischer Soldat in Bewegung gesetzt werden musste. Für Antiochos war es freilich unmöglich, unter den Vorzeichen einer solchen Demütigung, die seine gesamte Legitimation in Frage stellte, nach Hause zurückzukehren. Aus diesem Grund gestaltete er seine Rückkehr als feierlichen Triumph, auf dem er die Beute aus Ägypten zeigte,[32] ähnlich wie es über 80 Jahre zuvor Ptolemaios III. nach seinem gescheiterten Asienfeldzug bei seiner Rückkehr nach Ägypten getan hatte. Aus einem misslungenen Eroberungs- war ein erfolgreicher Beutezug geworden.

Polybios deutet den Sieg Roms über Makedonien und den anschließend, allein aufgrund des Befehls eines römischen Gesandten erfolgten Abzug des Königs Antiochos aus Ägypten, als Vollendung der römischen Weltherrschaft:

*»Denn der dreiundfünfzigjährige Zeitraum (des Aufstiegs Roms zu Weltmacht) war damit abgelaufen, und das Wachstum und der Aufstieg der römischen Herrschaft war vollendet. Außerdem erschien es allen als eine selbstverständliche und unausweichliche Tatsache, dass man fortan den Römern gehorchen und allen ihren Befehlen nachkommen müsse.«*[33]

Jetzt gab es nur noch eine Supermacht in der antiken Welt, die den beiden zu Mittelmächten herabgestuften verbliebenen Reichen des Ostens ihre territorialen Grenzen an den Küsten des Mittelmeers garantierte und gleichzeitig ihre politischen Handlungsgrenzen deutlich aufweisen wollte[34] – was ihr freilich ebensowenig wie den Supermächten der Neuzeit immer gelang. In einer Gesandtschaft ließen die drei Ptolemäer Rom wissen, dass sie aufgrund der Rettung Ägyptens Senat und Volk von Rom mehr als ihren Eltern und den Göttern zu verdanken hätten.[35]

## 7.3.2 Weissagungen zum Sechsten Syrischen Krieg

Im Serapeum von Memphis lebte und wirkte ein Ägypter namens Hor, Sohn des Harendotes, der das Amt eines Pastophoren innehatte, also einer unteren Priestergruppe der Türhüter angehörte, die bei Festumzügen die heiligen Götterschreine tragen durften. Zudem war er Schreiber und ihm oblag die Sorge für die heiligen Ibisse.[36] Im Schlaf erhielt er immer wieder von den Göttern gesandte Träume, die er in Entwürfen auf Ostraka niederschrieb, um später eine sorgfältige, heute nicht mehr erhaltene Fassung auf Papyrus anzufertigen.[37] Da eines seiner Traumgesichter in der Zeit der Besatzung Ägyptens durch Antiochos, der Zeit, »als Ägypten sich (von) Alexandria getrennt hatte«,[38] nach Ansicht von Hor von höchster politischer Brisanz war, wollte er die göttliche Botschaft auch den König wissen lassen. Auf dem betreffenden Ostrakon ist zu lesen:

*»Der Traum, der mir über das Heil Alexandrias gesagt wurde (Tilgung) und die Reisen des Antiochos (IV.): Er wird weggehen, d.h. er wird bis zum Jahr 2, dem 2. Monat des Sommers, dem letzten Tag weggehen (= 30.7.168), segeln hinaus aus Ägypten. Ich berichtete die Sache hier dem Hrynys (= Eirenaios?), der Stratege war, im Jahr 2, 2. Monat des Sommers, 11. Tag (= 11.7.168). Kleon/Kreon, der Statthalter des Antiochos, war noch nicht aus Memphis weggegangen. Die Sache wurde hier (aber) (Tilgung) sogleich offenbar. Er sprach nicht darüber ... Er sandte ... einen Brief. Ich (über)gab ihn (im) Großen Serapeum, das in Alexandria ist, im Jahr 2, 3. Monat des Sommers, (am) letzten Tag (= 29.8.168) den Königen.«*[39]

Bei dem angeblichen Traumgesicht handelt es sich mit Sicherheit um eine Voraussagung aus dem Ereignis heraus, ein *vaticinium ex eventu*. Der Seher hatte seinen Traum »vordatiert«, er träumte schließlich von der Befreiung Ägyptens nach eigener Aussage am 11. Juli, also noch in der Zeit, als der seleukidische Statthalter Kleon/Kreon in Memphis tätig war, und gibt vor, erfahren zu haben, was in der nahen Zukunft geschehen werde, dass also Antiochos IV. am 30. Juli das Land zu Schiff verlassen werde. Leider habe die Bekanntmachung der Vorhersage an das Königspaar aber erst einen Monat nach dem Abzug des Antiochos aus Ägypten stattfinden können (das Ostrakon selbst könnte noch wesentlich später verfasst worden sein). Es ist durchaus bemerkenswert, dass Hor, ein einfacher Pastophor, überhaupt die Möglichkeit hatte, mit den Königen in Kontakt zu treten. Das deutet darauf hin, dass er über gute Beziehungen zu Kreisen des Hofes verfügte. Neu an historischer Information an seinem Bericht ist auf jeden Fall, dass wir über ihn das genaue Datum der Abreise des gescheiterten Eroberers besitzen, und dass dieser das Land nicht mit dem Heer, sondern mit der Flotte verlassen hat.

Doch nicht nur die zufällig auf dem Ostrakon überlieferte ägyptische Prophetie ist mit dem Sechsten Syrischen Krieg verbunden.[40] Auch in eine biblische Prophetie, ebenfalls ein *vaticinium ex eventu*, ist das Ereignis eingegangen, was zeigt, dass es sich für die Zeitgenossen, wie es schon bei Polybios zu sehen war, wirklich um ein welthistorisches Geschehnis handelte, in dem der »König des Nordens«, also Antiochos IV., sich mit dem »König des Südens«, also Ptolemaios VI., gemessen hatte:

> *Und nach einer bestimmten Zeit wird er wieder nach Süden ziehen; aber es wird beim zweiten Mal nicht so sein wie beim ersten Mal. Denn es werden Schiffe aus Kittim (Rom?) gegen ihn kommen, sodass er verzagen wird und umkehren muss.*«[41]

## 7.4 Die zweite Samtherrschaft

Nach dem Rückzug des Antiochos und der Mahnung Roms zur geschwisterlichen Eintracht führten die beiden Brüder zusammen mit ihrer Schwester wieder bis zum Jahr 164 ein gemeinsames Regiment.[42] Möchte man meinen, dass im östlichen Mittelmeerraum von jetzt an ein von Rom garantierter Frieden herrschte, so war dem vielleicht in den ptolemäischen Außenbeziehungen der Fall, in Ägypten selbst hingegen kam es kurze Zeit nach der Abreise der römischen Gesandtschaft erneut zu einer Rebellion – diesmal im Umkreis des Hofes selbst. Bereits kurz nach dem Abzug Antiochos' IV. versuchte dort ein Mann namens Dionysios Petosarapis (= Petosorapis) die Macht zu erlangen. Es handelte sich hierbei sicherlich um einen Ägypter. Zwar ist Dionysios ein gut griechischer Name, doch ist der Aliasname Petosorapis ägyptisch, denn es ist die gräzisierte Aussprache des ägyptischen Namens »Der, den Osiris-Apis gegeben hat«. Den Erstnamen Dionysios hatte sich der Ägypter gewählt, weil es die griechische Übersetzung seines ägyptischen Namens war. Griechen hätten es wiederum nicht nötig gehabt, sich einen ägyptischen Namen zuzulegen. Für Petosorapis hingegen war ein griechischer Name deshalb wichtig, weil er in die höchsten Kreise des Hofes aufgestiegen war, denn als »Freund«, *philos*, des Ptolemaios saß er im Kronrat. Sobald Ägypter wiederum in höhere Positionen der Verwaltung aufstiegen, legten sie sich griechische Namen zu. Hiermit drückten sie gleichzeitig ihre Zugehörigkeit zur Gruppe der Hellenen aus.[43] An seiner Person zeigt sich sehr schön, dass Ägypter in die höchsten Positionen am Hof gelangen konnte, was spätestens seit der Zeit Ptolemaios' V. belegt ist.[44]

Da allein Diodor die konkreten Zusammenhänge von Petosorapis' Aufstand überliefert, können wir die Erhebung nur aus dessen Perspektive nachvollziehen. Das damit einhergehende Problem liegt auf der Hand, denn Diodor schrieb mit einem zeitlichen Abstand von 100 Jahren über die Ereignisse, so dass mit Verfälschungen zu rechnen ist. Nach Diodor soll also Dionysios Petosorapis zunächst versucht haben, in Alexandria die Herrschaft an sich zu reißen:[45] Er ließ das Gerücht in Umlauf bringen, der sechste Ptolemäer habe ihn beauftragt, den jüngeren Bruder zu beseitigen. Das sollte die Alexandriner soweit in Erregung versetzen, dass sie Ptolemaios VI. lynchten. Als vom Volk legitimierter Vormund des achten Ptolemäers wollte Petosorapis daraufhin die Regentschaft ausüben. Doch hatte Dionysios nicht mit der Eintracht der Brüder gerechnet, denn Ptolemaios VIII. stand für Ptolemaios VI. ein und konnte das Volk beruhigen: »Beide traten im königlichen Ornat vor die Menge und machten allen klar, dass Eintracht herrsche.« Daraufhin floh Petosorapis und mobilisierte Soldaten, die jedoch Ptolemaios VI. mit seinen Truppen besiegte. Jetzt wandte sich Petosorapis an die Landbevölkerung, die, wie es die Erhebungen der vergangenen Jahrzehnte gezeigt hatten, schon erfahren in Aufstandsangelegenheiten gegen die Fremdherrschaft war und die allem Anschein nach erneut versuchte, das Joch der Ptolemäer abzuschütteln. Es bedurfte also nur eines kleinen Funkens und eines fähigen Anführers, die Ägypter in eine Erhebung gegen die fremden Pharaonen zu führen. Besonders in der Thebais kam es, möglicherweise sogar unabhängig von Petosorapis' Bemühungen, zu einem weitflächigen Aufstand, den die Herrscher aber mit Heeresmacht niederschlugen.[46]

Von den Ereignissen der ägyptischen Erhebungen berichtet ein Papyrus, der zeigt, dass die Ägypter sich insbesondere in ihren wirtschaftlichen Verhältnissen von den Ptolemäern nicht gerecht behandelt sahen, denn sie verbrannten Besitzstandsurkunden.[47] Da viele ägyptische Priesterschaften treue Gefolgsleute der Ptolemäer waren, waren auch, wie schon während der Aufstände zuvor, die Heiligtümer betroffen. So traf es den Tempel des Ammon in Moeris im Faijum besonders hart, weil er gleich zweimal, erst von den Truppen des Antiochos, dann von den Rebellen zerstört wurde:

»Dem [...], im Hofrang eines Oberleibwächters und Stratege, von [...], dem Vorsteher des Ammoneions der 45-Arurenbesitzer. Nachdem [das Allerheiligste ? zerstört wurde] von den Leuten des Antiochos [...] des 2. Regierungsjahres ... wurde das Heiligtum in seinen alten Zustand wieder [aufgebaut]. Danach, nachdem die Aufständischen der Ägypter in es eingefallen sind, haben sie nicht nur einen Teil des Heiligtums heruntergerissen, sondern entzweiten auch die Steinarbeiten des Allerheiligsten und die Tore und die übrigen Türen, es handelt sich über 110, trugen sie weg, und sogar einige der Bedachungen rissen sie herunter ...«[48]

Der Vorsteher des Tempels richtet hier eine Klage an den Gauvorsteher, also den Strategen. Beider Namen sind aufgrund von Lücken im Text nicht erhalten. Der Tempel selbst ist ein Heiligtum des Amun »der 45-Aruren-Besitzer«. Hiermit ist eine Soldatenklasse des Ptolemäerheeres gemeint, deren Mitglieder vom König jeweils mit 12,4 Hektar Land, also 45 Aruren, versehen worden waren, und die allem Anschein nach eine sehr enge Beziehung zum Ammontempel hatten, sich hier vielleicht regelmäßig trafen. Die Verbindung des Ammontempels zur ptolemäischen Militärgarnison zeigt deutlich, dass sich einerseits viele Priesterschaften inzwischen als sichere Stütze und Arm der ptolemäischen Herrschaft erwiesen, und andererseits die Soldaten sich den einheimischen Kulten zugewandt hatten. Die Aufstände waren auf jeden Fall, wie der Papyrus zeigt, bis ins Herz ptolemäischer Herrschaft über Ägypten, ins Faijum, vorgedrungen. Selbst im Serapeum von Memphis, in einem Bollwerk ägyptischer Unterstützung für die Ptolemäer im Umkreis der Hohepriester des Ptah, war es zu Unruhen gekommen. Die ansässige ägyptische Bevölkerung versuchte, dort lebende Fremde und ihre ägyptischen Freunde zu lynchen. Hieran erinnerte wenige Jahre später ein Makedone, der im Astarteheiligtum beim memphitischen Serapeum in einer Art von Tempelasyl, als sogenannter Katochos, lebte,[49] weil man sogar noch in Zeiten angeblich wiederhergestellter Ordnung gegen ihn agierte. Er sah sich deshalb gezwungen, eine Klageschrift an den Gauvorsteher zu schicken:

*»Dem Dionysios, einem der Freunde und Strategen, von Ptolemaios, Sohn des Glaukias, Makedone, einer von denen, die sich in der Katoche im großen Sarapieion im zwölften Jahre befinden. Mir geschieht Unrecht von Seiten der in demselben Tempel zurzeit im Turnus dienenden Reiniger und Brotbäcker, die aber auch zum Anubieion hinabzugehen pflegen, von Harchebis, dem Arzt, und Mys, dem Kleiderhändler, und den anderen, deren Namen ich nicht weiß. Am 11. Phaophi des 19. Jahres kamen sie nämlich zu dem Astartieion, in dem ich in Katoche lebe, und versuchten mit Gewalt einzudringen, um mich herauszuziehen und fortzuführen, wie sie das auch früher in Zeiten des Aufstandes versucht hatten, weil ich ein Hellene bin. Da ich nun sah, dass sie von Sinnen gekommen waren, schloss ich mich ein, den Harmais aber, der mir nahesteht, warfen sie, als sie ihn auf dem Dromos fanden, nieder und schlugen ihn mit ihren bronzenen Schabwerkzeugen. Ich bitte Dich nun, zu befehlen, dem Menedemos, Deinem Untergebenen im Anubieion, zu schreiben, dass er sie zwinge, mir mein Recht zu geben, wenn sie das aber nicht auf sich nehmen, er sie an Dich schicke, damit Du gerecht über sie entscheidest. Lebewohl.«[50]*

In der Zeit der Rebellion des Dionysios Petosorapis muss in Ägypten also totales Chaos, Plünderungen und Rechtlosigkeit geherrscht haben, kein Fremder oder ägyptischer Ptolemäerfreund konnte sich seines Lebens sicher sein. Es dauerte drei bis vier Jahre, bis die Ruhe im Lande wiederhergestellt war, doch bestanden die Ressentiments der Ägypter, wie es die Klage des Makedonen zeigt, gegenüber den Fremden fort. Dass Ptolemaios, Sohn des Glaukias, aber den Rechtsweg beschritt, um auf diese Weise Genugtuung zu erhalten, zeigt, dass die Herrschaft wieder dazu in der Lage war, ihm diese Genugtuung auch zu gewährleisten.

Aufgrund des langen Aufstandes und der damit einhergehenden Verwüstungen[51] lag nun freilich, wie schon nach der großen oberägyptischen Erhebung, viel königliches Land brach, was die Handlungsfähigkeit des Herrschers gefährdete, denn Getreide war eines der wichtigsten Exportgüter, das den Reichtum des Königshauses und zudem den mit ihm erkauften guten Willen des römischen Senats sicherstellte. Das Königshaus entschied sich deshalb im Jahr 165 dazu, seine Ländereien an ägyptische Bauern zwangszuverpachten. Das jedoch war, trotz der durch die Pacht möglichen Gewinne – sogar der Pachtzins war abgesenkt worden –, kein attraktives Geschäftsmodell für die Bauern, die schon aus zeitlichen Gründen hinreichend mit ihren eigenen Feldern beschäftigt waren. Die Zwangsverpachtung trug deshalb sicherlich nicht zum gerade erst militärisch hergestellten sozialen Frieden bei. Da die Unzufriedenheit der Landbevölkerung nicht noch mehr gereizt werden sollte, bemühte sich Alexandria zumindest um Lastengerechtigkeit: Nur diejenigen Bauern, die auch dazu in der Lage und fähig waren, sollten die Pacht übernehmen. Andere Ebenen der Verwaltung unterliefen jedoch das Bemühen um Gerechtigkeit immer wieder, was eine Verfügung des Dioiketen Herodes, des Finanzchefs der königlichen Verwaltung, zeigt, der auf entsprechenden Missbrauch eingeht. So schärft Herodes seinen Beamten erneut ein, »nach Maßgabe der Kräfte eines jeden ohne jede Parteilichkeit und Habsucht« die für den Staat zu leistende Aufgabe zu verteilen, weil »keinem der Landbewohner Unrecht geschehen« solle.[52] Falls Zuwiderhandeln von öffentlicher Seite aus festgestellt werde, so solle dagegen eingeschritten werden: »und wenn ihr Beamte trefft, die solche Leute ausplündern wollen, so schicket sie unter Bewachung zu mir (nach Alexandrien).«[53]

## 7.5 Die Herrschaft Ptolemaios' VI. und Kleopatras II.

Im Jahr 164 war der jüngere Ptolemaios (VIII.) etwa 20 Jahre alt. Allem Anschein nach hatte er sich in den letzten Jahren zu einer sehr eigenständigen Persönlichkeit entwickelt und ihm stand nun, anders als noch wenige Jahre zuvor, als Dionysios Petosorapis versucht hatte, den älteren Bruder zu beseitigen, in der Tat nicht mehr der Wille danach, die Herrschaft mit dem Bruder zu teilen. So vertrieb er ihn aus Alexandria, sicherlich mit Hilfe wichtiger Personen des

Hofes oder des Militärs, und nahm den Kulttitel Euergetes, der Wohltäter an, was er in Anlehnung an seinen Ahnen Ptolemaios III. tat.⁵⁴ Es lag nahe, dass sich der vertriebene Ptolemaios VI. als Freund der Römer, die fünf Jahre zuvor noch die Eintracht der Brüder gefordert hatten, unmittelbar nach Rom begab, um Beschwerde gegen das unbotmäßige Verhalten des Jüngeren zu führen. Bevor jedoch der Senat überhaupt eine Entscheidung treffen konnte, hatten die Alexandriner den vertriebenen König bereits zurückgerufen, weil sie die Herrschaft des achten Ptolemäers nicht ertragen konnten. Die Stadtbevölkerung hatte also abermals entscheidend in die politischen Verhältnisse eingegriffen.

Möglicherweise unter dem Druck Roms einigten sich die beiden Brüder dahingehend, dass der achte Ptolemaios 163 nach Kyrene ging und hier, ähnlich wie einst Magas, der Halbbruder des zweiten Ptolemäers, ein eigenes Königtum führte. Da der ältere Bruder neben Ägypten auch noch Zypern zu seiner Herrschaft zählte, hatte er das bessere Ergebnis erzielt. So lag Ptolemaios VI. daran, mit dem erzielten Übereinkommen auch eine neue Friedenszeit beginnen zu lassen, was er mit einem Amnestieerlass unterstrich.⁵⁵ Verständlicherweise änderte der König auch die Jahreszählung von Urkunden, denn nicht mehr der Anfang der Dreierherrschaft, sondern sein ursprünglich erstes Herrschaftsjahr war von nun an Bezugspunkt der Datierungsformeln, weshalb aus dem siebten gemeinsamen sein 18. Regierungsjahr als alleiniger König wurde.⁵⁶ Zusammen mit seiner Schwestergemahlin Kleopatra II. brachte er Ägypten eine Phase der Ruhe, die nicht nur den Tod des Königs im Jahr 145 überdauerte, sondern bis zum Geschwisterkrieg zwischen dem achten Ptolemäer und der zweiten Kleopatra im Jahr 132 anhielt.

Außenpolitisch musste sich der sechste Ptolemäer zunächst jedoch, trotz der Übereinkunft mit seinem Bruder, weiterhin mit dessen Ansprüchen auf Zypern auseinandersetzen. Ein Mordanschlag auf Ptolemaios VIII. im Jahr 156/155 brachte diesem die Möglichkeit, nach Rom zu reisen, um Unterstützung für sein Streben nach dem Besitz Zyperns zu erhalten:

*Er »erschien vor dem Senat und erhob gegen seinen Bruder Anklage, den er für das Attentat verantwortlich machte. Indem er die Narben, die er von seiner Verwundung davongetragen hatte, offen zeigte und dazu auch mit Worten beweglich Klage führte, rührte er die Anwesenden zum Mitleid.«⁵⁷*

Die perfekt inszenierte Klage hatte Erfolg, denn der Senat gab dem König Gesandte mit, die Ptolemaios in den Besitz Zyperns bringen sollten. Wir wissen nicht, was den Senat zu dieser Entscheidung bewogen hatte, sicherlich war es nicht das Mitleid mit dem achten Ptolemäer, sondern eine machtpolitische Erwägung, etwa die, dass dadurch ein Gleichgewicht zwischen beiden Brüdern hergestellt werden könnte und sie sich damit gegenseitig in Schach hielten. Ptolemaios VI. setzte sich aber gegen den Beschluss Roms zu Wehr und behielt Zypern – so groß war der Einfluss Roms also doch nicht, vor allem dann, wenn es aufgrund der Bindung seiner militärischen Kräfte in Spanien nicht dazu bereit war, auch mit Truppen seinem Willen Nachdruck zu verleihen. Der König Alexandrias hatte sogar das Glück, während der Kampfhandlungen seines Bruders selbst habhaft zu werden. Er zeigte jedoch, aus welchen Gründen auch immer – Diodor vermutet, aus Furcht vor Rom – Milde:[58] Ptolemaios VIII. durfte nach Kyrene zurückkehren, er erhielt sogar regelmäßige Getreidelieferungen aus Alexandria und die Möglichkeit, seine Nichte Kleopatra zu heiraten, die er aber überhaupt nicht ehelichen wollte,[59] weil es ihn zu sehr an den Bruder gebunden hätte.

Seine kretischen Bündnispartner ehrten Ptolemaios VI. nach dem Sieg mit einem goldenen Kranz und »zwei bronzenen und möglichst schönen Standbildern …, das eine auf Delos, das andere auf Kreta«. Diese Ehre bekam der Sieger für seine Frömmigkeit, Milde und den erwirkten Frieden, und weil er »auch den Römern gegenüber freundlich« war.[60] Wenn selbst Kreter auf die gute Beziehung des sechsten Ptolemäers zu Rom hinweisen, dann war es diesem also gelungen, sein eigentlich Roms Interessen zuwiderlaufendes Agieren auf irgendeine Weise zu kompensieren.

Ptolemaios VIII. wiederum gerierte sich als König von Kyrene so, wie es sich für einen hellenistischen König gehörte. Wohl als Originalzitat aus des Königs eigenen Kommentaren überliefert Poseidonios:

*»Die Artemitien sind ein besonders wichtiges Fest in Kyrene, bei dem der Apollon-Priester (er wechselt jährlich) diejenigen bewirtet, die das Amt vor ihm innegehabt haben. Er setzt jedem eine Schüssel vor. Das ist ein Gefäß aus Ton, das ungefähr zwanzig Artaben fasst. Es enthält viele Fleischstücke vom Wild, die mit Sorgfalt zubereitet sind, ebensoviel von Hausgeflügel, ferner Meeresfrüchte und mehrere Arten Salzfisch aus anderen Ländern. … Wir aber nahmen von dem allen Abstand und stellten Schalen aus massivem Silber bereit, jede einzelne hatte den Wert der Gesamtkosten von dem, was wir oben erwähnt haben, ebenso schenkten wir ein gezäumtes Pferd einschließlich einem Stallknecht und goldbeschlagenem Zaumzeug und luden jeden dazu ein, auf ihm aufzusitzen und nach Hause zu reiten.«*[61]

In Alexandria wiederum hielt die Furcht vor Rom, die Ptolemaios VI. angeblich daran gehindert hatte, seinem Bruder nach dessen Gefangennahme übel mitzuspielen, ihn trotzdem nicht davon ab, in einem viel entscheidenderen Punkt Roms Interesse an einem Gleichgewicht der Kräfte im Osten zu unterlaufen. Zumindest hatte er das vor, denn er wollte die Herrschaft über Koilesyrien wiedererlangen. Er agierte hierzu zunächst nicht ganz so offensichtlich: Als es im Seleukidenreich zu Thronstreitigkeiten zwischen Alexander Balas und Demetrios I. gekommen war, sandte Ptolemaios VI. zunächst dem von den Römern unterstützten Balas ptolemäische Hilfstruppen. Nach dessen Sieg im Jahr 150 schlossen beide ein Bündnis, das die Heirat des Balas mit Kleopatra, der Tochter des Ptolemaios, garantierte. Als Demetrios II., der Nachfolger des besiegten Demetrios' I., im Jahr 146 den Kampf seines Vaters gegen Balas weiterführte, traf Ptolemaios zur Unterstützung seines Schwiegersohnes sogar selbst mit großen Truppenkontingenten in Koilesyrien ein und legte Garnisonen in die dortigen Städte. Auf einmal wechselte er dann aber den Bündnispartner, von Balas zu Demetrios II. Seine Tochter, die er zwischenzeitlich zu sich zurückgerufen hatte, verheiratete Ptolemaios jetzt mit Letzterem. Er ging sogar noch einen Schritt weiter, denn als er in die seleukidische Hauptstadt Antiochia am Orontes kam, »riefen Bürger und Heer ihn zum König aus, so dass er genötigt war, sich zwei Diademe aufs Haupt zu setzen, das eine von Asien, das andere von Ägypten«.[62] Das Geschehen erinnert sehr an die Aufnahme des dritten Ptolemäers in der gleichen Stadt (s. o.) – die Zustimmung von Volk und Heer garantierte einem König die höchste Legitimation seines Herrschaftsanspruchs. Somit hätte sich also der Wunsch, den ein weibliches Zwillingspaar, das in Memphis im Tempeldienst die Götterrollen von Isis und Nephthys bei bestimmten Riten einnahm und im Jahr 162 eine Eingabe mit Bitte um Hilfe an den König gerichtet hatte, erfüllt:

*»Wenn dies (die erbetene Hilfe) geschieht, werden wir unseren Dienst tadellos dem großen Gott Sarapis ausüben können, der Dir mit Isis Sieg und Herrschaft über die ganze Erde verleihen möge.«*[63]

Untertanen formulieren solche Wünsche natürlich vor allem, um schmeichelnd ein königliches Selbstverständnis zu spiegeln. Doch die Zeiten hatten sich geändert, ein König konnte eben nicht mehr ohne den Senat derart weitreichende und römischen Interessen zuwiderlaufende Entscheidungen treffen, weshalb Ptolemaios, vielleicht nachdem ihn eine römische Empfehlung erreicht hatte, auf das Diadem Asiens verzichtete. Josephus deutet diesen realpolitisch sinnvollen Verzicht leicht um:

*»Er war aber von Natur gerecht und nicht begierig nach fremden Besitz, und da er wohl vorhersah, was in Zukunft daraus erfolgen würde, beschloss er, um den Römern keinen Anlass zum Neid zu geben, auf die Herrschaft zu verzichten.«*[64]

Demetrios II. blieb damit König des Seleukidenreiches, zu dessen Eroberung Ptolemaios faktisch überhaupt nicht in der Lage gewesen wäre, denn ein solcher Feldzug hätte seine Kräfte überdehnt, schließlich bedeutete der Besitz der im äußersten Westen des Reiches gelegenen Königsstadt Antiochia keinesfalls die Herrschaft über das gesamte Reich, das sich weit in den Osten erstreckte.

Im darauffolgenden Jahr stand Ptolemaios dem seleukidischen König im Feldzug gegen Alexander Balas zur Seite. Zwar konnte dieser geschlagen werden, doch starb Ptolemaios an den Verletzungen, die er sich in der Entscheidungsschlacht zugezogen hatte.[65]

Als Ausweis der Verbundenheit mit seinem verstorbenen Schwiegervater stiftete Demetrios II. nach dessen Tod eine Statue in Neupaphos auf der Insel Zypern mit der Weihinschrift:

»*(Statue von) König Ptolemaios, dem Mutterliebenden Gott, dem Vater der Gemahlin, hat Demetrios, der Siegende, Bruderliebende Gott (gestiftet) aufgrund der guten Gesinnung, die er ihm gegenüber hat.*«[66]

Ptolemaios war es vor seinem unerwarteten Tod nicht gelungen, die Thronfolge zu sichern. Zwar hatte er bereits 152 nach dem Vorbild des zweiten Ptolemäers seinen Sohn Ptolemaios mit dem Kulttitel Eupator zum Mitherrscher erkoren, doch war dieser noch im Jahr seiner Erhebung auf den Thron verstorben.[67]

Die Bilanz der Regierung des sechsten Ptolemaios hielt Polybios mit folgenden Worten fest:

»*Ptolemaios ... starb an den Wunden, die er in der Schlacht erhalten hatte, nach einigen ein Mann, der hohes Lob und ein ehrendes Angedenken verdient, nach anderen das Gegenteil. Er war mild und gutherzig wie nur je einer seiner Vorfahren. Der größte Beweis dafür ist, dass er erstens keinen seiner Freunde auf Grund irgendeiner Beschuldigung umgebracht hat; ich glaube aber, dass auch von den übrigen Alexandrinern keiner durch ihn den Tod gefunden hat. Sodann, als er von seinem Bruder aus dem Reich vertrieben wurde, hat er erstens, obwohl er in Alexandreia eine zugestandenermaßen ausgezeichnete Gelegenheit hatte, an ihm Rache zu nehmen, ihm doch seine Verfehlungen nicht nachgetragen. Als jener später einen neuen Versuch machte, sich Zyperns zu bemächtigen, und er in Lapethos (auf Zypern) Leib und Leben des Bruders in seiner Hand hatte, war er so weit entfernt, ihn als Feind zu bestrafen, dass er zu den Geschenken, die jener schon vorher auf Grund der Verträge besaß, noch weitere hinzufügte und ihm seine Tochter zu Ehe versprach. Im Glück und Erfolg jedoch erschlaffte er und verfiel dem echt ägyptischen Leichtsinn mit seinen Ausschweifungen und Exzessen. Wenn er sich in diesem Zustand befand, geriet er auch (immer wieder) in schwere Gefahren.*«[68]

Der positive Tenor der Bewertung des sechsten Ptolemäers, der sich auch bei anderen literarischen Quellen, wie etwa Josephus findet, hat sich sehr früh, möglicherweise durch Rom gefördert,[69] in der Gesamtbewertung des Königs herausgebildet. Alles das, was Ptolemaios VI. gut gemacht hatte, verkehrte später angeblich sein Bruder in seiner Herrschaftszeit ins Gegenteil. Nur in einem

Punkt waren sich, so Polybios, beide Brüder ähnlich: In ihrem Hang zum Genuss und Luxus. Diese Charaktereigenschaft, die alle antiken Historiker negativ werteten, weil sie klassisch griechischen ebenso wie römischen Vorstellungen zuwiderlief, war nicht so sehr den persönlichen Vorlieben – mit denen sie natürlich durchaus übereinstimmen konnten – geschuldet, sondern sie war, wie bereits des öfteren erwähnt, unabdingbarer Bestandteil der dynastischen Repräsentation des Wohllebens, der dionysischen *tryphé*. Der offen zur Schau gestellte Wohlstand sollte schließlich auch auf die Untertanen abfärben, sie sollten sich als Teilhaber eines goldenen Zeitalters empfinden.

## 7.6 Die Herrschaft Ptolemaios' VIII. und Kleopatras III.

Unmittelbar nachdem er die Nachricht vom Tod seines Bruders erhalten hatte, kam Ptolemaios VIII. im Jahr 145 nach Alexandria, angeblich deshalb, weil ihn das alexandrinische Volk gegen den Wunsch der Hofgesellschaft als Herrscher wünschte. Schon bei der Vertreibung des Königs hatte die Stadtbevölkerung eine entscheidende Rolle gespielt, weshalb er jetzt mit ihrer Unterstützung problemlos die Macht übernehmen konnte. Ein Jahr später krönten ihn die ägyptischen Priester zum Pharao[70] und schufen ihm folgende pharaonische Titulatur, bei der der unterschiedlich überlieferte Horusname auf verschiedene lokale Adaptionen oder chronologische Veränderungen des Titels hinweist: Als Horus war er der »Jüngling, über dessen Leben man sich auf dem Thron seines Vaters freut, der erfolgreiche Taten vollbringt, heilig ist sein und des lebenden Apis Erglänzen« bzw. alternativ »Jüngling, über den man sich auf dem Thron seines Vaters freut. Das heilige Abbild des Königs der Götter, erwählt von Atum selbst« oder aber »Jüngling, Anführer der Fremdvölker, Sohn des Osiris, geboren von Isis, er hat das Königtum des Re aus der Hand seines Vaters empfangen«. Nach dem Herrinnennamen war er einer, »der das Herz der beiden Länder zufriedenstellt«. Sein Gold(horus)name lautete »Groß an Kraft, Herr der Sed-Feste wie sein Vater Ptah-Tatenen, der Vater der Götter, Fürst wie Re.« Als in der Kartusche geschriebenen Thronnamen führte er die Wendung »Der Erbe der beiden Erschienenen Götter, erwählt von Ptah, der die Maat des Re verwirklicht, lebendes Abbild des Amun.« An den Eigennamen Ptolemaios schloss sich in der zweiten Kartusche noch an »er lebe ewiglich, geliebt von Ptah«.[71] Insgesamt ist also ein starker Bezug zu Ptah und Apis und dementsprechend auch zu der Priesterschaft von Memphis, wo er die Pharaonenkrone erhalten hatte, zu erkennen.

Schon kurz nach seiner Ankunft in Alexandria hatte Ptolemaios, auf Vermittlung des römischen Gesandten Lucius Minucius Thermus, die sich zunächst berechtigterweise sträubende Witwe seines Bruders geheiratet.[72] Sicherlich nicht lange danach, noch vor dem 14. November 145, ließ er sich mit seiner neuen Gemahlin in den Kult des Alexander und der Dynastie mit dem Titel »die Wohltätergötter« integrieren,[73] ein Titel, den bereits das dritte Ptolemäerpaar getragen hatte und der als Regierungsprogramm gegenüber den Untertanen eine neue, ebenso gute Zeit verhieß. Damit war Kleopatra natürlich keine »Mutterliebende Göttin« mehr, musste also den mit dem älteren Bruder geführten Kultnamen aufgeben.

Die antiken Autoren schildern Ptolemaios' Verhalten im Anschluss an die Machtübernahme als das eines grausamen Despoten: So vergewaltigte er die Tochter seiner neuen Gemahlin[74] und heiratete das Mädchen dann auch noch 141/140: Jetzt gab es wieder eine Dreierherrschaft, allerdings diesmal aus einem Mann und zwei Frauen bestehend.[75] Weshalb Ptolemaios VIII. sich zu dem ungewöhnlichen, aber durchaus mit makedonischen Traditionen zu vereinbarenden Schritt einer Doppelehe entschieden hatte, bleibt ebenso unklar wie die Gründe für die vorherige Dreierherrschaft seines Bruders. Möglicherweise ist die Ehe im Zusammenhang mit einem misslungenen Aufstand des Militärs Galaistes zu sehen, der als ehemaliger Anhänger Ptolemaios' VI. dessen angeblichen Sohn das Diadem aufgesetzt hatte – hierbei wird vielleicht sogar die ihren Brudergemahl sicherlich hassende Kleopatra II. ihre Hand im Spiel gehabt haben.[76] Offiziell hingegen war die Dynastie mittels der Dreierherrschaft auf das engste zusammengefügt, was ägyptische Tempelreliefs, die den König mit seinen beiden Gemahlinnen zeigen[77] und natürlich die Datierungsformeln der Urkunden mit der Wendung »unter der Königsherrschaft des Königs Ptolemaios und der Königin Kleopatra (II.), der Schwester, und der Königin Kleopatra (III.), der Gemahlin« belegen.

Die besondere Position der Ptolemäerinnen hatte es immer mit sich gebracht, dass sie eigene Priesterinnen erhielten, Arsinoe II. etwa die »Korbträgerin« (*kanephoros*) und Berenike II. die »Siegpreisträgerin« (*athlophoros*). Auch Kleopatra II. und III. verfügten deshalb über einen eigenen Kult, dessen jeweilige »Priesterin der Kleopatra« in den Datierungsformeln der Urkunden genannt wurde.

Die Nachfolge innerhalb der Dynastie garantierte ein bereits 144 von der Schwester, während der Krönung des Ptolemaios zum Pharao in Memphis geborener Sohn, der nach dem Geburtsort den Beinamen Ptolemaios Memphites erhielt. Gemeinsam mit Kleopatra II. begab sich Ptolemaios auch nach Theben, um hier 141/140 sein pharaonisches Sed-Fest, sein 30jähriges Regierungsjubiläum zu feiern, bei dem er zudem Wiederaufbautätigkeiten im Tempel von Karnak verrichten ließ. Um Ptolemaios zu ehren, errichteten die Priester zwei überlebensgroße Statuen von König und Königin.[78]

Sollten die eindeutig mit Tyrannentopik gefärbten Berichte der antiken Autoren zu den Eheschließungen auch nur annähernd der Wahrheit entsprechen, so ließe sich vermuten, dass gerade die geehelichte Nichte dem Ptolemaios nach ihrer Vergewaltigung nicht in ehelicher Liebe zugetan war, doch interessanterweise hat sie sich ganz im Gegenteil prächtig mit ihrem Gemahl verstanden, denn sie trat nun in Konkurrenz zur Mutter.

### 7.6.1 Ptolemaios VIII. und Alexandria

Nicht nur gegenüber der eigenen Familie soll Ptolemaios VIII. ein grausames, entartetes Verhalten an den Tag gelegt haben. Bei den Alexandrinern war er angeblich verhasst, weil er an den Anhängern des Bruders blutig Rache geübt hatte.[79] Nicht nur das: Strabon berichtet, Ptolemaios habe, »von Aufständen bedroht«, die Bürgerschaft derart gründlich dezimiert, dass von der griechischen Ursprungsbevölkerung der Stadt zur Zeit der Reise des Polybios nach Ägypten nichts mehr übrig gewesen sei.[80] Die Alexandriner sollen deshalb aus dem königlichen Beinamen Euergetes (Wohltäter) ein Kakergetes (Übeltäter) gemacht haben.[81] Zwar übertrieb Polybios, doch die schwerlich erfundene Anekdote über den Beinamen deutet darauf hin, dass der König tatsächlich keinen allzu guten Ruf bei der Stadtbevölkerung genoss.

Weiterhin habe er die Intellektuellen aus Alexandria vertrieben, etwa den Leiter des Museions, Aristarch von Samothrake. Einer solchen angeblichen Intellektuellenfeindlichkeit widerspricht, dass Ptolemaios selbst ebenfalls als Gelehrter tätig war und seine Hypomnemata in 24 Büchern hinterließ, in denen er sich mit Fauna, hellenistischen Monarchen, Quellen und Homer beschäftigte; er soll sogar eine große Liebe zur Philologie gehabt haben, diskutierte er doch bis tief in die Nacht über Literatur und Poetik, tat es also den Gelehrten im Museion gleich, die auch weiterhin an seinem Hof zugegen waren.[82] Pflege und Förderung der Wissenschaft gehörten ebenso wie die Zurschaustellung des Wohlstandes zu den wichtigsten Bestandteilen des ptolemäischen Herrscherideals, und es ist kaum vorstellbar, dass der achte Ptolemäer das anders als seine Vorgänger handhabte. Möglich ist aber, dass er bestimmte Mitglieder der Bibliothek und des Museums ausgewiesen hat, weil in dieser Zeit Gelehrte gleichzeitig auch wichtige politische Positionen innehaben konnten, indem sie etwa als Gesandte an andere Höfe oder nach Rom fungierten. So werden wohl einige von ihnen nach dem Tod Ptolemaios' VI. die Seite der zweiten Kleopatra gegen Ptolemaios VIII. gewählt haben, weshalb sie das Exil gehen mussten, nachdem sich der König durchgesetzt hatte. Hier wiederum konnten sie dann Ptolemaios als großen Feind der geistigen Künste darstellen, was schließlich Eingang in die Überlieferung fand.

## 7.6.2 Der fette König

Das Zurschaustellen des Wohllebens war eines der entscheidenden und prägenden Kennzeichen der Herrschaft Ptolemaios' VIII., was insbesondere seine Bezeichnung als Physkon – der Fettbauch – zeigt. Das dürfte nicht so sehr als Spottname, sondern als ehrendes Epitheton zu begreifen sein, das freilich ein Römer nie derart verstanden hätte.[83] Zudem findet sich der Beiname Tryphon, der Prunkende bzw. »der, der die Tryphe verwirklicht«.[84]

Es ist nicht zu bezweifeln, dass Ptolemaios wirklich übergewichtig war, denn ein solches Aussehen vereinbarte sich trefflich mit dem ptolemäischen Herrscher- und Friedensideal dionysischen Wohllebens und seinem, zumindest nach Ausweis der Münzprägung, ebenfalls nicht gerade schlanken Vorbild Ptolemaios III. Dass viele Griechen und besonders auch Römer, die solches Leben mit dem Begriff der *luxuria* stigmatisierten, kein Verständnis hierfür hatten, zeigt Iustin:

»Doch so blutrünstig Ptolemaios gegenüber seinen Mitbürgern war, so lächerlich war er für die Römer. Denn er hatte ein hässliches Gesicht, war von eher kleinem Wuchs und ähnelte mit seinem dicken Bauch keinem Menschen, sondern einem Vieh. Diese Hässlichkeit wurde noch verstärkt durch ein hauchdünnes, durchsichtiges Gewand, geradeso als ob durch einen solchen Kunstgriff das zur Schau gestellt werden sollte, was ein anständiger Mann mit aller Anstrengung hätte verbergen müssen.«[85]

Ganz ähnliches liest man bei Poseidonios:

»Aufgrund seiner Genusssucht war er körperlich durch seine Fettleibigkeit und seinen dicken Bauch völlig entstellt. Es war so weit gekommen, dass man diesen schon nicht mehr umfassen konnte. Er trug darüber ein fußlanges Hemd mit Ärmeln, die bis zu den Handgelenken reichten, und so ging er umher. Er begab sich nie zu Fuß nach draußen, nur anlässlich des Besuches von Scipio.«[86]

Poseidonios bezieht sich an dieser Stelle auf eine römische Gesandtschaft unter Leitung des Zerstörers von Karthago, Publius Cornelius Scipio Aemilianus Africanus minor, der, begleitet von dem ehemaligen Konsul Lucius Caecilius Metellus Calvus und dem Bruder des Zerstörers von Korinth, Spurius Mummius 140/139 bei einer Inspektionsreise des Orients auch nach Alexandria gekommen war.[87] Man kann sich die Irritation vorstellen, die das durchscheinende Gewand des fetten Ptolemaios bei den römischen Gesandten hervorrief – Iustin spricht von Lächerlichkeit des Königs in den Augen der Römer.[88] Das wird vor allem dann verständlich, wenn man dem Auftreten des Ptolemaios das Selbstverständnis römischer Senatoren entgegenstellt, das Diodor wie folgt schildert:

*Es waren »Männer von überragender Tugend. Weil nun ihre Nahrung nur weniger, sich auf die Gesundheit erstreckende Dinge bedurfte, verachteten sie diese Extravaganz als etwas Schädliches für Geist und Körper. Und den Anblick all dessen, was der König hochschätzte, behandelten sie als Nebensache ohne Wert.«*[89]

So soll Scipio dem mitreisenden Philosophen Panaitios spottend zugeflüstert haben:

*»Die Alexandriner haben schon einen Vorteil von unserer Anwesenheit, denn durch uns haben sie ihren König einmal spazieren gehen gesehen.«*[90]

Doch die Römer trafen in Alexandria eben auf eine vollkommen andere Vorstellung von Herrschaft und ihrer Repräsentation, denn die königliche Selbstdarstellung entsprach, wie bereits mehrmals dargelegt, ganz der griechischen Vorstellung des Friedensherrschers Dionysos:

*»In Friedenszeiten aber trug er (i.e. Dionysos) bei öffentlichen Versammlungen und Festen bunte weiche Kleider vom feinsten Stoff. Wegen der Kopfschmerzen, die aus dem unmäßigen Genuss des Weins entstehen, trug er eine Binde um den Kopf und daher hat er den Namen Mitrephoros. Diese Kopfbinde war die Veranlassung, dass nachher bei den Königen das Diadem eingeführt wurde.«*[91]

Ganz offensichtlich trat der König den römischen Gesandten als Neuer Dionysos entgegen und das tat er in der Öffentlichkeit Alexandrias.
 Handelt es sich hierbei jedoch wirklich um einen Zusammenstoß der Kulturen, der aus beiderseitigem Un- oder Missverständnis resultierte, wie es die antiken Autoren vermuten lassen?[92] Mit solch einer Erklärung verkennt man leicht die komplexe politische Kommunikation, zu der die Ptolemäer ebenso wie die Römer fähig waren. Die römischen Gesandten waren schließlich hoch gebildete Männer, die sich hervorragend mit den Gepflogenheiten des Ostens auskannten und mit Sicherheit wussten, was Ptolemaios ihnen mit seiner Erscheinung vermitteln wollte. Sie waren sich im Klaren darüber, dass sie hier von einem Gott, einem neuen Dionysos empfangen wurden bzw. dass Ptolemaios sich als solcher verstanden wissen wollte. Hierauf wiederum durften die Römer auf keinen Fall eingehen, sie waren dazu gezwungen, ihn »falsch« zu verstehen und ihn lächerlich zu finden, sonst hätten sie ihn als Gott anerkannt.
 Ptolemaios wiederum war über die römischen Sitten ebenfalls sehr gut informiert, da er schon mehrmals in Rom war und angeblich 154/152 sogar um die Hand der Cornelia, der berühmten Mutter der Gracchen, angehalten hatte. Diese war nicht nur die Witwe des Tiberius Sempronius Gracchus, sondern ge-

hörte als Tochter des Siegers über Karthago, Publius Cornelius Scipio Africanus maior, zur Familie der Scipionen und galt als eine der züchtigsten und vorbildlichsten Römerinnen überhaupt. Es ist kaum vorstellbar, schon wegen der mit einer solchen Ehe einhergehenden innenpolitischen Komplikationen sowohl in Rom als auch in Alexandria, und weil Cornelia genau das Gegenteil ptolemäischer *tryphé* verköperte, dass es diesen Ehewunsch wirklich gegeben hat.[93] Das Gerücht war in Umlauf gebracht worden, um die Tugendhaftigkeit der Cornelia, die sogar auf das Diadem des reichen Ägypten verzichtet, hervorzuheben, also zu zeigen, wie eine wahre Römern angesichts eines Lebensangebotes in größtem Luxus zu handeln habe.

Ptolemaios wusste in der konkreten alexandrinischen Situation also aufgrund seiner engen Kontakte zu Rom auf jeden Fall, dass sein nahezu schon plumper Versuch, die eigene Göttlichkeit vor den zu ihm gereisten Römern zu inszenieren, bei diesen Ablehnung hervorrufen würde. Deshalb liegt es nahe, dass die Römer überhaupt nicht die eigentlichen Adressaten dieser Form von Selbstdarstellung waren, sondern die Bürger der Stadt Alexandria, mit denen Ptolemaios sich, aufgrund der rigorosen Maßnahmen und Verfolgungen bei Herrschaftsantritt wieder versöhnen musste, indem er als dionysisch wohltätiger Friedensherrscher in Erscheinung trat.

Möglich wäre es sogar, dass Ptolemaios das Zusammentreffen bewusst als Affront gegenüber den Römern eingerichtet hatte, denn hätten die Gesandten an den Festivitäten partizipiert, dann hätten sie an einer Bacchanalienfeier teilgenommen, was für Römer seit 185 strengstens verboten war.[94] Indem also der König einer hellenistischen Macht, die schon lange Roms willfähriger Freund war, bewusst als Dionysos auftrat, zeigte er den Alexandrinern seine Eigenständigkeit gegenüber den Römern.

### 7.6.3 Ptolemaios VIII. und die Juden Ägyptens

Noch eine weitere bedeutende gesellschaftliche Gruppe Ägyptens soll erheblich unter dem achten Ptolemäer gelitten haben: Die in erheblicher Zahl in Ägypten lebenden Juden. Schon unter dem Ptolemaios I. waren sie insbesondere als Soldaten ins Land gekommen und lebten seit dem dritten Jahrhundert teils in eigenen Siedlungen mit mitgebrachten Ortsnamen wie Samaria oder Trikomia gemeinsam mit ihren hellenischen Nachbarn im Faijum, gehörten ebenso wie diese auch zur Statusgruppe der Hellenen.[95]

Ende der 60er Jahre des zweiten Jahrhunderts kam es zu einer zweiten großen Einwanderungswelle, als sich ein Jerusalemer Priester namens Onias mit vielen seiner Landsleute an den Nil begab und Ptolemaios VI. die Gruppe 163/162 in Leontopolis im Delta ansiedelte.[96] Hier etablierte Onias nicht nur einen neuen Tempel, ein Konkurrenzheiligtum zum Jahwe-Tempel von Jerusalem, sondern es gab an dem strategisch bedeutenden Ort auch eine Festung, für die Onias zuständig war.

Juden konnten schon unter dem dritten Ptolemäer in wichtige Positionen am Hof aufrücken, wie es der Fall des Dositheos, Sohn des Drimylos, belegt, der sogar Alexanderpriester wurde, damit aber wohl vom Glauben seiner Väter abgefallen sein dürfte.[97] In der Zeit des achten Ptolemäers soll es dann aber erstmals zu ernsthaften Problemen für die Juden Ägyptens mit der Herrschaft gekommen sein. Nach der endgültigen Machtübernahme des Königs hatten jüdische Soldaten unter Anführung der Generäle Onias und Dositheos gegen ihn opponiert, was zu harten Gegenmaßnahmen führte. Ptolemaios habe sogar Juden durch betrunkene Elefanten zertrampeln lassen wollen, wovon er nur knapp abgehalten werden konnte.[98]

Es steht zu vermuten, dass die negative Darstellung des Königs zum Teil der jüdischen Apologetik entspringt und die Integration der Juden in die Herrschaft der »guten« ptolemäischen Könige einschreiben sollte, zu denen der Vorgänger Ptolemaios VI. gehörte. Wenn sich ein schlechter König wie Ptolemaios VIII. an der eigenen Familie, an der alexandrinischen Bürgerschaft und den Intellektuellen vergriffen hatte, also an allen wichtigen und staatstragenden Gruppen, dann war es folgerichtig und diente der Rechtfertigung jüdischen Lebens in Ägypten, dass ein schlechter König sich auch an ihnen vergangen haben musste.

## 7.7 Zwischen Geschwisterkrieg und Versöhnung

Im Jahr 132/131 mussten Ptolemaios VIII. und Kleopatra III. Ägypten in Richtung Zypern verlassen, denn Kleopatra II. war es gelungen, sich mit Hilfe der Alexandriner gegen den eigenen Gemahl durchzusetzen. Sie herrschte von jetzt an alleine in Alexandria.[99] Wie zuwider ihr der gemeinsame Kultname »Wohltätergöttin« war, zeigt die Tatsache, dass sie unmittelbar zu ihrem alten Titel als »Mutterliebende Göttin« zurückkehrte, dem sie noch den Zusatz »die Retterin« – Soteira – anfügte, schließlich hatte sie, wie sie es sehen wollte, Alexandria und Ägypten vor Ptolemaios VIII. bewahrt. Zum ersten Mal in der ägyptischen Geschichte seit der Pharaonin Tauseret (19. Dynastie) lag nun die Herrschaft allein in den Händen einer Frau, die die Urkunden nach ihren eigenen Regierungsjahren datieren ließ.

Der vertriebene Ptolemaios lud aus Rache an der Schwester – glaubt man den literarischen Quellen – eine schwere Blutschuld auf sich. Er tötete den gemeinsamen Sohn Ptolemaios Memphites und schickte ihn zerstückelt in einer Kiste der Mutter, die sie zu ihrer Geburtstagsfeier erhielt. Das war ein wenig rationales Handeln und ist bei einem mit Kalkül vorgehenden König, wie es Ptolemaios sicherlich einer war, schwer vorstellbar, denn damit delegitimierte er noch mehr seinen eigenen Herrschaftsanspruch gegenüber den hierüber äußerst entsetzten Alexandrinern, denen Kleopatra natürlich die Körperteile des Sohnes präsentierte.[100]

Doch Kleopatra II. konnte nicht unumschränkt in Ägypten herrschen, denn im Lande war ein Krieg zwischen Anhängern beider Parteien ausgebrochen. Der nach Ägypten zurückgekehrte König dirigierte wahrscheinlich schon seit 130 von Memphis aus die militärischen Aktionen und hatte einen fähigen ägyptischen General namens Paos an seiner Seite.[101] Auch den alexandrinischen Alexander- und Dynastiekult nahm Ptolemaios mit in sein Feldlager, um seine Legitimität zu unterstreichen. In den Urkunden hieß es z. B. im Jahr 130:

»*Im Jahr 40, Monat Thot, der Könige Ptolemaios und Kleopatra, seiner Gemahlin, der Wohltätergötter, unter dem Priester des Alexander, der Rettergötter, der Geschwistergötter, der Wohltätergötter, der Vaterliebenden Götter, der Erschienenen Götter, des Gottes Eupator, des Mutterliebenden Gottes und der Wohltätergötter, und unter dem Hieropolos der Isis, groß an ..., der Gottesmutter, und unter der Athlophore der Berenike Euergetis, und der Kanephore der Arsinoe Philadelphos und unter der Priesterin der Arsinoe Philopator, welche beim König sind.*«[102]

Die eponymen Priester zeigen, dass es Ptolemaios an propagandistischen Maßnahmen nicht mangeln ließ. So richtete er für Kleopatra III. das neue Priestertum des Hieropolos der Isis, der Großen, Mutter der Götter ein.[103] Erstmals erhielt eine Ptolemäerin damit einen Priester und nicht wie sonst eine Priesterin. Zudem identifizierte Ptolemaios die Gemahlin eindeutig mit Isis selbst, deren Titel »Gottesmutter« in den ägyptischen Tempeln gerne verwendet wurde.[104] Auch die Gleichsetzung der Königin mit einer ägyptischen Gottheit war im alexandrinischen Kult bisher noch nicht vorgekommen, zumal die Priesterinnen der Ptolemärinnen immer nach den Namen der Königin benannt waren, wie etwa »Kanephore der Arsinoe«. Aufgrund der Gleichstellung seiner Gemahlin mit Isis konnte Ptolemaios den Krieg mit der Schwester mythologisieren, denn er war damit Horus, der gemeinsam mit Isis auf dem Thron Ägyptens herrschte und die Gegnerin Kleopatra II. erhielt sethianische Züge.

Das Blatt wendete sich dann so weit zu Ptolemaios' Gunsten, dass Kleopatra II. zu einer Verzweiflungstat schritt: Sie bot ihrem Schwiegersohn, dem Seleukidenkönig Demetrios II., die Herrschaft über Ägypten an. Doch Ptolemaios hatte die Grenzfestung Pelusion in der Hand, so dass Demetrios, dem die Truppen im Jahr 129 den Einfall in Ägypten verweigerten, keine Chance auf ein Eingreifen in den ptolemäischen Geschwisterkrieg hatte. Damit war die Sache in Ägypten entschieden, Kleopatra II. floh mit dem Staatsschatz nach Syrien zu

Demetrios, während Ptolemaios 127 das widerspenstige Alexandria eroberte. Die Opposition gegen den König hatten wohl vor allem die städtischen Vereine organisiert, weshalb der König nach der Eroberung deren Ländereien in Ägypten konfiszierte und verkaufte.[105] Dem militärischen Anführer der Alexandriner, einem Mann namens Marsyas, gewährte Ptolemaios jedoch eine Amnestie.[106]

Aus welchen Gründen auch immer versöhnten sich Ptolemaios und seine Schwester schließlich im Jahr 124. Nach weiteren Unruhen in Ägypten[107] sollte dann 118 ein umfangreicher Amnestieerlass den Frieden im Land wiederherstellen:

*»König Ptolemaios und Königin Kleopatra, die Schwester, und Königin Kleopatra, die Gemahlin, sprechen alle unter ihrer Herrschaft von sämtlichen Verfehlungen frei, unwissentlichen wie absichtlichen ... und (überhaupt) allen Vergehen vor dem 9. Pharmuthi des 52. Jahres (28.4.118), außer denen, die der vorsätzlichen Tötung und des Tempelraubes beschuldigt wurden.«*[108]

In dem langen Dekret fallen die besonderen Schutzrechte für die ägyptischen und nichtägyptischen Soldaten, die Bauern und die Tempel auf. Andererseits sticht die rigide Ermahnung staatlicher Funktionsträger ins Auge, sich bei Androhung der Todesstrafe an die Maßnahmen des Königs zu halten. Die Ursache der Unruhen im Lande, die gerade in der Zeit der Schwäche der Zentralherrschaft wieder ausgebrochen waren, sah der König also im korrupten Handeln der lokalen Funktionäre, die sich gegen den Willen des Königs bereichert hatten.

Interessant an dem großen königlichen Erlass von 118 ist zudem die Bekräftigung der Tatsache, dass die Vertragssprache, also entweder das Griechische oder das Ägyptische, darüber entscheiden sollte, ob ein griechisches oder ein ägyptisches Gericht für aus dem Vertrag resultierende Rechtsstreitigkeiten zuständig war.[109] Das ist durchaus entscheidend, denn im ptolemäischen Ägypten existierten drei Rechtsordnungen nebeneinander: das ägyptische, das griechische und das mittels Erlassen verfügte königliche Recht.[110] Die Bestimmung Ptolemaios' VIII. zeigt, dass das Recht nicht an bestimmte Ethnien gebunden war, so dass auch demotisch abgefasste Verträge bekannt sind, an denen Griechen beteiligt waren. Es war sogar möglich, dass Vertragsparteien bei einem Geschäft zwischen griechischem und ägyptischem Recht flexibel wechselten.[111]

### 7.7.1 Ptolemaios VIII. und die Tempel

Bei seinem Versuch, das Land politisch und sozial zu befrieden, wollte Ptolemaios insbesondere die Priester für sich einnehmen. Natürlich garantierte er ihnen ihre Rechte,[112] zudem zeigt sich die tempelfreundliche Politik des Königs bei verschiedenen lokalen Tempeln im gesamten Land, von der Küste bis zur Südgrenze, denen er speziell jeweils bestimmte Privilegien zusicherte. Das belegt zum Beispiel eine der mit über 6 m Höhe und 3 m Breite größten freistehenden Stelen Ägyptens, die bei Unterwasserausgrabungen an der Küste des Mittelmeeres im untergegangenen Tempel des Amun, Herr des Wassers, von Thonis/Herakleion aus dem Meer geborgen wurde. Der ägyptische Denkstein zeigt im Giebelfeld unter einer geflügelten Sonnenscheibe eine typische Opferszene. Jeweils von rechts und links außen zur Mitte hin ausgerichtet opfert Ptolemaios VIII., begleitet von seinen beiden Gemahlinnen, dem Amun-Re, der Mut und sieben weiteren Göttern seiner vergöttlichten Dynastie. Darunter befindet sich ein hieroglyphischer Text, an den sich noch eine nicht mehr lesbare griechische Version anschloss. Soweit sich das der sehr lückenhaften Inschrift entnehmen lässt, ist die Stele vergleichbar mit den hieroglyphischen Stelen der frühen Ptolemäerzeit. Zunächst führten die Priester einen Lobpreis des Königs aus, der sich für die Tempel und das Land, auch seine Verteidigung gegen die Feinde – Beduinen, Nubier und Asiaten – eingesetzt hatte. Er kam damit also den zentralen Aufgaben eines Pharaos nach. Dann folgt ein Bericht über das Handeln des Königs im Kontext des lokalen Amun- und Mutkultes; auch das Götterkind Chons spielt eine Rolle. Während eines königlichen Besuches im Jahr 144 wandten sich, wie man weiterhin erfährt, die Priester des Tempels mit einer Eingabe an ihn, in der sie ihn auf verschiedene Unstimmigkeiten im Verhältnis des Staates zu ihrem Heiligtum hinwiesen und dabei auf positive Präzedenz der Vorzeit, sei es der Zeit vorheriger Ptolemäer, aber auch des einheimischen Pharaos Amasis (reg. 570–526) und des persischen Pharaos Dareios (reg. 522–486) verwiesen. Letztlich ging es wohl um finanzielle Zuweisungen an den Tempel und dessen Asylrecht, was der König 118 dann auch alles zugestand. Sehr wahrscheinlich war der nicht mehr erhaltene griechische Teil der Stele eine Kopie des königlichen Beschlusses hierüber.[113]

Die Priester konnten auch andere Wege als eine gigantische Stele wählen, um zu zeigen, dass sie mit ihren Bitten direkten Zugang zum Ohr des Königs hatten. So errichteten die Priester von Philae mit Erlaubnis des Königs einen Obelisken, auf dem sie in griechischer Sprache eine komplette Kopie ihres Briefwechsels mit dem Herrscher festhielten, der ihnen ebenfalls ihre angestammten Rechte und vor allem den Schutz vor Einquartierung staatlicher Funktionäre auf Durchreise zusicherte, denn dadurch hatte »das Heiligtum Schaden erlitten«.[114] Ein anderer Fall aus dem Jahr 139 zeigt, wie sich der König für einen Tempel im Faijum einsetzte, dem er die Einkünfte, möglicherweise sogar diejenigen aus der Prostitution, garantierte.[115] Das übliche Argument der Priester, um ihren Willen beim König durchzusetzen, und auch die übliche Begründung des Königs für sein Wohlwollen gegenüber den Tempeln ist, dass die Priester dazu in der Lage sein wollten und sollten, die Opfer bei den Göttern für das Heil des Königs und seiner Familie in den Tempeln auszuführen.[116]

So erfreuten sich die einheimischen Eliten weitgehenden Schutzes, was es auch mit sich brachte, dass nun Ägypter verstärkt in wichtige Führungsämter gelangten. Ein markantes Beispiel hierfür sind der Epistratege Oberägyptens Paos und der ptolemäische Finanzminister Archibios alias Horchebi.[117]

## 7.7.2 Ptolemaios' VIII. gelungener Ausgleich

Es gibt, wie dargelegt, ein durch die antike Literatur gezeichnetes Bild Ptolemaios' VIII., das ihn als grausam, opulent, prunkend, rücksichtslos und böse präsentiert. Dieses Bild ist vor allem durch die romfreundliche Überlieferung geprägt, bedient literarische Topoi und ist deshalb zu hinterfragen. Richtig ist sicherlich, dass Ptolemaios wie kaum ein anderer Ptolemäer einer Selbstdarstellung nach dem Herrscherideal der *tryphé* nacheiferte, und seine Münzen und Statuen zeigen zudem einen durchaus übergewichtigen König. Dass er sich aber in irgendeiner Weise mehr als andere Herrscher an den Eliten und der Bevölkerung vergangen hätte, lässt sich in den zeitgenössischen Quellen nicht nachweisen. Es fällt vielmehr eine Kontinuität der Verwaltungseliten im Lande selbst auf, was an einem kompletten Bruch mit der Herrschaft seines Bruders zweifeln lässt.[118] Zudem zeichnet bereits eine Amnestieerklärung für von ihrem Besitz Geflohene aus dem Jahr seines Herrschaftsantritts 145 das Bild eines Königs, dem an Versöhnung sehr wohl gelegen war, der sich weiterhin besonders um die Soldaten kümmerte, der aber auch den ägyptischen Priestern ihre Rechte garantierte.[119] Am Ende seiner Herrschaft hatte sich Ptolemaios nicht nur intensiv um die Wiederherstellung des sozialen Friedens im Lande gekümmert, sondern auch alles für einen Ausgleich mit seiner Schwestergemahlin getan. Ein sicherlich wichtiges Zugeständnis an sie war, dass er den gemeinsamen Sohn Ptolemaios Memphites, den er angeblich grausam ermordet und zerstückelt hatte, in den alexandrinischen Alexanderkult unter dem Titel Ptolemaios Neos Philopator aufnahm.[120] Im Nachhinein wird aus dem Mörder des Sohnes also ein vom Sohn geliebter Vater.[121]

Festzuhalten bleibt deshalb, dass gerade die ägyptische Dokumentation dem von den literarischen Quellen vorgestellten grausamen und unvernünftigen König vollkommen widerspricht. Sie präsentiert uns einen Herrscher, der sich intensiv um die Verhältnisse in Ägypten gekümmert hatte. So verhielt sich der achte Ptolemäer letztlich wohl nicht wesentlich anders als seine Vorgänger, deren Herrschaftshandeln und Repräsentation er ebenfalls gefolgt war.

Lange Zeit konnte der achte Ptolemäer sich seiner nach dem Geschwisterkrieg erneut errungenen Herrschaft jedoch nicht erfreuen, denn nur zwei Jahre nach der Versöhnung mit Kleopatra II. starb er im Alter von etwa 65 Jahren, am 28. Juni 116. In der Bauinschrift des Tempels von Edfu heißt es:

»Im 54. Regierungsjahr dieses Königs, 2. Monat der Schemu-Jahreszeit, 11. Tag, nachdem der Fundamentgraben der (Umfassungs)mauer, des großen Hofes und des Pylonen ausgehoben waren und ihr Strick gelöst wurde, öffnete der Falke seine Flügel himmelwärts«.[122]

### 7.7.3 Die Lage an der Südgrenze Ägyptens

In die 60er Jahre des zweiten Jahrhunderts fällt der Ausbau der ptolemäischen Präsenz in Nubien, das seit dem entschiedenen Auftreten Roms im Mittelmeerraum als einziger Expansionsraum für den König verblieben war. Sogar die Marinebasen in der Ägäis hatte Ptolemaios VIII. aufgeben müssen.

Ägyptens südliche Grenze lag seit jeher am ersten Nilkatarakt. Hierbei handelte es sich um nicht schiffbare Nilschwellen, um die herum die Schiffe zu Land gezogen werden musste. Die Insel Philae am südlichen Ende des Katarakts, oder in alter Zeit die das nördliche Ende markierende Insel Elephantine[123] bildeten die Grenzorte des Landes. Das südlich davon gelegene Nubien hatten die Pharaonen alter Zeit immer wieder erobert (und häufig wieder verloren). An den ersten Katarakt schloss sich in Unternubien das sogenannte Zwölfmeilenland, die Dodekaschoinos, an, die zwölf ägyptische Meilen, also ca. 126 km umfasste. Diese Region wiederum war Bestandteil des sogenannten Dreißigmeilenlandes, der Triakontaschoinos. Hierbei handelt es sich um das Gebiet zwischen dem ersten und zweiten Katarakt, was ca. 315 km Länge entspricht.

In frühptolemäischer Zeit war es zu Einfällen von Nubiern ins oberägyptische Grenzgebiet gekommen, weshalb Ptolemaios II. einen Feldzug nach Unternubien geführt und einen Teil hiervon, wohl das Zwölfmeilenland, seinem Reich hinzugefügt hatte.[124] Spätestens seit der Mitte des zweiten Jahrhunderts riegelten drei Festungen, eine auf der Insel Elephantine, eine im gegenüberliegenden Syene und eine bei Philae mit unklarer Lokalisierung, die Grenze Ägyptens nach Süden ab. Verbunden waren Anfang und Ende des Katarakts durch einen am Nilufer verlaufenden 10 Meter hohen und 5 Meter dicken Wall, der 10 Kilometer von Philae bis nach Syene/Assuan führte und den erstmals Sesostris II. im Mittleren Reich angelegt hatte.[125]

Den hohen Stellenwert des Grenzgebietes für die Ptolemäer erkennt man auch daran, dass der Isistempel auf Philae unter Ptolemaios II. neu gebaut wurde und sich sehr schnell zu einem bedeutenden ägyptischen Heiligtum entwickelte.

**Abb. 11:** Der Isistempel und seine Nebenheiligtümer auf der Nilinsel Philae nach der Versetzung auf die Insel Agilkia infolge des Baus des Assuanstaudamms (Photo: Holger Kockelmann).

Um die Priesterschaft an sich zu binden, übereignete möglicherweise bereits Ptolemaios II. dem Tempel die Einkünfte aus dem Zwölfmeilenland.[126] Ptolemaios VI. wiederholte diese Schenkung am 29. Juli 157, wovon ein monumentaler, aus dem anstehenden Fels herausgearbeiteter ägyptischer Denkstein im Festhof des Tempels von Philae, an der Front des zweiten Pylons, Zeugnis ablegt. Der König vermachte nach Auskunft dieser sogenannten Dodekaschoinos-Stele der Isis von Philae die kompletten Steuereinnahmen des Zwölfmeilenlandes mitsamt der Verfügung sowohl über die Ackerprodukte als auch über die Steinbrüche, die Gewächse, alle Nutztiere und alle dort lebenden Menschen. Damit war die Dodekaschoinos rechtlich gesehen »heiliges Land« (*hiera ge*), dessen Verwaltung und Ausbeutung dem Tempel der Isis oblag. Hinzu sollte noch eine Beteiligung von 10 Prozent an den Exportsteuern kommen.[127]

Die Wiederholung der Schenkung durch Ptolemaios VI. war nötig gewesen, weil die Region während der großen oberägyptischen Erhebung ab 205 den Ptolemäern verloren gegangen war. Die Meroiten hatten ihre Herrschaft bis in die Grenzgegend ausgedehnt,[128] doch konnte Ptolemaios V. nach dem Sieg über die einheimischen Gegenpharaonen im Jahr 186/185 Philae wieder seiner Herrschaft unterstellen und bereits kurze Zeit später muss dann mit der militärischen Rückgewinnung des Zwölfmeilenlandes begonnen worden sein.[129] Auf der Insel Philae finanzierten nun sogar ptolemäische Soldaten in den späten 70er Jahren des zweiten Jahrhunderts einen Tempelbau:

»*Für das Heil des Königs Ptolemaios, des Mutterliebenden Gottes, und der Königin Kleopatra, der Schwester, Kinder des Ptolemaios und der Kleopatra, (haben gestiftet den Tempel) dem Arensnuphis [N.N.], der Festungskommandant und die Mitglieder der Synode des Herakles, die das Heiligtum errichtet haben.*«[130]

Auf Elephantine wiederum sorgte der sechste Ptolemäer im Jahr 165 gemeinsam mit seinen Koregenten Ptolemaios VIII. und Kleopatra II. für die Finanzierung des Neubaus des Tempels der Satet, wie es ein demotisches Graffito bezeugt.[131] Diese und andere Bauprojekte aus den 170er bis 150er Jahren dokumentieren eine starke militärische Präsenz in der Grenzregion Ägyptens und zudem die enge Bindung der fremden Soldaten und ihrer Anführer an die lokalen Kulte. So konnte letztlich auch das Gebiet bis zum zweiten Katarakt, das Dreißigmeilenland, erobert werden. Den ersten Beleg hierfür liefert eine Stele, die die ägyptischen Priester von Elephantine dem sechsten Ptolemäerpaar zwischen 152 und 145 weihten. Der Begünstigte der Weihung ist der wichtige ptolemäische Funktionär Boethos, Sohn des Nikostratos,[132] der im Auftrag des Königs die Region südlich der ägyptischen Grenze erobert und dort, wie wir der Stele entnehmen können, sogar zwei Städte mit den dynastischen Namen Philometoris und Kleopatris angelegt hatte. Zum ersten Mal seit gut 100 Jahren gründeten die Ptolemäer also wieder Städte – diesmal nicht in der Mittelmeerwelt, wo sie ihre Herrschaft verloren hatten, oder am Roten Meer, das bereits gut durch ein Hafennetz erschlossen war, sondern in einem erneut eroberten Raum. Es ist unbekannt, wo die beiden Neugründungen lagen, doch ist strategisch gesehen zu vermuten, dass sie sich an den Stellen befanden, wo die noch im 20. Jahrhundert vorhandenen, großen und massiven ägyptischen Festungen des mittleren Reiches lagen, also z. B. in Buhen – hier hätte man auch die alten, teilweise immer noch stehenden Festungsanlagen wiederverwenden können.

Am Beispiel des Stadtgründers und ptolemäischen Funktionärs Boethos lässt sich zudem eine wichtige Beobachtung machen: Es hat zunächst den Anschein, dass die Aufgaben zwischen staatlichen Funktionären und Priestern klar getrennt waren, dass die ersteren für die militärische Verwaltung und die letzteren für die wirtschaftlichen Belange der Region zuständig waren. Das ist aber nur die halbe Wahrheit, denn der Festungskommandant von Syene und Oberbefehlshaber der Dodekaschoinos Herodes von Pergamon hatte als Prophet des Chnubis und Oberankleidepriester der Heiligtümer von Elephantine, im Abaton und in Philae wichtige ägyptische Priesterämter inne. Es lagen also enge Kontakte zwischen Funktionären und Priestern vor, die es ihnen möglich machten, die Funktionäre für ihre Interessen zu gewinnen. Das zeigt ein Beispiel aus dem Faijum, wo ein gewisser Apollophanes, Sohn des Bion, sich beim König für den Wiederaufbau eines Tempels einsetzte. Er war zwar kein Priester des

Heiligtums, doch zeigt seine Initiative die enge Verbindung des Mannes zu der dort verehrten Gottheit und ihrer Priesterschaft.[133]

Die Durchlässigkeit zwischen Priesterschaft und Militär war aber keinesfalls einseitig und ethnisch gebunden.[134] Aus El-Hesa, der Insel, auf der sich die Nekropole der Priester des Isistempels von Philae befand, stammt die Grabstele eines gewissen Petiese, eines ägyptischen Propheten im Heiligtum des Chnum und der Isis, der gleichzeitig Standartenträger des ersten Gaues, Führer von fünf Fähnlein-Abteilungen ägyptischer Soldaten und Soldat in der Festung Elephantine war.[135] Damit stellte Petiese aufgrund der Verbindung von Prophetenamt und militärischer Tätigkeit im Dienst der Ptolemäer wohl so etwas wie das ägyptische Pendant zu Herodes dar. Gedient hat Petiese, wie er in seiner Grabstele schreibt, unter vier Königen – gemeint sein dürften mit einiger Wahrscheinlichkeit Ptolemaios VI. bis X. In dieser Zeit nahm er an zehn Feldzügen nach Nubien teil, dürfte also im Gefolge des Boethos an der Eroberung des Dreißigmeilenlandes beteiligt gewesen sein.

# 8

# Ptolemaios IX., X. und XI.

Für die Geschichte des ausgehenden zweiten und die erste Hälfte des ersten Jahrhunderts fehlt eine erzählende literarische Quelle, die vergleichbar ausführlich wie Polybios zu den vorangegangen Zeiten die Geschichte der Ptolemäer mit behandelt. So lassen sich für die Zeit bis zur Herrschaft des zwölften Ptolemäers vor allem Sehepunkte aufweisen, aber kein durchgehender erzählerischer »roter Faden« entwerfen. Grundsätzlich ergibt sich folgender Handlungsrahmen: Zwar hatten Ptolemaios VIII. und Kleopatra II. einen Ausgleich gefunden, doch warf der Geschwisterkrieg seinen Schatten bis weit in die nachfolgenden Jahrzehnte hinein. So war die Zeit Ptolemaios' IX. Philometor Soter alles andere als ruhig, denn er stand in Konkurrenz zu seinem jüngeren Bruder Ptolemaios X. Alexander I., den seine Mutter Kleopatra III. favorisierte. Gegen ihren Willen, der verstorbene König hatte eigentlich ihr die Entscheidung über die Regelung der Thronfolge anheimgestellt,[1] lenkte der ältere Bruder zunächst von 116–107 das Reich. Er wurde jedoch nach Zypern vertrieben, das er von 106–88 als König beherrschte. Im Jahr 88 gelang es ihm, nach Alexandria zurückzukehren, wo er die Königsherrschaft bis zu seinem Tod im Jahr 80 ausüben konnte. Zwischenzeitlich gab es sogar drei ptolemäische Könige nebeneinander, die ihre Macht über unterschiedliche Teile des Ptolemäerreiches ausübten: Ptolemaios IX. als König in Zypern, Ptolemaios X. als König in Ägypten und einen weiteren Sohn des achten Ptolemäers, Ptolemaios Apion, als König in Kyrene (spätestens 100–96). Letzterer vermachte sein Reich testamentarisch an Rom, das *Cyrenae* aber erst 75/74 provinzialisierte. Warum Rom derart lange damit gewartet hatte, bleibt unklar. Allem Anschein nach war man im Senat nicht erpicht darauf, direkte militärische Verantwortung für das Überseegebiet zu übernehmen und begnügte sich mit der Verpachtung der ehemals königlichen Güter, wohingegen den Städten der Status der Autonomie und Freiheit belassen wurde.[2]

## 8.1 Die erste Herrschaft Ptolemaios' IX. in Alexandria

Gegen den Wunsch Kleopatras III. hatten die Alexandriner Ptolemaios IX. als König eingesetzt. Es ist durchaus möglich, dass Kleopatra II. ihren Anteil an dieser Ausbootung der dritten Kleopatra hatte, denn möglicherweise war Ptolemaios IX., anders als es die antike Literatur angibt, ihr Sohn und nicht der Kleopatras III.³

Der Wille der Alexandriner war zu akzeptieren und so übten Kleopatra II., die nach dem ersten Jahr starb, Kleopatra III. und Ptolemaios IX. die Herrschaft zusammen aus. Der neue König erhielt den Kultnamen Philometor Soter – »der Mutterliebende, der Retter«. Er bezog sich deutlich auf seine Mutter, also wohl Kleopatra II. und nicht, wie üblich angenommen, Kleopatra III., denn mit dieser Wendung verwies er auf den gleichlautenden Kultnamen der zweiten Kleopatra während ihrer Alleinherrschaft zwischen 131 und 124 als »Mutterliebende Göttin, Retterin« – *Thea Philometor Soteira*.

**Abb. 12:** Kleopatra III. und Ptolemaios IX. beim Opfer vor Amun, Mut und Chons im Tempel von Deir el-Medine. Die Königin als eigentliche Machthaberin steht vor dem König (entspricht: P. du Bourguet, Le Temple de Deir al-Medina. Textes edites et Indexes par Luc Gabolde, Kairo 2002, Nr. 183; Photo: Stefan Pfeiffer).

Ptolemaios IX. musste sich, möglicherweise um einen Kompromiss mit Kleopatra III. zu erwirken, von der Schwestergemahlin Kleopatra IV. trennen und eine andere Schwester namens Kleopatra Selene heiraten.⁴ Allerdings blieb der neuen Gemahlin die Würde der Mitherrschaft verwehrt, denn sie erscheint nicht in den Datierungsformeln der offiziellen Urkunden.[5] Der neue König hielt zudem keinesfalls die Macht in seinen Händen, denn in den Datierungsformeln der Urkunden erscheint er *nach* Kleopatra II. und III.[6] Das zeigen auch Tempelreliefs, auf denen er beim Opfer hinter der Königin dargestellt werden kann.[7]

Als Pharao erhielt Ptolemaios eine entsprechende Titulatur: Sein Horusname lautete: »Prächtig ist sein Erglänzen zusammen mit dem lebenden Apis, göttlich an Erscheinungsformen, der sich zur Geburtsstätte des Sohnes der Isis gesellt.« Der Name der beiden Herrinnen, also Kronengöttinnen, hatte die Wendung: »Seine Mutter hat ihn erscheinen lassen auf dem Thron seines Vaters, er hat die beiden Länder (das Erbe der beiden Länder) im Triumph in Besitz genommen.« Ganz deutlich zeigt sich hier die bedeutende Position der Königsmutter, die für die Thronfolge gesorgt hatte. Das sagt dann auch der Thronname des Königs mit der Wendung »Der Erbe des Wohltätigen Gottes (Ptolemaios' VIII.) und der Mutterliebenden Göttin, der Retterin (Kleopatra II.), der Erwählte des Ptah, der die Maat des Re verwirklicht, das lebende Abbild des Amun.« Mit dem Verweis auf »die Mutterliebende Göttin, die Retterin« griffen die Priester, die die Titulatur geschaffen hatten, also die Herkunft des neuen königlichen Kultnamens als »Mutterliebender und Retter« auf. Nach Auskunft des Gold-(horus)namens war Ptolemaios einer »der Ägypten empfängt, er herrscht in Freude, der Herr der Sed-Feste des Ptah-Tatenen, des Vaters der Götter, und (Herr) des Königtums des Atum, der Fürst, der die Gesetze aufrecht erhält wie der zweimalgroße Thot«. Der in Kartusche geschriebene Eigenname Ptolemaios erhielt den Zusatz »er lebe ewiglich, geliebt von Ptah«.

Über die Herrschaftspraxis Kleopatras III. und Ptolemaios' IX. lässt sich vor allem sagen, dass innenpolitisch die Rahmenrichtlinien des Vorgängers weitergeführt wurden. So kümmerte sich das Königspaar um die Beziehungen zu den Priesterschaften an der Grenze zu Nubien und reiste im zweiten Regierungsjahr nach Elephantine, wo der König Opfer für Satis von Elephantine anlässlich der Ankunft des »großen Gottes Nil« zu Beginn der Nilflut vollzog. Die Priester des Chnum- und Satistempels von Elephantine nutzten die Gelegenheit, um die Königin und den König um die Gewährung von Naturalzuweisungen für das Gottesopfer zu bitten; auch weitere Gunsterweise, die bereits Ptolemaios VIII. in seinem letzten Regierungsjahr getätigt hatte, bestätigte die Königin.[8] Hier zeigt sich, wie wichtig Syene, das heutige Assuan, und die gegenüberliegende Nilinsel Elephantine für die religiöse Topographie Ägyptens waren. Nicht nur lag in dieser Region, angrenzend an das etwas südlicher gelegene Philae, die Südgrenze des Landes, sondern in Elephantine verorteten die Ägypter auch seit frühster Zeit eine der Quellen des Nils oder richtiger der Nilflut. So heißt es in den Pyramidentexten (864b, 1908c) aus dem Alten Reich zum Fluss: »Du empfängst dieses dein reines Wasser, das aus Elephantine hervorkommt«. Auch dem großen Partnerheiligtum von Elephantine, dem Tempel der Isis auf der nahe gelegenen Nilinsel Philae, stattete Ptolemaios IX. einen Besuch ab.[9]

Außenpolitisch stellte sich die neue Herrschaft in die Tradition der Romfreundschaft, ebenso wie sich der römische Senat nach dem Tod des verachteten feisten Ptolemaios' VIII. darum sorgte, dass die alexandrinischen Könige willfährige Freunde Roms blieben.[10] So sind Gesandtschaften zur Inspektion nach Ägypten gekommen, von denen eine aus dem Jahr 112 durch einen Papyrus bekannt ist. Dieser berichtet von den für den Besuch nötigen Vorbereitungen und zeigt, wie sehr der König danach trachtete, römische Gesandte großzügig zu versorgen:

*»Dem Asklepiades. Lucius Memmius, ein Römer von denen aus dem Senat, der in recht hoher Wertschätzung und Ehren steht und eine Segelfahrt von der (Haupt)stadt aus in den arsinoitischen Gau zu Besichtigungszwecken unternimmt, soll recht hochherrschaftlich empfangen werden. Sorge dafür, dass an den zukommenden Orten die Höfe vorbereitet sind, und von diesen aus die Landungsstege ... fertiggestellt und ihm auf dem Landungssteg die unten angeführten Gastgeschenke entgegengebracht werden – die Dinge für die Ausstattung des Hofes, das für den Petesuchos und die Krokodile bestimmte Brot, die Dinge bezüglich der Besichtigung des Labyrinths, die für ... festgesetzten Opfergaben und des Opfers ... Insgesamt trage in allem die größte Sorgfalt, den Mann wohlgesonnen zu machen, und wende allen Eifer auf...«*[11]

Dem Römer sollte also die Möglichkeit eines Besuchs beim Krokodilgott Sobek (Petesuchos) gegeben werden. Hierfür stellten die Behörden Brote bereit, denn es ist davon auszugehen, dass sich der Senator bei einer touristischen Attraktion, der Fütterung der Krokodile am heiligen See der Gauhauptstadt Arsinoe (Krokodilopolis) aktiv beteiligen wollte.[12] Mit dem Labyrinth, das Memmius ebenfalls zu besuchen gedachte, ist die Pyramidenanlage Pharao Amenemhets III. aus dem Mittleren Reich gemeint, der maßgeblich für die erste Urbarmachung der Region gesorgt hatte.

Insgesamt scheint die Lage in Ägypten selbst aber äußerst unsicher gewesen zu sein, auch deshalb, weil Ptolemaios IX. nicht in der Lage gewesen war, die Disziplin im Heer aufrecht zu erhalten. Darauf deutet zumindest die Tatsache hin, dass sich Soldaten zu Banden zusammengeschlossen hatten, um gemeinsam in Dörfern die Häuser von königlichen Bauern auszurauben.[13] Allem Anschein nach hatten also die Maßnahmen, die Ptolemaios VIII. zum Schutz der Bauern und Priester vorgenommen hatte, dazu geführt, dass jetzt das Heer nicht mehr ausreichend versorgt wurde. Nicht nur den Rückhalt im Heer hatte Ptolemaios IX. verloren: Bereits seit dem Jahr 110 verschlechterte sich zudem die Stimmung zwischen ihm und Kleopatra III., so dass der König gezwungen war, Ägypten im Spätherbst 107 zu verlassen. Das musste er nicht allein auf Betreiben der Kleopatra,[14] sondern vor allem deshalb, weil es ihm an Unterstützung in der alexandrinischen Bevölkerung mangelte, also den Kreisen, die geholfen hatten, ihn überhaupt erst auf den Thron zu bringen. Kleopatra III.

wiederum hatte sich in der Zwischenzeit ausgezeichnet mit den zivilen und militärischen Entscheidungsträgern vernetzt. Auch kultisch hatte sie ihre Stellung etwa mit dem mehrgliedrigen Kulttitel Philometor Soteira Dikaiosyne Nikephoros – Mutterliebende, Rettende, Rechtgewährende, Siegbringende – gesichert. Seit 115 verfügte sie zudem über insgesamt vier verschiedene Priester: Neben dem bereits erwähnten Hieropolos war das eine Stephanephoros, eine Phosphoros und eine »Priesterin« der Kleopatra.[15] Hinzu kam dann etwa 107/106 ein fünfter »Priester der Königin Kleopatra, der Göttin Aphrodite und der Mutterliebenden«. Dieser war erstens ein Pendant zum Hieropolos, der für ihre ägyptische Erscheinungsweise als Isis zuständig war, der sie nun ihrer griechischen Göttlichkeit als Aphrodite eine Entsprechung gab. Andererseits weist der Titel aber auch auf ihre Mutter und größte Konkurrentin Kleopatra II. zurück, zu der sie nun mit dem neuen Beinamen ihre scheinbare Verbundenheit zum Ausdruck brachte, um einen in Wirklichkeit nicht vorhandenen Konsens zu suggerieren.

## 8.2 Die Herrschaft Ptolemaios' X. Alexander I.

Ptolemaios X., der Sohn Kleopatras III., war während der Herrschaft seines Bruders seit 114/113 König Zyperns gewesen.[16] Als letzterer hierhin floh, brachte sich der zehnte Ptolemäer in Sicherheit und begab sich zu seiner Mutter nach Alexandria. Hier übernahm er unmittelbar die Position des geflohenen älteren Bruders als alexandrinischer König. Da sein ursprünglicher Name Alexander war, er aber aus dynastischen Gründen den Namen Ptolemaios annahm, führen ihn die Urkunden als Ptolemaios Alexander. Er und seine Mutter wurden im Dynastiekult als »Mutterliebende Götter, Retter« verehrt.[17] Die stärkere Position der Mutter auch in dieser Konstellation kommt darin zum Ausdruck, dass sie als erste in den Datierungsformeln genannt ist.[18]

Als Pharao erhielt Ptolemaios X. Philometor den Horusnamen »Mit göttlichem Leib, mit dem sich der lebende Apis in der Geburtsstätte vereinigt hat, der vollkommene Jüngling, mit süßer Beliebtheit, den seine Mutter auf dem Thron seines Vaters erscheinen lassen hat, kräftig ist sein Arm, der die Fremdländer schlägt, der mit seiner Macht wie Re erobert, wenn er am Horizont erstrahlt«. Wie bei seinem älteren Bruder ist also deutlich die Inthronisation durch die Mutter zum Ausdruck gebracht, was sich in ihrer tatsächlich dominierenden Rolle spiegelt. Der Name der Kronengöttinnen lautete: »Der die beiden Länder beruhigt/gedeihen lässt, starker Stier, der über den See der Ewigkeit regiert.« Der Gold(horus)name verweist neben stereotypen Formulierungen göttlicher

Erwählung auf die erwünschte militärische Legitimation: »Der Hochherzige, geliebt von den Göttern Ägyptens, Fürst und Herrscher der beiden Uräusschlangen, er hat das Land Ägypten in Frieden betreten, während seine Soldaten jubelten und die Götter und Göttinnen ihn schützten/bewachten, dem von Ptah-Tatenen, dem Vater der Götter, überaus viele Sed-Feste gegeben sind, dem das Königtum des Re in Macht und Stärke von Amun gegeben worden ist, dem Herrn der Maat, der die Maat verwirklicht, der die Gesetze aufrecht erhält wie der zweimalgroße Thot.« Man erkennt an solch ausführlich langen Herrschernamen, die selbstverständliche Königsideale ausformulieren, die prekäre Situation, in der sich der neue Pharao befand, gleichzeitig gibt es entscheidende neue Elemente – er hat Ägypten in Frieden betreten –, die deutlich die politische Situation seiner Ankunft in Alexandria umschreiben. Der in der Kartusche geschrieben Thronname lautet dann noch: »Der Erbe des wohltätigen Gottes und der wohltätigen Göttin, der weiblichen Re, erwählt von Ptah, der die Maat des Re verwirklicht, lebendes Abbild des Amun«, der in Kartusche geschriebene Eigenname zeigt die Doppelnamigkeit des Königs: »Ptolemaios, der auch Alexander genannt wird, er möge ewiglich leben, geliebt von Ptah.«[19] Die Anrufung als »Gott, der seine Mutter liebt« schließlich entspricht seinem griechischen Kulttitel.

Der nach Zypern geflohene Ptolemaios IX. wiederum war aufgrund seiner vormaligen Tätigkeit als Statthalter der Insel, als Stratege und Flottenadmiral, als Oberpriester und Oberjäger (*strategos kai nauarchos kai archiereus kai archikynegos*) mit den dortigen Verhältnissen bereits gut vertraut und fand sicherlich auch deshalb schnell Anhänger. Kleopatra III. sandte ihm jedoch ein Heer hinterher, so dass er schließlich weiter in das nordsyrische Seleukeia floh. Hier unterstützte er den Seleukiden Antiochos IX. Kyzikenos in einem militärischen Konflikt mit dem jüdischen Königreich der Hasmonäer unter Hykranos I. Bald konnte er wieder nach Zypern zurückkehren und seine Herrschaft festigen, ohne dass Kleopatra, von der sogar Militärführer zu Ptolemaios IX. überliefen, etwas dagegen ausrichten konnte. Zwischen Antiochos IX. Kyzikenos und dessen Neffen Antiochos VIII. Grypos war es in der Zwischenzeit zu Thronstreitigkeiten gekommen, die der Hasmonäer Alexander Iannaios im Jahr 103 militärisch für sich auszunutzen versuchte. Ptolemaios IX. begab sich in dieser Konfliktkonstellation auf Bitten der von Alexander Iannaios bedrohten Stadt Ptolemais (Akkon) mit 30 000 Soldaten nach Syrien. Als er aber vor der Stadt, die er retten sollte, ankam, wollte ihn die Stadtbevölkerung dann doch nicht einlassen – es hatte einen Stimmungswechsel in der Bürgerschaft gegeben. Gleichzeitig brach Alexander Iannaios die Belagerung von Ptolemais ab und bat Kleopatra III. um Hilfe gegen den angerückten Ptolemaios IX. Dieser wiederum errang gegen das zahlenmäßig überlegene Heer des Alexander Iannaios einen großen Sieg und seine Soldaten »richteten ein solches Blutbad an, dass ihre Waffen stumpf wurden und ihre Arme erlahmten«. Zwischen 30 000 und 50 000 Juden sollen gefallen sein. Doch damit nicht genug: Ptolemaios verwüstete angeblich sogar die Gegend und ließ die Kinder »in Stücke hauen und diese in Kessel mit siedendem Wasser zu werfen«.[20] Das ist eine mehr als unglaubhafte Schilderung. Zweifelsfrei konnte Ptolemaios aber die Stadt Ptolemais einnehmen. Kleopatra sah sich daraufhin zum Handeln gezwungen und begab sich an der Spitze eines Heeres nach Koilesyrien, ihr Sohn Ptolemaios X. führte die Flotte. Den Oberbefehl vertraute die Königin zwei Juden ihres Hofes namens Chelkias und Ananias an. Ptolemaios IX. sah jetzt die Gelegenheit gekommen, das schutzlos geglaubte Ägypten wiederzugewinnen, was ihm aber nicht gelang.[21]

Entscheidend für die weitere Entwicklung war schließlich, dass Kleopatra III. im Jahr 101 starb, angeblich brachte ihr eigener Sohn Ptolemaios X. sie ums Leben.[22] Trotzdem behielt er seinen Kultnamen als »Mutterliebender Gott« bei. Gemeinsam mit seiner Gemahlin Kleopatra Berenike III., der ältesten Tochter seines konkurrierenden Bruders, herrschte er seit dem Tod der Mutter unter dem Titel »Mutterliebende, Rettende Götter« bis zu einer alexandrinischen Erhebung, wegen der er 88 das Land verlassen musste. Er fiel wahrscheinlich im Frühjahr 87 in einem Seegefecht gegen die Flotte seines Bruders.[23] Nach römischen Quellen soll er zuvor sein Königreich testamentarisch an Rom vermacht haben. Falls es das Testament wirklich gegeben hat, so kümmerte sich Rom auf jeden Fall nicht um seine Einhaltung.[24]

Über die Herrschaftspraxis des im Bruderkonflikt stehenden Königs ist wenig bekannt. Wie sein Vater und sein Bruder, so hatte auch er versucht, innenpolitisch durch Zugeständnisse an die Priesterschaften die Ruhe im Land aufrecht zu erhalten. Exemplarisch hierfür stehen zwei Asylverleihungen, die eine an den Tempel des Horus von Athribis,[25] die andere für den Gott Heron und die Göttin Isis Sachypsis im Faijum.[26] Selbst einzelne Priester konnten auf die Unterstützung des Königs zählen, wie es das Beispiel des Petesis aus Memphis zeigt, der Oberbestatter des Osorapis und des Osormnevis, also der beiden verstorbenen wichtigen Stiere Apis und Mnevis war. Er, der schließlich die für das Heil des Königs und der Königin »bestimmten Gebete und Opfer darbringe«, damit den Herrschern »Gesundheit, Sieg, Kraft, Gewalt und Herrschaft über die Länder unter dem Himmel« gegeben werde, hatte sich im Jahr 99 beschwert, ständig von königlichen Beamten drangsaliert zu werden. Der König erlaubte ihm deshalb, eine Tafel an seinem Haus anzubringen, auf der dem Priester gewährte königliche Schutz seines Hauses und seiner Person in griechischer und demotischer Sprache festgeschrieben wurde.[27] Dieser Schutz sollte sicherlich dazu dienen, Funktionäre davon abzuhalten, den Priester zu öffentlichen Diensten heranzuziehen oder ungerechtfertigte Steuern gewaltsam bei ihm einzutreiben.

Seinen Vater nahm sich Ptolemaios auch in Bezug auf die herrscherliche Selbstdarstellung zum Vorbild, denn er soll genauso feist gewesen sein und sich ähnlich verhalten haben:

»*Dem Herrscher über Ägypten wurde von den Volksmassen Hass, von seiner Umgebung jedoch Schmeichelei entgegengebracht. Er lebte in großem Luxus und war nur dann in der Lage, zu Fuß zu gehen, wenn er von zwei Dienern gestützt wurde. Aber zu Tanzveranstaltungen anlässlich der Symposien sprang er von hochgelegenen Klinen barfuß herab und führte die Tänze eleganter als jene aus, die sie eingeübt hatten.*«[28]

## 8.3   Die zweite Herrschaft Ptolemaios' IX. Soter II.

Im Jahr 88 konnte der ältere Sohn der dritten Kleopatra in seinem 54. Lebensjahr, und jetzt mit dem Titel Siegbringer – Nikephoros – versehen, wieder unbestritten die Herrschaft in Alexandria übernehmen. Auf den Kultnamen Philometor verzichtete er seitdem, sicherlich um sich deutlich vom Bruder abzusetzen – und ließ sich nur noch als Retter – Soter – verehren.[29] Damit konnte er z. B. einerseits auf die Rettung Ägyptens vor seinem Bruder anspielen, andererseits aber auch auf den Begründer der Dynastie rückverweisen. Zudem änderten die Priester seine ägyptische Titulatur, indem sie Bezug auf die Wiederkunft des Pharaos nahmen. In seinem Namen der Kronengöttinnen hieß es jetzt: »Groß an Kraft, der das Mittelmeer schützt/regiert, der das Erbe der beiden Länder im Triumph in Besitz nimmt, dessen Herz vortrefflich ist vor den Göttern und Göttinnen/Menschen, seine Majestät wird in Freude von seinen Truppen gerufen.« Auch der Gold(horus)name greift die Rückkehr des Königs aus Zypern auf, die, wie es der Name der Kronengöttinnen gezeigt hat, auch auf den Willen des Militärs – der Truppen – geschehen war:[30] »Der Ägypten empfängt, der in Jubel herrscht, Herr sehr zahlreicher Sed-Feste wie sein Vater Ptah-Tatenen, Herrscher der Götter, der empfangen hat das Königtum des Re mit Kraft und Sieg, der Fürst, der gerecht richtet, der die Gesetze aufrecht erhält, zweimal großer Thot.« Das ägyptische Epitheton ist jetzt nicht mehr »Der Gott, der seine Mutter liebt« (= Philometor), sondern »der Gott, der schützt« (= Soter).[31]

Die Tochter des Königs und Witwe seines Bruders Kleopatra Berenike III. erhielt größte Ehren als Vaterliebende Göttin und herrschte nun gemeinsam mit dem Vater. Einen Sohn und damit Erben der Herrschaft hatte Ptolemaios IX. jedoch nicht, so dass er seinen Neffen Ptolemaios, den Sohn Ptolemaios' X., zum Nachfolger aufbaute.

Trotz seines glorreichen Beinamen musste der König Spott über sich ergehen lassen, denn in der literarischen Überlieferung findet sich für ihn der Spottname Kichererbse (*lathyros*).³² Warum und weshalb man ihn so nannte, bleibt unbekannt. Dass ein solcher Beiname auch mit Stolz getragen werden konnte, zeigt der größte Redner Roms, Marcus Tullius *Cicero*, der ihn in der Tradition seiner Familie führte. Vielleicht hatte Ptolemaios IX. ja, genauso wie der Namengebende Ahn Ciceros, »an der Nasenspitze eine flache Einkerbung wie die Einziehung einer Erbse, wovon er eben den Beinamen bekam«.³³

Ptolemaios war keineswegs in ein ruhiges Land zurückgekehrt, denn während der Geschwisterkriege hatten die Ägypter erneut die Gelegenheit genutzt, sich von der Fremdherrschaft zu befreien: Theben machte sich selbstständig und konnte erst nach drei Jahren befriedet werden. Von diesem Aufstand berichtet ein Papyrus des Strategen Platon, der am 1. November 88 an die ptolemäertreuen, aber von den Aufständischen belagerten Priester und Bewohner von Pathyris in Oberägypten schrieb:

*»Der allerhöchste Gottkönig Soter ist nach Memphis vorgerückt, Hierax aber ist mit unendlich großer Streitmacht für die Niederwerfung der Thebais bestimmt worden. Wir hielten es für gut, (dies) mitzuteilen, damit ihr jetzt Bescheid wisst und tapfer aushaltet.«*³⁴

Die Hilfe kam aber allem Anschein nach zu spät, denn obwohl Hierax den Aufstand erfolgreich niederschlug, bricht sämtliche Überlieferung aus Pathyris ab. Die Stadt erscheint seitdem sogar nicht einmal mehr als Gaumetropolis, denn diese Funktion übernahm Hermonthis. Folglich hatten entweder die Rebellen Pathyris zerstört und sie wurde danach nicht wiederbesiedelt, oder aber die Stadtbevölkerung selbst hatte sich am Aufstand beteiligt und die Strafe war die Zerstörung durch Hierax gewesen. So erging es nämlich der Hauptstadt des Widerstandes, Theben, das der König »so nachhaltig zerstörte, dass nicht einmal eine Erinnerung an die glücklichen Zeiten davor übrigblieb«.³⁵

Doch nicht nur mit innerägyptischen Problemen musste sich Ptolemaios IX. auseinandersetzen. Im Winter des Jahres seiner Ankunft in Alexandria sah er sich zudem einem schwerwiegenden außenpolitischen Dilemma ausgesetzt. Als Freund und Bundesgenosse der Römer musste er Schiffe im Krieg Sullas gegen Mithridates von Pontos stellen.³⁶ Letzterer hatte aber gleichzeitig Kleinasien erobert und dort den ptolemäischen Thronfolger in seine Hand bekommen.³⁷ Aus diesem Grund lehnte Ptolemaios das Hilfegesuch des zu ihm entsandten Lucullus ab und musste hoffen, dass ihn Rom hierfür nicht abstrafen würde. Er hatte Glück, denn Sulla ließ die Angelegenheit nach den römischen Siegen über Mithridates auf sich beruhen. So konnte der König die letzten Jahre seiner Herrschaft ungestört zubringen und schied im Jahr 80, ganz ungewöhnlich für die Könige dieser Zeit, friedlich aus dem Leben.

## 8.4 Ptolemaios XI.

Kleopatra Berenike III. hatte nach dem Tod ihres Vaters, des neunten Ptolemäers, die Alleinherrschaft übernommen. Angeblich weil die Alexandriner keine Frauenherrschaft ertragen konnten, zwangen sie die Königin sechs Monate später zu einer Heirat. In Wirklichkeit war es aber der römische Diktator Sulla, der verlangte, dass die Königin ihren Stiefsohn Ptolemaios XI. Alexander II., den Sohn des zehnten Ptolemaios, zum Gemahl nahm und er damit König des Landes wurde. Der neue König war während der Thronstreitigkeiten zwischen Ptolemaios IX. und Kleopatra III. von der Königin nach Kos gebracht worden. Doch im Jahr 88, im Krieg zwischen Rom und Mithridates von Pontos hatte letzterer die Insel besetzt und den Knaben nach Pontos bringen lassen, wo er am Hof erzogen wurde. Der ptolemäische Prinz konnte sich aber im Jahr 82 absetzen, floh zu Sulla und kam nach Rom, wo er in den Freundeskreis des Sulla Aufnahme fand.[38] Seine Einsetzung durch den Römer als König war eine Einmischung von außen, die auf wenig Gegenliebe gerade der Stadtbevölkerung gestoßen haben dürfte.

Der etwa 24 Jahre alte neue König wollte jedoch keine selbstbewusste Königin neben sich dulden, denn nach nur 18 oder 19 Tagen beseitigte er Berenike III. Das wiederum ließ sich die Stadtbevölkerung nicht gefallen: Die aufgebrachte Volksmenge ermordete ihn nach seiner Bluttat im Gymnasium der Stadt.[39] Nicht einmal drei Wochen hatte der von Rom bestimmte König also herrschen können. An eine Einbindung des elften Ptolemäers in die ägyptischen Königsvorstellungen, gar eine Krönug zum Pharao kann folglich nicht gedacht werden, eine pharaonische Titulatur für ihn hat es deshalb nicht gegeben.

## 8.5 Lokale Eliten im ersten Jahrhundert

Ein einfacher ägyptischer Soldat bezeichnete den Krieg in Palästina von 103–101 zwischen Ptolemaios IX., Kleopatra III. und Ptolemaios X. und Iannaios als »Ares (= Krieg) der Szepter«. Am Beispiel dieses Soldaten lässt sich ein guter Einblick in das Leben von Eliten in der multikulturellen Gesellschaft Ägyptens des späten zweiten und des ersten Jahrhunderts gewinnen. Betreffender Apollonios, der Sohn des Ptolemaios, hatte im Heer der Kleopatra am Feldzug nach Koilesyrien teilgenommen. Seine Familie hinterließ einen Grabstein mit einem metrisch verfassten griechischen Grabepigramm über sein Schicksal. Als Heimat (*patris*) des Apollonios erscheint Bachthis, die Stadt des Horus, die die Griechen Apollonopolis Megale nannten (das moderne Edfu). Apollonios war also, trotz seines griechischen Namens und des Namens seines Vaters, Ägypter. Gerade sein auf den Gott Apollon zu beziehender Eigenname verwies natürlich auf Apollonopolis, die Stadt des ägyptischen Gottes Horus, den die Griechen mit ihrem Apollon identifzierten. Der Vatersname Ptolemaios gibt wiederum die Loyalität der Familie zur herrschenden Dynastie zu erkennen, muss deshalb kein Indikator für eine makedonische Herkunft des Mannes sein. Apollonios verfügte nicht nur über eine griechische Grabstele, sondern er selbst und Mitglieder seiner Familie hatten auch typisch ägyptische Totenstelen, denen zu entnehmen ist, dass Apollonios auch einen ägyptischen Namen hatte: Er hieß Pamenech. Seine Frau Aphrodisia wiederum trug den ägyptischen Namen Hutheriti und der Vater Ptolemaios hieß auch noch Paschi.[40] Die Familie konnte sich zwischen beiden Welten bewegen, sie waren als Priester der lokalen Kulte ebenso wie als Funktionäre des ptolemäischen Königs tätig und verwendeten je nach Notwendigkeit ihren griechischen oder ihren ägyptischen Namen. So geschah es spätestens seit dem ausgehenden dritten Jahrhundert häufiger, dass Ägypter in der Verwaltung je nach Tätigkeitsbereich einen ägyptischen oder einen griechischen Namen führten.[41]

Der früh verstorbene Apollonios gibt in der erwähnten griechischen Grabstele an, dass sein Vater den höchsten ptolemäischen Hofrang eines »Verwandten« des Königs innehatte und die Könige ihn als Zeichen seiner Würde mit der *Mitra*-Stirnbinde ausgezeichnet hatten.[42] Ptolemaios war deshalb aller Wahrscheinlichkeit nach Stratege, also Verwaltungschef, des Gaues von Edfu.[43] Die Gauhauptstadt Bachthis war strategisch und wirtschaftlich von großer Bedeutung, denn von hier aus führte eine von Ptolemaios II. gebaute Wüstenstraße zum Hafen von Berenike ans Rote Meer, über das um die Wende vom zweiten zum ersten Jahrhundert auch der Seehandel nach Indien aufgenommen wurde.[44] Unter Ptolemaios III. hatten die Priester mit dem Bau des großen Horustempels, eines der heute noch besterhaltenen Heiligtümer Ägyptens begonnen. Es ist zu erwarten, dass die Ptolemäer an einem so wichtigen Ort nur absolut loyale Ägypter die Verwaltung führen ließen, zu denen die Familie des Apollonios zweifelsfrei gehörte.[45]

Es ist interessant, dass die Familie des Apollonios ihre ägyptische Herkunft nicht nur beibehielt, sondern auch stolz darauf verwies, und das obwohl die Familie höchste Ämter im Ptolemäerstaat einnahm. Dass solche Positionen auch zu einem »Herkunftswechsel« führen konnten, zeigt ein etwa zeitgleiches Beispiel aus dem letzten Viertel des zweiten Jahrhunderts: Als der Ägypter Nektasephis, Sohn des Petosiris, »Polizist« (*phylakites*) wurde, legte er sich den griechischen Aliasnamen Maron, Sohn des Dionysios, zu – er hatte also nicht nur den eigenen, sondern auch den Vatersnamen verändert. Er blieb aber weiterhin statusrechtlich Ägypter. Das änderte sich aber, als er in die Kavallerie des Ptolemäerheeres Aufnahme fand, denn in diesem Moment gab er seinen ägyptischen Namen auf und legte sich zudem eine neue Herkunftsbezeichnung zu: »Makedone der Katökenreiterei«.[46] Aus dem Ägypter war damit ein Makedone geworden, das Ethnikon konnte folglich als Statuskennzeichnung dienen, ohne dass eine tatsächliche ethnische Herkunft damit verbunden sein musste.[47] Die neue Herkunftsbezeichnung brachte dem Ägypter erhebliche Vorteile, schließlich musste er als »Hellene« keine Obolensteuer zahlen und war von bestimmten Zwangsdiensten, wie der Deicharbeit, denen jeder männliche Ägypter unterworfen war, befreit.[48] Für Hellenen war es deshalb durchaus entscheidend, ihr Ethnikon (*patris*) in Anschluss an den Eigennamen und den Vatersnamen insbesondere im Verwaltungsschrifttum anzuführen.[49] Deshalb konnte ein eigenmächtig vorgenommener Wechsel der Herkunftsangabe die Todesstrafe nach sich ziehen.[50]

Für die Familie des Apollonios hingegen scheint keine »hellenische« Herkunftsangabe nötig gewesen zu sein, obwohl sie höchste Ränge der Verwaltung des Ptolemäerreiches erreicht hatte und griechische Zweitnamen führte. Selbst in der Kommunikation mit der griechischsprachigen Bevölkerung verwies man stolz auf die ägyptisch-lokale Herkunft. Das war vor allem deshalb möglich, weil ägyptische Priester ebenso wie ägyptische Soldaten in hohen Rängen des Heeres den »Hellenen« vergleichbare Privilegien genossen.

Begonnen hatte die Einbindung der ägyptischen Eliten in Heer und Verwaltung sehr früh, belegtermaßen seit dem ausgehenden dritten Jahrhundert. Seit dem letzten Viertel des zweiten Jahrhunderts tritt uns dann eine Generation von Ägyptern entgegen, die entscheidende Posten in der Lokalverwaltung Oberägyptens innehatten, im Militär in höchsten Positionen dienten und häufig gleichzeitig Priester waren.[51] Sie zeigten ihren Status auch in ihren Statuen, die sich jetzt von den vorangehenden Zeiten unterschieden, denn sie konnten die Mitra, die höchste Auszeichnung ptolemäischer Funktionäre tragen und drückten ihre neue Position »zwischen den Welten« auch mit einem neu entworfenen dreiteiligen Gewand aus, das eine eigenständige ägyptische Entwicklung darstellt.[52]

Ein solches »neues« Gewand trägt etwa Petimuthes, der Prophet des Amun-Re und weiterer Götter im unterägyptischen Diospolis Kato, dem heutigen Tell el-Balamun im Delta. Als Offizier oder General, möglicherweise sogar als Vorgesetzter des eben besprochenen Soldaten Apollonios, hatte er auf Seiten der Kleopatra III. in Palästina die Stadt Ptolemais (= Akkon) eingenommen, wobei er sich als wahrer Held erwies:

*»Tapfer wie Month, der Herr der Kraft. Er erreichte Syrien, indem er gemeinsam mit der Königin war. Er betrat die Fremdländer wie ein göttlicher Falke. Er bemächtigte sich der Stadt und der Burg von Ptolemais. Er schlachtete Hunderttausende. Er richtete ein großes Gemetzel unter den Geschöpfen der Erhe-*

*bung an. Die große Gemahlin des Königs gab ihm zahlreiche Gaben und seinem Vater und seinen Truppen.«*[53]

**Abb. 13:** Torso einer männlichen Standfigur mit dreiteiligem Fransengewand. Granodiorit. Herkunft unbekannt. Inv. Nr. 2646 Berlin, SMB, Ägyptisches Museum.

Der ägyptische Priester und General schildert sein Handeln mit ähnlichen Formeln, die üblicherweise einem siegenden Pharao vorbehalten waren, schließlich kann eigentlich nur dieser tapfer wie der Kriegsgott Month sein, Städte erobern und Feinde vernichten. Der Ägypter band seine Leistung jedoch deutlich an die Königin, die ihn für seine Taten belohnte. Mit dem Selbstlob wollte Petimuthes deshalb keinesfalls antiptolemäisch in Erscheinung treten, zumal die mögliche Hybris, da in Hieroglyphen niedergeschrieben, von keinem Griechen oder Makedonen gelesen werden konnte und sie sich auf dem Rückpfeiler der Statue befand, also allein der Kommunikation mit der göttlichen Sphäre vorbehalten war.

Es wäre interessant zu erfahren, welchen Fortgang die Karrieren der Familien des Apollonios und des Petemuthes – sicherlich hatte auch er einen griechischen Namen – nach dem Ende der dritten Kleopatra nahmen. Zu vermuten ist, dass auch Ptolemaios IX., der letztlich als Sieger aus den dynastischen Streiterein hervorgegangen war, beide Ägypter weiterhin in ihren Posten beließ, um eine reibungslose Verwaltung des Landes zu gewährleisten. Einen Hinweis darauf liefert die Tatsache, dass beide Kleopatra III. nicht explizit nennen, also eine implizite Tilgung ihrer Erinnerung betreiben, was unter Ptolemaios IX. durchaus nötig gewesen wäre.

Genauso wie die lokalen Eliten sich der griechischen Kultur zugewandt hatten, so lässt sich umgekehrt zur gleichen Zeit feststellen, dass nach Oberägypten entsandte griechische Funktionäre großen Anteil an der lokalen ägyptischen Kultur und Religion nahmen. Ein vorzügliches Beispiel hierfür bietet die Familie des Alexandriners Hermias, der um 120 Verwaltungschef in der Thebais war. Dessen Sohn Platon, der Ältere, hatte Ende des zweiten Jahrhunderts das gleiche Amt inne und war mit der Ägypterin Tathois verheiratet. Von deren Sohn wiederum, Platon, dem Jüngeren, ist eine ägyptische Statue des vorgenannten Typus im dreiteiligen Mantel überliefert. Nach Auskunft der hieroglypischen Inschrift trägt dieser Platon den höchsten Hofrangtitel eines »Verwandten (des Königs)«. Anstelle seiner mit einem solchen Titel verbundenen hohen Ämter in der Reichsverwaltung, etwa der Strategie, gibt Platon jedoch nur seine zahlreichen Priesterämter in mehreren oberägyptischen Tempeln an, insbesondere in der Hauptstadt des Gaus von Latopolis (Esna).[54] Die Nennung der weltlichen Ämter war aufgrund des Tempels, in dem die Statue aufgestellt war, und der hieroglyphischen Schrift verzichtbar, die Adressaten waren schließlich die Götter, die vor allem und insbesondere über sein Handeln zu ihren Gunsten informiert werden mussten. Es ist aber davon auszugehen, dass Platon seine Ämter in Militär und Verwaltung in einer demotischen oder griechischen Inschrift auf dem nicht mehr erhaltenen Sockel der Statue angeführt hatte, um so die Besucher des Tempels über seine Leistungen für den König zu informieren.

Mit Blick auf die Eliten bleibt festzuhalten, dass griechische Herkunft und ägyptische Religion sich genauso wenig ausschlossen, um Karriere im Ptolemäerreich zu machen, wie ägyptische Herkunft und griechische Kultur. Das setzte sich bis zum Ende der makedonischen Herrschaft fort, wie es beispielsweise die Familien des Griechen Kallimachos, Sohn des Kallimachos, und des Ägypters Ptolemaios, Sohn des Panas, zeigen.[55]

# 9

## Ptolemaios XII.

Das Bild, das die antike Literatur von Ptolemaios XII. zeichnet, ist dem römischen und griechisch-intellektuellen Paradigma von der Dekadenz der Ptolemäerdynastie geschuldet, die für Polybios bereits mit dem vierten Ptolemäer eingesetzt hatte und die die Autoren vor allem am negativ bewerteten Herrscherideal des Lebens in Luxus, der *tryphé*, festmachten. Strabon fasste das wenige Jahre, nachdem Ägypten römische Provinz geworden war, mit Blick auf den zwölften Ptolemaios wie folgt zusammen:

»*Freilich haben sämtliche Ptolemäer nach dem dritten, durch Üppigkeit verdorben, schlecht regiert, am schlechtesten aber der vierte, der siebente (= achte) und der letzte, Auletes (Flötenspieler), der, abgesehen von seinen sonstigen Ausschweifungen, auch tanzbegleitendes Flötenspiel trieb und sich darauf soviel einbildete, dass er sich nicht scheute, im Palast Wettkämpfe zu veranstalten, bei denen er selber auftrat, um sich mit seinen Gegnern zu messen. Ihn freilich haben die Alexandriner vertrieben.*«[1]

In der Außenwahrnehmung war Ptolemaios »kein Mann, sondern ein Musikant und Taschenspieler«.[2] Ein hellenistischer König jedoch, der – abgesehen von einer Zeit der Verbannung zwischen 58 und 55 – fast 30 Jahre auf dem Thron Ägyptens gesessen hatte, konnte schon aufgrund dieser Tatsache keinesfalls so »schlecht« regiert haben, wie Strabon angab.

Über die Herkunft des zwölften Ptolemäers waren sich die antiken Zeitgenossen uneins. Möglicherweise war er ein Bastard des neunten Ptolemaios – so nannte ihn Cicero »weder der Herkunft noch der Gemütsart nach König«.[3] Er konnte aber trotzdem die Herrschaft vor allem deshalb unangefochten antreten, weil die Alexandriner mit der Ermordung Ptolemaios' XI. die legitime Linie der Dynastie ausgelöscht hatten. Dessen Testament hatte eigentlich vorgesehen, dass das Reich an Rom fallen sollte.[4] Bereits kurz nach der Ermordung, vor dem 11. September 80,[5] machten die Alexandriner deshalb, um einer römischen Annexion zuvorzukommen, den etwa 18 Jahre alten Ptolemaios XII. zum König. Sein Bruder gleichen Namens erhielt die Herrschaft über Zypern.[6]

## 9.1 Die erste Herrschaftsphase Ptolemaios' XII.

Als neuer König über Ägypten, der die Regierungsjahre direkt an die seines Vaters anschloss und damit die Herrschaft seines direkten, aber verfemten Vorgängers symbolisch ausblendete, trug Ptolemaios die Beinamen Gott Junger Dionysos Vaterliebender Bruderliebender *(Theos Neos Dionysos Philopator Philadelphos)*. Er war damit der erste König, der sich nicht nur mit üblichen dynastischen Beinamen schmückte, sondern gleichzeitig sein Verständnis als Inkarnation des Dionysos, des Gottes der Dynastie, propagiert wissen wollte, denn man stellte sich, wie der Zeitgenosse Diodor schreibt, Dionysos zweigestaltig vor, »den alten mit langem Bart ... und den jüngeren, einen blühenden, weichlichen und jungen Mann«.[7] Aus der Dionysosidentifikation des Königs resultierte auch sein Spottname Aulosspieler (»Pfeifer«/»Flötist«), denn das Spiel dieses Blasrohrs, häufig als Doppelaulos, war wichtiger Bestandteil des orgiastischen Dionysoskultes und entsprach damit ganz dem ptolemäischen Herrscherideal. Für viele Griechen galt diese Art des Musizierens jedoch als eine verachtenswerte und unwürdige Beschäftigung, weil sie durch das Aufblasen der Backen das Gesicht verunstaltet, denn »wenn ein Mensch mit seinem Munde den Aulos blies, dann könnten selbst seine Freunde nur mit Not sein Gesicht wiedererkennen«.[8] Aristoteles lehnte den Aulos zudem wegen der orgiastischen Wirkung seines Klanges ab.[9] Noch weniger schmeichelhaft als die Bezeichnung Auletes waren die beiden anderen Spottnamen für Ptolemaios XII., »Sohn einer Hure« und »der Untergeschobene«,[10] die auf seine Herkunft als Bastard des neunten Ptolemäers abzielten.

Im Jahr 79 heiratete der König nach alter Tradition seine Schwester Kleopatra V. Tryphaina, deren Beiname »die Wohllebende« auf den Ehegatten, den Jungen Dionysos, verwies. Lange gaben beide jedoch nicht das dionysische Paar, denn Kleopatra schied 69 oder 68 aus der gemeinsamen Regierung aus, sicherlich deshalb, weil sie sich mit ihrem Brudergemahl zerstritten hatte.[11]

### 9.1.1 Der Pharao Ptolemaios XII.

Von entscheidender Bedeutung war vier Jahre nach der Ankunft Ptolemaios' XII. in Alexandria, dass er sich zum Pharao krönen ließ. Hiervon berichtet die Grabstele des memphitischen Hohepriesters Pascherenptah/Psenptah III.:

> »Ich war es, der den Uräus an das Haupt des Königs setzte am Tage (der Zeremonie) ›Er hat die beiden Länder vereinigt‹, und ich vollzog an ihm alle Riten in den Kammern, die für das Sed-Fest bestimmt sind. ... Ich ging zur Residenz [des Königs] der griechischen Könige, die an dem Ufer des (Mittel)meeres liegt

*... und deren Name Rhakotis (Alexandria) lautet. Der König von Ober- und Unterägypten, der Herr der beiden Länder, ›Gott, der seinen Vater und (seine) Schwester liebt, Osiris, der Jüngling‹ trat aus seinem Palast zum Leben und Wohlergehen heraus. Landen am Tempel der Isis, der Herrin von Jatbaket. Er brachte ihr zahlreiche große Opfergaben dar. Herausgehen aus dem Tempel der Isis [auf] seinem Wagen. Da hielt der König selbst seinen Wagen an. Er bekränzte (mein) Haupt mit einem schönen Diadem aus Gold und allerlei echten Edelsteinen, das Gesicht des Königs war in dessen Mitte. Ich übte das Amt seines Propheten aus.«*[12]

Als Pharao erhielt Ptolemaios die notwendige fünfteilige Königstitulatur. Als Horus war er »der vollkommene Jüngling, der überaus Beliebte, den die Herrin und das Volk mit seinem Ka erhoben haben; er hat den ehrwürdigen Chnum gepriesen, um die Krone als Herrscher zu empfangen, der sich wie (Horus-)der-Rächer-des-Vaters seinen Plänen anschließt, glänzend an Erscheinung auf dem Thron seines Vaters, wie Horus, der starke Stier, Fürst, der erstrahlt in Ägypten wie der lebende Apis, ihm werden wie für Ptah-Tatenen unzählige Sed-Feste ausgerichtet«. Der Name der beiden Herrinnen, also der Kronengöttinnen, lautete »Starker, Anführer von Chentesch-neheh (des Mittelmeeres?), Vortrefflicher, der die Gesetze festsetzt wie Thot, der Zweimalgroße«. Seinem Gold(horus)namen nach war er ein »Großherziger, Fürst, Herr der Macht und Stärke wie Horus, der Sohn der Isis«. Der in die schützende Kartusche geschriebene Thronname lautete »Erbe des Rettergottes, erwählt von Ptah, der die Maat des Re durchsetzt, lebendes Abbild des Amun«. Dieser Name blendet seine Mutter aus, was ungewöhnlich ist, weil die vorherigen Ptolemäer nach Auskunft gerade dieses Namensbestandteils immer Erbe des Vorgängerehepaares waren, also »Erbe der Wohltätergötter« o. ä. Das könnte sich daraus erklären, dass er in der zweiten Regierungszeit Ptolemaios' XI. geboren wurde, in der es kein Königspaar gab, was wiederum ein Hinweis für eine mögliche nichtlegitime Abstammung des zwölften Ptolemäers ist. In einer anderen Variante hatten wir den Thronnamen bereits kennengelernt: »Gott, der seinen Vater und (seine) Schwester liebt, Osiris, der Jüngling.« Mit der letzten Wendung griffen die Priester also den griechischen Kultnamen Junger Dionysos auf, denn Osiris, der Herr der Unterwelt, war die ägyptische Entsprechung des griechischen Gottes des Rausches. Für eine ägyptische Königstitulatur ist eine solche Wendung freilich mehr als unüblich, denn der König war als Horus der Sohn des Osiris, doch konnte er als »junger Osiris« durchaus ebenfalls so angesehen werden. Nach der Vertreibung der Ehefrau wird der König den Namensbestandteil »der seine Schwester liebt« wohl nicht mehr getragen haben. Der mit einer Kartusche geschützte Eigenname wurde schließlich durch die Wendung »er lebe ewiglich, geliebt von Ptah und Isis« ergänzt.[13]

Es fällt auf, dass in dieser sorgfältig ausgearbeiteten Titulatur, die Ptolemaios als rechtmäßigen und von den Göttern begünstigten, aber auch den Willen der Götter erfüllenden Pharao präsentiert, aufgrund der Erwähnung des Ptah ein starker Bezug zu Memphis vorliegt, was auch durch den »jungen Osiris« unterstrichen wird.

Doch zurück zur Grabstele des Hohepriesters des Ptah, der Ptolemaios gekrönt hatte. Nach der Krönung in Memphis kam Pascherenptah nach Alexandria, wo er sich im ägyptischen Viertel, auf der Insel Pharos, beim Tempel der Isis aufhielt. Vom Palastviertel aus überquerte der König mit einem Schiff den Hafen, gelangte zur Insel Pharos und opferte im Heiligtum der ägyptischen Göttin. Danach vollzog Ptolemaios eine entscheidende Handlung, denn er ernannte den ägyptischen Priester, der ihn selbst gekrönt hatte, zum Oberpriester seines Kultes. Damit war die Kontinuität zur frühen Ptolemäerzeit gewahrt, denn jetzt konnte der Herrscherkult in den ägyptischen Tempeln unter der Leitung des Pascherenptah vollzogen werden.

Überhaupt zeigte der neue König ein besonderes Interesse für die einheimischen Priesterschaften, was sich insbesondere in deren Dekorations- und Bautätigkeit in vielen Tempeln des Landes und ganz besonders an der Südgrenze, auf Philae, bemerkbar machte.[14] Erst unter dem zwölften Ptolemäer konnte etwa das bereits unter Ptolemaios III. begonnene Horusheiligtum von Edfu geweiht werden, wie einer hieroglyphischen Inschrift am Westturm des Tempelpylons zu entnehmen ist:

»*Dieser schöne Tag im Jahr 11, Tag 1 ... an dem das Bauwerk seinem Herrn überwiesen wird, (nämlich) Horus, dem Horizontischen, dem großen Gott, dem Herrn des Himmels, dem Buntgefiederten, der aus dem Horizont hervorkommt ... Der Ba des Re (= Horus) ist vom Himmel gekommen, damit er sich niederlasse auf dem Sitz seines Ka (= Tempel). Er preist Re frohen Herzens wegen seiner Stadt, (nämlich) <Thronsitz-des-Horus, der Gebieterin und Herrin der Städte>. Er möge seinen geliebten Sohn schützen, den König von Ober- und Unterägypten, den Herrn der beiden Länder (Thronname Ptolemaios' XII.)|, den Sohn des Re, Herr der Kronen (Eigenname Ptolemaios' XII.)|, der auf dem Horusthron ist, den Ersten der Lebenden, wie Re, ewig.*«[15]

## 9.1.2 Das angefochtene Königtum

Ptolemaios hatte sich gerade rechtzeitig zum Pharao Ägyptens erklären lassen, denn aus seiner umstrittenen Abkunft ergab sich, dass im Jahr 75 zwei seleukidische Prinzen, Antiochos XIII. Asiatikos und Seleukos VII. Kybiosaktes, in Rom vorstellig wurden, um ihr und ihrer Mutter Anrecht auf den ptolemäischen Thron einzufordern: Sie seien legitime Herrscher Ägyptens, weil ihre

Mutter Kleopatra Selene eine rechtmäßige Tochter Ptolemaios' VIII. war.[16] Auch wenn sie zwei Jahre in der ewigen Stadt blieben, so verweigerte der Senat trotzdem eine Beschäftigung mit der Frage, weshalb die beiden Thronprätendenten am Ende unverrichteter Dinge wieder abreisen mussten. Ein weiteres Mal stand die Herrschaft des zwölften Ptolemäers zwischen 65 und 63 zur Disposition, als der junge Caesar daran arbeitete, Ägypten vom Senat provinzialisieren zu lassen. Letztlich konnte das verhindert werden, einerseits, weil Mitglieder der römischen Elite – etwa Cicero – sich deutlich dagegen aussprachen, und andererseits, weil Ptolemaios später durch Geldgeschenke, etwa einen Kranz im Wert von 4000 Talenten, und Unterhaltshilfen für Pompeius' Truppen einen der wichtigsten römischen Politiker und Feldherren für sich gewinnen konnte. Schließlich setzte der Konsul Caesar, nachdem er eine inoffizielle Vereinbarung, das sogenannte Erste Triumvirat mit Pompeius und Crassus eingegangen war, im Jahr 59 den Wunsch des Pompeius um und ließ Ptolemaios als Freund und Bundesgenossen (*amicus et socius*) Roms von Volk und Senat anerkennen – eine Stellung, die sich Ptolemaios 6000 Talente kosten ließ, was in etwa den Jahreseinkünften Ägyptens gleichkam.[17] Damit war aber die territoriale Integrität seines Reiches endlich gesichert, denn das Land eines Bundesgenossen konnte Rom schwerlich annektieren.

Sehr schnell häufte Ptolemaios aufgrund der Bestechungsgelder an die mächtigen Männer Roms einen enormem Schuldenberg bei römischen Gläubigern an, denn die Aufwendungen des Königs übertrafen auch die Möglichkeiten eines reichen Landes wie Ägypten. Er soll so verzweifelt gewesen sein, dass er sogar den Goldsarkophag Alexanders des Großen einschmelzen ließ und durch einen aus Alabaster ersetzte.[18] Zudem versuchte er, immer mehr Einkommen aus dem Land herauszupressen. Das wiederum führte zur Verweigerung der Bauern, die keine andere Möglichkeit mehr sahen, als ihre Ländereien zu verlassen.[19] Geschont hat Ptolemaios allein die Tempel, wie es seinem Erlass vom 11. Dezember 63 zu entnehmen ist, der nicht autorisierten Personen untersagte, die Schatzkammern der Heiligtümer zu betreten.[20] Das geht überein mit einer ganzen Reihe überlieferter Asylieverleihungen an die ägyptischen Tempel. Entscheidend war dabei nämlich nicht so sehr, dass sich Menschen in einen Tempel der staatlichen Verfolgung entziehen konnten, sondern dass »niemand gewaltsam eindringen, noch die Priester im Heiligtum und die Pastophoren und die anderen behelligen darf«.[21] Damit konnten also Steuereinreiber nicht auf die Tempelbediensteten zugreifen.

In der griechischen Elite und beim einfachen Volk von Alexandria verlor der König hingegen seinen Rückhalt. Letzteres hatte bereits sein Bemühen um die Verständigung mit Rom unterlaufen, bevor er überhaupt als »Freund und Bundesgenosse« anerkannt war. Diodor, der im Gefolge einer Gesandtschaft wohl um das Jahr 60 in Alexandria zugegen war, berichtet, dass ein Römer aus Versehen eine Katze, ein den Alexandrinern heiliges Tier, getötet hatte. Das war ein Sakrileg sondergleichen, so dass er gelyncht wurde, denn »weder die (inständige) Bitte der Gesandten des Königs noch die von allen geteilte Furcht vor Rom verhinderte, den Menschen vor der Strafe zu verschonen«.[22]

Nachdem Rom 58 das von Ptolemaios' gleichnamigen Bruder beherrschte Zypern an die römische Provinz Cilicia angeschlossen hatte, beging dieser Selbstmord. Die Hofelite und Stadtbevölkerung von Alexandria verlangten deshalb einen Protest ihres Königs in Rom, den dieser aber verweigerte, denn allem Anschein nach betrachtete er Zypern nicht als Teil seines Reiches oder hatte Furcht vor möglicher Zurückweisung. Daraufhin zwangen die Alexandriner Ptolemaios in die Flucht und er ging ins Exil nach Rom, wo er bei Pompeius Aufnahme fand.[23]

## 9.2 Die Alleinherrschaft Berenikes IV.

Nach der Vertreibung des Ptolemaios übernahm dessen Tochter Berenike IV. die Herrschaft, eventuell war auch die einst verstoßene Königsgemahlin Kleopatra oder aber eine gleichnamige Tochter des Königs beteiligt, doch verstarb sie im folgenden Jahr.[24] Es liegt nahe, dass, auch wenn die Königinnen der Dynastie bisher starke Führungspersönlichkeiten waren, in der jetzigen Situation Berenike eher als Marionette der Stadtelite zu betrachten ist. Schließlich waren die Alexandriner bereits 127/126 dazu in der Lage gewesen, ein Heer aufzustellen, das – freilich erfolglos – gegen Ptolemaios VIII. gekämpft hatte.[25] Die entscheidende politische Rolle, die sich jetzt die Alexandriner zuschrieben, zeigen auch die Ereignisse der folgenden Jahre, die zusammenhängend nur der über 250 Jahre später schreibende griechische Schriftsteller Cassius Dio überliefert. Nach ihm war man in Rom zunächst zu dem Entschluss gekommen, Ptolemaios wieder nach Alexandria zurückzuführen, was wohl maßgeblich auf Pompeius zurückging. Um das zu verhindern, schickten die Alexandriner eine 100köpfige Gesandtschaft unter Führung des Philosophen Dion nach Rom – die Polis Alexandria sprach damit für das gesamte Reich, Berenike IV. hingegen spielte keine Rolle. Natürlich versuchte Ptolemaios XII., die Ankunft der Gesandten zu verhindern, so ließ er viele von ihnen ermorden, die restlichen bestechen. Doch dann machte der Senat, unter Führung der antipompeianischen Gruppe, den Beschluss zur Rückführung des Ptolemaios wieder rückgängig.[26] Jetzt zahlte sich die Investition des Königs in Pompeius aus, denn dessen Gefolgsmann Gabinius, der römische Prokonsul Syriens, führte Ptolemaios mit seinen Truppen trotzdem nach Alexandria zurück, wo er noch vor April 55 wieder als König amtierte. Mit der Rückführung des Ptolemaios verstieß Gabinius freilich nicht nur gegen Beschlüsse des Senats und seine Befugnisse als Prokonsul, sondern auch gegen den Willen des wichtigsten römischen Orakels. Ptolemaios ließ sich das deshalb die gigantische Summe von 10 000 Talenten kosten, die freilich erst nach der Machtübernahme in Ägypten eingetrieben werden sollten. Gabinius wiederum konnte eine Verurteilung für sein rechtswidriges Handeln in einem römischen Prozess aufgrund des Einflusses von Pompeius und aufgrund seiner eigenen erheblichen finanziellen Möglichkeiten abwenden.[27]

Die Alexandriner hatten natürlich mit allen Mitteln versucht, die Rückkehr des Ptolemaios zu verhindern. Bereits kurz nach dem Beginn ihrer Alleinherrschaft hatte Berenike Seleukos VII. geehelicht. Das als Pökelfischhändler – Kybiosaktes – verspottete Mitglied der untergegangen Seleukidendynastie verfügte, wie dargelegt, über enge familiäre Bande zur Ptolemäerdynastie. Rom sollte eine würdige Alternative zu Ptolemaios geboten bekommen, doch verstarb der neue König bereits nach kurzer Zeit.[28] Daraufhin regierte die Königin zunächst alleine, wie es eine Bittschrift der Priester des Krokodilgottes Pnepheros zeigt. Sie hatten »an die Königin Berenike, die Erschienene Göttin« geschrieben, um sie zu bitten, ihrem Heiligtum das Asylrecht zu gewähren, schließlich würden sie beständig den Göttern die Rituale für das Heil der Königin und ihrer Vorfahren vollziehen.[29] Die Königin gewährte das Recht, denn ganz wie ihr Vater versuchte sie sich die Priester durch die Asylrechtsverleihung gewogen zu machen. Mit ihrem neuen Kulttitel als »Erschienene Göttin« setzte sie sich zudem von ihrem Vater ab und verwies auf Ptolemaios V., den ersten Träger dieses Kultnamens.

Um Rom günstig zu stimmen, nahm sie im Frühjahr 56 schließlich sogar einen Freund des Gabinius namens Archelaos, angeblich war er ein Sohn des Königs Mithridates von Pontos, zum Gatten. Doch selbst das hatte die Pompeianer in Rom nicht auf ihre Seite bringen können. Archelaos versuchte deshalb erfolglos, den Widerstand gegen seinen ehemaligen Gönner Gabinius zu organisieren und fand in den kommenden kriegerischen Auseinandersetzungen den Tod.[30] Das Ptolemäerreich hatte damit innerhalb kürzester Zeit gleich zwei Könige gesehen, die erstens nicht den Namen Ptolemaios trugen, die zweitens nie Pharaonen wurden und drittens in der Geschichtsschreibung nicht zu den Königen Ägyptens gerechnet werden.

Inwiefern Berenike, ähnlich wie Kleopatra II., tatsächlich eigenständig die Herrschaft ausübte, oder ob sie nicht doch eher unter dem Einfluss der alexandrinischen Elite stand, muss offen bleiben. Zwar war sie nominell Alleinherrscherin, aber die Gesandtschaft der Alexandriner nach Rom deutet darauf hin, dass es diese waren, die nun erheblich in die Lenkung des Reiches eingriffen. Doch bleiben sie, bis auf den Namen des Philosophen Dion, der die Gesandtschaft nach Rom angeführt hatte, ohne Gesicht. Über die Strukturen und Organisation, die Zusammensetzung der Bürgerschaft erfahren wir, wie so häufig, nichts. Einen Hinweis auf ihre engen Verbindungen zur Hofgesellschaft bietet aber gerade die Persönlichkeit des Gesandtschaftsleiters Dion.[31] Als »Akademiker« war er zweifelsohne am Museion tätig, gehörte damit zum Hof und wohl auch zum engsten Kreis der Königin.

Unter den römischen Soldaten, die sich bei der Eroberung des Landes auszeichneten, befand sich ein Reiterkommandant namens Marcus Antonius, der viele Jahre später der letzte Geliebte der letzten ptolemäischen Königin sein wird. Etwa 150 Jahr später beschreibt Plutarch sein Handeln, ohne dass wir wissen können, ob es stimmt oder nicht, und zeichnet vor allem den Weg des großen Römers vor, der am Ende ganz ähnlich, wie es der programmatische Beiname des zwölften Ptolemäers zu erkennen gab, ebenfalls als Junger Dionysos aufgetreten ist:

*»In den Schlachten und zahlreichen, bedeutenden Kämpfen lieferte er viele Proben der Kühnheit sowohl wie feldherrlicher Voraussicht, … Auch entging der Menge (scil. in Alexandria) nicht die Menschlichkeit, die er gegenüber dem toten Archelaos bewies. … Er ließ den Leichnam aufsuchen und mit königlichen Ehren bestatten. Durch dies alles hinterließ er bei den Alexandrinern den besten Ruf, und bei den Soldaten galt er als eine glänzende Persönlichkeit.«*[32]

Ein Teil der nach Ägypten geführten Truppen, nach ihrem Feldherrn Gabinius Gabinianer genannt, verblieben im Land und sicherten die Herrschaft des Ptolemaios.

## 9.3  Die zweite Herrschaftsphase Ptolemaios' XII.

Nach der Rückgewinnung seiner Herrschaft ordnete Ptolemaios als erste Amtshandlung die Hinrichtung seiner Tochter und mehrerer Mitglieder der Hofelite an.[33] Der Römer Gaius Rabirius Postumus, ein Gläubiger des Ptolemaios, erhielt das Amt des Finanzministers (Dioiket), der diese Schlüsselposition in der Reichsverwaltung dazu nutzte, sämtliche Bestechungssummen, die Ptolemaios in Rom versprochen hatte, unnachgiebig einzutreiben. Das führte dazu, dass der König Rabirius, um ihn dem Volkszorn zu entziehen, gefangen nehmen musste, damit er anschließend nach Rom entkommen konnte.[34]

Ungehindert erfreute sich Ptolemaios danach seiner Herrschaft. Er bemühte sich weiterhin, wie bereits in seiner ersten Phase, um den Rückhalt der Priesterschaften. So konnte am 16. Juli 54 sogar ein großer neuer Tempelbau für die Göttin Hathor in Dendera begonnen werden. Dessen Bauinschrift lautet:

»*Dieser vollkommene Tag des Regierungsjahres 27, Tag 14 des Monats Epiphi in der Zeit der Majestät des Königs von Ober- und Unterägypten [... hier steht der Thronname Ptolemaios' XII. ...], Sohn des Re [... hier steht der Eigenname Ptolemaios' XII. ...] das ist das Senut-Fest dieses Monats. Strickspannen im Haus-der-Mächtigen seitens des Königs gemeinsam mit Seschat, Gründung des Heiligtums der Tochter des Irta. Zuweisen der Kapellen an ihre richtigen Stellen seitens der Djaisu auf die Rede der Herren der Heden-Pflanze (Thot) hin. Die Chnumgötter bauen, Chemet gibt die Vorschriften, die Djertiu jubeln in ihren (scil. der Hathor) Gefolge.*«[35]

Solche hieroglyphischen Inschriften formulieren ein theologisches Ideal, besagen also nicht, dass der König auch wirklich das Ritual des Strickspannens und schon gar nicht gemeinsam mit den erwähnten Göttern durchgeführt hat. Es ist aber durchaus möglich, dass Ptolemaios sich persönlich an der Gründung des Heiligtums beteiligt hatte, zumindest wäre es von symbolisch großer Bedeutung gewesen, vor der Bevölkerung als Pharao aufzutreten und zu agieren. Die Rolle der Göttinnen übernahmen in solchen Fällen speziell dafür ausgebildete Ägypterinnen.[36]

**Abb. 14:** Der Pronaos des Tempels von Dendera (Photo: Silke Caßor-Pfeiffer).

Seine zweite Herrschaftsphase währte aber nicht mehr lange, da der König im Jahr 51 aufgrund einer Krankheit verschied.[37] Möglicherweise hatte er bereits im Frühjahr dieses Jahres die Tochter Kleopatra VII. zur Mitregentin erklärt, denn sie zählte ihr erstes Herrschaftsjahr parallel zum 30. Jahr ihres Vaters.[38]

Erfolgreich hatte es Ptolemaios durch kluges Interagieren mit den mächtigen Männern Roms und mit Hilfe der nahezu unerschöpflichen Ressourcen Ägyptens in den langen Jahren seiner Herrschaft geschafft, das Reich an die nächste Generation zu übergeben.[39] Er war also keinesfalls der Versager, als den ihn die griechischen und lateinischen Autoren darstellen, sondern ein geschickter und seine Möglichkeiten nutzender Politiker, der es trotzdem allem Anschein nach genoss, das ptolemäische Herrscherideal der *tryphé* in vollen Zügen zu leben und als »Künstler« (Technit) des Dionysos orgiastische Feiern durchzuführen. Mit diesem Ideal nahm er es wiederum äußerst ernst, wenn denn folgende von Lukian von Samosta noch 200 Jahre später überlieferte Anekdote zutrifft:

*»Bei Ptolemaios mit dem Beinamen Dionysos verleumdete jemand den Platoniker Demetrios, weil dieser Wasser trinke und als einziger keine Frauenkleidung bei den Dionysien anlege. Und wenn nun dieser, nachdem er herbeibefohlen worden war, nicht vom frühen Morgen an vor den Augen aller getrunken und dazu getanzt hätte, so wäre er verloren gewesen als jemand, der offenkundig keine Freude am Lebensstil des Königs fand, sondern als Kritiker und Gegner der Tryphe des Ptolemaios galt.«*[40]

# 10

## Kleopatra VII.

Ptolemaios XII. hatte sein Testament sowohl in Rom als auch in Alexandria verwahren lassen, weil er sich im Klaren darüber war, dass es zu widerstreitenden Ansprüchen auf seine Nachfolge kommen würde. Nach seinem letzten Willen sollte seine Tochter Kleopatra VII. gemeinsam mit ihrem jüngeren Bruder Ptolemaios XIII. die Thronfolge antreten.[1] Doch Kleopatra interessierte sich nicht für den Plan des Vaters und übernahm die Herrschaft alleine. Der Senat und vor allem Pompeius, der ehemalige Patron Ptolemaios' XII., konnten nicht im Sinne des verstorbenen Freundes und Bundesgenossen eingreifen, weil ein Bürgerkrieg gegen Caesar bevorstand.

Wie es das Beispiel der dritten Kleopatra und vierten Berenike zeigt, war die Alleinherrschaft einer Königin durchaus möglich. Wahrscheinlich orientierte sich die neue Königin sogar unmittelbar am Vorbild ihrer Schwester Berenike, die als »Erschienene Göttin« allein die Geschicke des Landes gelenkt hatte. Ptolemaios XII. hatte ihre Beseitigung damals allein Rom zu verdanken. Kleopatra VII. hatte freilich explizit gegen das Testament ihres Vaters, eines »Freundes Roms«, verstoßen. Sicherlich auch deshalb nahm sie den Kultnamen »die Vaterliebende« – Philopator – an, denn auf diese Weise präsentierte sie sich als eine Königin, die im Gegenteil ganz nach dem Willen des Vaters handelte.

Unsere Kenntnisse über das Leben und Wirken der Kleopatra verdanken wir insbesondere römischen und griechischen Autoren, die teils zu Lebzeiten, teils auch Jahrhunderte später ein nahezu durchweg vernichtendes Urteil über sie fällten, selbst wenn viele erkannten, dass sie an Macht und Glanz fast alle Könige ihrer Zeit bei weitem überragt hatte.[2] Die Königin hatte jedoch das Problem, auf Seiten des unterlegenen Gegners Marcus Antonius im römischen Bürgerkrieg zu stehen, und der Sieger, Augustus, bestimmte ihr Bild in der antiken Literatur. Wie sehr die Schriftsteller am Beispiel der Kleopatra oder des von ihr verkörperten Ptolemäerhofes des Weiteren jeweils die Verhältnisse ihrer eigenen Zeit reflektierten, zeigt Lucanus' Kleopatrabild, der in der Königin »die Schande Ägyptens, die grässliche Furie Italiens« sah.[3] Als Dichter unter Kaiser Nero beleuchtete er in seinem historischen Epos »Der Bürgerkrieg« in seinen Versen im Spiegelbild des verrufenen Ptolemäerhofes die Verhältnisse seiner eigenen Zeit und übte damit möglicherweise gleichzeitig Kritik am amtierenden römischen Imperator.[4] Ist Lucanus, allein schon aufgrund der Tatsache, dass er ein dichterisches Werk schrieb, leicht als Literat zu erkennen, so sind, möchte man sich der historischen Persönlichkeit Kleopatras nähern, Cassius Dio (ca. 165–230 n. Chr.) und Plutarch (ca. 45–125 n. Chr.) wesentlich schwieriger zu beurteilen, gaben sie doch vor, objektive Tatsachen zu berichten. Beide verfassten eine jeweils kohärente Darstellung der Ereignisse, die große Glaubwürdigkeit nahelegen. Cassius Dio schrieb eine römische Geschichte, Plutarch die Biographien Caesars und Marcus Antonius'. Trotz der vorgeblichen Objektivität ist bei beiden jedoch mit erheblichen Eingriffen in den historischen Erzählzusammenhang zu rechnen, erstens deshalb, weil sie mit ihren Werken Intentionen verfolgten, die ihre Akteure in ein bestimmtes Licht rücken sollten, und sie zweitens bereits auf verfälschte und tendenzielle Quellen zurückgriffen, eben die Literatur der Zeit des Augustus mit ihrem eindeutig negativen Kleopatrabild.

So lässt sich feststellen, dass in den antiken Beschreibungen der Kleopatra letztlich zwei Erzähltraditionen zusammenflossen: Erstens die negative Darstellung des ptolemäischen Königshofs und seines Luxus als Kennzeichen von politischer Dekadenz, die im totalen Gegensatz zur römischen Mannhaftigkeit stand. Zweitens die topisch negative Darstellung von Frauen, die politische Macht ausübten und es verstanden, ihre Interessen auch gegen erhebliche (männliche) Widerstände durchzusetzen. Auf diese Weise diente die Schilderung der Kleopatra den antiken Autoren dazu, den scheinbaren Wandel des Charakters zweier führender Männer der römischen Politik, Caesar und Marcus Antonius, zu erklären. In beiden Fällen war es schließlich dazu gekommen, dass eine von Rom abhängige Königin genau dieses Abhängigkeitsverhältnis zumindest dem Anschein nach gedreht und beide Männer zu ihren »Klienten« gemacht hatte.[5] In Wirklichkeit war dem aber, wie wir sehen werden, überhaupt nicht der Fall.

Sehr wichtige Korrektive der genannten Topoi, die nur wenig über Kleopatra selbst, aber sehr viel über antike Gesellschafts- und Frauenbilder berichten, sind deshalb die nichtliterarischen Quellen der Zeit, also Inschriften, Papyri und Münzen. Diese bergen aber selbstverständlich ebenfalls interpretatorische Probleme, da sie vor allem das positive Selbstbild der Königin zeichnen bzw. den Lobpreis ihrer Untertanen vermitteln, die es nicht wagen würden, die Herrscherin zu kritisieren.[6]

## 10.1 Ptolemaios XIII.

Kleopatra konnte ihre Alleinherrschaft nicht lange gegen den Hof verteidigen. Im Sommer 49 riss eine Fraktion von Männern des Hofes im Namen des im Jahr 61 geborenen Ptolemaios XIII. die Macht an sich und stellte den Knaben als König neben die Königin. Federführend tätig waren dabei der Eunuch Potheinos, der General Achillas und Theodotos, der Lehrer des Ptolemaios: Nach der Volljährigkeitserklärung des jetzt 12-jährigen wurde nach seinem ersten Jahr datiert: »Das erste Jahr (des Ptolemaios), das auch das dritte (der Kleopatra) ist«.[7] Wenig später beschloss derjenige Teil des römischen Senats, der im römischen Bürgerkrieg infolge von Caesars Überschreitung des Rubicon gemeinsam mit Pompeius aus Rom geflohen war, die Herrschaft allein dem Ptolemaios zuzuweisen, was genauso gegen den Buchstaben des Testaments Ptolemaios' XII. verstieß wie Kleopatras Alleinherrschaft. Mit dieser römischen Legitimation konnten die Vormünder des Ptolemaios dessen Schwester im Jahr 48 problemlos aus Alexandria vertreiben. Die Königin gab sich aber noch lange nicht geschlagen, sondern wollte jetzt mit Hilfe von Söldnern aus Koilesyrien Ägypten zurückerobern. Das ist durchaus erstaunlich und zeigt die hervorragende Vernetzung Kleopatras im Vorderen Orient, denn nur so kann sie dazu in der Lage gewesen sein, äußerst schnell in der Fremde ein Heer zusammenzustellen. Doch zog ihr Ptolemaios XIII. bzw. General Achillas mit einem Heer an die ägyptische Nordostgrenze entgegen, wo sich beide Parteien bei Pelusium gegenüberlagen. Zum Kampf kam es aber dann doch nicht, denn gleichzeitig traf der römische Bürgerkriegsgeneral Pompeius, der die Schlacht von Pharsalos gegen Caesar verloren hatte, dort ein. Er hoffte auf Unterstützung des Königs, schließlich musste ihm der Sohn seines *amicus* Ptolemaios' XII. zum Dank für die gewährte Anerkennung seiner alleinigen Herrschaft verpflichtet sein. Die Vormünder des Ptolemaios setzten jedoch auf Caesar. Sie luden Pompeius ein, an Land zu kommen, damit ihn ein ehemaliger Soldat des Pompeius namens Septimius aus der immer noch in Ägypten lebenden Truppe des Gabinius ermorden konnte, was die antiken Autoren einhellig als verfluchungswürdige Tat beschrieben.[8]

Caesar, der Pompeius verfolgt hatte, gelangte in der Zwischenzeit nach Alexandria, während Ptolemaios noch beim Heer an der Grenze Ägyptens war. Stolz überreichte man in der Hauptstadt dem Sieger von Pharsalos den Kopf des Pompeius, doch Caesar war angeblich so erschüttert über diese Untat, dass er in Tränen ausbrach. Für seinen Anspruch auf Alleinherrschaft gab es nun freilich keinen ernsthaften Konkurrenten mehr.

## 10.1.1 Der Alexandrinische Krieg

Caesar betrat das Land am Nil wie einen unterworfenen Staat, indem er Rutenbündelträger vor sich hergehen ließ, die die volle Amtsmacht eines römischen Imperiumträgers symbolisierten. Das wiederum löste große Tumulte bei den Alexandrinern aus, die die Symbolik des Auftritts von solchen Liktoren durchaus erkannt hatten und die jetzt annehmen mussten, dass Caesar gekommen war, um Ägypten zu einer Provinz zu machen.[9] Der römische Konsul Caesar wollte jedoch lediglich den Geschwisterkrieg beenden – als Vertreter Roms, dessen Klientelreich Ägypten war, sah er sich hierzu rechtlich befugt – und das Testament des zwölften Ptolemäers in Kraft setzen. Nach der blutigen Niederschlagung der alexandrinischen Unruhen befahl er deshalb Kleopatra und Ptolemaios, den Zwist zu beenden, bei ihm zu erscheinen und sich seinem Urteil zu stellen.[10]

Die verfeindeten Geschwister begaben sich in der Tat nach Alexandria und unterwarfen sich dem Schiedsgericht des Caesar, der ihnen, dem Testament des Ptolemaios entsprechend, die gemeinsame Herrschaft befahl. Doch die Reinstituierung der Kleopatra und vor allem Caesars Einforderung der enormen Summen von jetzt zu begleichenden Schulden Ptolemaios' XII., führten zum Krieg. Auf Veranlassung des Potheinos brachte Achillas ein 20 000 Mann starkes Heer nach Alexandria, das den Truppen Caesars zahlenmäßig weit überlegen war. Der römische Feldherr, dem nur 4000 Soldaten zur Verfügung standen, konnte sich gerade noch des Königs und des wenig später hingerichteten Potheinos bemächtigen und ins Palastviertel zurückziehen, als schon die Belagerung durch Achillas begann.

In seiner Schrift über die alexandrinischen Ereignisse zollte Caesar dem Gegner *ex post* keinerlei Respekt, wenn er schrieb, dass es sich um einen zusammengewürfelten Haufen von Piraten, Räubern, Verbannten, zum Tode Verurteilen und entlaufenen Sklaven handelte, die allein durch Kriege mit Ägyptern und Straßenschlachten in Alexandria selbst geübt waren. Die in Ägypten von Gabinius zurückgelassene römische Schutztruppe hatte sich ihnen angeschlossen, doch auch diese immerhin römisch ausgebildeten Soldaten nahm Caesar nicht wirklich ernst, denn sie hatten »schon ganz die Gewohnheiten alexandrinischer Lebensweise und Zügellosigkeit angenommen, hatten Römertum und römische Zucht verlernt und <einheimische> Frauen geheiratet«.[11] Caesar mokierte sich hier also über ein Verhalten von Römern, das ihm seine Gegner später ebenfalls vorwarfen. Als Diktator Roms, dem auch die Sorge für die Sitten *(cura morum)* oblag, der zudem strenge Maßnahmen gegen die Verschwendungssucht der Reichen verabschiedet hatte,[12] hätte er sich niemals die Blöße eines ptolemäischen Lebensstils geben können. So verschwieg Caesar wohlweislich die sich im belagerten Alexandria anbahnende Liaison mit Kleopatra. Plutarch hingegen sah in Alexandria und besonders im Hinterhalt, den Potheinos dem Pompeius gelegt hatte, sogar den Ursprung für Caesars neuen Lebenswandel, also seine Charakteränderung: Caesar habe nun aus Angst vor Anschlägen auf sein Leben begonnen, die Nächte einfach durchzuzechen.[13] Das ist natürlich eine mehr als bescheidene Erklärung, die Caesar in Schutz dafür nehmen sollte, dass er seine Gewohnheiten in Alexandria, sicher unter Einfluss der Kleopatra, grundlegend änderte. So wusste Sueton, dass Caesar »an ihrer Seite Gelage bis zum ersten Hahnenschrei ausdehnte«.[14]

Der Stellungskrieg, den das ägyptische Heer gegen Caesar mit äußerster Härte zwischen September 48 und Januar 47 in der Stadt führte, vernichtete sogar die Bibliothek von Alexandria, die einem Brand zum Opfer gefallen sein soll.[15] Da das Königsviertel in römischer Hand war und Caesar bald auch die Insel Pharos erobern konnte, war erstens seine Versorgung über das Meer möglich und zweitens konnte er auf Entsatztruppen warten. In der Zwischenzeit war es der jüngeren Schwester der Kleopatra, die sich ebenfalls im Palast bei Caesar befand, gelungen, ins Lager der Alexandriner zu entfliehen. Arsinoë IV. beseitigte auf Wunsch der alexandrinischen Bürger den Achillas und führte als neue Königin die Belagerung gemeinsam mit ihrem Erzieher, dem Eunuchen Ganymedes, weiter.

Schließlich boten die Alexandriner Caesar an, das Freundschaftsbündnis mit Rom anzunehmen, wenn der Römer ihnen Ptolemaios als König zurückgebe. Erstaunlicherweise willigte Caesar ein, obwohl er damit eine wichtige Geisel aus der Hand gab. So geschah genau das, was Caesar sicherlich auch nicht anders erwartet hatte: Der freigelassene Ptolemaios setzte seine Schwester Arsinoë und Ganymedes ab, unmittelbar nachdem er im Lager der Alexandriner war, und führte dann den Krieg gegen Caesar weiter. Wenig später besiegte ihn Caesar aber mit Hilfe von Entsatztruppen in einer Schlacht. Der dreizehnte Ptolemäer ertrank auf der Flucht in den Fluten des Nil.[16] Was wäre wohl geschehen, wenn die ägyptischen Truppen gesiegt und Caesar den Tod gefunden hätte?

## 10.1.2 Kleopatra und Caesar in der antiken Literatur

Die Ereignisse des alexandrinischen Krieges überliefert einerseits Caesar, der hiervon in seinem dritten Buch der Bürgerkriege berichtete, und andererseits daran anschließend ein namenloser, aber caesarnaher Zeitzeuge in einem Werk über den alexandrinischen Krieg. Wie hingegen Kleopatra zu Caesar gelangt war, erfahren wir von beiden nicht. Das hinderte aber die späteren Autoren keineswegs daran, das erste Aufeinandertreffen des Römers mit der Makedonin in den schillerndsten Farben auszumalen. Es handelt sich hierbei aber um Literatur und nicht um Geschichtsschreibung oder Biographie, denn woher sollten die Verfasser der Berichte ihr direktes Wissen haben, wenn, wie Cassius Dio es selbst zugibt, man in Rom nur »vom Hörensagen« über Caesars Verhältnis zu

Kleopatra wusste, das dort »härtesten Tadel« fand.[17] Die Autoren wollten ihre Leser aber unterhalten und vor allem eine Erklärung dafür geben, weshalb Caesar eine aus ihrer Sicht weit über das sexuelle hinausgehende Beziehung zu einer von Rom abhängigen Königin eingegangen war.[18] Es wäre deshalb fahrlässig, den allzu schönen und romantischen Geschichten Glauben zu schenken. So sei Kleopatra, wie Plutarch zu wissen meint, von ihrem Vertrauten Apollodoros in einem Leinensack – in der Moderne gerne als Teppich bezeichnet – verpackt in den Palast gebracht worden und habe mit dem so bewiesenen Mut, ihrer Anmut und ihrer Konversationskunst das Herz Caesars gewonnen.[19] Nach Lucanus wiederum bestach sie eine Wache und setzte mit einem Boot zum Palast über.[20] Dieser Dichter treibt die Stereotypisierung der Ptolemäerin ganz erheblich voran, wenn er das Gastmahl Kleopatras mit Caesar nach seiner Vorstellung vom Luxus des Ptolemäerhofes ausmalt und dabei vielleicht den Luxus des Kaisers Nero und die Luxuskritik seines Onkels Seneca vor Augen hat:

*»Sie ist mit Perlen aus dem Roten Meer geschmückt, trägt ein Vermögen am Hals und im Haar, und der Schmuck ist zu schwer für sie. Ihre Brüste schimmern weiß durch ein Gewebe aus Sidon, … Auf goldenen Schüsseln tischte man ein üppiges Festmahl auf, zu dem die Erde, die Luft, das Meer und der Nil alles beitrugen, was ein Luxus, der von sinnlosem Geltungstrieb überbordete, in der ganzen Welt zusammengesucht hatte, ohne dass der Hunger es verlangte.«*[21]

Cassius Dio wiederum beschrieb knapp zweieinhalb Jahrhunderte später ausführlich die Reize und die Schönheit der Ptolemäerin:

*»Sie war ja überhaupt eine Frau von einzigartiger Schönheit und damals in der Blüte ihrer Jugend besonders berückend. Auch führte sie eine sehr gepflegte Sprache und verstand es, jedermann auf gewinnende Art zu begegnen. Herrlich war es, sie anzusehen und ihr zu lauschen, und sie konnte so jeden, selbst einen liebessatten Mann in bereits vorgerücktem Alter, sich gefügig machen. Daher fand sie es wünschenswert, Caesar zu begegnen, und setzt alle Thronansprüche auf ihre Schönheit.«*[22]

Weil sie auf diese Weise Caesar für sich gewonnen, ja ihn gefesselt hatte, habe der Römer Ptolemaios und die Schwester versöhnen wollen.[23]

Tatsächlich hatte aber Caesars Bemühen, Ptolemaios XIII. mit seiner Schwester gemeinsam auf den Thron zu setzen, das Ziel, wieder Ruhe in Ägypten herzustellen. Schließlich setzte der Römer sich damit erstens für das Testament des zwölften Ptolemäers ein und zwang zweitens zwei gegnerische Gruppen, die jeweils hinter den beiden Throninhabern standen, zur Eintracht. Nur so konnte die Gefahr des Bürgerkrieges gebannt und die Funktion Ägyptens als Getreidelieferant Roms garantiert werden.

Und trotzdem: Zweifelsfrei ging Caesar eine Beziehung zu Kleopatra ein. Da alle Quellen von seiner sexuellen Kontaktfreude berichten – es ging das Gerücht, er sei »der Mann aller Frauen und die Frau aller Männer«[24] –, ist es wohl durchaus wahrscheinlich, dass der von Kleopatra wenig später zur Welt gebrachte Sohn tatsächlich sein Sproß war.[25] Kleopatra bekräftigte diese Herkunft damit, dass sie ihm den Namen Kaisar/Caesar gab, ihn also mit dem Namen seines Erzeugers versah. Den Aliasnamen Ptolemaios erhielt der Knabe möglicherweise erst, nachdem Kleopatra ihn zum Mitkönig erwählt hatte.[26] Die Alexandriner hingegen gaben ihm den Scherznamen Kaisarion.[27]

## 10.2  Ptolemaios XIV.

Caesar machte Ägypten nach seinem Sieg 47 nicht zur Provinz, sondern setzte Ptolemaios, den 12-jährigen jüngeren Bruder des besiegten Ptolemaios XIII. gemeinsam mit der 22-jährigen Kleopatra auf den Thron des Landes, ohne dass beide freilich heiraten mussten.[28] Gemeinsam erhielten sie nun den Kult als »Vaterliebende Götter« – *Theoi Philopatores*.[29] Im Datierungsprotokoll der Urkunden erscheint Kleopatra an erster Stelle, was zeigt, dass sie offiziell die Regierungsgeschäfte führte. Zudem ließ die Königin Münzen prägen, die allein ihr Bild zeigten, deutlicher konnte sie ihren Unwillen über die von Caesar erzwungene gemeinsame Herrschaft mit dem Bruder nicht zum Ausdruck bringen.

Es bleibt unklar, weshalb Caesar, der einige Jahre zuvor noch eine Provinzialisierung Ägyptens im Senat angestrebt hatte, nun von diesem Wunsch Abstand nahm und, was noch unverständlicher ist, zudem noch Zypern, das seit 58 römisches Provinzialterritorium war, wieder an die ptolemäische Dynastie zurückgab.[30] Nach der Regelung der ägyptischen Verhältnisse und einer Nilkreuzfahrt bis an die Grenze des Landes[31] verließ Caesar Ägypten im Juni, nicht ohne zuvor drei Legionen als »Schutzmacht« zurückzulassen. Der römische Diktator besiegte danach den bosporanischen König Pharnakes II. im kleinasiatischen Zela mit den Worten »ich kam, sah und siegte« und kehrte im Oktober 47 nach Rom zurück, das er aber bereits im November wieder verlassen musste, um in Afrika gegen die verbliebenen Bürgerkriegsgegner zu kämpfen. Mitte 46 kam er erneut kurz in die Hauptstadt und feierte vier Triumphe, bei denen er auch die Schwester Kleopatras, Arsinoe IV., die in Alexandria gegen ihn gekämpft hatte, in Ketten mitführen ließ.

Caesar hatte mit der Installierung des neuen Herrscherpaares nicht nur die Getreideversorgung Roms gesichert, sondern aus Ägypten zudem die Idee zu einer Reform des römischen Kalenders mitgebracht. Von jetzt an gab es den julianischen Kalender nach dem Sonnenjahr.[32] Das dritte Ergebnis seines Ägyptenaufenthalts, der mit Kleopatra gezeugte uneheliche Sohn, sollte Caesar dann ein Jahr nach seiner Ankunft in Rom beschäftigen, denn im Sommer 46 kam die alexandrinische Königin gemeinsam mit ihrem Bruder und dem Sohn nach Rom. Das tat sie vor allem, um offiziell in die Liste der Freunde und Bundesgenossen Roms aufgenommen zu werden,[33] schließlich hatte ihr Vater hierzu ebenfalls in Rom vorstellig werden müssen und erhebliche Bestechungsgelder gezahlt, was sicherlich ebenso bei Kleopatra der Fall war.

Da der Diktator Rom bereits im November wieder verließ, ist davon auszugehen, dass das Königspaar ebenfalls die Heimreise antrat. Doch sobald Caesar in die Hauptstadt zurückgekehrt war, erschien auch wieder Kleopatra, die hier während der Ermordung ihres Patrons an den Iden des März 44 zugegen war. Fluchtartig verließ die Königin daraufhin die Stadt in Richtung Ägypten.[34] Der ihr von Caesar aufgezwungene Brudergemahl Ptolemaios XIV. überlebte Caesar nicht lange, denn kaum war der römische Diktator tot, entledigte sich Kleopatra ihres Bruders.[35] Für Caesar wiederum errichtete sie in Alexandria einen Tempel, ob vor oder erst nach seinem Tod, muss offen bleiben.[36] Dieser Kultbau lässt vermuten, dass die Königin neue dynastische Pläne verfolgte, die darauf ausgerichtet waren, aus der ptolemäischen eine ptolemäisch-iulische Dynastie mit einem neuen Herrscherkultort zu schaffen; Caesar hätte Alexander den Großen zwar nicht abgelöst, wäre aber als neuer dynastischer Gott an seine Seite getreten.

Was hatte Caesar die Beziehung zu Kleopatra, abgesehen von den Problemen für seinen guten Ruf in der römischen Elite, gebracht? Es ist schwer vorstellbar, dass der erfahrene Politiker und Militär aus Liebe derart ostentativ mit seinem Verhältnis zu der ptolemäischen Königin umging; man muss ihm vielmehr ein klares Kosten-Nutzen Kalkül unterstellen. Er stand damals vor der Alternative, einer in Ägypten starken Gruppe um Ptolemaios XIII. die Macht zu sichern, die durchaus zu eigenständigem Handeln fähig war und einen römischen General ermordet hatte, oder aber eine Königin zu fördern, deren Legitimation ganz besonders von ihm abhing, die also alles dafür tun würde, um dem Willen Roms zu gehorchen, da ihre Position in Ägypten prekär war. Genau das könnte dann auch der Grund dafür gewesen sein, dass er sich auf die Beziehung zu ihr eingelassen hatte. Er hielt der Königin, die ihm ein stabiles Ägypten garantierte, die Treue, auch dann, als sie mit dem von ihm gezeugten Sohn in der Hauptstadt Rom vorstellig wurde, schließlich brauchte er ihre uneingeschränkte Unterstützung für den geplanten Partherfeldzug. Eine Gruppe im Senat, der Caesars Beziehung zu Kleopatra einen weiteren Beleg für dessen monarchische Gesinnung lieferte, kam dem Feldzug aber durch den Mord am Diktator zuvor.

## 10.3 Ptolemaios XV.

Kleopatra nahm im Jahr 44 ihren Sohn »Ptolemaios, der auch Caesar heißt«, mit dem Beinamen »der Vaterliebende und Mutterliebende Gott« (*Theos Philopator Philometor*) mit in ihre Herrschaft auf. Die Datierungsformeln, in denen Kleopatra grundsätzlich vor ihrem Sohn steht, zeigen, dass sie die eigentliche Herrin des Landes war. Das konnte freilich nicht ohne die Zustimmung Roms geschehen sein, die der caesarianisch gesinnte Prokonsul im Osten, Publius Cornelius Dolabella, gewährte. Zwar zweifelten bereits antike Autoren an Caesars Vaterschaft des Königs,[37] doch war seine Sohnschaft für die römische Innenpolitik dieser Zeit unerheblich, da Kleopatra nicht die rechtmäßige Gemahlin Caesars war. So spielte es ebenfalls keine Rolle, dass Kleopatra mit Caesars Billigung den Neugeborenen auch Kaisar, also Caesar benannt hatte.[38] Als nicht legitimer Sohn hatte er kein Anrecht auf das Erbe seines Erzeugers und erst recht nicht auf irgendeine Position in der römischen Politik. Erbe Caesars war dessen testamentarisch adoptierter Sohn Octavian, der spätere Kaiser Augustus, der nach der Adoption den Namen seines Adoptivvaters Gaius Iulius Caesar führte: Es gab also nur einen wirklichen Caesar.

In Rom war nach den Iden des März ein Bürgerkrieg zwischen den Caesarmördern auf der einen und Octavian, Marcus Antonius und Lepidus auf der anderen Seite ausgebrochen. Letztere bildeten das Zweite Triumvirat zur Wiederherstellung der Republik, ebenso wie die Caesarmörder sich deren Wiederherstellung auf die Fahnen geschrieben hatten. Die Gegner der Triumvirn konnten sich zunächst vor allem im Osten des Imperiums behaupten. Kleopatra war als dortige Klientelkönigin zu ihrer Unterstützung verpflichtet, sabotierte aber die Aufforderung des Caesarmörders Cassius zur Stellung einer Flotte mit der Begründung, eine Hungersnot und Pest in ihrem Land mache ihr die Hilfestellung unmöglich.[39] Nachdem die Caesarmörder besiegt waren, fiel Marcus Antonius der Osten des Imperiums zur Neuordnung zu. Als er sich dorhin begeben hatte und auch einen Krieg gegen die Parther vorbereitete, forderte er die Königin auf, zu ihm nach Tarsos zu kommen, um dort Rechenschaft abzulegen und ihre Unterstützung für den Feldzug zu garantieren.

Das Ptolemäerreich war trotz aller seiner Probleme die einzige wirklich stabile Mittelmacht im Osten und aufgrund seines Reichtums war eine treue Gefolgschaft der Königin unabdingbar für die weiteren Pläne des Marcus Antonius. Deswegen musste Kleopatra nicht nur formal, sondern auch wirklich gewonnen werden. Im Sommer des Jahres 41 trat die Königin die Reise nach Tarsos an der kleinasiatischen Südküste an. Das Zusammentreffen mit dem Feldherren hat antike und moderne Schriftsteller zu schwelgerischen Beschreibungen verleitet, die den dionysischen Lebensstil des Marcus Antonius betonen, der mit der als Aphrodite auftretenden Kleopatra jeglicher römischer Tugend abschwor.

Tatsächlich präsentierte sich die Königin lediglich so, wie es die ptolemäischen Könige immer taten und wie wir es bereits hinreichend kennengelernt haben.[40] Kleopatra bewirtete und beschenkte den römischen Feldherren auf das Üppigste. Sie wollte dem Römer damit einen recht deutlichen Hinweis darauf gegeben, welche Schätze sie ihm zur Verfügung stellen könnte, wenn er sich nur gut mit ihr verstünde. Marcus Antonius begab sich daraufhin ins Winterlager nach Alexandria, denn von hier konnte er den geplanten Partherfeldzug am besten vorbereiten und gleichzeitig auf die Ressourcen Ägyptens zugreifen.[41] Zuvor hatte er noch Kleopatras Wunsch erfüllt und deren im Tempelasyl in Ephesos weilende Schwester Arsinoe IV. umbringen lassen.[42] Damit stand der Königin keine dynastische Konkurrenz mehr im Wege.

Aus dieser ersten Begegnung und im anschließenden Winter erwuchs zwischen dem römischen Triumvirn und der alexandrinischen Königin eine intensive Beziehung zu beider Seite Vorteil. Marcus Antonius konnte sich voll und ganz auf die von Kleopatra zur Verfügung gestellten ökonomischen und militärischen Mittel Ägyptens stützten. Kleopatra wiederum saß in Alexandria unangefochten im Sattel und machte sich möglicherweise sogar Hoffnungen, ihre Herrschaft noch weiter auszudehnen.

Die Beziehung zwischen Marcus Antonius und der Königin gestaltete sich genauso handfest wie die zwischen ihr und Caesar, denn wohl schon im Jahr 40 brachte sie Zwillinge zu Welt: Alexander Helios (Sonnengott) und Kleopatra Selene (Mondgöttin). Die Beinamen, die nicht nur auf Götter, sondern auch Himmelskörper verweisen, könnten auf einen ewigwährenden kosmischen Herrschaftsanspruch hindeuten, der mit der so begründeten alexandrinischen Dynastie verbunden sein sollte.[43] Sicherlich sollte in der nächsten Generation Ptolemaios Kaisar als Thronfolger seine Halbschwester Kleopatra Selene ehelichen, so dass die neue Dynastie alten Traditionen verbunden geblieben wäre.

Doch noch im gleichen Jahr reiste Marcus Antonius, nach einer Übereinkunft mit Octavian, wieder nach Rom, ehelichte dort die Schwester seines Mittriumvirn, Octavia, und reiste mit ihr nach Athen. Als er sich zur Vorbereitung eines Angriffs auf die Parther nach Syrien begab, kam Kleopatra wieder ins Spiel, denn Marcus Antonius brauchte, wie dargelegt, die Ressourcen der Königin. Anders als die Gegner des Marcus Antonius behaupten, ehelichte er die im Spätherbst 37 zu ihm gekommene Königin aber keinesfalls, schließlich war er zu dieser Zeit noch mit Octavia verheiratet.[44] Allerdings zeitigte das Zusammensein des Römers mit Kleopatra abermals Erfolg, denn sie gebar ihm Ptolemaios Philadelphos. Die antike Überlieferung unterstellt Marcus Antonius, dass er, anders als Caesar, die drei mit Kleopatra gezeugten Kinder auch offiziell als die seinen anerkannt habe.[45] Das ist jedoch wenig wahrscheinlich, muss ihm doch bewusst gewesen sein, dass er seinem Ansehen mit dieser Tat in Rom erheblich geschadet hätte. Er sah sie vielmehr als zukünftige Klientelkönige Roms. Münzen, die der Triumvir mit seinem Porträt auf der Vorder- und dem

Porträt seines von der verstorbenen Fulvia zur Welt gebrachten Sohnes Antyllus auf der Rückseite prägen ließ,[46] belegen, dass Marcus Antonius keinesfalls an eine »gemeinsam« mit Kleopatra gezeugte römische Dynastie dachte, sondern Antyllus als politischen Erben in Rom vorsah. Die Aufgabe von Kleopatras Kindern sollte die Herrschaft über Klientelkönigreiche sein.

In seiner Funktion als römischer Oberbefehlshaber übertrug Marcus Antonius 37/36 deshalb der ägyptischen Königin die Hoheit über die alten ptolemäische Besitzung Koilesyrien, mit Ausnahme der Städte Tyros und Sidon, bis zur Grenze der römischen Provinz Syrien. Weiterhin erhielt sie Zypern, einen Teil von Kreta und zudem die Verfügung über das rauhe Kilikien bestätigt. Im Grunde genommen war damit das Ptolemäerreich fast in seiner ursprünglichen Dimension wieder hergestellt. Kleopatra scheint in diesem Zusammenhang eine zweite Zählung der Herrschaftsjahre begonnen zu haben, denn von jetzt an lauteten die Urkunden z. B. »im 17. Jahr, das auch das 2. ist« bis zu ihrem Tod im 22. bzw. 7. Jahr.[47] Zudem erweiterte die Königin ihren Kulttitel, denn seit dieser Zeit nannte sie sich Kleopatra, »die Jüngere Göttin, Vaterliebende, Vaterlandsliebende«.[48] Trug die Königin die Titel »Jüngere Göttin« (*Thea Neotera*) bereits auf Münzen aus Antiochia, Chalkis und Kyrene, so war der Beiname Vaterlandsliebende (*Philopatris*), der sich auf die makedonische Heimat der Ptolemäer und nicht Ägypten oder Alexandria beziehen dürfte, neu.[49] Ungeklärt ist aber, weshalb sie eine zweite Jahreszählung neben ihre bisherige setzte. Als wahrscheinliche Lösung bietet sich an, dass sie sich von nun an nicht nur als Königin des Ptolemäer-, sondern auch des Seleukidenreiches sah, also zwei Herrschaften in ihrer Person vereinte. Das legt auch der Titel als »Jüngere Göttin« nahe, denn hiermit drückte sie aus, dass sie sich als neue Kleopatra Thea verstand. Sie bezog sich also auf die Tochter Ptolemaios' VI. und Kleopatras II., die als Alleinherrscherin und Vormund ihres Sohnes Antiochos' IX. von 125–121 das Seleukidenreich beherrscht hatte.[50] Über das ehemalige Großreich im Osten hatte nun die neue Alleinherrscherin Kleopatra *Thea Neotera* die Nachfolge angetreten. Dazu passt auch der Ort, an dem Marcus Antonius ihr die Herrschaft verliehen hatte, nämlich in Syrien, wahrscheinlich konkret in Antiochia, einer der wichtigsten Königsstädte des untergegangenen Seleukidenreiches.[51] Gerade hier wird man sehr gut ihren Kulttitel *Thea Neotera* auf Münzen zu deuten gewusst haben, denn die Erinnerung an ihre berühmte Vorgängerin Kleopatra Thea war sicherlich noch wach. Die Rückseite dieser Münzen zeigte wiederum den eigentlichen Befehlshaber Marcus Antonius.[52] Wie Ptolemaios VI. für kurze Zeit, so verfügte Kleopatra nun für sieben Jahre über das Diadem Ägyptens und Asiens.[53]

Die Schenkungen des Marcus Antonius an Kleopatra waren nicht, wie teils vermutet, irrational, sondern strategisch durchdacht, denn die alexandrinische Königin verfügte über eine Flotte, die Stützpunkte im Mittelmeerraum brauchte, und das Holz Zyperns, Kilikiens und des Libanons für den Bau weiterer

Schiffe.⁵⁴ Selbst Teile von Provinzen konnten deshalb weggegeben werden – etwa Kreta und Kilikien. Gerade die Schenkung Kilikiens könnte sogar mit Octavian im Jahr 40 beim Vertrag von Brundisium abgesprochen gewesen sein.⁵⁵ Ähnliches hatte bereits Caesar getan, der Zypern, das eigentlich seit 58 Teil des römischen Imperiums war, wieder der ptolemäischen Dynastie unterstellt hatte. Kleopatra war zudem nicht die einzige, die bevorzugt behandelt wurde, auch König Polemon von Pontos erhielt einen Teil der römischen Doppelprovinz *Bithynia et Pontus*. Dass aber die Oberhoheit über alle diese Gebiete weiterhin bei Antonius lag, die er auch mittels eigener Legaten oder Agenten ausübte, stand für niemanden außer Zweifel.

Der von Antonius im Sommer 36 begonnene Feldzug gegen die Parther war ein Misserfolg. Der römische Feldherr kehrte mit erheblichen Verlusten im Winter 36 an die Mittelmeerküste zurück. Hier erwies sich erneut sein Bündnis mit der Ptolemäerin als Glücksfall, denn er beorderte die Königin mit Versorgungsgütern nach Koilesyrien, die er an die Truppe verteilen konnte, um so die Zustimmung der Soldaten zu bewahren.⁵⁶ Die Bundesgenossin Roms erfüllte ihre Pflicht und Antonius reiste mit ihr in sein alexandrinisches Winterquartier. Jetzt wollte sich aber die Gemahlin des Antonius, Octavia, aus Athen zusammen mit von Octavian bereitgestellten Truppen und Vorräten zu ihrem Mann begeben. Das wiederum lehnte Marcus Antonius strikt ab, weshalb Octavia nach Rom zurückkehrte, wo sie sich als eine, ihrem untreuen Ehemann treue und züchtige Römerin, als ein Gegenbild zu Kleopatra präsentierte.⁵⁷ Dass aber trotzdem Kleopatra dem Willen des Marcus Antonius und nicht umgekehrt er ihr gehorchte, zeigt ihr gescheiterter Versuch, in den Besitz von Territorien der ehemaligen jüdischen Dynastie der Hasmonäer in Koilesyrien zu gelangen. Marcus Antonius wählte die Seite des neuen Königs Herodes.⁵⁸

Der römische Feldherr brach 34 zu einem neuen Feldzug in den Osten auf, bei dem er aber nicht mehr gegen die Parther, sondern gegen König Artavasdes von Armenien vorging, den er als Schuldigen am gescheiterten Partherfeldzug ausgemacht hatte. Der römische General besiegte den Armenier, nahm ihn gefangen⁵⁹ und präsentierte ihn auf einer, den Ptolemaia Ptolemaios' II. ähnlichen Siegesprozession in Alexandria im Herbst des Jahres.⁶⁰ Zudem hatte Antonius jetzt das Anrecht auf einen prestigeträchtigen Triumphzug in Rom, der seine Stellung dort erheblich gefestigt hätte. Octavian tat deshalb alles, um genau das zu verhindern, was ihm auch gelang.

In Alexandria entschied sich Marcus Antonius in seiner Funktion als Triumvir und römischer Imperiumsträger zudem dazu, im Gymnasium von Alexandria eine symbolische Neuordnung des Herrschaftsgebietes der Kleopatra vorzunehmen und das eroberte Armenien darin einzugliedern. Letzteres erhielt sein zum König erklärter etwa 6-jähriger Sohn Alexander Helios, der durch die Vermählung mit einer parthischen Prinzessin⁶¹ auch ein zukünftiges Anrecht auf die Herrschaft über Persien hatte. Dessen Zwillingsschwester bekam die Herrschaft über die Kyrenaika, sein 2-jähriger Sohn Ptolemaios das Königtum über Syrien, Phönizien und Kilikien. Wie sehr sich Marcus Antonius mit seinem Handeln in Konformität mit der römischen Praxis sah, Klientelkönige zu bestimmen, zeigt die Tatsache, dass er seine »Neuordnung« in Rom bekannt machte und sogar vom Volk bestätigen lassen wollte.[62]

## 10.3.1 Kleopatra und Antonius in der antiken Literatur

Aurelius Victor fasste im vierten Jahrhundert n. Chr. das Bild der Kleopatra, das schon die römischen Zeitgenossen vor Augen hatten, treffend zusammen: »Diese hatte eine so große Libido, dass sie sich häufig prostituierte, eine so große Schönheit, dass viele eine Nacht mit ihr mit dem Leben bezahlten.«[63] Fast alle waren sich über die außerordentliche Schönheit, Klugheit und Redegewandtheit der Königin einig.[64] Cassius Dio betont zudem, dass »Kleopatra unersättlich in Liebesgenuss und Habsucht war«.[65] Marcus Antonius diente ihr »wie ein Sklave«.[66] Gerade weil Kleopatra, wie erwähnt, durch ihre Parteinnahme für Marcus Antonius im späteren römischen Bürgerkrieg zur entscheidenden Kriegsgegnerin des Octavian und damit Roms wurde, stilisierten sie die zeitgenössischen Dichter zu einer verlotterten, von Eunuchen umgebenen Hure,[67] als verderbenbringendes Ungeheuer.[68]

In Plutarchs Biographie des Marcus Antonius ist es Kleopatra, die den entscheidenden Einfluss auf den Charakterwandel seines Protagonisten hatte. Er sei ihr seit dem bereits oben angesprochenen Zusammentreffen in Kleinasien verfallen gewesen:

*»Bei dem so gearteten Charakter des Antonius kam als letztes Übel über ihn seine Liebe zu Kleopatra, brachte viele Leidenschaften, die noch verborgen in ihm schlummerten, zu hellem Aufflammen, und wenn noch etwas Gesundes und Heilsames in ihm sich dem widersetzen wollte, unterdrückte und vernichtete sie das vollends.«*[69]

Die Königin reiste, wie Plutarch berichtet, auf einem prächtig ausgestatteten Schiff aus Ägypten kommend zu Antonius und präsentierte sich der Bevölkerung und dem Römer wie eine Aphrodite mit einem entsprechend verkleideten Gefolge. So »verbreitete sich in der Masse ein Gerücht, Aphrodite komme in feierlichem Zuge den Dionysos besuchen zum Heile Asiens«.[70] Deutlich wollte Kleopatra also zeigen, dass hier eine Göttin den zu ihr passenden Gott treffen wollte, und gleichzeitig als Königin in eine alte ptolemäische Stadt einziehen. Tatsächlich hatte Marcus Antonius eine große Begeisterung für alles Dionysische, erlaubte er doch, dass ihm Athen spätestens seit 39/38 einen Kult als »Neuer Dionysos« ausrichtete.[71] Der Römer hatte von den Griechen im Osten mithin den Kultnamen des zwölften Ptolemäers verliehen bekommen.

Nach dem Bericht Plutarchs erlaubte sich Kleopatra, als sie mit ihrem Schiff in Tarsos angekommen war, einen Affront: Sie begab sich nicht zum Triumvirn, sondern lud ihn auf ihrem Schiff zu einem Gastmahl ein. Das kam einer Umkehrung der Machverhältnisse gleich, denn eigentlich hätte Kleopatra zunächst vor dem hierarchisch über ihr stehenden Antonius erscheinen müssen.[72] Sie hingegen lud ihn zu einem Festmahl ein, das an Luxus alles übertraf, was Marcus Antonius bisher erlebt hatte. Bei dem Zeitgenosssen Sokrates von Rhodos stand nach Athenaios zu lesen:

*»Als Kleopatra dem Antonius in Kilikien begegnete, richtete sie für ihn ein königliches Gastmahl aus, bei dem alles Geschirr in Gold und mit Steinen besetzt … war …. Nachdem sie zwölf Speisebetten hatte bereitstellen lassen, rief Kleopatra den Antonius herbei zusammen mit Begleitern seiner Wahl. Als dieser aber von der Pracht des Anblicks überwältigt wurde, lächelte sie und sagte, dies alles schenke sie ihm, und lud ihn für den folgenden Tag ein, … Indem sie dieses Bankett in noch viel größerem Stil ausschmückte, erreichte sie, dass die beim erstenmal verwendeten Gegenstände dürftig erschienen und schenkte ihm wiederum auch diese. Jedem der Befehlshaber gestattete sie, die Liege, auf der er gelegen hatte, und die Regale für die Trinkbecher, wie sie jedem Platz zugeteilt waren, mitzunehmen. … Am vierten Tag verteilte sie einen Betrag von einem Talent für Rosen, und diese wurden als Schicht bis zur Tiefe einer Elle auf die Böden der Speiseräume gestreut.«*[73]

Bei einer Gegeneinladung konnte, wie Plutarch berichtet, Marcus Antonius sie in der Prachtentfaltung nicht übertrumpfen.[74] Die Schilderungen des Plutarch und Sokrates sind mit Sicherheit übertrieben.[75] Sie präsentieren vor allem Stereotype über prachtvolle Gastmähler der Ptolemäer und sollten verdeutlichen, dass Marcus Antonius, anders als wenige Generationen zuvor Scipio, die von der Ptolemäerin geschaffene Kommunikationssituation angenommen, die von der Königin vermittelte Rolle einer Aphrodite auf Erden akzeptiert hatte. Aus einer klar hierarchischen Beziehung zwischen einem römischen Imperiumsträger, der über Könige Entscheidungen fällen konnte, war, wie es die Schriftsteller vermitteln wollen, ohne Not eine Begegnung auf Augenhöhe, ja sogar eine Umkehrung der Machtverhältnisse geworden.

So habe Marcus Antonius sich dann nach Alexandria begeben und, wie Plutarch angibt, seine Zeit mit Kleopatra verschwendet:

*»Sie hatten da eine Vereinigung, die sich Amimetobioi, die ›unnachahmlichen Lebenskünstler‹, nannte, bewirteten einander Tag für Tag und trieben einen geradezu unglaubhaften Aufwand.«*[76]

Diesen Verein könnte es wirklich gegeben haben, denn eine Inschrift aus Alexandria macht den Bericht des Plutarch wahrscheinlich. Ein Mann mit dem sprechenden Namen Parasitos, wörtlich »der Tischgenosse«, hatte eine Statue des »großen Antonius, unnachahmlich in der Liebeskunst, seinem eigenen Gott und Wohltäter«, am 28. Dezember des Jahres 34 geweiht.[77]

Plutarch wollte mit der Schilderung von Antonius' Leben vor allem zeigen, wie es in der Person des Römers durch Kleopatra zu einer Verkehrung der römischen Ideale gekommen war, denn wie man sich in Ägypten als Römer korrekt zu verhalten hätte, hatte der Schriftsteller seinen Lesern in der Biographie des Lucullus dargelegt:

»*Auch fuhr er (Lucullus), wie berichtet wird, nicht nach Memphis hinauf, noch besichtigte er sonst eines der vielgepriesenen Wunderwerke Ägyptens; dies sei, sagte er, Sache eines Beschauers, der Muße habe und nach seinem Behagen leben könne, nicht eines Mannes, der wie er seinen Oberbefehlshaber im Freien vor den Bollwerken der Feinde lagernd zurückgelassen habe.*«[78]

Unter dem Einfluss der Kleopatra hatte sich also in der Schilderung von Plutarch Marcus Antonius ganz der ptolemäischen *tryphé* hingegeben und damit die römischen Tugenden abgelegt – er war kein Römer mehr. Das gleiche schildert auch Cassius Dio:

»*Als er (Antonius) aber an die Macht kam, kümmerte er sich nicht mehr gewissenhaft um eines von derlei Dingen, gab sich vielmehr zusammen mit Kleopatra und den übrigen Ägyptern einem schwelgerischen Leben hin, bis er jeden sittlichen Halt verlor.*«[79]

Nach dem Sieg über Armenien inszenierte sich Antonius dann angeblich sogar als Dionysos oder Alexander der Große. Velleius Paterculus, ein römischer Geschichtsschreiber der Zeit des Augustus und Tiberius, berichtet:

»*Zuvor hatte er sich noch ›den neuen Dionysos‹ nennen lassen. Mit Efeu bekränzt, mit einer goldenen Krone geschmückt, den Thyrsosstab in der Hand und die Jagdstiefel an den Füßen, so war er auf einem Prozessionswagen wie Dionysos durch Alexandria gefahren.*«[80]

Despektierlicher war eine Darstellung des Siegers in den Augen der Römer kaum noch möglich. Besonders ausgeschmückt und mit deutlich negativer Erzählintention schildern Plutarch und Cassius Dio zu guter Letzt auch die Neuverteilung römischen Provinzialgebietes und anderer Territorien an Kleopatra und ihre Kinder:

»*Hass (der Römer) zog er sich auch durch die Länderverteilung zu ... die theatralisch, überheblich und romfeindlich erschien. Er ließ nämlich das Volk sich im Gymnasium versammeln, auf einer silbernen Bühne zwei goldene Thronsessel aufstellen, den einen für sich, den anderen für Kleopatra, und dazu niedrigere für die Söhne ... er ernannte seine Söhne von Kleopatra zu ›Königen der Könige‹ ... Zugleich ließ er den Alexander in medischer Tracht mit Tiara und aufrechtem Turban, den Ptolemaios in Stiefeln und makedonischem Mantel und diademgeschmückter Mütze auftreten. ... Kleopatra trug damals wie sonst, wenn sie vor das Volk trat, die heilige Tracht der Isis und führte die Regierungsgeschäfte als ›neue Isis‹«.*[81]

Sollte sich das wirklich ereignet haben, dann handelte es sich für einen römischen Magistraten um eine zumindest aus römischer Sicht moralisch grenzwertiges Auftreten. Gleichzeitig zeigt sich hier aber noch einmal ganz deutlich die Vollmacht, in der sich Marcus Antonius sah: Er konnte nicht nur Könige auf ihren Thron setzen, sondern sogar über Könige der Könige gebieten. Der Römer selbst brauchte also überhaupt keinen Königstitel, er war für die Alexandriner einfach nur »der große Antonius«.[82]

Dass wiederum Kleopatra im Isisgewand auftrat ist nicht weiter ungewöhnlich, denn dieses war die übliche repräsentative Kleidung einer ptolemäischen Königin, die auch die Attribute der Isis mit sich führen konnte. Der Beiname »neue Isis« ist allerdings für Kleopatra in der zeitgenössischen Überlieferung nicht belegt, es handelt sich um eine Projektion der antiken Autoren. Sie hätte sich schließlich problemlos »neue Isis« nennen können, da Kleopatra III. als Isis und Aphrodite eigene Kulte erhalten hatte. Die Ururenkelin der dritten Kleopatra erhielt den Kult jedoch, wie dargelegt, als *Thea Neotera*, »jüngere Göttin«, oder *Thea Philopator*, »vaterliebende Göttin«.

Wie wir sehen, spielte Kleopatra in allen diesen Schilderungen zwar eine wichtige Rolle, aber letztlich war es eine Nebenrolle, sie war eine Art Katalysator, der vor allem dazu diente, den Charakterwandel des Marcus Antonius zu erwirken, und zur Legitimierung des Krieges gegen das Ptolemäerreich half, da Augustus den Konflikt mit Marcus Antonius sonst als Bürgerkrieg hätte interpretieren müssen, was er tunlichst verhindern wollte. Dieses Bild der Kleopatra und eines von ihr verzauberten Marcus Antonius konnte sich durchaus auf das tatsächliche Verhalten des Römers stützen, erhielt aber durch die Deutung und Interpretation im Lichte römischer Ideale seine entscheidend negative Prägung. Über die historische Kleopatra hingegen erfahren wir auf diese Weise fast nichts Tragfähiges, außer, dass sie in ihrer Selbstdarstellung der Tradition ihrer Ahnen folgte und sehr genau wusste, wie sie diese mit Blick auf Marcus Antonius nutzen konnte, um an der Macht zu bleiben und um der von ihr neu begründeten iulisch-ptolemäischen Dynastie die Zukunft zu sichern.

**Abb. 15:** Statue einer ptolemäischen Königin in durchscheinendem Isisgewand.

## 10.3.2 Die Kleopatra und ihre Untertanen in Ägypten

Als Pharaonin führte Kleopatra den Horusnamen »Tochter des Herrschers, Schmuck des Chnum, groß an Kraft, die Neith, die Herrin von Sais erhoben hat, die Mut und Hathor groß gemacht haben in ihrer Vollkommenheit, mit trefflichem Plan.« Damit griff sie explizit auf die Horusnamen ihrer Vorgängerinnen Berenike II. und Kleopatra I. zurück, stellte sich also in deren Tradition.

Es gibt die moderne Vermutung, dass Kleopatra die Tochter einer Ägypterin aus dem Umkreis der memphitischen Hohepriester war, doch ist das äußerst unwahrscheinlich.[83] Ihre Mutter muss die fünfte Kleopatra gewesen sein, die sie noch vor ihrer Verbannung im Jahr 69 zur Welt gebracht hatte. Dass man der letzten ptolemäischen Königin gerne eine ganz besondere Nähe zu Ägypten zuschreibt, liegt daran, dass sie, zumindest will uns das Plutarch weismachen, die einzige Herrscherin des Landes war, die – neben vielen anderen Sprachen – auch das Ägyptische beherrschte.[84]

In Wirklichkeit war das Verhältnis der letzten ptolemäischen Königin zu Ägypten aber genauso eng wie das ihrer männlichen Vorgänger, denn wie diese suchte sie ganz selbstverständlich Kontakt zu den Priestereliten. Da sie zu Beginn ihrer Herrschaft die Regierung ohne nominellen Mitkönig führte, übernahm sie sogar die Funktion eines Pharaos, als es darum ging, den Buchisstier von Hermonthis in Oberägypten einzuführen. In dessen Totenstele, die auch die Lebensgeschichte des göttlichen Tieres erzählt, heißt es:

*»Er wurde eingeführt durch den König (gemeint ist die Königin) persönlich im Jahr 1, Monat 3 der Peret-Jahreszeit, Tag 19, durch die Herrscherin, die Herrin der beiden Länder (leere Königskartusche).«*[85]

Wie sehr die ägyptischen Untertanen Kleopatra als Alleinherrscherin verstanden, zeigen verschiedene Quellen. So sind Stiftungsstelen überliefert, die einen Pharao beim Opfer vor den Göttern darstellen, doch in der Kartusche des Königs steht in demotischer Schrift der Name Kleopatras.[86]

Andere Stelen gingen möglicherweise auch auf Kleopatras dynastische Visionen ein, wie es ein ägyptischer Denkstein aus dem Faijum zeigt, den ein Mann namens Artemidoros für den Krokodilgott Suchos gestiftet hat. Im Giebelfeld ist der betreffende Gott in seinen beiden Erscheinungsweisen zu sehen, einmal als Mensch mit Krokodilskopf und einmal als »Schöngesichtiger« in Form einer in einem Schrein aufgestellten Büste. Diesen beiden Formen des Gottes gegenüber steht ein Pharao, der das Opfer vollzieht. Der Text lautet:

*»Für das Heil der Königin Kleopatra, der Vaterliebenden Göttin, und des Königs Ptolemaios, der auch Kaisar (genannt wird), des Vaterliebenden und Mutterliebenden Gottes, und zum Heil ihrer Vorfahren, (hat die Stele) Artemidoros dem Suchos, dem zweimal großen, dem Vatersvater (geweiht).«*[87]

Kleopatra ist in der Stiftungsinschrift an erster Stelle genannt, und man fragt sich, ob Artemidoros nicht sie meinte, wenn er einen opfernden Pharao im Giebelfeld darstellen ließ. Entscheidender ist aber, dass der Stifter die Stele auch den Vorfahren von König und Königin geweiht hat. Einer der Ahnen des Ptolemaios Kaisar war schließlich Caesar und damit wäre die *gens Iulia*, die julische Familie, ebenfalls Bestandteil der Weihung. So könnte die private Stiftung eines Untertanen darauf hinweisen, dass Kleopatra selbst ebenfalls darum bemüht gewesen ist, eine neue, eine makedonisch-römische Dynastie zu begründen, die das Beste aus beiden Herrscherlinien in der einen Person ihres Sohnes für die Zukunft vereinte.[88] Unterstützen hätte Kleopatra ihren Anspruch mit der Tatsache können, dass sie als Reinkarnation der römischen Venus interpretiert werden konnte. Damit hätte sie sich also mit der Stammmutter des Hauses Caesars idenfizieren können, des Hauses, in das der große Konkurrent Octavian lediglich adoptiert war.

Auf die dynastische Konzeption der Königin weist auch eine nur 20 cm hohe, also von einem Privatmann oder Priester gestiftete Stele hin, die die thebanische Götterdreiheit zeigt. Amun und Mut rahmen das Götterkind Chons ein, doch ist es, trotz der Ikonographie nicht Chons, sondern, wie die beigefügte Kartusche zeigt, Ptolemaios Kaisar, der hier an den Gott angeglichen ist.[89] Das hatte es bisher noch nicht derart explizit gegeben, schließlich waren die mütterlichen Ahnen des Ptolemaios Kaisar stets eigenständige Götter der Tempel, die in ihren Qualitäten allerhöchstens mit Amun oder Mut verglichen werden konnten, jetzt aber war Ptolemaios Kaisar der Gott Chons auf Erden – das heilbringende Götterkind und der Pharao waren ineinander aufgegangen. Leider lässt sich nicht sagen, aus welcher Zeit die Stele stammt, doch zeigt sie deutlich, dass die Untertanen die Konzeption der neuen Dynastie aufgegriffen und weiterentwickelt hatten, indem sie das Konzept der Vergöttlichung der Herrscher eigenständig weiterführten.

Die Stellung der Kleopatra in den Tempeldarstellungen war wiederum ambivalent. Einerseits konnte sie ganz traditionell als Pharaonin hinter dem nominell regierenden Pharao erscheinen. Auf pharaonischen Vorläufern basierend, war es unter den Ptolemäern aufgrund der besonderen Stellung der Königin nicht unüblich, den Pharao gemeinsam mit der Königin beim Opfervollzug vor den Göttern darzustellen. Häufig assistierte ihm die Pharaonin bei seinen Ritualhandlungen. Ganz ähnlich, folglich der ptolemäischen Tradition entsprechend, ist auch das sicherlich bekannteste Relief aus der Zeit Kleopatras im Tempel der Hathor von Dendera gestaltet, ein Heiligtum, dessen Hauptgebäude nach der Rückkehr des zwölften Ptolemaios aus dem Exil seit dem Jahr 54 errichtet wurde. Hier zieren zwei symmetrisch angeordnete überdimensional große Ritualszenen die komplette Rückwand des Naos, dort wo sich der für das Volk zugängliche Gegentempel befand.[90] An erster Stelle steht der Pharao Ptolemaios Kaisar und hinter ihm, wie zu erwarten, Kleopatra. Der Pharao vollzieht in Begleitung der Mutter die Reinigung der vor ihm aufgestellten Opfergaben mit einem Räucherarm vor den sechs Hauptgöttern von Dendera. Kleopatra VII. hält ein Sistrum und ein Menit-Gerät. Zum König heißt es auf der Osthälfte:

*»Es lebe der vollkommene Gott, der Vorsteher-des-ersten-Sitzes der Mächigen (= Hathor), mit reinen Armen beim Verrichten der Arbeit ... für die Schöne in Dendera, die Sonnengöttin der Menschen, die den Schutz der Städte bereitet, der Herr der Reinheit, der König...«*

Auf der Westhälfte steht:

»*Es lebe der vollkommene Gott, Agathodaimon des Landes, der Dendera mit Speisen versorgt, der Vorsteher-des-ersten-Sitzes … der den Arm (zum Opfer) beugt für den Leib der ersten urzeitlichen Götter, damit sie sich zum Mahl niederlassen mit dem Opfergut, der Herr der Nahrung…*«

Entscheidend ist der Aspekt des Königs als Versorger der Götter mit ihrem Opfergut und der Garantie des Wohlergehens Ägyptens als Agathodaimon. Die Götter garantieren im Gegenzug dafür die Herrschaft, Feindvernichtung und Fruchtbarkeit Ägyptens. Kleopatra wiederum hat die traditionelle Funktion der Königsmutter, denn sie besänftigt mit ihrem Musikspiel die Göttin Hathor.

Doch genauso kann es in diesem Tempel geschehen, dass Kleopatra auf Abbildungen *vor* ihrem Sohn steht. In der dazugehörenden Inschrift der Gau- und Nilgötterprozession heißt es:

»*Die Herren der Nahrung sind mit ihren Gaben hinter ihr, indem sie den Bedarf des Landes auf ihren Armen tragen.*«

Neben den Kartuschen der Königin steht:

»*Sie bringt Dir (i.e. Hathor) ihren Sohn, den vollkommenen Gott, in Jubel, indem sie die hes-Gefäße trägt, die mit dem Urwasser gefüllt sind.*«[91]

Die Königin präsentiert der Göttin Kaisarion als zukünftigen Herrscher Ägyptens. Die Tempeltexte nehmen, wie üblich, besonderen Bezug auf die Versorgung der Götter, aber auch der Bevölkerung mit Nahrungsmitteln, was insbesondere angesichts sich gerade in dieser Zeit häufender niedriger Nilfluten und damit einhergehender Nahrungsmittelknappheiten sehr verständlich ist.[92]

Die Versorgungsnotlage wurde vor allem aufgrund des erheblichen Zugriffs Roms auf die Ressourcen des Landes verschärft. Römer waren hier inzwischen wirtschaftlich äußerst aktiv geworden und erhielten zudem noch königliche Privilegien. In einem Erlass vom 23. Februar 33 verfügte Kleopatra etwa für einen römischen Geschäftsmann eine ganz erhebliche Steuerbefreiung. Es handelt sich je nach Lesung der schwer zu entziffernden Stelle im Papyrus entweder um den wichtigen Gefolgsmann des Marcus Antonius, Publius Canidius Crassus, oder einen ansonsten unbekannten Quintus Cascellius. Er und seine Erben erhielten jährliche Zollfreiheit für den Export von ca. 300 Tonnen Weizen ebenso wie einen zollfreien Import von 5000 koischen Amphoren Wein, was zwischen 300 und 600 Hektolitern entspricht. Zudem kam der Begünstigte in den Genuss der Steuerfreiheit für seine Landgüter und Transportmittel in Ägypten, ebenso wie die Königin letztere von Zwangsrekrutierungen für öffentliche Aufgaben befreite. Nach Diktat des Textes hat die Königin den Erlass mit einem »es geschehe« unterzeichnet, doch ist zu bezweifeln, dass der Papyrus wirklich die Originalhandschrift der Königin liefert, eher dürfte es sich um eine Kopie der Originalverfügung handeln.[93]

Dass das Königshaus jetzt nicht mehr selbst der Versorgung der Bevölkerung in Notzeiten beistand, zeigt ein Ehrendekret der Priester und der Bürgerschaft von Theben für einen Verwaltungsbeamten namens Kallimachos. Er hatte während einer Hungersnot die Versorgung des Tempels und der Stadt übernommen – eine Aufgabe, die eigentlich beim Herrscher gelegen hätte. Die Priester erklärten Kallimachos deshalb zum »Retter der Stadt«, errichteten Statuen von ihm im Tempel des Amun und in der Stadt und feierten von nun an jedes Jahr seinen Geburtstag.[94] Das Giebelfeld hingegen zeigt Kleopatra und ihren Sohn bei der Anbetung Amuns und Months – allerdings haben die Priester bewusst die Kartuschen leer gelassen. Kleopatra war also, zumindest in bestimmten Zeiten, eine Herrscherin, die zwar notwendigerweise erwähnt wird, aber in der Realität wenig für die Bevölkerung getan hat.

## 10.3.3 Der letzte Kampf um das Ptolemäerreich

Kleopatra hatte mit Marcus Antonius den Verlierer im römischen Bürgerkrieg gewählt, ihre neue Dynastie hatte keine Chance auf Dauer. Der Untergang nahm seinen Anfang, als Marcus Antonius im Mai 32 sein Hauptquartier nach Athen verlegte, in das er gemeinsam mit Kleopatra reiste. Von hier aus sandte er im Sommer den Scheidungsbrief an Octavia, führte also den offenen Bruch mit Octavian herbei. Die Wahl Athens verwies darauf, dass nicht mehr der Osten im Blickpunkt lag, sondern ein erster Schritt in Richtung Rom getan war.

Aufgrund von Antonius' politischem Handeln und seiner offen gelebten Beziehung zu Kleopatra war es für Octavian in Rom ein Leichtes, schlimmste Gerüchte über den zukünftigen Kriegsgegner in Umlauf zu bringen und so die öffentliche Meinung ganz auf seine Seite zu ziehen. Kein Römer konnte es schließlich gut finden, dass Marcus Antonius angeblich vorhatte, Rom an Kleopatra zu verschenken und seinen Herrschaftssitz nach Alexandria zu verlegen. Selbst solch absurde Gerüchte fanden damals Glauben.[95] Octavian hatte zudem in einem Verstoß gegen das Sakralrecht den Vestalinnen das Testament des Gegners entwendet und öffentlich verlesen lassen. So soll Marcus Antonius die Kinder der Kleopatra mit riesigen Geschenken versehen, Ptolemaios zum rechtmäßigen Sohn des Caesar und damit zu dessen Erben erklärt und bestimmt haben, neben Kleopatra in Alexandria bestattet zu werden. Das führte zu größter Entrüstung in Rom. Es liegt auf der Hand, dass das Testament oder das, was Octavian aus ihm vorlas, eine Fälschung war. Nach diesen Enthüllungen war es ein Leichtes, den ehemaligen Partner zum Staatsfeind erklären zu lassen.[96] Kleopatra wiederum, der alexandrinischen Königin, sagte Rom den Krieg an.[97]

Die Kriegserklärung war vor allem deshalb gerechtfertigt, weil die alexandrinische Königin mit ihrem Heer schon weit außerhalb Ägyptens stand und von Griechenland aus im Grunde genommen kurz davor war, in Italien einzufallen. Nur ein Präventivschlag konnte sie deshalb von einem Übersetzen nach Italien abhalten.[98]

So gelang es dem Feldherrn des Octavian, Agrippa, im Jahr 31, Heer und Flotte des Marcus Antonius im Golf von Ambrakia und auf der Halbinsel Actium einzuschließen. Zu guter Letzt wagten die Bedrängten einen Ausbruchsversuch, der dann in der Seeschlacht von Actium endete. Der Ausbruch gelang beiden mit wenigen Schiffen, doch das Heer und die Flotte waren verloren. Von Alexandria aus versuchten Marcus Antonius und Kleopatra bis zum Frühjahr 30, ihre Truppen neu zu ordnen, doch liefen diese zum größten Teil, kaum waren die Feldherren des Octavian vor Ort, zum Sieger von Actium über. Kleopatra schickte noch Gesandte an den Gegner und versuchte, das Beste aus ihrer Situation herauszuholen, doch sie blieb erfolglos.[99] Octavian wollte den totalen Sieg und hierzu gehörte es, die Königin im Triumphzug nach Rom mitzuführen.

Marcus Antonius beging schließlich Selbstmord und Kleopatra folgte seinem Beispiel, sicherlich um der Schande zu entgehen, auf dem Triumphzug in Rom mitgeführt zu werden.[100] Viele Quellen sprechen vom tödlichen Schlangenbiss einer Kobra, den sie sich beigebracht habe.[101] Diese Version ging auf den Sieger Octavian zurück, »denn im Triumph wurde ein Bild der Kleopatra selbst und der an ihr haftenden Schildkobra (die sie getötet hatte) einhergetragen«.[102] Diese Schildkobra verweist natürlich nicht auf ihre Todesbringerin, sondern ist Bestandteil ihrer ägyptischen Krone, was Cassius Dio wohl missverstanden hat. Keiner war schließlich dabei, als sie starb, so dass die Königin in Wirklichkeit vermutlich mit Hilfe von Gift aus dem Leben schied.

Kleopatras Kinder von Marcus Antonius präsentierte Octavian im Triumphzug und gab sie dann in die Obhut der Octavia. Nur seinen Halbbruder Ptolemaios Kaisar konnte er nicht leben lassen, schließlich war er der Hoffnungsträger der von Kleopatra neu begründeten iulisch-ptolemäischen Dynastie. Der Sieger ließ ihn deshalb nicht einmal bis zum Triumphzug am Leben, sondern befahl die unmittelbare Hinrichtung des auf der Flucht gefangenen Knaben. Der römische Prinzipat nahm folglich mit einem Verwandtenmord seinen Anfang. Bei Plutarch heißt es lapidar:

» *Während Caesar (= Octavian) noch unentschlossen war, soll da Areios gesagt haben: ›Nicht von Nutzen ist Vielkaiserei.‹ So ließ Caesar nach dem Tode Kleopatras seinen Halbbruder hinrichten.*«[103]

Es konnte eben nur einen Caesar geben.

# 11

# Epilog

Den Königen und Königinnen der ptolemäischen Dynastie ist es gelungen, fernab ihrer makedonischen Heimat das langwährendste Herrscherhaus der ägyptischen Geschichte zu begründen. Die Epoche der fremden Dynastie lässt sich wiederum in drei große Phasen unterteilen:[1] Nach der Etablierung des Königtums folgte die etwa 100 Jahre andauernde größte territoriale Ausdehnung der Macht von erheblicher innerer Stabilität zwischen der Herrschaft Ptolemaios' I. und Ptolemaios' IV. Ägypten war in dieser Zeit nur ein Teil des von Alexandria aus beherrschten, viele Küstenstriche des östlichen Mittelmeerraumes umfassenden Reiches. Im ausgehenden dritten Jahrhundert schloss sich eine von außenpolitischen Rückschlägen und inneren Erhebungen geprägte Zeit an. Zwischen der Schlacht von Raphia und dem Rückzug Antiochos' IV. aus Ägypten war das Königtum erheblichen Gefährdungen ausgesetzt, die Lage in Ägypten äußerst instabil. Hierauf folgte, seit den 60er Jahren des zweiten Jahrhunderts, eine erneute Stabilisierung der Herrschaft, die allen innerdynastischen Streitigkeiten und Kriegen standhielt. Die Macht des Königshauses konzentrierte sich nun auf Ägypten und Zypern, und Rom garantierte die Reichsgrenzen. Mit dessen Hilfe in der Person des Marcus Antonius gelang es schließlich Kleopatra VII., obwohl der Bürgerkriegsgeneral sie vielleicht nur als eine Marionette betrachtet hat, die alte Größe wiederherzustellen. Octavian setzte dem Königtum mit seiner Einnahme Alexandrias jedoch ein abruptes Ende. Trotz der zahlreichen dynastischen Wirrungen ergibt sich, zumindest mit Blick auf das Königshaus mit seiner 300-jährigen Geschichte, insgesamt der Eindruck einer ganz erheblichen Kontinuität, denn dass ein Mann aus der Dynastie König sein musste, war, abgesehen von einigen ägyptischen Erhebungen, einem kurzen Zwischenspiel Antiochos' IV. oder zeitweise gegenläufigen Bemühungen von Mitgliedern der Hofgesellschaft, unbestritten. Die lange Dauer der ptolemäischen Herrschaft ist wiederum erstaunlich, denn die nach Ägypten gekommenen Fremden trafen hier auf eine hoch entwickelte Kultur: Man beggenete sich mit der unterworfenen Bevölkerung des Landes oder zumindest ihrer Elite – abgesehen einmal vom militärischen Aspekt – auf Augenhöhe. Wie ist also die Stabilität des fremden Königtums zu erklären, denn allein mit militärischer Gewalt lässt sich eine Fremdherrschaft sicherlich derart lang aufrechterhalten?

Überblickt man die diversen Quellengattungen, so ist festzustellen, dass die Könige sich vom Anfang ihrer Herrschaft an um eine Politik der Einbindung bemühten, sie also nicht nur das ägyptische Element in ihre Repräsentation als Pharaonen mit aufnahmen, sondern zudem die lokalen Eliten sehr schnell auf verschiedenen Ebenen in Verwaltung, Wirtschaft und Heer einbanden. Insbesondere die einheimischen Priesterschaften profitierten nicht nur von den fremden Pharaonen, sondern große Teile von ihnen stellten sich auch ganz bewusst in deren Dienst und halfen bei der Ausgestaltung der Herrschaft aktiv mit: Sie waren neben Heer und Verwaltung die dritte Säule des Ptolemäerstaates. Eine ähnliche Bedeutung dürften Eliten in den Außenbesitzungen erhalten haben.[2] So vereinte die Ptolemäerherrschaft auf den verschiedensten Ebenen makedonische, griechische und ägyptische Traditionen.[3]

Weiterhin ist wichtig, dass die Ptolemäer, auch wenn sie als gottgleiche und absolute Herrscher auftraten und dargestellt wurden, bei ihren Entscheidungen in komplexe soziale Netzwerke – die Hofgesellschaft, die alexandrinische Bürgerschaft, die lokalen Eliten – eingebunden waren, die aber die literarischen Quellen selten zu erkennen geben. Die auf Papyrus überlieferten königlichen Mahnungen legen nahe, dass gerade die Funktionäre im Land selbst häufig den herrscherlichen Direktiven sogar zuwiderhandelten. Eine ganz entscheidende Rolle bei der Durchsetzung der Herrschaft und sicherlich auch bei der Gestaltung der Leitlinien königlicher Politik spielte deshalb die Hofelite, deren Mitglieder, wie es vor allem die nichtliterarische Überlieferung zeigt, eigene Funktionsdynastien herausbilden konnten, die noch viel genauer zu untersuchen wären.[4]

Ab und an begegnen in den Darstellungen der antiken Autoren auch die Männer des Hofes, wie Sosibios oder Agathokles, Lenaios oder Eulaios, die ganz offen die Geschicke »für« die Könige und Königinnen lenkten. Die epigraphischen und papyrologischen Quellen geben hingegen fast keine Auskunft über das Handeln dieser Eminenzen im scheinbaren Hintergrund, hier tauchen sie nur mit ihren Ehrentiteln und Ämtern auf. Ein einziges Mal können wir aus der nichtliterarischen Überlieferung heraus erkennen, wie wichtig solche Hofleute tatsächlich waren: Es handelt sich um den zweiten Mann im Reich nach dem König namens Aristonikos, den die ägyptischen Priester in zwei Ehrendekreten für den König, dem von 186 und 182, ebenfalls erwähnten und damit gegen das hellenistische Herrscherideal und das ägyptische Konzept vom siegreichen Pharao verstießen.

Zudem hatten, wie bereits erwähnt, »die Alexandriner« spätestens seit dem zweiten Jahrhundert vor allem in Phasen politischer Instabilität einen ganz entscheidenden Einfluss auf die ptolemäische Herrschaft, auch wenn sie uns fast nie in konkreten Persönlichkeiten entgegentreten und wir noch nicht einmal wissen, in welcher politischen Struktur sie ihre Interessen durchsetzten und wie sich diese Gruppe sozial zusammensetzte. Die Alexandriner bleiben damit letztlich genauso unkonturiert wie diejenigen Ägypter, die die Aufstände gegen die Ptolemäer anführten. Als wichtige Organisationsform scheinen der Bürgerschaft von Alexandria aber ihre Vereine gedient zu haben, denn genau gegen diese war Ptolemaios VIII. mit scharfen Maßnahmen nach seiner Herrschaftsübernahme vorgegangen. Wie sehr wiederum die Könige von der Zustimmung der Stadtbevölkerung abhingen, zeigt gerade die Tatsache, dass auf deren Druck Ptolemäer das Land verlassen mussten, sie ihren eigenen Königen die Stadttore verschließen konnte oder fremde Könige, wie Antiochos IV., nicht als Souveräne anerkannte. Seit dem zweiten Jahrhundert war die ptolemäische Herrschaft also ganz erheblich von der Akzeptanz durch die Bürger Alexandrias bedingt. Ein einziges Mal erfahren wir den Namen und die soziale Zugehörigkeit eines politischen Vertreters der Alexandriner:[5] Es war der Philosoph Dion, der eine Gesandtschaft nach Rom angeführt hatte und den Ptolemaios XII. umbringen ließ. Damit ist klar, dass zumindest ein Teil der Hofgesellschaft, zu der Dion in seiner Funktion als Philosoph gehört haben wird, sich die Sache der Bürgerschaft zu eigen gemacht hatte, dass also enge Verbindungen zwischen beiden Gruppen, wenn nicht sogar Überschneidungen bestanden.

Interessant, aber gleichzeitig typisch für das hellenistische Zeitalter ist, dass trotz der langen Dauer der Herrschaft aus den makedonischen Königen des Landes keine Ägypter wurden:[6] In der Selbst- und auch Fremdwahrnehmung blieben die Könige von Alexandria Griechen, die sogar ihren makedonischen Dialekt verlernt hatten und deren letzte Vertreterin überhaupt erst das Ägyptische unter einer von vielen anderen Sprachen beherrschte.[7] Trotz aller Aneignung ägyptischer Kultur und Religion, ja sogar der Übernahme ägyptischer Götter, lässt sich das gleiche Festhalten an der nichtägyptischen Herkunft auch bei vielen Zuwanderern feststellen, von denen die wenigsten Ägyptisch gelernt zu haben scheinen: Griechen und diejenigen Menschen, die sich als Griechen verstanden wissen wollten, fanden oder bewahrten ihre Identität im Gymnasium, Juden in der Lektüre ihrer ins Griechische übersetzten heiligen Schriften. Wie es sich mit den anderen zugewanderten Ethnien verhielt, häufig gehörten sie zur Statusgruppe der Griechen, lässt sich hingegen schwer sagen, doch ist anzunehmen, dass sie sich weitgehend hellenisierten. Als dann die Römer Ägypten in Besitz nahmen, erhielten Griechen, insbesondere die Bürger der drei Griechenstädte Alexandria, Naukratis und Ptolemais, eine privilegierte Position gegenüber Ägyptern, Gräkoägyptern und anderen, seit langem in Ägypten lebenden Fremden. Die Differenz zwischen »Ägyptern« und »Griechen« blieb damit bis tief in die Kaiserzeit hinein bestehen.

Ägypter wiederum hatten, gerade in den Regionen, die wenig von der Herrschaft durchdrungen waren, also vor allem in Oberägypten, kein großes Bedürfnis, griechische Sitten und Gebräuche anzunehmen. Sobald die herrschaftliche Kontrolle nachließ, setzten sich auf dem Land unmittelbar wieder die alten ägyptischen Strukturen durch.[8] Es gibt deshalb auch kaum Belege dafür, dass, abgesehen von Mitgliedern der Eliten, Ägypter das Griechische erlernten – es herrschte Einsprachigkeit in der multikulturellen Gesellschaft Ägyptens.[9] Zu untersuchen bleibt aber noch, wie es sich mit der Masse an Gräkoägyptern verhielt, also den Menschen, die aus gemischten Ehen hervorgingen, und das müssen spätestens seit dem Ende des dritten Jahrhunderts zahlreiche gewesen sein.[10]

Zu guter Letzt sei noch auf ein besonderes und gleichzeitig auch das heute noch bekannteste Merkmal der ptolemäischen Dynastie, das auch den Anlass zum Titel des vorliegenden Buches gegeben hat, hingewiesen: In der dritten Phase der Herrschaft, seit dem Tod Ptolemaios' IV., übten die Königsgemahlinnen, sie alle trugen den Namen Kleopatra, nicht nur im Hintergrund, sondern manchmal auch ganz offen die Regierungsgeschäfte aus. Vorbilder dieser Königinnen waren Arsinoe II. oder Berenike II., die aber bei Weitem nicht über die Gestaltungsspielräume einer Kleopatra I., II., III. oder VII. verfügt hatten und zunächst vor allem wichtig für die symbolische Repräsentation des Königtums waren. Selten lassen sich derart unabhängige und mächtige Frauen in der Antike finden wie bei den Ptolemäern, die sogar dazu in der Lage waren, eigenständig die Regierung auszuüben, Armeen in der Fremde auszuheben und Gegner in der eigenen Familie ermorden zu lassen. Die Macht der Frau war in dieser Zeit jedoch, und auch das ist wichtig, kein spezifisch ptolemäisches Kennzeichen, bezog sich definitiv auch nicht auf ägyptische Vorbilder wie den weiblichen Pharao Hatschepsut, sondern war in der ptolemäischen Dynastie nur ganz besonders ausgeprägt. Königinnen konnten schließlich auch in anderen hellenistischen Herrschaften dann die Führung übernehmen, wenn in Zeiten des Thronwechsels kein »starker« Mann vorhanden war und die Untertanen bereit waren, der betreffenden Herrscherin zu folgen. Beispiele hierfür sind die aus dem Ptolemäerhaus stammende Kleopatra Thea in Syrien, Amastris in Paphlagonien, Laodike im Seleukidenreich oder die Hasmonäerin Alexandra Salome. Keine dieser Königinnen konnte es aber mit der Machtfülle und politischen Eigenständigkeit der siebten Kleopatra aufnehmen.

Was bleibt, so darf man am Ende fragen, von der Geschichte der Ptolemäer für unsere Zeit, was ist das »kulturelle Erbe« der letzten Dynastie Ägyptens? Zunächst ist das sicherlich der Name und Mythos der letzten Vertreterin dieses Königsgeschlechts, also Kleopatras VII. Sie war bereits in der Antike zu einer mythischen Figur geworden und erhielt mit Shakespeares *Antony and Cleopatra* einen festen Platz in der kulturellen Erinnerung der Weltliteratur und durch Elizabeth Taylors Verkörperung der Königin im Film in der Populärkultur der letzten Jahrzehnte. Geblieben sind auch die eindrucksvollen Tempelanlagen des Landes, von denen die heute bekanntesten, einmal abgesehen vom Amun-Tempel in Karnak, überhaupt erst unter den makedonischen Pharaonen errichtet wurden.

Nicht zu vergessen ist aber weiterhin, dass das ptolemäische Ägypten aufgrund seines mit anderen Regionen der antiken Welt unvergleichbaren Quellenreichtums eine räumliche und zeitliche Laborsituation anbietet, um die Verhältnisse einer multikulturellen Gesellschaft, ihre Entstehung und 300jährige Entwicklung, zu untersuchen. Eine Laborsituation freilich, die unter den Rahmenbedingungen von Unterdrückung und Krieg, von sozialer Ungleichheit und gesellschaftlicher Differenz entstanden und geprägt ist. Eines ist nämlich sicher: Die Herrschaft der Ptolemäer, die für die Untertanen ein goldenes Zeitalter des Dionysos sein sollte, war für diese in Wirklichkeit allzuoft ein eisernes Zeitalter des Ares.

Doch wir wollen positiv enden, denn von den Ptolemäern ist noch etwa ganz Entscheidendes für unsere Zeit geblieben: Sie waren es, die infolge eines intellektuellen Herrscherideals Alexandria mit dem Museion und seiner Bibliothek zum wichtigsten Transmissions- und Verbindungsort des Wissens zwischen Orient und Okzident werden ließen, an dem auf diese Weise völlig neue geistige Hochleistungen möglich waren. Mit Blick auf die westliche Welt schrieb deshalb Michel Foucault sicherlich ganz zu Recht, dass Alexandria *notre lieu de naissance* sei.[11] Der intellektuelle Ursprung Europas liegt demnach an der Küste des afrikanischen Kontinents, in einer einst multikulturellen Metropole.

# 12 Anmerkungen

## 1 Vorwort

1 Alle Daten werden als »vor Christus« angegeben; für Lektüre und Korrektur danke ich Silke Caßor-Pfeiffer, Alexander Flegler, Holger Kockelmann, Leonhard Mertens, Aylin Tanriöver.
2 P.Enteux. 79; Übersetzung: Jördens; vgl. zu diesem und ähnlichen Fällen: Coussement, Because I am Greek, 140–145.
3 Vgl. Pfeiffer, Snake, Crocodile, and the Cat.
4 P.Enteux. 11; vgl. Pfeiffer, Zur Einquartierung von Soldaten, 176.
5 P.Yale I 46.
6 Grundlegend für eine weiterführende Beschäftigung ist Hölbl, Geschichte des Ptolemäerreiches, und das monumentale Werk von Huß, Ägypten; äußerst hilfreich zu chronologischen und dynastischen Problemen ist die website von Chris Bennett, die hoffentlich lange online bleiben wird: http://www.tyndalehouse.com/Egypt/ptolemies/ptolemies.htm.

## 2 Ptolemaios I.

1 Vgl. hierzu Pfeiffer, Alexander der Große in Ägypten.
2 Vgl. hierzu die Überblicke von Seibert, Das Zeitalter der Diadochen; Bennett/Roberts, The Wars of Alexander's Successors; Waterfield, Dividing the Spoils.
3 Diod. XVIII 14; Paus. I 6,3; zu Ptolemaios I.: Seibert, Untersuchungen; Caroli, Ptolemaios I.; Worthington, Ptolemy I.
4 Vgl. Iustin. XII 2,12.
5 SB VIII 10075 = SEG IX 1,1–45, 73–90 und Korrekturen nach SEG XVIII 726 (Z. 46–72: SEG XVIII 726); Pfeiffer, Griechische und lateinische Inschriften, Nr. 4, mit weiterführender Literatur.
6 Diod. XX 40.
7 Diod. XVIII 21,9; Übersetzung: Wirth u. a.
8 Arr. Succ. 24,6.
9 Ail. var. XII 64; vgl. Lianou, Role of the Argeadai.
10 Diod. XVIII 3,5; 28,3; Curt. X 5,4; Iust. XII 15.7.
11 Diod. XVIII 28; Caneva, From Alexander, 37–42.
12 Paus. I 6,3; vgl. Curt. X 10,20; FgrHist 239 B 11.
13 Curt. X 10,20: paucis post annos; Strab. XVII 1,8; dagegen Paus. I 7,1: Ptolemaios II.
14 Diod. XVIII 28,4.

15 Roisman, Perdikka's Invasion.
16 Diod. XVIII 33–36.
17 Diod. XVIII 34,2f.; Übersetzung: Wirth u. a.
18 Vgl. Arr. an. VII 28,1. Ähnlich heldenhaft soll Ptolemaios schon in Indien eine Belagerung überstanden haben: Arr. an. IV 29
19 Vgl. Hauben, Ptolemy's Grand Tour; Meeus, Territorial Ambitions of Ptolemy I.
20 Lorber, Coinage; Svenson, Darstellung hellenistischer Könige, 14–17, 107f.; Lorber, A revised chronology; zur Münzprägung Ptolemaios' I.: Mittag, Griechische Numismatik, 169–171.
21 Schäfer, Alexander der Große.
22 Wallet-Lebrun/Grimal, Grand livre, 347–350; Schäfer, Nachfolge.
23 Text und Übersetzung bei Stadler, Krönung, 63f.
24 Arr. succ. fr. 1,34 (Roos) = FgrHist 156, F 9,34; vgl. Diod. XVIII 39,5; 43,1; XX 76,7.
25 Diod. XVII 17,2; Übersetzung: Wirth; vgl. Iust. XI 5,10.
26 Paus. I 6,2f. liegt sicher falsch, wenn er Ptolemaios als Separatisten bezeichnet.
27 Diod. XVIII 43; App. Syr. 52; Paus. I 6,4; Marmor Parium B 12; Wheatley, Ptolemy Soter's Annexation.
28 Paus. X 7,8; Syll.³ 314 B 8f.; Paus. VI 3,1.
29 Diod. XIX 61.
30 Diod. XIX 62,1f, Übersetzung: Wirth u. a.
31 Vgl. Diod. XX 21,2f.; zum Widerspruch der Quellen – war es Nikokles oder Nikokreon? – zuletzt: Papantoniou, Religion and Social Transformation, 1–21.
32 Devine, The Generalship of Ptolemy I.
33 Diod. XIX 80, 4; Übersetzung: Wirth u. a.
34 Schäfer, Makedonische Pharaonen, 98–107, 116–123; Übersetzung auf 36.
35 Vgl. hierzu Pfeiffer/von Recklinghausen, Inversion des Exodus; Burstein, Alexander's Unintended Legacy, interpretiert Irem (hier für Aramäer) als Nubien.
36 Diod. XIX 105,1; OGIS I 5; möglicherweise seit diesem Zeitpunkt führte man in ägyptischen Urkunden neben dem amtierenden König auch den Satrapen als Datierungskriterium: vgl. P.Eleph. 1 von 310, der nach dem siebten Jahr des Königs Alexander IV. und dem 14. Jahr des Satrapen Ptolemaios datiert ist.
37 Für diese Zeit Hauben, Ptolemy's Grand Tour.
38 Satyros: FgrHist 631 F 2.
39 Diod. XX 37, 3–6; FgrHist 239 Marmor Parium F B 19; vgl. zum angeblichen Testament Alexanders des Großen: Bosworth, Ptolemy.
40 Vgl. Ogden, The Birth Myths, mit weiterer Literatur.
41 Paus. I 6,2; Übersetzung: Eckstein/Bol; vgl. Curt. Rufus IX 8,22; Ael. fr. 283; Epit. Alex. 122.
42 Müller, Antigonos Monophthalmos, 115f.; zu den Antigoniden vgl. Strab. VIII 6,20; XII 3,36; Athen. XIII 3,2; Iust. XXI 3.
43 Suda, s.v. Λάγος.
44 Vgl. Müller, Das hellenistische Königspaar, 182–185, auch mit der einschlägigen Literatur und Diskussion der Forschung.
45 Vgl. Poseid. Nr. 31.
46 P.Köln 247, Kol. I 18–27; Übersetzung: Lehmann, Das neue Kölner Historiker-Fragment.
47 Mit anderer Bewertung Gruen, The Coronation of the Diadochoi.
48 Plut. Demetrios 19; Diod. XX 73–76.
49 Plut. Demetrios 18,2, App. Syr. IX 54; Iust. XV 2,11; Müller, Antigonos Monophthalmos, 96–98; Worthington, Ptolemy I, 160–162; Caneva, From Alexander, 69–71, zeigt, dass das Datum 306 nicht stichhaltig ist, hält aber an einer »lokal-ägyptischen« Übernahme des Titels fest.

50 P.dem. Schreibertrad. 4 und 97 (Monat Hathyr des 13. Jahres Alexanders IV. = zw. 6.1. und 4.2.304); Gronewald u. a., Kölner Papyri 6, 97f.; Depauw, Chronological Survey, 31.
51 Vgl. Nigidius Figulus, De sphaera graecanica et barbarica (ed. Swoboda, Nigidii Figuli operum reliquiae), fr. 98; Hölbl, Zur Legitimation, 25–27; anderer Ansicht: Stadler, Die Krönung der Ptolemäer.
52 Zur Bedeutung der pharaonischen Titulatur im Allgemeinen: von Beckerath, Handbuch, 1–32.
53 Diod. XX 81–88; 91–100,4; Plut. Demetrios 21f.
54 Paus. I 8,6; Habicht, Gottmenschentum, 109f.; angezweifelt wird die Titelvergabe durch die Rhodier mit durchaus guten Gründen von Hazzard, Did Ptolemy I get his surname from the Rhodians; dagegen nicht ganz überzeugend Kolde, Politike, 392–394.
55 Diod. XX 100,3f.; Übersetzung: Wirth u. a.; Paus. I 8,6; Athen. XV 616.
56 IG XII 7, 506 = Syll.³ 390.
57 Diod. XX 46,2; Plut. Demetrios 9,1; 10,4; 13,2.
58 Koenen, Ptolemaic King, 51; Lorber, Theos Aigiochos.
59 Diod. XXI 1.
60 Diod. XXI 1,5; Pol. V 67.
61 Hauben, Rhodes.
62 Hauben, Phoenician King; Wörrle, Epigraphische Forschungen, 225–230.
63 IG XII 7, 506 = Syll.³ 390,10–16; Übersetzung: Pfeiffer, Griechische und lateinische Inschriften, Nr. 6.
64 Zu den Frauen des Ptolemaios: Ogden, Polygamy, 68–73; van Oppen de Ruiter, Marriage and Divorce; ders., Notes on Arsinoe I; ders., Marriage of Ptolemy I.
65 Iustin. XVI 2,7f.; Paus. I 6,8.; App. Syr. 62.
66 Arr. an. IV 24f., 29.
67 Übersetzung der aramäischen Version Euseb. Arm. p. 74: Porphyrios FgrHist 260 F 2.
68 Zu dieser Problematik: Engels, Macedonians and Greeks, 81–98.
69 Kall. h. IV 167; Poseid. Nr. 78, 82, 87, 88.
70 SEG XLI 115 III,32f. (162/161 v. Chr.); Tracy/Habicht, New and Old Panathenaic Victor Lists, 188f.; ebenso IG II², 2314,41-42 (Ptolemaios V.).
71 Suda I 457 s.v. βασιλεία, nach Herz, Die frühen Ptolemaier, 67; Mooren, Nature of the Hellenistic Monarchy; Gehrke, Der siegreiche König.
72 Schäfer, Makedonische Pharaonen, 83–98; Chauveau, Alexandrie, 1–3.
73 Diod. XVII 52,5f.; vgl. Rathmann, Diodor, 82–104.
74 Fraser, Alexandria I, 38–48; 92–95; Huß, Verwaltung, 18f.; unwahrscheinlich ist ein Verlust des Rates unter dem achten Ptolemäers, so jedoch Bowman/Rathbone, Administration, 108f.; 114.
75 P.Hal. I 79–104.
76 Tkaczow, Topography; vgl. auch Grimm, Alexandria.
77 Vgl. zur Bedeutung des Namens Engsheden, Aux confins; zu den ägyptischen Elementen der Stadt vgl. Pfeiffer, Alexandria in Ägypten.
78 Strab. XVII 1,9; Plin. nat. hist. V 2,62f.
79 Fraser, Ptolemaic Alexandria I, 305–335; Erskine, Culture and Power.
80 Athen. I 22d; Übersetzung: Friedrich.
81 Weber, Poesie und Poeten; ders., Dichtung; Schaaf, Magie und Ritual.
82 Asper, Gruppen und Dichter, 101, Anm. 124.
83 Vgl. Diod. XVII 16,1f.; Weber, Interaktion; Strootman, Courts, 166; Hatzopoulos, Macedonian Institutions, 323–359; Herman, Court Society.

84 Otto, Priester und Tempel I, 137–156; Fraser, Ptolemaic Alexandria I 215f.; Clarysse/Van der Veken, Eponymous Priests, 3–39; Koenen, Ptolemaic King, 46–56; Sherk, Eponymous Officials, 259–266.
85 Vgl. hierzu Moyer, Court, Chora, and Culture; Peremans, Classes sociales, 451f.
86 Mooren, Aulic Titulature; ders., Hiérarchie, 54–58.
87 Vgl. den demotischen Text der Stele des Hohepriesters Petubastis (Wien Stele 82, dem. Z. 9–10), der berichtet, dass er nach Alexandria kam, »um vor dem König zu trinken«, nach: Cheshire, The Phantom Sister, 121–124.
88 Theopompos FgrHist. 115, 81, 224, 225, 236, 282.
89 Demosth. II 18–19; Übersetzung: Unte.
90 Plut. Alexandros 70,3; Nielsen, Royal Banquets.
91 Athen. V 196a–197c; Übersetzung: Friedrich.
92 Vgl. etwa Armoni, Studien; Huß, Verwaltung.
93 Zum Amt: Thomas, Aspects; Mooren, Hiérarchie, 136–158 (mit J.D. Thomas, JEA 69, 1983, 204); Verhoogt, Menches, 83–90.
94 Vgl. auch das Beispiel des thebanischen königlichen Schreibers und Priesters Nesmin: Schreiber, Early and Middle Ptolemaic Funerary Art.
95 Vgl. Vandorpe, Agriculture, 168f.; Clarysse, Archive, beschreibt die Veränderung der Verhältnisse am Beispiel des Milon-Archivs.
96 Vgl. Mileta, Der König und sein Land, 57–62.
97 BGU VIII 1762.
98 Vgl. z. B. SB IV 7337 = Pfeiffer, Griechische und lateinische Inschriften, Nr. 39.
99 Zur Verwaltung der sogenanten Außenbesitzungen: Huß, Verwaltung, 140–178; Bagnall, Administration.
100 Vgl. Poseidonios aus Apameia; FgrHist 87 F 10.
101 SEG LVI 1881; vgl. Pol. V 40,1; Bengtson, Strategie III, 167f.
102 Durand, Grecs, 35.
103 Kuhnen, Palästina, 33.
104 Vgl. Bagnall, Ptolemaic Possessions, 79.
105 Statue Kairo JE 46341; Thiers, Civils et militaires, Doc. 4 = Gorre, Relations, Nr. 70.
106 Diod. XIX 85,4; Scheuble-Reiter, Zur Organisation und Rolle der Reiterei, 494–499; Clarysse/Thompson, P.Count II, 149f.
107 Diod. XIX 62,3f.
108 Vgl. etwa Thompson, Irrigation and Drainage, 107–117; Crawford, Kerkeosiris, 40–43.
109 Iustin. XIII 6; Diod. XVIII 14.
110 SB XIV 11943; hierzu Turner, Commander-in-Chief's Order.
111 Arr. an. III 5,5.
112 Lefebvre, Petosiris, Nr. 81; Übersetzung nach Ockinga; vgl. Vittmann, Ägypten zur Zeit der Perserherrschaft, 408f.
113 Lefebvre, Petosiris, Nr. 81; Übersetzung Ockinga.
114 Lefebvre, Petosiris, Nr. 81; Übersetzung Ockinga.
115 SB XVI 12519; es handelt sich um eine Abschrift aus dem 2. Jh. v. Chr.; Übersetzung: Jördens; vgl. Hagedorn, Ein Erlaß Ptolemaios' I.
116 Vandorpe, City of Many a Gate; Thompson, Memphis.
117 Clarysse u. a. (Hg.), Studies; Thompson, Memphis, 99–143; Chauveau, Egypt, 46–49.
118 Vgl. Schreiber, Early and Middle Ptolemaic Funerary Art, 109.
119 Statue Louvre A 88; Thiers, Civils et militaires, Doc. 5.
120 Vgl. die Zusammenstellung bei Huß, Der makedonische König, 27f.; Swinnen, Sur la politique religieuse.

121 Vgl. Quaegebeur, Documents égyptiens, 715; vgl. aber Fischer-Bovet, Army, 330–362.
122 Huß, Der makedonische König, 13–68.
123 Diod. I 21,7; 73,2.
124 Vgl. Manning, Last Pharaohs, 128.
125 Vgl. Vandorpe, Agriculture, Temples and Tax Law, 168f.; Lippert/Schentuleit, DDD II, 13.
126 Thompson, Memphis, 102–106; vgl. Clarysse, Archive, 21f.
127 Vgl. Legras, Les experts égyptiens; Welles, Role of the Egyptians; Peremans, Groupe d'officiers, 184f.; Dillery, Manetho and Udjahorresne; ders., Manetho; gegen eine Historizität dieser Persönlichkeit sprechen sich aus Hornung u. a., Ancient Egyptian Chronology, 35.
128 Gorre, Relations, Nr. 43; Derchain, Impondérables, 16–69.
129 Derchain, Impondérables, 19; Schäfer, Makedonische Pharaonen, 136–138; *pace* Gorre, Relations, 485.
130 Zivie-Coche, Tanis 3; Jansen-Winkeln, Biographie; Lembke/Vittmann, Standfigur; Guermeur, Groupe familial; Klotz, Statue.
131 Klotz/LeBlanc, Egyptian Priest; eventuell ist das relativ späte Auftreten von Ägyptern in der höchsten Ebene der Verwaltung auch erst als eine Reaktion Ptolemaios' V. auf die großen Revolten zu erklären, vgl. Huß, Ägypten, 448.
132 PP I/VIII 17; Klotz/LeBlanc, Egyptian Priest, 682.
133 Vgl. Derchain, Impondérables; Guermeur, Glanures, §3; Collombert, Religion égyptienne.
134 Heinen, Ein griechischer Funktionär; Vittmann, Beobachtungen; Guermeur, Le syngenes Aristonikos.

# 3  Ptolemaios II.

1 Theokr. Idyll. XVII 56–76; Übersetzung: Effe.
2 Erst seit 165/164 nachgewiesen: Criscuolo, Philadelphos.
3 Vgl. Hazzard, Regnal Years, 142–147; Hauben, La chronologie macédonienne, 162–166.
4 Marquaille, Foreign Policy of Ptolemy II.
5 I.Milet I 139 von 262/1; Übersetzung: Bringmann/von Steuben.
6 Allgemein Bagnall, Ptolemaic Possessions; Itanos: Spyridakis, Ptolemaic Itanos; Keos: Cherry/Davis, Ptolemaic Base; Methana: Gill, Arsinoe in the Peloponnese.
7 Meadows, Deditio in Fidem.
8 Diod. III 42,1; Diod. I 37,5 (Agatharchides, frg. 20); Burstein, Elephants; Charles, Elephant Size, der die Argumente gegen Buschelefanten zusammenstellt.
9 Porphyrios FgrHist 260 F 42: 400 Elefanten; App. pr. 10 (39): 300 Elefanten; Kallixeinos FgrHist 627 F 2,32: 96 Elefanten; vgl. zum Einsatz von Elefanten: J. Seibert, Der Einsatz von Kriegselefanten.
10 Vgl. SB I 5111 = SB III 6134; das zeigt jetzt deutlich pHeidelberg Inv. D 786 aus dem Jahr 276, der derzeit von J. F. Quack zur Publikation vorbereitet wird. Ich danke ihm vielmals für die Einsicht in eine vorläufige Abschrift.
11 Vgl. hierzu Török, Between Two Worlds, 378f.

12 Theokr. Id. XVII 84–94; Übersetzung: Effe.
13 Mendesstele Z. 18f.; Übersetzung: Schäfer, Makedonische Pharaonen, 25.
14 Pithomstele, Z. 16, Übersetzung: Schäfer, Makedonische Pharaonen, 218; Thiers, Ptolémée Philadelphe.
15 Vgl. Theokr. Id. XVII 16–19.
16 Theokr. Id. XVII 123–125; Übersetzung: Effe.
17 IG XII 7, 506 = Syll.³ 390,39–45; Übersetzung Pfeiffer; zum Bund zuletzt Hauben, Rhodes.
18 CID IV 40 = ISE II 75 (266/5 oder 262/1); auch unter Ptolemaios III. sind Gesandtschaften belegt: SEG 36, 1218.
19 Athen. V 196a–203b (FgrHist 627 F2); vgl. zuletzt Erskine, Hellenistic Parades; Keyser, Venus and Mercury; Caneva, From Alexander, 81–127; vgl zur Problematik der Identifizierung Bennett, Alexandria, 111–114.
20 Athen. V 201e–f; Caneva, From Alexander, 87–91.
21 Plut. Mor. 181F; Ael. VH 13.13; Curt. IX 8,23.
22 Favard-Meeks, Temple de Behbeit el-Hagara; dies, Temple of Behbeit el-Hagara.
23 Schäfer, Makedonische Könige; Thiers, Ptolémée Philadelphe et les prêtres de Saïs; Collombert, Stèle de Saïs; Thiers, Ptolémée Philadelphe et les prêtres d'Atoum de Tjékou.
24 Letzteres hatte schon Pharao Nektanebos I. (379–360) von sich behauptet; vgl. Roeder, Naos, § 316.
25 Derchain, La garde »égyptienne«; Winnicki, Ägypter und das Ptolemäerheer, 49, Anm. 41.
26 Mendesstele, Z. 16f.; Übersetzung: Schäfer, Makedonische Pharaonen, 250.
27 Zu Arsinoe zuletzt Carney, Arsinoë of Egypt.
28 Belegt durch die Münzprägung: Mørkholm, Early Hellenistic Coinage, 93.
29 Iust. epit. 24,3.
30 Heinen, Untersuchungen, 75–83.
31 Paus. I 7,1; Übersetzung: Eckstein/Bol; vgl. zur Geschwisterehe etwa Frandsen, Incestuous and Close-Kin Marriage.
32 Wohl zwei Söhne hatte Arsinoe I. zur Welt gebracht, Ptolemaios »den Sohn«, der sogar 268/7–259/8 v. Chr. Mitregent war, und Ptolemaios, der dann Thronfolger wurde; vgl. Tunny, Ptolemy »the son«; zur Königin: van Oppen de Ruiter, Notes on Arsinoe I.
33 Theokr. XVII 128–134; Übersetzung: Effe.
34 Athen. XIV 621a–b; Übersetzung: Friedrich.
35 Athen. XIV 621a–b; Übersetzung: Friedrich.
36 Paus. I 8,6.
37 P.Hib. II 199,19; vgl. Clarysse/Van der Veken, Eponymous Priests; Hauben, Chronologie macédonienne, 161; Koenen, Ptolemaic King, 56, Anm. 73.
38 Herondas 1,30; zu den Theadelphia: Perpillou-Thomas, Fêtes, 154f.
39 Schreiber, Miniaturaltar; zum Arsinoekult jetzt Caneva, From Alexander, 129–178.
40 Hauben, Callicrates, 62ff.; Paschidis, Between City and King, 395; vgl. OGIS I 29: Samos; OGIS I 26, 27 = IvO 306, 307: Olympia; hierzu Hoepfner, Zwei Ptolemäerbauten, 7ff.; Hintzen-Bohlen, Herrscherrepräsentation, 77–82.
41 Vgl. Hauben, Arsinoe II, 99–127; Barbantani, Goddess of Love.
42 Poseid., Nr. 39, nach: Seidensticker u.a.; zu Kallikrates und dem Tempel Hauben, Callicrates of Samos; die beiden anderen Epigramme sind Poseid., Nr. 116 und 119.
43 Vgl. Blouin, Mendès et les reines; auch identifiziert als Personifikation Alexandrias, der Tyche Alexandrias oder Berenikes II.: Daszewski, Corpus, 151f.
44 Vgl. Anth. Graeca XVII 171, 173–177; Fulinska, Arsinoe Hoplismene; Budin, Aphrodite Enoplion.

45 Poseid., Nr. 36, nach: Seidensticker u. a.
46 Pithomstele, Z. 15, Übersetzung: Schäfer, Makedonische Pharaonen; Thiers, Ptolémée Philadelphe, 50f.; vgl. die Bemerkungen von van Oppen de Ruiter, The Death of Arsinoe II, 145f.
47 Quaegebeur, Reines ptolémaïques; Dils, La couronne d'Arsinoé II.
48 Pol. XIV 11,2, nach Athen. XIII 37.
49 Plut. mor. 753 E-F.
50 Minas, Die Pithoms-Stele, 207-209; das Datum wird bestätigt durch P.Sorb. III 71; vgl. Cadell u. a., Papyrus de la Sorbonne, Kommentar zu Nr. 71.
51 Asper, Kallimachos, Fg. 181; zum Kult für Philotera vgl. Carney, Arsinoë, 98.
52 Kallim. fr. 181; Plin. n.h. XXXIV 148; XXXVI 67–69; XXXVII 108; Aus. Mos. 311–317.
53 Athen. XI 497 b–d.
54 Fraser, Ptolemaic Alexandria, 217; Otto, Priester und Tempel I, 156–160.
55 P.Sorb. III 71.
56 P.Oxy. XXVII 2465; Übersetzung: Schorn.
57 Thompson, Ptolemaic Oinochoai.
58 Vgl. Zaki, Isis.
59 Collombert, Stèle de Saïs.
60 Mendesstele, Z. 11–14; Übersetzung: Schäfer, Makedonische Pharaonen.
61 Crawford, Ptolemy, Ptah and Apis, 26.
62 P.Rev. Law = C.Ord Ptol. 17 und 18; P.Köln VII 314; P.Heid. VIII 418 mit Kommentar; Clarysse/Vandorpe, The Ptolemaic apomoira; Armoni, Studien, 212–214; Koenen, Ptolemaic King, 66–68; Huß, Verwaltung, 238f.; Muhs, Tax Receipts, 63–66.
63 OGIS I 90,15; P.Tebt. I 5 = C.Ord. Ptol. 53,50–53.
64 Vgl. Rostovtzeff, Gesellschafts- und Wirtschaftsgeschichte, 220; Préaux, Économie royale, 179–181.
65 Paus. I 7,2.
66 Kall. H. IV 170–187; Übersetzung: Asper; vgl. Weber, Dichtung, 305–308.
67 Lorber, Coinage of the Ptolemies, 214f.
68 Pithomstele, Z. 11; Übersetzung: Schäfer, Makedonische Pharaonen.
69 Dionys. XX 14,1f.; Liv. per. 14; Val. Max. 4,3,9; Iustin. XVIII 2,9; Cass. Dio frg. 41B; Eutrop. 2,15; Westall, Rome and Ptolemaic Egypt; Lampela, Rome and the Ptolemies, 33f.
70 App. Sic. 1; Huß, Beziehungen, 128.
71 Moschion FgrHist. 575 F 1,5,4; 6,1; Beyer-Rotthoff, Untersuchungen, 201f.
72 P.Sorb. III 71 (zw. 27.12.268–25.1.267).
73 Heinen, Untersuchungen zur hellenistischen Geschichte; Buraselis, Das hellenistische Makedonien, 146–151.
74 IG II³ 687 plus 686 = Syll.³ 434/5 = Staatsverträge III 476 (Übersetzung: Brodersen u. a.); Dreyer, Untersuchungen, 331–341; 382–389. Auch das Themistokles-Dekret von Troizene passt am ehesten in diese Zeit: Knoepfler, Vieillards refugées.
75 SEG XXVIII 1224; Übersetzung: Wörrle, Epigraphische Forschungen zur Geschichte Lykiens II.
76 Vgl. TAM II 1,1 = OGIS I 55,7–21; vgl. Huß, Verwaltung, 166.
77 Zum Krieg und Chremonides-Dekret: Dreyer, Untersuchungen, 331–376.
78 Buraselis, Kronprinzentum, 97f., mit Zitation der weiteren Literatur und Forschungsproblematik um »den Sohn«; eine andere Möglichkeit wäre, dass es sich beim »Sohn« um Ptolemaios, Sohn des Lysimachos und der Arsinoe II. handelte (Huß, Ptolemaios der Sohn).
79 Anders Tunny, Ptolemy ›the son‹ Reconsidered.
80 P.Lond. VII 1973 = SB III 7263 (21.9.254); vgl. Bergmans, Théores argiens.

81  P.Cairo Zen. II 59251 = SB III 6748.
82  Hieronym. in Dan. XI 6.
83  Zu Berenike II.: Clayman, Berenice II; Carrez-Maratray, Bérénice II; van Oppen de Ruiter, Berenice II.; zu Apama: McAuley, Princess.
84  Criscuolo, Agoni.
85  App. praef. 10.
86  Bresciani, La spedizione; Thomas/Ray, The Falcon King.
87  Vgl. Manning, Land-Tenure Regime; Huß, Verwaltung, 263–300.
88  Scheuble-Reiter, Katökenreiter, 234–251.
89  Monson, From the Ptolemies to the Romans, 184–191.
90  Vgl. Thompson, Irrigation.
91  Butzer, Early Hydraulic Civilization, 37f.; Thompson, New and Old.
92  Strabon XVII 1,35; Übersetzung: nach Radt.
93  Manning, Last Pharaohs, 3; Monson, Agriculture and Taxation.
94  Vgl. von Reden, Money in Ptolemaic Egypt.
95  Richter, Verwaltungswiderstand; Panagopoulou, Gold in Ptolemaic Egypt.
96  Vgl. UPZ I 508 mit einer Ausschreibung der Steuerpacht; P.Köln VI 260 mit einem diesbezüglichen Brief; P.Tebt. I 35 mit Fixierung des Preises auf Myrrhe.
97  Zum Monopolwesen zuletzt Huß, Wirtschaft, 50–65.
98  Beschreibung des gesamten Vorgangs ausführlich bei Habermann/Tenger, Wirtschaftsstil, 33–39; Müller, Ptolemaeus II., 50–64.
99  Vgl. hierzu den Überblick von Muhs, Tax Receipts, 1–21.
100  Vgl. Clarysse/Thompson, P.Count II, 36–89; Thompson, Infrastructure of Splendour. Wie lange es diese Steuer gab, bleibt unklar. Seit dem 2. Jh. finden sich keine Belege mehr. Möglicherweise gab es aber in der späten Ptolemäerzeit eine Art von Kopfsteuer: Monson, Late Ptolemaic Capitation Taxes
101  P.Hal. 1,260–265; Clarysse/Thompson, P.Count II, 52f.
102  Vgl. zum Pachtsystem Préaux, Économie, 61–435.
103  Daneben wurde auch die Ausbeutung der Goldvorkommen in Nubien vorangetrieben. Von dem Verfahren der dortigen Goldgewinnung und den Leiden der hierzu herangezogenen Menschen berichtet Diod. III 12-14.
104  Habermann/Tenger, Wirtschaftsstil, 60.
105  Vgl. Préaux, Économie, 148-150.
106  Grimm, Alexandria, 121.
107  Swinnen, Sur la politique religieuse, 124.
108  Sicherlich ist nicht »Der Balken«, was Pa-sj ebenfalls heißen kann, gemeint; vgl. zur Diskussion Mueller, Ptolemaic Settlements, 20–22, die denkt, dass es sich bei Psoi um eine Abkürzung für Pa sj n Ptwlmjs handelt.
109  Strab. XVII 1,42.
110  Vgl. Tscherikower, Die hellenistischen Städtegründungen; Leschorn, Gründer der Stadt, 202–343; Cohen, Hellenistic Settlements.
111  Strab. XIV 3,6; hierzu Wörrle, Epigraphische Forschungen zur Geschichte Lykiens III, 104–106.
112  SEG XXXIII 1183; vgl. Chaniotis, War in the Hellenistic World, 89.
113  Strab. XVII 1,25f; Diod. I 33,9.
114  Pithomstele Z. 20; Thiers, Ptolémée Philadelphe, 56f.; Übersetzung: Schäfer, Makedonische Pharaonen.
115  Pithomstele Z. 23–25; Text: Thiers, Ptolémée Philadelphe, 70–75; Übersetzung Schäfer, Makedonische Pharaonen; vgl. Strab. XVI 4,7; Plin. n.h. VI 171; Casson, Ptolemy II.

116 SEG XXXIX 1426, 20–24; Übersetzung: Pfeiffer, Griechische und latenische Inschriften, Nr. 16.
117 SEG XXXIX 1426, 7–9.
118 Viereck, Philadelpheia; Clarysse, Philadelphia; Davoli, L'archeologia urbana, 139–148; Mueller, Settlements, 24; 209 Nr. 75.
119 PSI IV 341,3–5 (256/255).
120 Lewis, Greeks in Ptolemaic Egypt, 26; Mueller, Settlements, 116.
121 P.Zen. Pestm. 48 = PSI V 496 (258/257).
122 P.Cair. Zenon II 59168 = SB III 6806 (256/255).
123 P.Zen. Pestm. 28 = P.Cair. Zenon II 59169 = SB III 6806 (3. Jh.).
124 Zu den Kulten und Kultstätten Rübsam, Götter und Kulte, 139–152.
125 Viereck/Zucker, Papyri, 8–10.

# 4 Ptolemaios III.

1 Pfeiffer, Dekret von Kanopos, 17f.
2 I.Priene 37, 134; vgl. Martinez-Sève, Laodice; Lehmann, Expansionspolitik.
3 Vgl. Iustin. XXVII 1; Athen. XII 593; vgl. jetzt Coskun, Laodike, der versucht, Laodike von jeglicher Schuld am Mord an Berenike freizusprechen.
4 Polyain. VIII 50.
5 Zu Babylon und Seleukia: Babylonische Chronik nach: Altenmüller, Bemerkungen zum Ostfeldzug, 29f.; zu Damaskus: den Hertog, Erwägungen zur Territorialgeschichte Koilesyriens, 171; auch Smyrna und Magnesia blieben auf Seiten des Seleukos, das gleiche gilt für Ephesos (Phylarchos FgrHist 81, F 24).
6 P.Haun 6,15f.; Iustin. XXVII 1,9; Huß, Eine Revolte der Ägypter; Bülow-Jacobsen, P.Haun. 6; Habicht, Bemerkungen zu P.Haun. 6.
7 Clay, Babylonian Records, Nr. 17; Hauben, L'expédition, 32; Iustin. XXVII 2,9.
8 OGIS I 54; Übersetzung: Pfeiffer, Griechische und lateinische Inschriften, Nr. 11.
9 Der Titel, der auch für Ptolemaios IV. und Ptolemaios VIII. und Ptolemaios XII. belegt ist (SEG XX 467; Stud.Pal. IV 54–54, Col. I.5–7; P.Lond. III 879,10–12; SEG XXXIX 1705), war nie Bestandteil der offiziellen Titulatur.
10 W.Chr. 1, Kol. II–III.
11 SB VIII 9735; Pfeiffer, Griechische und lateinische Inschriften, Nr. 15.
12 Theokr. XVII 27; Satyros, FgrHist 631 F 1.
13 Diod. IV 3,1–4; Eurip. Bakch. 1–20.
14 Queyrel, Les portraits de Ptolémée III; Heilmeyer, Eine Neuerwerbung.
15 Heinen, Tryphe; Tondriau, Les thiases; Müller, Das hellenistische Königspaar, 159–172; Gouëssan, La τρυφή.
16 Le Guen, Les associations des Technites II, 34–37; Aneziri, Vereine der dionysischen Techniten.
17 C.Ord. Ptol. 29 = BGU VI 1211 = SB III 7266 von 215/214; Huß, Ägypten, 454–456.
18 Vgl. Athen. XI 497b-c.
19 Trog. Prol. XXVII; XXX; Plin. n.h. VII 208; Iust. XXXIX 1.3; Ael. v.h. XIV 31.
20 Vgl. Diod. III 36,3–5.
21 Apollodor II 5,1.4.
22 Donderer, Dionysos und Ptolemaios Soter.

23 Urk. IV, 103–105; Urk. IV, 1233–1234; Urk. IV, 893–894; vgl. Redford, Wars in Syria and Palastine.
24 Winnicki, Carrying off; Agut-Labordère, Persianism.
25 Isokr. or. Philip. 121,2.
26 Bringmann, The King as Benefactor; Gauthier, Les cités grecques.
27 Kotsidu, Time kai doxa, KNr. 293 [E] = SEG XXXVI 1218.
28 Vgl. P.Ent. 2,11f.; 4,11; 5,8f.; 6,7; 7,6 u. a.; Schubert, Das hellenistische Königsideal.
29 Text und Übersetzung: el-Masri u. a., Synodaldekret, 203–205.
30 Clère, Porte d'Évergète, Taf. 62; für die Übersetzungen danke ich Daniel von Recklinghausen/Tübingen.
31 Text und Übersetzung: el-Masri u. a., Synodaldekret, 208.
32 OGIS I 56,14; 20, vgl. Pfeiffer, Griechische und lateinische Inschriften, Nr. 14.
33 Assmann, König als Sonnenpriester.
34 Belege zur Bau- und Dekorationstätigkeit: Huß, Der makedonische König, 29; Huß, Ägypten, 376, Anm. 32.
35 Kurth, Edfu VII, 6.
36 Zumindest gibt es Belege für eine zusätzliche öffentliche Finanzierung des Baus: P. Eleph. 10 = W.Chr. 182 und P.Eleph. 11 (223/2); Fischer-Bovet, Army and Society, 342f.
37 P.Haun I 6; FgrHist. II 260, F 43; Iustin. XXVII 1,9; Hauben, L'expédition de Ptolémée III, 33f.; McGing, Revolt Egyptian Style, 275–277; Veïsse, Les »révoltes égyptiennes«, 3–5.
38 OGIS I 56,14f. = Pfeiffer, Griechische und lateinische Inschriften, Nr. 14.
39 Übersetzung, Kommentierung und bisherige Literatur bei Quack, Danaergeschenk des Nil?
40 Burkhard, Frühgeschichte und Römerzeit; Quack, pWien D 6319.
41 Quack, Der historische Abschnitt, 274.
42 OGIS I 56,14–18; Übersetzung: Pfeiffer, Griechische und lateinische Inschriften, Nr. 14.
43 OGIS I 56,19f.; Übersetzung: Pfeiffer, Griechische und lateinische Inschriften, Nr. 14
44 Huß, Ägypten, 357–359; Beyer-Rotthoff, Untersuchungen, 138.
45 Beyer-Rotthoff, Untersuchungen, 137–143; zur *captatio benevolentiae* griechischer Städte: Walbank, Könige als Götter.
46 Pol. V 106,6; Paus. I 5,5; X 10,2; Habicht, Athens and the Ptolemies, 154f.; Kotsidu, Time kai doxa, 65–71.
47 IG II$^2$ 4676; Kotsidu, Time kai doxa, Nr. 18 [E 3].
48 Duris von Samos, FgrHist 76 F 13 = Kotsidu, Time kai doxa, KNr. 12 [L] mit Übersetzung.
49 Galen. in Hippocr. librum III epidem. p. 607.
50 Kotsidu, Time kai doxa, Nr. 104 [E] = IG IX 1$^2$,56; Huß, Statuengruppe von Thermos.
51 Pol. 2,69,11; Plut. Kleom. 29.
52 Vgl. Erskine, Polybius.

# 5 Ptolemaios IV.

1 Vgl. Huß, Ägypten, 384, Anm. 16.

2 P.Haun 6, fr. 1,28–30; Huß, Eine ptolemäische Expedition.
3 P.Haun 6, fr. 1, 31f.; Zenob. IV 92; Pol. V 34,1 und 36,1–6; XV 25,1f.; Plut. Kleom. 33–38; Iustin. XXX 1,2.
4 Plut. Kleom. 34–37; Pol. V 38f.
5 Hyginus, de astronomia II 24,2; Kallim. ait. III, Fr. 58–72 = Asper, Kallimachos, 116f.
6 Zenob. III 94. Es ist schwer vorstellbar, dass Ptolemaios, wie häufig in der Forschung angenommen, den von Ptolemaios I. oder II. erbauten Kultkomplex Alexanders verlegte.
7 P.Münch. III 45 = W.Chr. 109.
8 von Beckerath, Handbuch, 237.
9 Vgl. Pantalacci, Les sept Hathors; Rowe, Discovery, 54f.
10 Zu Polybios und Ägypten: Lefebvre, Polybe; Préaux, Polybe; Walbank, Polybius in Egypt.
11 Großes Vertrauen in Polybios haben jedoch die meisten Historiker; vgl. etwa Dreyer, Polybios, 121–133; vgl. die Sammelbände Gibson/Harrison, Essays; Grieb/Koehn, Polybios.
12 Gerne nimmt man Ptolemaios von Megalopolis und Eratothenes als Quellen an, ohne dass sich dies aber verifizieren ließe.
13 Pol. V 34; Übersetzung: Drexler.
14 Strab. XVII 1,12 = Pol. XXXIV 14.
15 Ausführlich zum Krieg: Huß, Außenpolitik, 21–87; Galili, Raphia, 217 B.C.E.; vgl. Grainger, The Syrian Wars, 195–218.
16 Pol. V 79–86; Gauthier/Sottas, Décret trilingue; Thissen, Studien.
17 Pol. V 81 und 84.
18 Pol. V 83; Übersetzung: Drexler.
19 Pol. V 85; Übersetzung: Drexler.
20 Demot. Text, Z. 9; Thissen, Studien, 13.
21 Nach der Lesung von Klotz, Who was with Antiochos III at Raphia?
22 Demot. Text, Z. 12; Thissen, Studien, 15.
23 Kurth, Treffpunkt, 198–203.
24 Kurth, Treffpunkt, 203.
25 Winnicki, Die letzten Ereignisse.
26 Demot. Text, Z. 17/18; Thissen, Studien, 15–17.
27 Pol. V 86,9–11; Übersetzung: Drexler.
28 Vgl. Pol. XXII 6,1; Taeger, Charisma I, 386; 410f.
29 Demot. Text, 16f.; Thissen, Studien, 17.
30 Demot. Text Z. 17f.; Thissen, Studien, 15–17.
31 Demot. Text, Z. 32; Thissen, Studien, 23f.
32 Kurth, Treffpunkt, 220.
33 Demot. Text, Z. 33, Thissen, Studien, 23.
34 Demot. Text, Z. 39–41; Thissen, Studien, 25.
35 Kurth, Treffpunkt, 217–229.
36 Bricault, Sarapis et Isis, 335.
37 SB I 2136 = I.Alex. ptol. 18.
38 SEG XXVIII 1571; Salamé-Sarkis, Inscription.
39 Thompson, Memphis, 178–192; Devauchelle, Osiris, Apis, Sarapis.
40 Arr. an. III 1,3-4.
41 Assmann, Ägypten, 414f.
42 Swiderek, Sarapis, 674; Wilcken, Urkunden der Ptolemäerzeit, 86f.
43 Stambaugh, Sarapis.

44 Huß, Ägypten, 245–247; Fraser, Two Studies, 19.
45 Hornbostel, Sarapis; Malaise, Calathos.
46 Castiglione, Nouvelles données.
47 Kessler, Das hellenistische Serapeum, 208–211; Borgeaud/Volokhine, Formation de la legende de Sarapis, 75f.
48 Vgl. McKenzie u. a., Reconstructing the Serapeum, 111; McKenzie, Architecture, 53–56.
49 Vgl. Pfeiffer, God Serapis, 392f.
50 Tac. ann. IV 83f.; Plut. de Is. XXVIII.
51 SB I 5680.
52 Vgl. Pfeiffer, God Serapis, 401.
53 Zumindest finden sich in dieser Zeit nur wenige Personennamen, die mit dem Gottesnamen gebildet werden: Clarysse/Paganini, Theophoric Personal Names.
54 P.Haun 6, Fgt. 1, Z. 21; vgl. hierzu Habicht, Bemerkungen, 4f.
55 Grimm, Alexandria, 86f., Abb. 85a und c.
56 IG XII 3, 443 = RICIS 202/1202.
57 SEG XXXIII 942 mit der Lesung von Meadows, Two ›Double‹ Dedications, 5.
58 Vgl. Heinen, Syrian-Egyptian Wars, 435.
59 Huß, Ägypten, 417.
60 Liv. XXVII 44,10; XXXI 2,4; Huß, Außenpolitik, 166–168.
61 IG III/IV 18.
62 Huß, Ägypten, 457f.
63 Hazzard/Huston, Surge in Prices, 113f.; vgl. Manning, Land and Power, 44, mit Literatur in Anm. 111.
64 Armoni, Studien, 215.
65 Vgl. Veïsse, Révoltes égyptiennes, 172; 179; Ludlow/Manning, Revolts, vermuten durch einen Vulkanausbruch verursachte klimatische Veränderungen und damit einhergehende Ernteausfälle als Ursache des Aufstandes.
66 Kurth, Edfou VII, 7f.; vgl. Lanciers, Die ägyptischen Tempelbauten, Teil l, 94; zum Beginn Vandorpe, Chronology, 299.
67 Pol. V 107,2f.; Übersetzung: Drexler.
68 Vgl. die Diskussion bei McGing, Revolt Egyptian Style, 282; Veïsse, Révoltes égyptiennes, 5–7.
69 Pol. XIV 12; anders Fischer-Bovet, Army and Society, 89–19; Thissen, Dekret, 62; trotz der problematischen Angaben des Polybios wird immer wieder versucht, seine Aussagen mit den Quellen in Übereinstimmung zu bringen, was aber selbst bei seinen Angaben zum ptolemäischen Militär fast unmöglich ist: vgl. etwa Fischer-Bovet/ Clarysse, A military reform, 26–35.
70 Diod. XIX 80,4; Paus. III 6,5; vgl. auch P.Hib. I 44 = P.Yale I 33 aus dem Jahr 253 v. Chr.
71 Rodriguez, Égyptiens dans l'armée, 118; Winnicki, Ägypter und das Ptolemäerheer, 47f.; Scheuble, Katökenreiter, 71–76; Fischer-Bovet, Army and Society, 161–166; dies., Egyptian warriors; dies., Égyptiens.
72 Vgl. die Zusammenstellung bei Fischer-Bovet, Army and Society, 370f.; dies., Les Égyptiens.
73 Vgl. hierzu Blasius/Schipper, Apokalyptik; Quack, Einführung, 148–161; Stadler, Einführung, 26–29.
74 Burkard, Klagelied, 90 = col. x + 13; Quack, Positionspräzise Nachträge; eine Datierung in ptolemäische Zeit erwägt Stadler, Einführung, 21f.
75 P.Oxy. XXII 2332,25–20 (= P3); Übersetzung: Koenen, Töpferorakel, 144.
76 Quack, Ein neuer prophetischer Text, 257, Fragment A 1,5–10.
77 Quack, Ein neuer prophetischer Text, 257, Fragment A 1,5–10.

78 OGIS I 56,16–18 = Pfeiffer, Griechische und lateinische Inschriften, Nr. 14.
79 OGIS I 56,45f. = Pfeiffer, Griechische und lateinische Inschriften, Nr. 14.
80 Pomp. Trog. prol. XXX; Iust. XXIX 1,5 und 9; XXX 1f.; Strab. XVII 1; Hieronym. comment. in Dan. XI 13; App. pref. X.; Tondriau, Tryphè; Hauben, Aspects et problèmes.
81 Pol. 14,11; Übersetzung: Drexler.
82 Iustin. XXX 1.
83 Plut. Kleom. 33,2; Übersetzung: Ziegler.
84 Vgl. Diod. IV 4.
85 Vgl. zuletzt Hazzard/Huston, Surge in Prices, 116: »His interests lay in the fields of religion and literature.«
86 OGIS I 80; IG VII 3166; OGIS I 79.

# 5 Ptolemaios V.

1 Der Tod der Arsinoe wird in der antiken Literatur entweder auf Ptolemaios IV. (Iustin. XXX 1,7; 2,6), Sosibios (Pol. XV 25) oder ein Palastfeuer (Johannes von Antiochia FgrHist 558, F 54) zurückgeführt.
2 Huß, Ägypten, 450, mit Verweis auf P. BM Andrews 18.
3 Pol. XV 34; Übersetzung: Drexler.
4 Pol. XV 25–36; Barry, The crowd of Ptolemaic Alexandria; Mittag, Rolle der hauptstädtischen Bevölkerung, 419–424.
5 Pol. XV 33; Übersetzung: Drexler.
6 Pol. XV 20; Übersetzung: Drexler; vgl. Liv. XXXI 14,5; App. Mak. 4.
7 Pol. XV 20; Übersetzung: Drexler; zu Rom und den Ptolemäern in dieser Zeit: Gruen, Hellenistic World, 679–685.
8 Der Teilungsvertrag könnte ein Konstrukt der römischen Geschichtsschreibung oder eine Erfindung der rhodischen und pergamenischen Gesandtschaften an Rom sein (Magie, The »agreement«; Errington, The alleged Syro-Macedonian pact); als erwiesen sieht die Historizität Schmitt, Untersuchungen, dem ein Großteil der Forschung folgt, zuletzt: Ma, Antiochos III, 75f.
9 Pol. XVIII 55; XXVIII 12.
10 Huß, Ägypten, 529f.; Lanciers, Developement; da die demotische Übersetzung von Eucharistos identisch mit derjenigen für Euergetes ist, könnte es auch »der Wohltätige Gott« übersetzt werden.
11 Vgl. Forschungüberblick bei Stadler, Einführung, 20–25.
12 Pol. XXII 17,1–7 = XXII 7; Walbank, Surrender; Thiers, Stèle de Ptolémée VIII, 32; Nespoulous Phalippou, L'amnistie décrétée; dies., Ptolémée Épiphane.
13 P.Col. Zen. II 66,18–21, aus dem Jahr 256/255.
14 Maresch, Bronze und Silber, 7f.
15 Vgl. Manning, Land and Power, 164–169.
16 Pestman, Haronnophris and Chaonnophris.
17 Depauw, Egyptianizing the chancellery; Vleeming, Demotic Graffiti, Nr. 2098.
18 O.dem. Caire 38258; P.W. Pestman, Chronologie égyptienne, 44.
19 McGing, Revolt Egyptian Style, 273–314; Veïsse, Révoltes Égyptiennes, 11–26, 83–99, 228–244; McGing, Revolt in Ptolemaic Egypt; ders., Revolting Subjects.

20 Ios. c. Ap. I 75–77; Übersetzung: Siegert.
21 Ios. c. Ap. I 85.
22 Bonnet, Crue, 79.
23 OGIS I 96,22–28 = Pfeiffer, Griechische und lateinische Inschriften, Nr. 22; vgl. Pol. XXII 17.
24 OGIS I 90,44f. = Pfeiffer, Griechische und lateinische Inschriften, Nr. 22.
25 OGIS I 90,41–43.
26 OGIS I 90,46–48.
27 OGIS I 90,52–54.
28 Hierzu erscheint demnächst eine grundlegende Edition, die zudem viele Aspekte der Geschichte der Dekrete neu beleuchtet aus der Hand von D. von Recklinghausen, Die Philensis-Dekrete.
29 Übersetzung: D. von Recklinghausen, Die Philensisdekrete § 2.
30 Polyb. XXII 22,1–5.
31 Übersetzung: D. von Recklinghausen, Die Philensisdekrete § 4.1.
32 Dass es in dieser Zeit zu Zerstörungen gekommen ist, zeigt etwa der Befund in Medamud (vgl. Sambin, Les portes de Médamoud, 172). Es lässt sich aber nicht sagen, wer sie zu verantworten hat, ob es also willentlich Maßnahmen der Aufständischen waren oder die Zerstörung im Verlauf der Rückeroberung durch die Ptolemäer geschahen.
33 Vgl. Diod. I 46.
34 SB XXIV 15972, 39–41; B. C. McGing, Revolt Egyptian Style, 301–310.
35 Nespoulous Phalippou, L'amnistie décrétée.
36 P.Köln VII 313 = C.Ord. Ptol. 34; zur Amnestie: La'da, Amnesty in Hellenistic Egypt.
37 Zum Hellenisierungsprozess Oberägyptens: Vandorpe, A Successful, but Fragile Biculturalism; dies., Ptolemaic Army, 106–110; zu ägyptischen Soldaten: Vandorpe, Persian Soldiers.
38 Veisse, Revoltes égyptiennes, 232–244.
39 Vgl. hierzu demnächst die grundlegende Arbeit von R. Birk, Türöffner des Himmels. Prosopographische Studien zur thebanischen Hohepriesterschaft des Amun, Wiesbaden vorauss. 2018; ich danke Herrn Birk für den freundlichen Hinweis.
40 Wohl bis zum Jahr 146: Tarn, Nauarch and Nesiarch, 258.
41 Pol. XVIII 51,10; Liv. XXXIII 40,3; XXXV 13,4; Ios. ant. XII 154f.; App. Syr. V 18,1–7; Huß, Ägypten, 514; Kaye/Amitay, Kleopatra's Dowry.
42 P.dem. Louvre 9415,2; OGIS II 733,4; I 99,7.
43 Diod. XXVIII 14; Übersetzung: Wirth u. a.
44 Pol. XXII 22 = XXIII 17; Übersetzung: Drexler.
45 Nur erwähnt bei Pol. XXII 17,1–7 = XXII 7; vgl. auch Syll.³ 585,140.
46 Vgl. Nespoulous Phalippou, Ptolémée Épiphane, 279; Nespoulous Phalippou, Aristonikos; von Recklinghausen, Philensis-Dekrete.
47 Liv. XXXVI 4; zum Verhältnis Roms zu Ptolemaios V.: Lampela, Rome and the Ptolemies, 76–138.
48 Pol. XXI 42, 1–27; Liv. XXXVIII 38.
49 Pol. XXII 3.
50 Pol. XXII 9,1–4; XXIV 6,3.
51 Porphyrios FgrHist 260, F 48.

## 7 Ptolemaios VI. und Ptolemaios VIII.

1. Huß, Ägypten, 537–625; vgl. den Sammelband von Jördens/Quack (Hg.), Ägypten zwischen innerem Zwist und äußerem Druck.
2. Die Hinzufügung Ptolemaios' VII. Neos Philopator ist Otto/Bengtson, Zur Geschichte, 128, Anm. 4, zu verdanken; dagegen: Chauveau, Un été 145; ders., Un été 145: Post-scriptum; ders., Encore Ptolémée »VII«. Heinen, Sohn des 6. Ptolemäers, ist skeptisch. Vgl. auch Lanciers, Some observations.
3. Iustin scheint, obwohl er Pompeius Trogus (augusteisch) zusammenfasst, eine »zeitnahe« Quelle zur Ptolemäergeschichte zu sein, da er auf Poseidonios von Apameia (135–51 v. Chr.) zurückgeht, der chronologisch an Polybios anschließend ein Geschichtswerk über die Zeit von 146 bis in die Mitte der 80er Jahre verfasst hatte: Malitz, Historien, 240–257.
4. Er wurde entweder am 19.10.186 oder 184 bzw. 183 geboren; zum Geburtsdatum siehe Huß, Ägypten, 538f., zum Tag: Hoffmann, Ägypten, 191.
5. P.Freib. III 12; vgl. Hazzard, Imagination of a Monarchy, 125-127; Pestman, Chronologie égyptienne, 46f.
6. Diod. XXX 15–17; vgl. Gehrke, Prinzen und Prinzessinnen, 103f.
7. Huß, Ägypten, 541.
8. P.dem. BM 38.2063B; Lanciers, Vergöttlichung, 28; vgl. Huß, Ägypten, 541.
9. P.dem. BM 10589,1f.; Shore/Smith, Two unpublished Demotic Documents; zu Kleopatra II.: Bielman Sánchez/Lenzo, Inventer le pouvoir féminin.
10. Diod. XXX 16.
11. Zur Quellenproblematik: Lanciers, Alleinherrschaft, 405, Anm. 1.
12. Mittag, Antiochos IV., 160f., mit Literatur.
13. P.Ryl. IV 583,1–4.
14. Pol. XXVIII 12,8–9; Huß, Ägypten, 546: Anfang 169; Koenen, Ptolemäische Königsurkunde, 2f.: Oktober 170; Otto/Bengtson, Zur Geschichte, 45.
15. Huß, Ägypten, 546f.
16. Hölbl, Geschichte des Ptolemäerreiches, 255; Huß, Ägypten, 547.
17. So Habachy, À propos de la lecture.
18. Pol. XXVIII 1; Diod. XXX 2.
19. Pol. XXVIII 20.
20. Pol. XXVIII 1.
21. Pol. XXVIII 20.
22. Pol. XVIII 1.
23. Pol. XXVIII 1; vgl. etwa Lampela, Rome and the Ptolemies, 116–121.
24. Prophyrios FgrHist 260 F 49a, Pol. XXVIII 18; vgl. Mittag, Antiochos IV., 159–181.
25. Pol. XXIX 23,8; Porphyrios FgrHist 260 F 2,7; Mittag, Unruhen, 173f., sieht die Bevölkerung selbst aktiv.
26. Vgl. Gehrke, Prinzen und Prinzessinnen, 106f.
27. Porphyrios FgrHist II B 260, F 49a = Hieron. Comm. in Dan. 11,21–24; Übersetzung: Becker; vgl. Blasius, Antiochos IV.
28. P.Tebt III 698 = C.Ord. Ptol., Nr. 32; zu Antiochos IV. in Ägypten vgl. Mittag, Antiochos IV., 171–175.
29. Vgl. Dekret von Raphia, Z. 12 oder 15; Thissen, Dekret; vgl. Mittag, Antiochos IV., 172–175.
30. Liv. XLIV 19,13f.; eine abweichende Chronologie bietet Iustin. XXXIV 2,8–3,1, dem etwa Mittag, Antiochos IV., 179–181, folgt.
31. Pol. XXIX 27,1–6; Übersetzung: Ziegler; vgl. Liv. XLV 12; Diod. XXXI 2.

32 Pol. XXXI 3; 1 Makk. 1,19 ist möglicherweise ebenfalls in diesem Kontext zu deuten.
33 Pol. III 4.
34 Diese Deutung ist freilich umstritten; vgl. Morgan, Perils of Schematicism; Mittag, Antiochos IV., 214–218.
35 Liv. XLV 13,4.
36 Vgl. Quack, Zu einer angeblich apokalyptischen Passage, 244.
37 Ray, Archive; Ray, Observations (weitere drei Texte); eine deutsche Übersetzung einiger Texte findet sich bei Hoffmann, Ägypten, 187–194; vgl. Stadler, Einführung, 74–81.
38 O.Hor 3, vs 12–14; Übersetzung Hoffmann, Ägypten, 193.
39 O.Hor. 2, rct 4–12; Übersetzung Hoffmann, Ägypten, 188f.
40 Vgl. zudem Huß, Ägypten, 561f., mit Verweis auf Orac. Sib. III 611–615.
41 Dan 11,29f.; vgl. den Kommentar: Wildgruber, Daniel 10–12, 110–133.
42 Pol. XXIX 27.
43 Vgl. Veïsse, Statut et identité; Bilde (Hg.), Ethnicity; Vittmann, Beobachtungen; zur korrekten Form des Namens, also Petosorapis: Clarysse, Real Name; Huß, Ägypten, 563, ist der Ansicht, dass es sich bei Dionysios um einen Griechen handelte.
44 Vgl. das Beispiel des Dioiketen Harpachepesch/Harchypsis nach seiner Statue Yale Peabody Museum 264191: Klotz/LeBlanc, Egyptian Priest. Er ist möglicherweise identisch mit Apollonios, Sohn des Theon (PP I/VIII 17).
45 Diod. XXXI 15a; hierzu etwa McGing, Revolt Egyptian Style, 289–295; Veïsse, Révoltes égyptiennes, 28–45, 99–112; Fischer-Bovet, Army and Society, 100–102.
46 Diod. XXXI 17b.
47 P.Amh. II 30 = W.Chr. 9.
48 P.Tebt. III 1,781.
49 Vgl. hierzu Legras, Reclus grecs.
50 UPZ I 7; aus dem Jahr 163; vgl. I 8,14; I 15.
51 SB XVI 12821, Fr. B. Kol. I 12; zum Ende: McGing, Revolt Egyptian Style, 290f.
52 UPZ I 110,60–69; möglicherweise ist dieses Prostagma in SB XVI 12821 (August/September) erhalten; vgl. Huß, Wirtschaft, 79f.
53 UPZ I 110,140; vgl. Kruse, Der genervte Beamte.
54 Liv. per. XLVI: Ptolemaeus, Aegypti rex, pulsus regno a minore fratre; Diod. XXXI 18; bei einem 20-Jährigen ist es nicht nötig, hier maßgeblich die Intrigen von Hofleuten als ursächlich für die Vertreibung des Bruders zu sehen (so etwa Huß, Ägypten, 568); Lanciers, Alleinherrschaft, 428–433.
55 UPZ I 111 = C.Ord. Ptol. 35; möglicherweise ist in diese Richtung auch der Versuch zu werten, den makedonischen Kalender wiederzubeleben: Huß, Ägypten, 570.
56 Samuel, Ptolemaic Chronology, 142f.
57 Pol. XXXIII 8(5); Übersetzung: Drexler; vgl. SEG IX 7 = Pfeiffer, Griechische und lateinische Inschriften, Nr. 24.
58 Diod. XXXI 33
59 Pol. XXXIX 7; Diod. XXXI 33.
60 OGIS I 116 = Kotsidu, Time kai doxa, Nr. 139 [E].
61 FgrHist 234 F 9 = Athen. XII 549f.; Übersetzung: Friedrich.
62 Ios. ant. XIII 113–115.
63 UPZ I 20; vgl. I 15.
64 Ios. ant. XIII 113–115.
65 Pol. XXXIX 18; Liv. per. LII; Ios. ant. XIII 116–123; 1 Makk 11,14.
66 SEG VI 809 = SEG XIII 585.
67 Huß, Ptolemaios Eupator; Huß, Ägypten, 576f.; Van 't Dack, Encore le problème.
68 Pol. XXXIX 18; Übersetzung: Drexler.

69 Für Cato war Ptolemaios VI. rex optimus et beneficissimus (Malcovati, ORF I, M. Porcius Cato, fg. 180).
70 Diod. XXXIII 13; Iust. XXXVIII 8,2 und 5; Oros. hist. adv. pag. V 10,6f. Die Existenz eines Sohnes Ptolemaios' VI., der als König hätte in Frage kommen können, ist hoch umstritten: vgl. Huß, Ägypten, 597; Heinen, Der Sohn, 451f.; Mittag, Unruhen, 176–179; Lanciers, Alleinherrschaft, 424–426; Bielman Sánchez/Lenzo, Inventer le pouvoir féminin, 175–184.
71 Vgl. Nadig, Zwischen König und Karikatur, 58f.
72 Iustin. XXXVIII 8,3.
73 P.Phrur. Diosk. 18; Minas, Die hieroglyphischen Ahnenreihen, 144f.: P.Gen. II 87,4; eine kretische Statuenweihung des König führt ihn selbst noch als Theos Euergetes (SEG XXXVIII 918,1–3), Kleopatra II. hingegen als Thea Philometor; Lanciers, Die Alleinherrschaft, 429f.
74 Liv. per. LIX.
75 Iustin. XXXVIII 8,5; Liv. per. LIX; Heinen, Les mariages, 149; Pestman, Archives, 86; Mooren, Wives and Children, 437f.
76 Diod. XXXIII 20; 22; hierzu Huß, Noch ein Mord; Criscuolo, L'archivio di Philô; Armoni/Maresch, Zur Besteuerung.
77 Vgl. den Opet-Tempel in Karnak: Minas, Dekorationstätigkeit I, 63–65, mit Abb. 1; Minas, Dekorationstätigkeit II, 114.
78 Criscuolo, L'epigrafia greca; zur Statuengruppe und dem Besuch in Theben: Bingen, Décret sacerdotal; Grenier, Peregrinations d'un Boukhis, 43; Bielman Sánchez/Lenzo, Inventer le pouvoir féminin, 199f.
79 Pol. XXXI 10(18),4f.; Diod. XXXIII 12; Otto/Bengtson, Zur Geschichte, 23–112; Hölbl, Geschichte, 172–183.
80 Strab. XVII 1,12 = Pol. XXXIV 14; Übersetzung: Drexler.
81 Poseidonios, FgrHist 87 F 6 = Athen. XII 549e.
82 Plut. mor. 17, p. 60 A; die Hypomnemata: FgrHist 234; zu diesem Thema Horster, Geistesleben in Alexandria.
83 Auch sein Nachfolger trug diesen Beinamen; zu Physkon: Nadig, Zwischen König und Karikatur, 66–72.
84 Nadig, Zwischen König und Karikatur, 61–66; Heinen, Aspects et problèmes; Bielman Sánchez/Lenzo, Inventer le pouvoir féminin, 277f. mit unnötiger Problematisierung.
85 Iustin. XXXVIII 8,9f.; Übersetzung: Laser; vgl. Malitz, Historien, 244.
86 Poseidonios, FgrHist 87 F 6 = Athenaios XII 549e; Übersetzung: Friedrich. Hierzu Heinen, Die Tryphé des Ptolemaios VIII.
87 Iustin. XXXVIII 8,8–11; Diod. XXXIII 28a,1f.
88 Iustin. XXXVIII 8,9.
89 Diod. XXXIII 28a, 2.
90 Plut. Mor. 200f–200a.
91 Diod. IV 4; Übersetzung: Wirth. Vgl. die Dionysosschilderung bei den Ptolemaia in Alexandria: Athen. V 198 c; vgl. zum Diadem Plin. nat. hist. VII 191; die tatsächlich Herkunft des Diadems ist umstritten, vgl. die widerstreitenden Auffassungen in: Lichtenberger u. a. (Hg.), Diadem.
92 So auch die modernen Interpretationen; vgl. Heinen, Die Tryphè des Ptolemaios VIII.
93 Plut. Tib. Gr. 1,3; Günther, Cornelia; für glaubwürdig hält es allerdings Harders, Hellenistische Königinnen, 56.
94 ILS 18; vgl. die Schilderung der Bakkanalien bei Liv. XXXIX 13,8–25.
95 CPJ I 18 = P.Hib. 96 = PP X, E 875, vgl. dazu auch Kasher, Civic Status of Jews, 107; Kruse, Das politeuma der Juden, 167; Sänger, Meaning; vgl. für Samareia auch Tcherikover, Prolegomena, 9, Anm. 12.

96  Ios. ant. XII 387; Kasher, Jews, 119–135; Mélèze Modrzewski, Jews of Egypt, 121–133; Parente, Onias III' Death.
97  Jördens, Der jüdische Renegat Dositheos.
98  Ios. c.Ap. II 50–55; Tcherikover, Prolegomena, 21–23.
99  Liv. per. LIX; Iustin. XXXVIII 8,12; Bielman Sánchez/Lenzo, Inventer le pouvoir féminin, 275–285.
100  Iustin. XXXVIII 8,13f.; Val. Max. IX 5; vgl. Malitz, Historien, 252f.
101  Huß, Ägypten, 610–615; Otto/Bengtson, Zur Geschichte, 70; Thomas, Epistrategos I, 94–96.
102  P.dem. Eheverträge = P.dem. Memphis 6.
103  Minas, Ahnenreihen, 150–153.
104  Colin, Isis »dynastique«.
105  P.Tebt. III 1, 700 = C.Ord. Ptol. 50; vgl. C.Ptol. Sklav. 11; Otto/Bengtson, Zur Geschichte, 67–69.
106  Diod. XXXIV/XXXV 20.
107  Fischer-Bovet, Army and society, 103; Veïsse, Revoltes égyptiennes, 57. Zum Krieg zwischen Hermonthis und Leontopolis: Thompson, Egypt, 313.
108  C.Ord. Ptol. 53 = P.Tebt. I 5; Übersetzung: Jördens; vgl. Diod. XXXIV/XXXV 20.
109  C.Ord. Ptol. 53 = P.Tebt. I 5, 207–220.
110  Seidl, Ptolemäische Rechtsgeschichte; Wolff, Das Recht der griechischen Papyri; Lippert, Einführung, 58–190.
111  Rupprecht, Recht und Rechtsleben, 20–23; 27–39; Pestman, Competence of Greek and Egyptian Tribunals
112  C.Ord. Ptol. 47 = P.Tebt. I 6.
113  Edition der Stele Thiers, Stèle de Ptolémée VIII.
114  I.Philae I 19 = Pfeiffer, Griechische und lateinische Inschriften, Nr. 29.
115  P.Tebt. I 6 = C.Ord. Ptol. 47; Scholl, Tempelprostitution.
116  P.Tebt. I 6,48f.; I.Philae I 19,29f.
117  Vgl. Huß, Ägypten, 618f.; Paos: Mooren, Aulic Titulature, Nr. 054; Archibios: Gorre, Relations, Nr. 77.
118  Pfeiffer, Die Politik Ptolemaios' VI. und VIII.
119  P.Tebt. III 1, 699; P.Meyer 1; P.Tebt. I 6; SB VIII 10011 = C.Ord. Ptol. 41f. = SEG XXXVII 1372 = I.Péluse 418 und P.Tebt. III 1, 699; Nadig, Zwischen König und Karikatur, 80–86; vgl. UPZ I 161,57.
120  P.dem. Berl. Kaufv. 3101; vgl. P.Köln VIII 350. Diskussion bei Minas, Ahnenreihen, 153f.; Chauveau, Ptolémée »VII«.
121  Anders Hölbl, Geschichte, 181.
122  Bauinschrift Edfu: Edfou VII 9,3f.; Cauville/Devauchelle, Temple d'Edfou, 40f.
123  Vgl. Hdt. II 294,4; Strab. I 2,25.
124  Agatharchides frg. 20; Diod. I 37,5; hierzu Préaux, Sur les communications; Burstein, Agatharchides, 6f.; ebenso Theokr. XVII 86f.; hierzu auch Hunter, Theocritus' Encomium, 165.
125  Vgl. Jaritz, Investigation of the Ancient Wall, 108–112.
126  Vgl. Hölbl, Altägypten II, 11; kritisch jedoch Locher, Topographie und Geschichte, 237.
127  Text und Übersetzung der Stele: Locher, Topographie und Geschichte, 341f.
128  Locher, Topographie und Geschichte, 238.
129  Vgl. SGPI 87 = OGIS I 107 = SB V 8461; Locher, Topographie und Geschichte, 238; Bingen, in: BE 2001, 558.
130  I.Philae I 11; zur Datierung SEG 50, 1549 und Locher, Topographie und Geschichte, 129, Anm. 42; aber Haeny, Short Architectural History, 220–222.

131 Vittmann, Das demotische Graffito vom Satettempel; Quack, Ist der Meder an allem Schuld?, 111–116 (Datierung in die Zeit des 2. Ptolemäers); Vleeming, Demotic Graffiti, Nr. 1340.
132 I.Thèbes 302 = Pfeiffer, Griechische und lateinische Inschriften, Nr. 25 (mit weiterer Literatur zu Boethos).
133 I.Asylia 224 = I.Fayoum II 135 = Pfeiffer, Griechische und lateinische Inschriften, Nr. 36.
134 Vgl. Locher, Topographie und Geschichte, 44f.
135 Ray, A Pious Soldier, 177; Winnicki, Petisis, 103; ders., Zwei Studien, 22.

# 8 Ptolemaios IX., X. und XI.

1 Iustin. XXXIX 3,1; Thompson, Pausanias and Protocol.
2 Liv. per. LXX. Obseq. 49; Bagnall, Ptolemaic Possessions, 31–33.
3 Darauf könnte zumindest seine hieroglyphische Titulatur hindeuten, die die Sohnschaft von Kleopatra II. angibt. Die Priester hätten schließlich bei der Schaffung der Titulatur des Königs keinen Grund gehabt, Kleopatra III., wenn sie tatsächlich die Mutter des Königs gewesen wäre, nicht anzugeben; vgl. Caßor-Pfeiffer, Zur Reflexion I, 32; Cauville/Devauchelle, Temple d'Édfou, 47–50; Thompson, Egypt, 315; die *communis opinio* geht hingegen, den literarischen Quellen (Iustin. XXXIX 3,1; Paus. I 9,1–3; Prophyrios, FgrHist 260 F 2,8) folgend, von einer Mutterschaft der dritten Kleopatra aus, vgl. Hölbl, Geschichte, 181; Mooren, Wives and Children; zuletzt ebenfalls Bielman Sánchez/Lenzo, Inventer le pouvoir féminin, 185, Anm. 45; 202f.
4 Iustin. XXXIX 3,2.
5 Caßor-Pfeiffer, Zur Reflexion I, 23.
6 P.Rylands III 20, vom Oktober 116.
7 Vgl. Caßor-Pfeiffer, Zur Reflexion II, 255, Abb. 7.
8 I.Thèbes 244 = OGIS I 168 = SB V 8883 (vgl. die problematische Rekonstruktion von Piejko, Relations); Dietze, Streit.
9 I.Thèbes 322.
10 Olshausen, Rom und Ägypten, 6–11.
11 P.Tebt. I 33 = Sel.Pap. 416 vom 5.3.112 v. Chr. Übersetzung: Jördens; vgl. Braund, Rome and the Friendly King, 79.
12 Vgl. Strab. XVII 1,37.
13 P.Tebt. I 45–47; IV 1095f.
14 Porphyrios FgrHist 260 F 2,8; Iustin. XXXIX 4,1; Paus. I 9,3.
15 Minas, Ahnenreihen, 157–161; vgl. zuletzt Criscuolo, La regina.
16 Mørkholm, Last Ptolemaic Silver Coinage, 69.
17 Minas, Ahnenreihen, 157.
18 Vgl. P.Köln II 81.
19 Caßor-Pfeiffer, Zur Reflexion I, 34.
20 Ios. ant. Iud. XIII 338–344.
21 Zum Krieg in Syrien Van 't Dack u. a., The Judean-Syrian-Egyptian Conflict.
22 Iustin. XXXIX 4.
23 Porphyrios FgrHist 260 F 2,8f.; Iustin. XXXIX 5,1; Mittag, Unruhen, 182–184.

24 Cic. leg. agr I 1; II 41–44; Schol. Cic. Bob. p. 91,30–92,30 (Stangl); Huß, Ägypten, 659–661.
25 OGIS II 761 = Pfeiffer, Griechische und lateinische Inschriften, Nr. 34.
26 I.Fayoum III 152; I.Fayoum II 112f.
27 UPZ I 106 und 108.
28 Athen. XII 550 b; Übersetzung: Friedrich.
29 Pestman, Chronologie, 74.
30 Caßor-Pfeiffer, Zur Reflexion I, 32.
31 Caßor-Pfeiffer, Zur Reflexion I, 28–30.
32 Ios. ant. Iud. XIII 12,2; Plut. Corolianus 11,3.
33 Plut. Cic. 1; zu solche einer Nasenform würde auch das auf Siegeln erhaltene Porträt eines Königs passen, den man mit Ptolemaios IX. identifiziert: Stanwick, Portraits, fig. 235, 165f.
34 P.Bour. 12; Übersetzung: Hengstl; Vandorpe/Waebens, Reconstructing Pathyris' Archives, § 4 und 34.
35 Paus. I 9,3.
36 Plut. Luc. 2f.
37 Huß, Ägypten, 668.
38 App. bell. civ. I 102.
39 App. bell. civ. I 102; Porphios FgrHist 260 F 2,11; Cic. de rege Alex. fr. 9.
40 Yoyotte, Bakhthis; Moyer, Finding a Middle Ground, 125–137; zur »Vielnamigkeit«: Coussement, Because I am Greek, 165–168.
41 Pestman, L'agoranomie; vgl. auch Clarysse, Greeks and Egyptians.
42 Pfeiffer, Griechische und lateinische Inschriften, Nr. 32.
43 Moyer, Finding a Middle Ground, 129.
44 Plin. nat. hist. VI 33 und 168; zur Bedeutung von Edfu: Manning, Land and Power, 73–86; Manning, Edfu as a Central Place.
45 Vgl. Moyer, Finding a Middle Ground, 125–137.
46 Scheuble-Reiter, Katökenreiterei, 113; Scheuble, Griechen, 552–557; Harrauer, Neue Texte, 44–46.
47 Kramer, Vertragsregister, 69–72; Goudriaan, Ethnicity, 1–7 Clarysse, Greeks and Egyptians, 58; La'da, Ethnicity.
48 Clarysse/Thompson, P.Count II, 138–147; Vandorpe, Persian Soldiers, 87–89; Huß, Verwaltung, 245–248.
49 Heichelheim, Auswärtige Bevölkerung; La'da, Foreign Ethnics.
50 BGU VI 1213 (3. Jh.) = C.Ord.Ptol. All. 34; vgl. die Bestimmungen in BGU XIV 2367 und P.Hamb. II 168; BGU VI 1250 (Mitte 2. Jh.), 11–14 = C.Ord.Ptol. All. 47; Clarysse/Thompson, P.Count II, 141 und 146, Anm. 114.
51 Vgl. etwa Gorre, Relations, Nr. 9 und 10, oder die tentyrischen Strategen des 1. Jhs.: De Meulenaere, Stratèges indigènes.
52 Zu den Statuen Baines, Egyptian Elite Self-Presentation, 51–55; zur Datierung Kaiser, Datierung.
53 Statue Turin, Ägyptisches Museum 3062 und Karnak, Karakol Nr. 258; Quaegebuer, Statue du général Pétimouthês; Gorre, Relations, Nr. 73.
54 Coulon, Quand Amon parle; eine hohe Verwaltungsposition für ihn ergibt sich zwingend aus BGU XIV 2378 (wo allerdings kein Verwaltungstitel genannt ist). Zusammenstellung und Analyse der Belege bei Mooren/van't Dack, Le stratège Platon; vgl. Gorre, Relations, Nr. 24.
55 Vgl. Blasius, Army and Society.

# 9 Ptolemaios XII.

1 Strab. XVII 11; Übersetzung: Radt.
2 Athen. V 206 d.
3 Cic. de lege agr. II 42 (63 v. Chr.); Huß, Ägypten, 672, mit Diskussion in Anm. 3; vgl. aber Cic. Sest. 57 (56 v. Chr.): »der Bruder jenes Königs..., der demselben Geschlecht, denselben Ahnen angehörte«.
4 Olshausen, Rom und Ägypten, 29–32; Badian, Testament; Sonnabend, Fremdenbild und Politik, 24–26.
5 Vgl. BGU VI 1292.
6 Cic. dom. 20; Cic. Sest. 57; Porphyrios FgrHist 260 F 2,12.
7 Diod. IV 5,2.
8 Plut. Alkibiades 2.
9 Aristot. Pol. 1341 a 21.
10 Strab. XVII 1,8.
11 Huß, Ägypten, 679.
12 Stele London, BM inv. EA 886; Übersetzung: Panov, Stele des Pascherenptah.
13 von Beckerath, Handbuch, 244.
14 Vgl. Huß, Ägypten, 700–702; wie frei die lokalen Priester agieren konnten zeigen exemplarische drei Priesterstatuen mit biographischen Inschriften: Zivie-Coche, Tanis 3, 235–289.
15 Edfou VIII 67,6–13; Übersetzung: Kurth, Edfou VIII, 123f.
16 Cic. Verr. II 4,61.
17 Cic. Sest. 57; Suet. Iul. 11; Cass. Dio XXXIX 12.1; Cic. pro Rab. Postumo 3; Cic. Att. II 16,2; Caes. bell. civ. III 108; Jahreseinkünfte: Diod. XVII 52,6; nach Strab. XVII 1,13, der sich auf Cicero beruft, betrugen hingegen die Jahreseinkünfte aus Ägypten sogar 12 500 Talente.
18 Strab. XVII 1,8.
19 BGU VIII 1815; 1843; vgl. Huß, Ägypten, 682.
20 BE 1971, 715; Fraser, Prostagma of Ptolemy Auletes.
21 I.Asylia 224 = Pfeiffer, Griechische und lateinische Inschriften, Nr. 36; vgl. die Zusammenstellung von Asyliedekreten bei Pfeiffer, ebd., 166f. und P.Oxy. XIV 1639,18f.
22 Diod. I 83.
23 Strab. XII 3,34; XVII 1,11; Plut. Cat.Min. 35,4; Porphyrios FgrHist 260 F 2,14; Cass. Dio XXXIX 12,1; Dio Chrys. orat. XXII 70.
24 An der Herrschaft zunächst zweier Königinnen ist, auch wenn nur Porphyrios FgrHist 260 F 2,14 sie erwähnt, aufgrund von BGU VIII 1762 nicht zu zweifeln, wo von Untertanen ein Erscheinen »der Königinnen« verlangt wird; Bennett/Depauw, Reign of Berenike IV; van Minnen, Königinnen der Ptolemäerdynastie, 42f.
25 Diod. XXXIV/XXXV 20.
26 Cass. Dio XXXIX 12–16; Olshausen, Rom und Ägypten, 45–63.
27 Cass. Dio XXXIX 55; Übersetzung: Ziegler.
28 Huß, Ägypten, 692f.
29 I.Fayoum II 116–118.
30 Liv. per. 105,4; Strab. XII 3,34; XVII 1,11; Heinen, Séleucos Cybiosactès.
31 Strab. XVII 1,11; Cass. Dio XXXIX 12–14; Cic. pro Caelio 23f.; 51.
32 Plut. Ant. 3; Übersetzung: Ziegler/Wuhrmann.
33 Cass. Dio XXXIX 57f.
34 Cic. pro Rab. 22. 39; Van 't Dack, Reizen, 48, hält den Dioiketes-Titel für fiktiv.

35 Dendara XII 186,3–9; Übersetzung: Budde, Götterkind, 171, Anm. 844.
36 Vgl. den Fall der Zwillinge, die die Rolle von Isis und Nephthys bei der Trauer um den toten Osiris-Apis übernahmen: UPZ I 18–20.
37 Strab. XVII 1,11.
38 Huß, Ägypten, 705.
39 Vgl. Siani-Davies, Ptolemy XII Auletes.
40 Lucian. de cal. 16; Übersetzung und Einordnung: Heinen, Die Tryphè des Ptolemaios VIII, 127.

## 10   Kleopatra VII.

1 Caes. civ. III 108, 4–6; Bell. Alex. 33,1; Cass. Dio XLII 35,4;
2 Plut. Ant. 88; vgl. Ios. ant. XV 4,2; zur römischen Literatur: Gall, Geliebte Caesars, 142–150; Becher, Bild der Kleopatra.
3 Luc. bell. civ. X 59.
4 Als Nero Lucanus im Jahr 65 n. Chr. zum Selbstmord zwang, soll der Dichter ganz folgerichtig mit seinen letzten Worten aus dem »Bürgerkrieg« rezitiert haben: Tac. ann. XV 70; er zitierte bell. civ. III 635–646. Anderer Ansicht allerdings Kimmerle, Lucan und der Prinzipat.
5 Vgl. Heinen, Gefährliche Freundschaften.
6 Einen Sonderfall bietet diesbezüglich freilich das Ehrendekret für Kallimachos: OGIS I 194 = Pfeiffer, Griechische und lateinische Inschriften, Nr. 40.
7 SB VIII 9764.
8 Caes. bell. civ. III 103; Plut. Pomp. 77–80; Cass. Dio XLII 3f.
9 Caes. bell. civ. III 106,4; Lucan X 11f.; Cass. Dio XLII 7,3; Heinen, Rom und Ägypten, 74f.
10 Caes. bell. civ. III 107; 108,4–6.
11 Caes. bell. civ. III 110; Übersetzung: Simon; ähnlich Cass. Dio XLII 38,1; Luc. bell. civ. X 402–404.
12 Cass. Dio XLIII 25,2.
13 Plut. Caes. 48.
14 Suet. Caes. 52,1.
15 Cass. Dio XLII 38,2; Oros VI 16, spricht von 400 000 Buchrollen.
16 Liv. per. CXII.
17 Cass. Dio XLIII 27,3.
18 Zum Frauenbild bei Cassius Dio Schnegg, Darstellungen von Frauen; zum Frauenbild des Plutarch: Blomqvist, From Olympias to Aretaphila; Le Corsu, Plutarque et les femmes.
19 Plut. Caes. 49,2f.
20 Luc. bell. civ. X 61f.; man vermutet, dass er sich auf den nicht mehr erhaltenen Teil von Livius römischen Geschichte bezieht: Pichon, Sources de Lucain, Paris 1912; Becher, Das Bild der Kleopatra, 69.
21 Luc. bell. civ. X 139–157; Sen. de benef. VII 9,2–10,1; vgl. schon Hosius, Lucanus und Seneca; Schmidt, Caesar und Cleopatra, 222.
22 Cass. Dio XLII 34,4f.; Übersetzung: Veh; auf ihre Schönheit verweist auch Luc. X 82, 105f.

23 Plut. Caes. 49; Cass. Dio XLII 35,1.
24 Suet. Caes. 52,3.
25 Plut. Caes. 49; Plut. Ant. 54.
26 Vgl. Heinen, Cleopatra amica populi Romani, 246f.
27 Plut. Caes. 49; Deininger, Bemerkungen.
28 Vgl. Criscuolo, La successione a Tolemeo Aulete.
29 P.Oxy. XIV 1629.
30 Heinen, Rom und Ägypten, 91, mit Anm. 279; 145f. Das von Suet. Iul. 35,1, unterstellte Motiv, er wolle eine von Ägypten ausgehende Usurpation eines Statthalters verhindern, dürfte aus der Perspektive der Vierkaiserjahres nachträglich erfunden worden sein.
31 App. bell. civ. II 90,378f.; Suet. Iul. 52,1.
32 Cass. Dio XLIII 26,2f.; Suet. Caes. 40,1; Malitz, Kalenderreform Caesars.
33 Cass. Dio XLIII 27,3; zu Kleopatra in Rom: Harders, Hellenistische Königinnen, 64–68.
34 Cic. ad Att. XIV 8,1; zu den Quellen Gelzer, Caesar, 266; Gruen, Cleopatra and Rome.
35 Ios. ant. XV 89; c. Ap. II 5,58; Porphyrios FgrHist 260, 2,16.
36 Vgl. Herklotz, Prinzeps und Pharao, 65–69.
37 Suet. Caes. 52; Cass. Dio XLVII 31,5; XLIX 41,2; Zusammenstellung zur Dokumentation des Knaben in Ägypten: Herklotz, Pinzeps und Pharao, 72–87.
38 Suet. Caes. 52,1.
39 App. bell. civ. IV 61.
40 Plut. Ant. 26; Athen. IV 147e–148c; vgl. Halfmann, Marcus Antonius, 123.
41 Cass. Dio XLVIII 27; Appian. bell. civ. V 9. 11; Plut. Ant. 28. 30.
42 Ios. ant. XV 89; Ios. c. Ap. II 57; App. bell. civ. V 9,34; Cass. Dio XLVIII 24,2; Huß, Ägypten, 730f.
43 Heinen, Vorstufen, 3156, Anm. 30; vgl. die Doppelstatue JE 46278 bei Abdalla, Graeco-Roman Group Statue, die Alexander Helios und Kleopatra Selene dartsellen könnte.
44 Plut. Demetr. Ant. 4; Liv. per. 131; dagegen aber Plut. Ant. 53, der deutlich sagt, dass Kleopatra nur die »Geliebte« Antonius' war.
45 Cass. Dio XLIX 49,4.
46 RRC 541/2; Martini, Cronologia delle emissioni, 82f.; vgl. Biedermann, Trug Marc Anton ein Diadem?, 438.
47 BGU XIV 2376; Bingen, Cleopatra VII Philopatris; Mommsen, Römisches Staatsrecht[3] II, 804, Anm. 1.
48 Vgl. BGU XIV 2376; Schrapel, Reich der Kleopatra, 209–234.
49 Vgl. Bingen, Cleopatra VII; anderer Ansicht: van Minnen, Königinnen der Ptolemäerdynastie, 47.
50 Bingen, Dynastic politics of Cleopatra, 77f.
51 Plut. Ant. 36,1f.
52 Schrapel, Reich der Kleopatra, 163–167.
53 Vgl. zu Ptolemaios VI. 1 Makk. 11,13: »Und Ptolemaios kam nach Antiochia hinein und legte sich das Diadem Asiens um, und legte sich zwei Diademe um seinen Kopf, das von Ägypten und das von Asien«; Diod. XXXII fr. 9 c; Ios. ant. XIII 4,7 § 113.
54 Vgl. Halfmann, Marcus Antonius, 149–151; zu den Schenkungen: Huß, Ägypten, 734f.; Schrapel, Reich der Kleopatra; inwiefern Marcus Antonius hier gegen seine Kompetenzen verstieß, bleibt unklar; Wendt, Sine fine, 79f., denkt, dass dies nicht durch sein Kommando gedeckt war.
55 Schrapel, Reich der Kleopatra, 96f.
56 Plut. Ant. 51; Cass. Dio XLIX 31,4; Vell. II 82.

57 Plut. Ant. 53.
58 Ios. ant. XV 76; vgl. Huß, Ägypten, 738.
59 Ios. bell. Iud. I 363; ant. Iud. XV 104.
60 Cass. Dio XLIX 40,2f.; Vell. Pat. II 82,4.
61 Plut. Ant. 53,6.
62 Cass. Dio XLIX 41,1–4; Plut. Ant. 54; vgl. die Bewertung bei Halfmann, Marcus Antonius, 175f.
63 Aur. Victor, vir. ill. 86; vgl. Cass. Dio LI 15,4.
64 Vgl. Plut. Ant. 25. 27.
65 Cass. Dio LI 15,4.
66 Cass. Dio XLVIII 24,2; Appian. bell. civ. V 9; Plut. Ant. 29.
67 Propert. III 11,30.39; vgl. Plin. nat. hist. IX 119.
68 Hor. car. I 37,21.
69 Plut. Ant. 25; Übersetzung: Ziegler/Wuhrmann; vgl. Appian. bell. civ. V 1 und 8; Cass. Dio XLVIII 24,2.
70 Plut. Ant. 26; Pelling, Plutarch. Life of Antony, 186–190.
71 IG II² 1043,23; vgl. Cass. Dio XLVIII 39,2; Sen. Suas. 1,6; Plut. Ant. 33,4; zu diesem Thema Mannsperger, Apollon gegen Dionysos; Marasco, Marco Antonio.
72 Vgl. die bei Plut. Ant. 35, geschilderte Situation.
73 Sokrates von Rhodos = FgrHist 192 F 1 = Athen. IV 147f–148b; Übersetzung: Friedrich; hierzu Vössing, Mensa regia, 117–119; 142–145.
74 Plut. Ant. 27.
75 Vgl. ganz richtig und gegen neuere Interpretationen immer noch Becher, Kleopatra, 40, 70, 143–145.
76 Plut. Ant. 28; Übersetzung: Ziegler/Wuhrmann.
77 SB V 8777 = Pfeiffer, Griechische und lateinische Inschriften, Nr. 41.
78 Plut. Luc. 2; Übersetzung: Ziegler/Wuhrmann.
79 Cass. Dio XLVIII 27,2; Übersetzung: Veh.
80 Vell. II 82,4; Übersetzung: Giebel.
81 Plut. Ant. 54; Übersetzung: Ziegler/Wuhrmann; Cass. Dio XLXIX 41.
82 SB V 8777 = Pfeiffer, Griechische und latenische Inschriften, Nr. 41.
83 So etwa Roller, Cleopatra, 165f. Das Problem ist, dass Strabon XVII 1,11 nur von einer Tochter spricht – hier muss er aber falsch informiert sein; vgl. Bennett, Cleopatra Tryphaena. Der Horusname findet sich in Dendara XII 2,9f.
84 Plut. Ant. 27; zur Frage der Mehrsprachigkeit der Bevölkerung: Peremans, Les »hermeneis«; Rémondon, Problèmes du bilinguisme; vgl. UPZ I 148.
85 Mond/Myers, Bucheum, Stele 13, Z. 10–12; vgl. H. Heinen, Rom und Ägypten, 25, Anm. 69.
86 Clarysse/Yan, Two Ptolemaic Stelae.
87 SB I 1570 = I.Fayoum I 14.
88 Vgl. Heinen Cäsar und Kaisarion.
89 Grenier, Deux documents; das immer wieder zitierte Mammisi von Armant (vgl. Rutica, Kleopatras vergessener Tempel) folgt der traditionellen Darstellung der Geburt des Gottkönig und kann nicht mit der Geburt des Ptolemaios Kaisar in Verbindung gebracht werden.
90 Eine ausgezeichnete und umfassende Bearbeitung der Szene und ihrer Texte, die auch manche bisherige Fehldeutung richtigstellt, findet sich bei Budde, Götterkind, 39–88.
91 Dendera XII 4,9f; Dendera XII 22,7f. Übersetzung Budde, Götterkind, 86.
92 Für das Jahr 48: Plin. hist. nat. V 58; 44: App. bell. civ. IV 61. 63; Ios. c. ap. II 60; 42: App. bell. civ. IV 108; 41: Sen. nat. quaest. IV 2,16.

93 Vgl. zum sogenannten Kleopatrapapyrus: Zimmermann, P.Bingen 45; van Minnen, Die Königinnen der Ptolemäerdynastie, 44–46; Zusammenfassung der Diskussion Gerhardt, Kleine Geschenke; eine mögliche eigenhändige Unterschrift Ptolemaios' X. mit »Seid glücklich!« wird in UPZ I 106 vermutet.
94 Pfeiffer, Griechische und lateinische Inschriften, Nr. 40, mit Literatur.
95 Cass. Dio L 4,1.
96 Suet. Aug. 17,2; App. bell. civ. IV 38,161: Feind; Plut. Ant. 58; Cass. Dio L 4,3: kein Staatsfeind; zum Testament: Kienast, Augustus, 66–68; vgl. Wendt, Sine fine, 93, Anm. 391.
97 Cass. Dio L 4,4f.; Plut. Ant. 60; andere Quellen gehen wiederum von einer Kriegserklärung des Marcus Antonius aus, Oros. VI 19,4; Vell. II 82,4.
98 Vgl. Cato, de bello Carthaginiensi fr. 195 zum 3. Punischen Krieg oder Liv. LXII 18,10f. zum 3. Makedonischen Krieg.
99 Cass. Dio LI 6,5f.; Plut. Ant. 72
100 So auch Suet. Aug. 17,4; Oros. VI 19,18; die Schilderung der letzten Tage von Plut. Ant. 85,2–8 beruht wohl auf dem Bericht von Kleopatras Leibarzt Olympus (FgrHist 189).
101 Vell. II 87,1; Suet. Aug. 17,4; Oros. VI 19,18; Cass. Dio LI 14,1.
102 Plut. Ant. 86; zum Selbstmord Mebs/Schäfer, Kleopatra.
103 Plut. Ant. 81; vgl. Cass. Dio LI 14,5; Suet. Aug. 17; Oros. VI 19,13; »Vielkaiserei« ist ein Anspielung auf die »Vielherrscherei« in Homers Ilias II 204.

# 11 Epilog

1 Vgl. die Gliederung von Hölbl, Geschichte, 271–279; Fischer-Bovet, Challenge, 224–230; dies., Army and Society, 7–11, mit anderen Akzenten und Kritik an der »Niedergang«-Vorstellung; Huß, Ägypten, wählt eine ebenfalls mögliche, feinere Untergliederung: Etablierung (322–285/284); Blüte (285/284–204); Krise (204–180); Niedergang (180–80); Untergang (80–30).
2 Vgl. Pfeiffer, Die Familie des Tubias.
3 Vgl. Manning, Last Pharaohs, 3.
4 Vgl. etwa Mooren, Ptolemaic Families; Bingen, Normality, 272.
5 Diod. XXXIV/XXXV 20, erwähnt im Zuge der Rückeroberung Alexandrias durch Ptolemaios VIII. im Jahr 127/126 zudem einen Anführer der Alexandriner namens Marsias.
6 Die Debatte über die Frage, was Ethnizität ist und ob man von Ethnizität sprechen darf, inwiefern Ethnizität ein soziales Konstrukt oder Zuschreibungen geschuldet ist, ob man mehrere ethnische Identitäten haben kann oder nicht, soll hier nicht aufgerollt werde; vgl. für das ptolemäische Ägypten mit weiterer Literatur zuletzt: Coussement, Because I am Greek, 131–137.
7 Plut. Ant. 27,4f.
8 Vgl. Vandorpe, Successful, but fragile biculturalism.
9 Vgl. Peremans, Über die Zweisprachigkeit; Depauw, Language Use, 497; dagegen allerdings Torallas Tovar, Linguistic Identity, 29f., obwohl die von ihr angeführten Belege allesamt das Gegenteil zeigen.

10 Vgl. aber die Diskussion bei Peremans, Le bilinguisme, 258; ders., Les marriages mixtes; ein schönes Beispiel bietet Dryton aus Pathyris: Vandorpe/Waebens, Reconstructing Pathyris' Archives.
11 Foucault, La langue et l'espace, 378.

# 13

## Karten

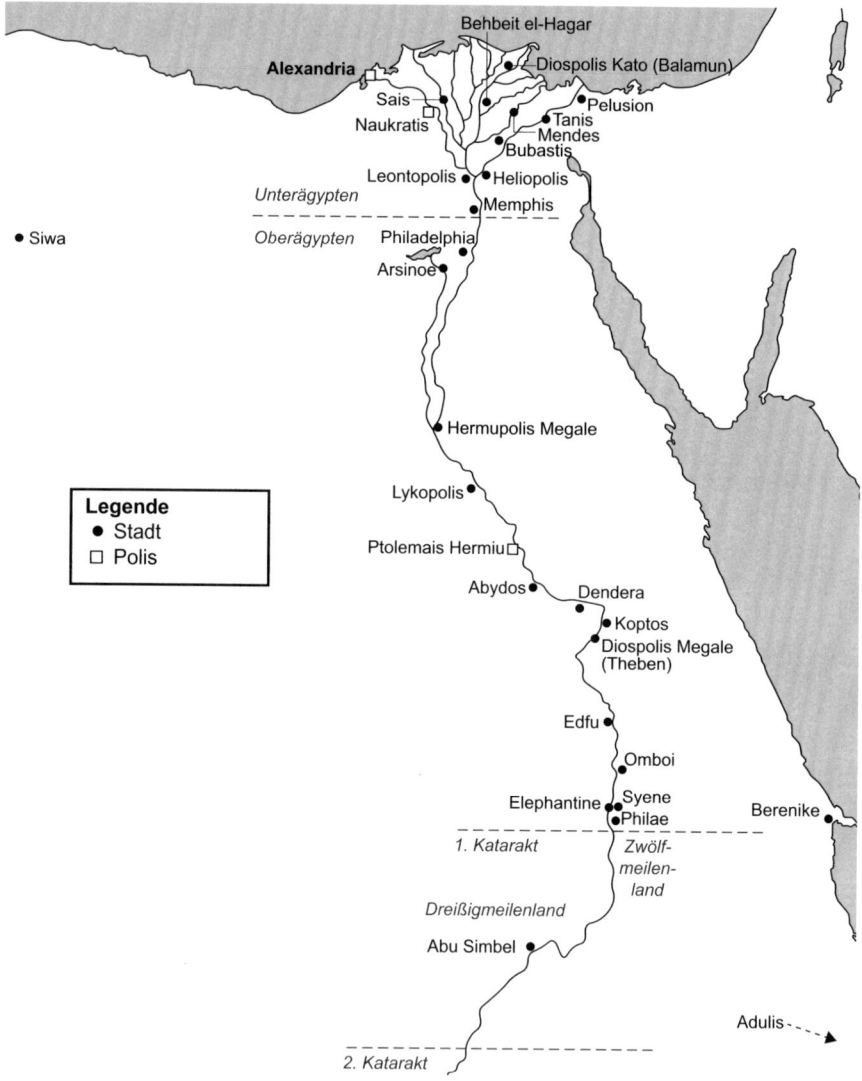

Karte 1: Ägypten in ptolemäischer Zeit (© Alexander Flegler)

Karte 2: Der Mittelmeerraum aus ptoleämischer Perspektive (© Alexander Flegler).

# 14

## Stemma

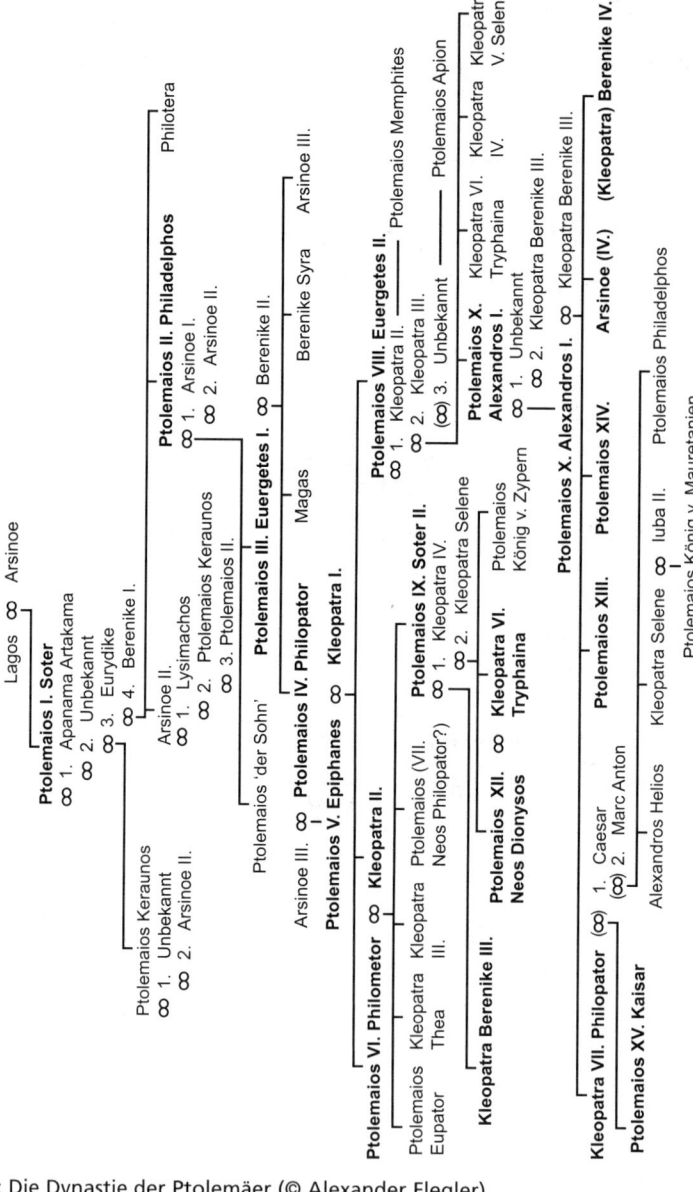

Karte 1: Die Dynastie der Ptolemäer (© Alexander Flegler).

# 15

# Literatur

Allgemeine altertumswissenschaftliche Abkürzungen von Zeitschriften, Papyri und Reihen sind zu finden in:
W. Helck u. a., Lexikon der Ägyptologie, Wiesbaden 1975-1992.
H. Cancik (Hg.), Der Neue Pauly. Enzyklopädie der Antike, Stuttgart 1996–2010.
J. F. Oates u. a., Checklist of Greek, Latin, Demotic and Coptic Papyri, Ost-raca and Tablets: http://scriptorium.lib.duke.edu/papyrus/texts/clist.html.
Journal Abbreviations in L'année philologique online: http://www.annee-philologique.com/files/sigles_fr.pdf.

## 15.1 Übersetzungen

Athenaios: Friedrich, C., Athenaios. Das Gelehrtenmahl. Kommentiert von Thomas Nothers. Herausgegeben von Peter Wirth, Stuttgart 1998.
Caesar, De bello civili: Simon, H., Gajus Julius Caesar. Der Bürgerkrieg, Berlin u. a. 1964
Curtius Rufus: Olef-Krafft, F., Quintus Curtius Rufus. Historiae Alexandri Magni. Geschichte Alexanders des Großen. Lateinisch/Deutsch, Stuttgart 2014.
Demosthenes: Unte, W., Demosthenes. Politische Reden, Stuttgart 1985.
Diodor: Wirth, P. u. a., Diodoros, Griechische Weltgeschichte. 10 Bände, Stuttgart 1992–2008.
IG II³ 687 plus 686 = Syll.³ 434/5: Brodersen, K., u. a., Historische griechische Inschriften in Übersetzung II, Darmstadt 1996, Nr. 323.
I.Milet: K. Bringmann/H. von Steuben, Schenkungen hellenistischer Herrscher an griechische Städte und Heiligtümer I. Zeugnisse und Kommentare, Berlin 1994, Nr. 275 [E 2].
Iosephus: Siegert, F., Flavius Josephus: Über die Ursprünglichkeit des Judentums (Contra Apionem), Göttingen 2008.
Iustinus: Laser, G., Iustin. Römische Weltgesschichte. Band II. Lateinisch und deutsch, Darmstadt 2016.
P.Bour. 12: Hengstl, J., Griechische Papyri aus Ägypten als Zeugnisse des öffentlichen und privaten Lebens. Griechisch-Deutsch, Darmstadt 1978, Nr. 61.
P.Enteux. 79: Jördens, A., Griechische Texte aus Ägypten, in: B. Janowski/G. Wilhelm (Hg.), Texte zur Umwelt des Alten Testaments. Neue Folge (TUAT.NF) Band 3. Briefe, Gütersloh 2006, Nr. 4.
P. Oxy. XXVII 2465: Schorn, St., Eine Prozession zu Ehren Arsinoes II. (P. Oxy. XXVII 2465, fr. 2: Satyros, Über die Demen von Alexandreia), in: K. Geus/K. Zimmermann

(Hrsg.), Punica – Lybica – Ptolemaica. Festschrift Werner Huß, Löwen 2001, 199–220.
P.Tebt. I 5: Jördens, A., Griechische Texte aus Ägypten, in: B. Janowski/G. Wilhelm (Hg.), Texte aus der Umwelt des Alten Testaments. Neue Folge (TUAT.NF) Band 2. Staatsverträge, Herrscherinschriften und andere Dokumente zur politischen Geschichte, Gütersloh 2005, 377–382.
P.Tebt. I 33 = Sel.Pap. 416: Jördens, A., Griechische Texte aus Ägypten, in: B. Janowski/ G. Wilhelm (Hg.), Texte zur Umwelt des Alten Testaments. Neue Folge (TUAT.NF) Band 3. Briefe, Gütersloh 2006, Nr. 6.
Pausanias: Eckstein, F./Bol P. C., Pausanias. Reisen in Griechenland. Gesamtausgabe in drei Bänden auf Grund der Kommentierten Übersetzung von Ernst Meyer, Düsseldorf/ Zürich 1986.
Plutarch: Ziegler, K./Wuhrmann, W., Plutarch. Große Griechen und Römer. 6 Bände, Zürich 1954–1965.
Petosiris: Ockinga, B., Zwei Texte aus dem Grab des Petosiris in Tuna el-Gebel, in: W. C. Delsman u. a. (Hg.), Texte aus der Umwelt des Alten Testaments. Band II. Orakel, Rituale, Bau- und Votivinschriften, Lieber und Gebete, Gütersloh 1988, 529–534.
Polybios: Drexler, H., Polybios: Geschichte, Zürich 1961–1963.
Porphyrios: Becker, M., Porphyrios, Contra Christianos. Neue Sammlung der Fragmente, Testimonien und Dubia mit Einleitung, Übersetzung und Anmerkungen, Berlin/Boston 2016.
Poseidippos: Seidensticker, B. u. a. (Hg.), Der Neue Poseidipp. Text – Übersetzung – Kommentar. Griechisch und deutsch, Darmstadt 2015
SB XVI 12519: Jördens, A., Griechische Texte aus Ägypten, in: B. Janowski/G. Wilhelm (Hg.), Texte aus der Umwelt des Alten Testaments. Neue Folge (TUAT.NF) Band 2. Staatsverträge, Herrscherinschriften und andere Dokumente zur politischen Geschichte, Gütersloh 2005, 370.
Strabon: Radt, St., Strabons Geographika. 10 Bände, Göttingen 2002–2011.
Theokrit: Effe, B., Theokrit: Gedichte. Griechisch-Deutsch, Düsseldorf/Zürich 1999.
Velleius Paterculus: Giebel, M., Velleius Paterculus. Historia Romana. Römische Geschichte. Lateinisch/deutsch, Stuttgart 1989

## 15.2 Forschungsliteratur

Abdalla, A., A Graeco-Roman Group Statue of Unusual Character from Dendera, in: JEA 77, 1991, 189–193.
Agut-Labordère, Persianism through Persianization. The Case of Ptolemaic Egypt, in: M. J. Versluys/R. Strootman (Hg.), Persianism in Antiquity, Stuttgart (im Erscheinen).
Altenmüller, H., Bemerkungen zum Ostfeldzug Ptolemaios' III. nach Babylon und in die Susiana im Jahre 246/245, in: J. Fincke (Hg.), Festschrift für Gernot Wilhelm anlässlich seines 65. Geburtstages am 28. Januar 2010, Dresden 2010, 27–44.
Aneziri, S., Die Vereine der dionysischen Techniten im Kontext der hellenistischen Gesellschaft. Untersuchungen zur Geschichte, Organisation und Wirkung der hellenistischen Technitenvereine, Stuttgart 2003.
Armoni, C., Studien zur Verwaltung des Ptolemäischen Ägypten: Das Amt des Basilikos Grammateus, Paderborn 2012.

Armoni, Ch./Maresch, K., Zur Besteuerung der Katöken Ägyptens zur Mitte des 2. Jh. v. Chr.: P.Lips. II 124, in: ZPE 200, 2016, 321–328.
Asper, M., Gruppen und Dichter. Zu Programmatik und Adressat in den Aitien des Kallimachos, in: Antike & Abendland 47, 2001, 84–116.
Asper, M., Kallimachos von Kyrene: Werke griechisch-deutsch, Darmstadt 2004.
Assmann, J., Ägypten. Eine Sinngeschichte, Darmstadt 1996.
Assmann, J., Der König als Sonnenpriester. Ein kosmographischer Begleittext zur Kultischen Sonnenhymnik in thebanischen Tempeln und Gräbern, Glückstadt 1970.
Badian, E., The Testament of Ptolemy Alexander, in: RM 110, 1967, 178–192.
Bagnall, R.S., The Administration of the Ptolemaic Possessions outside Egypt, Leiden 1976.
Baines, J., Egyptian Elite Self-Presentation in the Context of Ptolemaic Rule, in: W.V. Harris/G. Ruffini (Hg.), Ancient Alexandria between Egypt and Greece, Leiden 2004, 33–61.
Barbantani, S., Goddess of Love and Mistress of the Sea: Notes on a Hellenistic Hymn to Arsinoe-Aphrodite (P. Lit. Goodsp. 2, I–IV), in: Ancient Society 35, 2005, 135–166.
Barry, W.D., The crowd of Ptolemaic Alexandria and the riot of 203 B.C., in: Echos du Monde Classique 37, 1993, 415–431
Becher, I., Das Bild der Kleopatra in der griechischen und lateinischen Literatur, Berlin 1966.
Bengtson, H., Die Strategie in der hellenistischen Zeit. Ein Beitrag zum antiken Staatsrecht. Dritter Band, München 1967.
Bennett, Chr., Alexandria and the Moon. An Investigation into the Lunar Macedonian Calendar of Ptolemaic Egypt, Löwen u. a. 2011.
Bennett, B./Roberts, M., The Wars of Alexander's Successors, 323–281 BC, 2 Bde., Barnsley 2008/2010.
Bennett, Chr. J., Cleopatra Tryphaena and the Genealogy of the Later Ptolemies, in: Ancient Society 28, 1997, 39–66.
Bennett, Chr./Depauw, M., The Reign of Berenike IV (Summer 58 – Spring 55 BC), in: ZPE 160, 2007, 211–214.
Bergmans, M., Théores argiens au Fayoum (P. Lond. VII 1973), in: CdÉ 54, 1979, 127–130.
Beyer-Rotthoff, B., Untersuchungen zur Außenpolitik Ptolemaios' III., Bonn 1993.
Biedermann, D., Trug Marc Anton ein Diadem? in: A. Lichtenberger u. a. (Hg.), Das Diadem der hellenistischen Herrscher. Übernahme, Transformation oder Neuschöpfung eines Herrschaftszeichens?, Bonn 2012, 425–448.
Bielman Sánchez, A./Lenzo, G., Inventer le pouvoir féminin: Cléopâtre I et Cléopâtre II, reines d'Égypte au II$^e$ s. av. J.-C., Bern u. a. 2015.
Bilde, P. (Hg.), Ethnicity in Hellenistic Egypt, Aarhus 1992.
Bingen, J., Le décret sacerdotal de Karnak (142 a.C), in: CdÉ 77, 2002, 295–302.
Bingen, J., Cleopatra VII Philopatris, in: ders., Hellenistic Egypt. Monarchy, Society, Economy, Culture, Berkeley/Los Angeles 2007, 57–62.
Bingen, J., The dynastic politics of Cleopatra VII, in: ders., Hellenistic Egypt. Monarchy, Society, Economy, Culture, Berkeley/Los Angeles 2007, 63–79.
Bingen, J., Normality and Distinctiveness in the Epigraphy of Greek and Roman Egypt, in: Cleopatra VII Philopatris, in: ders., Hellenistic Egypt. Monarchy, Society, Economy, Culture, Berkeley/Los Angeles 2007, 256–278.
Birk, R., Türöffner des Himmels. Prosopographische Studien zur thebanischen Hohepriesterschaft des Amun, Wiesbaden vorauss. 2018.
Blasius, A., Antiochos IV. Epiphanes. Basileus und Pharao Ägyptens? Porphyrius und die polybianische Überlieferung, in: St. Pfeiffer (Hg.), Ägypten unter fremden Herrschern zwischen persischer Satrapie und römischer Provinz, Berlin 2007, 75–107.

Blasius, A., Army and Society in Ptolemaic Egypt – A Question of Loyalty –, in: APF 47, 2001, 81–98.
Blasius, A., Zur Frage des geistigen Widerstandes im griechisch-römischen Ägypten – Die historische Situation, in: ders./B.U. Schipper (Hg.), Apokalyptik und Ägypten. Eine kritische Analyse der relevanten Texte aus dem griechisch-römischen Ägypten, Löwen u. a. 2002, 41–62.
Blasius, A./Schipper, B.U. (Hg.), Apokalyptik und Ägypten. Eine kritische Analyse der relevanten Texte aus dem griechsich-römischen Ägypten, Löwen u. a. 2002.
Blomqvist, K., From Olympias to Aretaphila: Women in Politics in Plutarch, in: J.M. Mossman (Hg.), Plutarch and his Intellectual World. Essays on Plutarch, London 1997, 73–97.
Blouin, K., Mendès et les reines: reconsidération historique des mosaïques navales de Thmouis (Alexandrie 21739 et 21736), in: P. Kousoulis/L. Lazaridis (Hg.), Proceedings of the Tenth International Congress of Egyptologists, University of the Aegean, Rhodes, 22–29 May 2008, 1951–1960.
Bonnet, D., La crue du Nil, Paris 1964.
Borgeaud, Ph./Volokhine, Y., La formation de la legende de Sarapis: une approche transculturelle, in: Archiv für Religionsgeschichte 2, 2000, 37–76.
Bowman, A.K./Rathbone, D., Cities and administration in Roman Egypt, JRS 82, 1992, 107–127.
Braund, D., Rome and the Friendly King: The Character of the Client Kingship, Croom Helm/New York 1984.
Bresciani, E., La spedizione di Tolomeo II in Siria in un ostrakon demotico inedito da Karnak, in: H. Maehler/V.M. Strocka (Hg.), Das ptolemäische Ägypten. Akten des internationalen Symposions 27. – 29. September 1976 in Berlin, Mainz 1978, 31–37.
Bricault, L., Sarapis et Isis. Sauveurs de Ptolémée IV à Raphia, in: CdÉ 74, 1999, 334–343.
Bringmann, K., The King as Benefactor: Some Remarks on Ideal Kingship in the Age of Hellenism, in: A.W. Bulloch u. a. (Hg.), Images and Ideologies: Self-Definition in the Hellenistic World, Berkely 1993, 7–24.
Budde, D., Das Götterkind im Tempel, in der Stadt und im Weltgebäude. Eine Studie zu drei Kultobjekten der Hathor von Dendera und zur Theologie der Kindgötter im griechisch-römischen Ägypten, Mainz 2011.
Budin, St.L., Aphrodite Enoplion, in: A.C. Smith/S. Pickup (Hg.), Brill's Companion to Aphrodite, Leiden/Boston 2010, 79–112.
Bülow-Jacobsen, A., P.Haun. 6. An Inspection of the Original, in: ZPE 36, 1979, 91–100.
Buraselis, K., Das hellenistische Makedonien und die Ägäis. Forschungen zur Politik des Kassandros und der ersten drei Antigoniden (Antigonos Monophthalmos, Demetrios Poliorketes und Antigonos II. Gonatas) im Ägäischen Meer und in Westkleinasien, München 1982.
Buraselis, K., Kronprinzentum und Realpolitik. Bemerkungen zur Thronanwartschaft, Mitregentschaft und Thronfolge unter den ersten vier Ptolemäern, in: V. Alonso Troncoso (Hg.), Diadochos tes basileias. La figura del sucesor en la realeza helenística, Madrid 2005 (= Gerión Anejos 9), 91–102.
Burkhard, G., Frühgeschichte und Römerzeit: P. Berlin 23071 VSO., in: Studien zur Altägyptischen Kultur 17, 1990, 107–133.
Burkard, G., Das Klagelied des Papyrus Berlin P. 23040 a–c. Ein Dokument des priesterlichen Widerstandes gegen Fremdherrschaft, München 2003.
Burstein, S.M., Agatharchides of Cnidus, On the Erythraean Sea, London 1989.

Burstein, S.M., Elephants for Ptolemy II: Ptolemaic Policy in Nubia in the Third Century BC, in: P. McKechnie/Ph. Guillaume (Hg.), Ptolemy II Philadelphus and his World, Leiden/Boston 2008, 135–147.
Burstein, S.M., Alexander's Unintended Legacy: Borders, in: T. Howe u. a. (Hg.), Greece, Macedon and Persia: Studies in Social, Political and Military History in Honour of W. Heckel, Haverton 2015, 118–126.
Butzer, K.W., Early Hydraulic Civilization in Egypt, Chicago 1976.
Cadell, H., u. a. (Hg.): Papyrus de la Sorbonne (P. Sorb. III 70 à 144), Paris 2011.
Caneva, St.G., From Alexander to the Theoi Adelphoi. Foundation and Legitimation of a Dynasty, Löwen 2016.
Caroli, Chr.A., Ptolemaios I. Soter. Herrscher zweier Kulturen, Konstanz 2007.
Carney, E.D., Arsinoë of Egypt and Macedon. A Royal Life, Oxford 2013.
Carrez-Maratray, J.-Y., Bérénice II d'Égypte. Une reine dans les étoiles, Paris 2014.
Casson, L., Ptolemy II and the Hunting of African Elephants, in: TAPhA 123, 1993, 247–260.
Castiglione, L., Nouvelles données archéologiques concernant la génèse du culte de Sarapis, in: M.B. de Boer/T.A. Edridge (Hg.), Hommages à Maarten J. Vermaseren I, Leiden 1978, 208–232.
Caßor-Pfeiffer, S., Zur Reflexion Ptolemäischer Geschichte in den Ägyptischen Tempeln unter Ptolemaios IX. Philometor II./Soter II. und Ptolemaios X. Alexander I. (116–80 v. Chr.). Teil 1: Die Bau- und Dekorationstätigkeit, in: Journal of Egyptian History 1, 2008, 21–77.
Caßor-Pfeiffer, S., Zur Reflexion Ptolemäischer Geschichte in den Ägyptischen Tempeln unter Ptolemaios IX. Philometor II./Soter II. und Ptolemaios X. Alexander I. (116–80 v. Chr.) Teil 2: Kleopatra III. und Kleopatra Berenike III. im Spiegel der Tempelreliefs, in: Journal of Egyptian History 1, 2008, 235–265.
Cauville, S./Devauchelle, D., Le temple d'Edfou: Étapes de la construction et nouvelles données historiques, in: RdÉ 35, 1984, 31–55.
Chaniotis, A., War in the Hellenistic World. A Social and Cultural, Oxford 2005.
Charles, M.B., Elephant Size in Antiquity: DNA Evidence and the Battle of Raphia, in: Historia 65, 2016, 53–65.
Chauveau, M., Alexandrie et Rhakôtis: Le point de vue des égyptiens, in: J. Leclant (Hg.), Colloque Alexandrie: Une mégalopole cosmopolites. Actes, Paris 1999, 1–10.
Chauveau, M., Egypt in the Age of Cleopatra, Ithaca 2000.
Chauveau, M., Encore Ptolémée »VII« et le dieu Néos Philopatôr, in: RdÉ 51, 2000, 257–261.
Chauveau, M., Un été 145, in: BIFAO 90, 1990, 135–173.
Chauveau, M., Un été 145: Post-scriptum, in: BIFAO 91, 1991, 129–134.
Cherry, J.F./Davis, J.L., The Ptolemaic Base at Koressos on Keos, in: ABSA 86, 1991, 9–28.
Cheshire, W., The Phantom Sister of Ptolemy Alexander, in: Enchoria 32, 2010/11, 121–124.
Clarysse, W., The archive of the praktor Milon, in: K. Vandorpe/W. Clarysse (Hg.), Edfu, an Egyptian Capital in the Ptolemaic Period, Brüssel 2003, 17–27.
Clarysse, W., Greeks and Egyptians in the Ptolemaic Army and Administration, in: Aegyptus 65, 1985, 57–66.
Clarysse, W., Philadelphia and the Memphites in the Zenon Archive, in: D.J. Crawford u. a. (Hg.), Studies on Ptolemaic Memphis, Löwen 1980, 91–122.
Clarysse, W., The Real Name of Dionysios Petosarapis, in: W. Claes u. a. (Hg.), Elkab and Beyond. Studies in Honour of Luc Limme, Löwen 2009, 213–222.
Clarysse, W./Paganini, M.C.D, Theophoric Personal Names in Graeco-Roman Egypt. The Case of Sarapis, in: APF 55, 2009, 68–89.

Clarysse, W./Thompson, D.J., Counting the People in Hellenistic Egypt. 2: Historical Studies, Cambridge 2006.
Clarysse, W./Van der Veken, G., The Eponymous Priests of Ptolemaic Egypt, Leiden 1983.
Clarysse, W./Vandorpe, K., The Ptolemaic apomoira, in: H. Melaerts (Hg.), Le culte du souverain dans l'Egypte ptolémaique au IIIe siècle avant notre ère, Löwen 1998, 5–42.
Clarysse, W./Yan, H., Two Ptolemaic Stelae for the Sacred Lion of Leonton Polis (Tell Moqdam), in: CdÉ 82, 2007, 77–100.
Clarysse, W., u. a. (Hg.), Studies in Ptolemaic Memphis, Löwen 1980.
Clay, A.T., Babylonian Records in the Library of J. Pierpont Morgan II. Legal Documents from Erech dated in the Seleucid Era (312–65 B.C.), New York 1913.
Clayman, D.L., Berenice II and the Golden Age of Ptolemaic Egypt, Oxford 2014.
Clère, P., La porte d'Évergète à Karnak, Kairo 1962.
Cohen, G.M., The Hellenistic Settlements in Syria, the Red Sea Basin, and North Africa, Berkeley u. a. 2006.
Colin, F., L'Isis »dynastique« et la mère des dieux phrygienne. Essai d'analyse d'un processus d'interaction culturelle, in: ZPE 102, 1994, 271–295.
Collombert, Ph., Religion égyptienne et culture grecque: l'exemple de Διοσκουρίδης, in: CdÉ 75, 2000, 47–63.
Collombert, Ph., La »stèle de Saïs« et l'instauration du culte d'Arsinoé II dans la chôra, in: Ancient Society 38, 2008, 83–101.
Coskun, A., Laodike I, Berenike Phernophoros, Dynastic Murders, and the Outbreak of the Third Syrian War (253–246 BC), in: ders./A. McAuley (Hg.), Seleukid Royal Women. Creation, Representation and Distortion of Hellenistic Queenship in the Seleukid Empire, Stuttgart 2016, 107–134.
Coulon, L., Quand Amon parle à Platon (La statue Cairo JE38033), in: RdÉ 52, 2001, 85–126.
Coussement, S., ›Because I am Greek‹. Polyonymy as an Expression of Ethnicity in Ptolemaic Egypt, Löwen u. a. 2016.
Crawford, D.J., Kerkeosiris: An Egyptian Village in the Ptolemaic Period, Cambridge 1971.
Crawford, D.J., Ptolemy, Ptah and Apis in Hellenistic Memphis, in: Dies. u. a. (Hg.), Studies on Ptolemaic Memphis, Löwen 1980, 5–42.
Criscuolo, L., Agoni e politica alla corte Alessandria. Riflessioni su alcuni epigrammi di Posidippo, in: Chiron 33, 2003, 311–332.
Criscuolo, L., L'archivio di Philô (P.Köln V 222–225) e la confisca dei beni di Galestes, L'Atamano (Diod. XXXIII, 20), in: ZPE 64, 1986, 83–86.
Criscuolo, L., L'epigrafia greca a Tebe, in: S.P. Vleeming (Hg.), Hundred-Gated Thebes. Acts of a Colloquium on Thebes and the Theban Area in the Graeco-Roman Period, Leiden 1995, 21–29.
Criscuolo, L., Philadelphos nella dinastia lagide, in: Aegyptus 70, 1990, 89–96.
Criscuolo, L., La regina, la dea e il suo cavallo, in: T. Gnoli/F. Muccioli (Hg.), Divinizzazione, culto del sovrano e apoteosi. Tra antichità e Medioevo, Bologna 2014, 117–128.
Criscuolo, L., La successione a Tolemeo Aulete ed i pretesi matrimoni di Cleopatra VII con i fratelli in Egitto, in: dies./G. Geraci (Hg.), Egitto e storia antica dall'ellenismo all'età araba. Bilancio di un confronto. Atti del colloquio internazionale, Bologna 31 agosto – 2 settembre 1987, Bologna 1989, 325–339.
Daszewski, W.A., Corpus of Mosaics from Egypt I. Hellenistic and Early Roman Period, Mainz 1985.
Davoli, P., L'archeologia urbana nel Fayyum di età ellenistica e romana, Napoli 1998.

De Meulenaere, H., Les stratèges indigènes du nome tentyrite à la fin de l'époque ptolémaïque et au début de l'occupation romaine, in: Rivista degli Studi Orientali 34, 1959, 1–25.

Deininger, J., Bemerkungen zum alexandrinischen Scherznamen für Ptolemaios XV., in: ZPE 131, 2000, 221–226.

den Hertog, C.G., Erwägungen zur Territorialgeschichte Koilesyriens in frühhellenistischer Zeit, in: ZDPV 111, 1995, 168–183.

Depauw, M., A Chronological Survey of Precisely Dated Demotic and Abnormal Hieratic Sources, Löwen 2007.

Depauw, M., Egyptianizing the chancellery during the Great Theban Revolt (205–186 BC): A New Study of Limestone Tablet Cairo 38258, in: SAK 34, 2006, 97–105.

Depauw, M., Language Use, Literacy, and Bilingualism, in: Chr. Riggs (Hg.), The Oxford Handbook of Roman Egypt, Oxford 2012, 493–506.

Derchain, Ph., La garde »égyptienne« de Ptolémée II, in: ZPE 65, 1986, 203.

Derchain, Ph., Les impondérables de l'hellénisation, Turnhout 2000.

Devauchelle, D., Osiris, Apis, Sarapis et les autres. Remarcques su les Osiris memphites au I$^{er}$ millénaire av. J.-C., in: L. Coulon (Hg.), Le culte d'Osiris au I$^{er}$ millénaire av. J.-C., Kairo $^{2}$2012, 49–62.

Devine, A.M., The Generalship of Ptolemy I and Demetrius Poliorcetes at the Battle of Gaza (312 B.C.), in: The Ancient World 20, 1989, 29–38.

Dietze, K., Der Streit um die Insel Pso. Bemerkungen zu einem epigraphischen Dossier des Khnumtempels von Elephantine (Th. Sy. 244*), in: Ancient Society 26, 1995, 157–184.

Dillery, J.D., Manetho and Udjahorresne: Designing Royal Names for Non-Egyptian Pharaohs, in: ZPE 144, 2003, 201f.

Dillery, J.D., Manetho, in: T. Whitmarsh (Hg.), The Romance between Greece and East, Cambridge 2013, 38–58.

Dils, P., La couronne d'Arsinoé II Philadelphe, in: W. Clarysse u. a. (Hg.), Egyptian Religion the Last Thousand Years. Studies Dedicated to the Memory of Jan Quaegebeur. Part II, Löwen 1998, 1299–1330.

Donderer, M., Dionysos und Ptolemaios Soter als Meleager – Zwei Gemälde des Antiphilos, in: W. Will/J. Heinrichs (Hg.), Zu Alexander den Großen: Festschrift G. Wirth zum 60. Geburtstag am 9.12.86, Bd. 2, Amsterdam 1988, 781–799.

Dreyer, B., Polybios. Leben und Werk im Banne Roms, Hildesheim 2011.

Dreyer, B., Untersuchungen zur Geschichte des spätklassischen Athen (322 – ca. 230 v. Chr.), Stuttgart 1999.

Durand, X., Des Grecs en Palestine au IIIe siècle avant Jésus-Christ. Le dossier syrien des archives de Zenon de Caunos (261–252), Paris 1997.

el-Masri, Y., u. a., Das Synodaldekret von Alexandria aus dem Jahre 243 v. Chr., Hamburg 2012.

Engels, J., Macedonians and Greeks, in: J. Roisman/I. Worthington (Hg.), Blackwell Companion to Ancient Macedonia, Malden 2010, 81–98.

Engsheden, A., Aux confins de l'étymologie. Rakotis, le nom indigène d'Alexandrie, in: Y. Gourdon/A. Engsheden (Hg.), Études d'onomastique égyptienne. Méthodologie et nouvelles approches, Kairo 2016, 87–100.

Errington, R.M., The alleged Syro-Macedonian pact and the origins of the Second Macedonian war, in: Athenaeum N.S. 49, 1971, 336–354.

Erskine, A.W., Culture and Power in Ptolemaic Egypt: the Museum and the Library of Alexandria, in: Greece & Rome 42, 1995, 38–48.

Erskine, A.W., Hellenistic Parades Hellenistic Parades and Roman Triumphs, in: A. Spalinger/J. Armstrong (Hg.), Rituals of Triumph in the Mediterranean World, Leiden 2013, 37–55.

Erskine, A.W., Polybius and Ptolemaic sea power, in: K. Buraselis u. a. (Hg.), The Ptolemies, the Sea and the Nile: Studies in Waterborne Power, Cambridge 2013, 82–96.
Favard-Meeks, Chr., Le temple de Behbeit el-Hagara. Essai de reconstitution et d'interpretation, Hamburg 1991.
Favard-Meeks, Chr., The Temple of Behbeit el-Hagara, in: The Temple in Ancient Egypt. New Discoveries and Recent Research. British Museum. Department of Egyptian Antiquities, London 1997, 102–111.
Fischer-Bovet, Chr., Army and Society in Ptolemaic Egypt, Cambridge/New York 2014.
Fischer-Bovet, Chr., A challenge to the concept of decline for understanding Hellenistic Egypt. From Polybius to the twenty-first century, in: Topoi 20, 2015, 209–237.
Fischer-Bovet, Chr., Egyptian warriors: The machimoi of Herodotus and the Ptolemaic army, in: Classical Quarterly 63, 2013, 209–236.
Fischer-Bovet, Chr., Les Égyptiens dans les forces armées de terre et de mer sous les trois premiers Lagides, in: T. Derda u. a. (Hg.), Proceedings of the 27th International Congress of Papyrology. Warsaw, 29 July – 3 August 2013, 1669–1678.
Fischer-Bovet, Chr./Clarysse, W., A military reform before the battle of Raphia?, in: APF 58, 2012, 26–35.
Foucault, M., La langue et l'espace, in: Critique 203, 1964, 378–382.
Frandsen, P.J., Incestuous and Close-Kin Marriage in Ancient Egypt and Persia. An Examination of the Evidene, Kopenhagen 2009.
Fraser, P.M., Ptolemaic Alexandria, Oxford 1972.
Fraser, P.M., Two Studies on the Cult of Sarapis in the Hellenistic World, in: Opuscula Atheniensia 3, 1960, 1–54.
Fraser, P.M., A Prostagma of Ptolemy Auletes from Lake Edku, in: JEA 56, 1970, 179–182.
Fulinska, A., Arsinoe Hoplismene. Poseid. Nr. 36, Arsinoe Philadelphos, and the Cypriot cult of Aphrodite, in: Studies in Ancient Art and Civilization 16, 2012, 141–156.
Galili, E., Raphia, 217 B.C.E., Revisited, in: Scripta Classica Israelica 3, 1976/1977, 52–126.
Gall, D., Geliebte Caesars, Verderben Marc Antons, Feindin Roms, in: B. Andreae (Hg.), Kleopatra und die Caesaren, München 2006, 142–150.
Gauthier, P., Les cités grecques et leurs bienfaiteurs (IVe–Ier siécle avant J.-C.). Contribution à l'histoire des institutions, Paris 1985.
Gauthier, H./Sottas, H., Décret trilingue en l'honneur de Ptolémée IV, Kairo 1925.
Gehrke, H.-J., Prinzen und Prinzessinnen bei den späten Ptolemäern, in: V. Alonso Troncoso (Hg.), Diadochos Tes Basileias. La Figura del sucesor en la realeza helenística, Madrid 2005, 103–117.
Gehrke, H.-J., Der siegreiche König. Überlegungen zur Hellenistischen Monarchie, in: Archiv für Kulturgeschichte 64, 1982, 247–277.
Gelzer, M., Caesar. Der Politiker und Staatsmann, Wiesbaden 1960.
Gerhardt, M., Kleine Geschenke erhalten die Freundschaft. Der sogenannte »Kleopatra-Papyrus«, in: V.M. Lepper (Hg.), Persönlichkeiten aus dem Alten Ägypten im Neuen Museum, Petersberg 2014, 145–154.
Gibson, B./Harrison, Th. (Hg.), Polybius and his World: Essays in Memory of F.W. Walbank, Oxford/New York 2013.
Gill, D., Arsinoe in the Peloponnese. Ptolemaic Base on the Methana peninsula, in: T. Schneider/K. Szpakowska (Hg.), Egyptian Stories: A British Egyptological Tribute to Alan B. Lloyd, Münster 2007, 87–110.
Gorre, G., Les relations du clergé égyptien et des lagides d'après des sources privées, Löwen 2009.
Goudriaan, K., Ethnicity in Ptolemaic Egypt, Amsterdam 1988.

Gouëssan, A., La τρυφή ptolémaïque royale, in: Dialogues d'histoire ancienne 39,2, 2013. 73–101.
Grainger, A., The Syrian Wars, Leiden 2010.
Grenier, J.-Cl., Deux documents au nom de »Césarion«, in: C. Berger u. a. (Hg.), Hommages à Jean Leclant III: Etudes isiaques, Kairo 1994, 247–254.
Grenier, J.-Cl., Les peregrinations d'un Boukhis en Haute Thebaide, in: Chr. Thiers (Hg.), Documents de Theologies Thebaines Tardives (D3T 1), Montpellier, 2009, 39–48.
Grieb, V./Koehn, Cl. (Hg.), Polybios und seine Historien, Stuttgart 2013.
Grimm, G., Alexandria. Die erste Königsstadt der hellenistischen Welt, Mainz 1998.
Gronewald, M. u. a., Kölner Papyri (P. Köln) Band 6, Opladen 1987.
Gruen, E.S., Cleopatra and Rome. Facts and Fantasies, in: D. Braund/C. Gill (Hg.), Myth, History and Culture in Republican Rome. Studies in Honor of T.P. Wiseman, Exeter 2003, 257–274.
Gruen, E., The Coronation of the Diadochoi, in: J.W. Eadie/J. Ober (Hg.), The Craft of the Ancient Historian. Essays in honour of Ch. G. Starr, Lanham 1985, 253–271.
Gruen, E., The Hellenistic World and the Coming of Rome, Berkeley/Los Angeles 1984.
Günther, L.-M., Cornelia und Ptolemaios VIII. Zur Historizität des Heiratsantrages (Plut. TG 1,3), in: Historia 39, 1990, 124–128.
Guermeur, I., Glanures (§3–4), in: BIFAO 106, 2006, 105–126.
Guermeur, I., Le groupe familial de Pachéryentaisouy. Caire JE 36576, in: BIFAO 104, 2004, 245–289.
Guermeur, I., Le syngenes Aristonikos et la ville de To-Bener (statue Caire JE 85743), in: RdÉ 51, 2000, 69–78.
Habachy, M., À propos de la lecture ›orthodoxe‹ du nom de couronnement de Ptolémée VI Philométor, in: ENiM 9, 2016, 125–134.
Habermann, W./Tenger, B., Der Wirtschaftsstil der Ptolemäer, in: B. Schefold (Hg.), Wirtschaftssysteme im historischen Vergleich, Stuttgart 2004, 298–309.
Habicht, Chr., Athens and the Ptolemies, in: ders., Athen in hellenistischer Zeit. Gesammelte Aufsätze, München 1994, 140–163.
Habicht, Chr., Bemerkungen zu P.Haun. 6, in: ZPE 39, 1980, 1–5.
Habicht, Chr., Gottmenschentum und griechische Städte. 2. Auflage mit einem Nachtrag, München 1970.
Haeny, G., A Short Architectural History of Philae, in: BIFAO 85, 1985, 197–233.
Hagedorn, D., Ein Erlaß Ptolemaios' I. Soter?, in: ZPE 66, 1986, 65–70.
Halfmann, H., Marcus Antonius, Darmstadt 2011.
Harders, A.-C., Hellenistische Königinnen in Rom, in: A. Kolb (Hg.), Augustae: Machtbewusste Frauen am römischen Kaiserhof? Herrschaftsstrukturen und Herrschaftspraxis II. Akten der Tagung in Zürich, Berlin 2010, 55–74.
Harders, A.-C., Making of a Queen – Seleucus I Nicator and His Wives, in: A. Coskun/A. McAuley (Hg.), Seleukid Royal Women. Creation, Representation and Distortion of Hellenistic Queenship in the Seleukid Empire, Stuttgart 2016, 25–38.
Harrauer, H., Neue Texte zum Steuerwesen im 3. Jh. v. Chr. (CPR XIII), Wien 1987.
Hatzopoulos, M.B., Macedonian Institutions under the Kings I: A Historical and Epigraphical Study, Athen/Paris 1996.
Hauben, H., Arsinoe II et la politique exterieure de l'Égypte, in: E. Van 't Dack/P. van Dessel (Hg.), Egypt and the Hellenistic World. Proceedings of the International Colloquium, Leuven 24–26 may 1982, Löwen 1983, 99–127.
Hauben, H., Aspects et problèmes de la monarchie ptolémaïque, in: Ktèma 3, 1978, 188–192.
Hauben, H., Callicrates of Samos. A Contribution to the Ptolemaic Admiralty, Löwen 1970.

Hauben, H., La chronologie macédonienne et ptolémaïque mise à l'épreuve. À propos d'un livre d'Erhard Grzybek, in: CdÉ 67, 1992, 143–171.
Hauben, H., L'expédition de Ptolemée III en Orient et la sédition domestique de 245 av. J.-C., in: APF 36, 1990, 29–37.
Hauben, H., A Phoenician King in the Service of the Ptolemies: Philocles of Sidon Revisited, in: Ancient Society 34, 2004, 37–44.
Hauben, H., Ptolemy's Grand Tour, in: ders./A. Meeus (Hg.), The Age of the Successors and the Creation of the Hellenistic Kingdoms (323–276 B.C.), Löwen 2014, 235–261.
Hauben, H., Rhodes, the League of the Islanders, and the Cult of Ptolemy I Soter, in: A. M. Tamis u. a. (Hg.), Philathenaios. Studies in Honour of Michael J. Osborne, Athen 2010, 101–119.
Hazzard, R.A., Did Ptolemy I get his surname from the Rhodians in 304?, in: ZPE 93, 1992, 52–56.
Hazzard, R.A., Imagination of a Monarchy: Studies in Ptolemaic Propaganda. Toronto 2000.
Hazzard, R.A., The Regnal Years of Ptolemy II Philadelphos, in: Phoenix 41, 1987, 140–158.
Hazzard, R.A./Huston, S.M, The Surge in Prices under Ptolemies IV and V, in: CdÉ 90, 2015, 105–120.
Heichelheim, F., Die auswärtige Bevölkerung im Ptolemäerreich, Leipzig 1925 (mit Nachträgen in APF 9, 1930, 47–55; APF 12, 1937, 54–64).
Heilmeyer, W.-D., Eine Neuerwerbung der Antikensammlung Berlin, in: Jahrbuch der Berliner Museen 39, 1997, 7–22.
Heinen, H., Cäsar und Kaisarion, in: Historia 18, 1969, S. 181–203.
Heinen, H., Aspects and problèmes de la monarchie ptolémaïque, in: Ktèma 3, 1978, 177–199.
Heinen, H., Boéthos, fondateur de poleis en Egypte ptolémaïque (OGIS I 111 et un nouveau papyrus de la collection de Trèves), in: L. Mooren (Hg.), Politics, Administration and Society in the Hellenistic and Roman World. Proceedings of the International Colloquium, Bertinoro 19-24 July 1997, Löwen 2000, 123–150.
Heinen, H., Cleopatra regina amica populi Romani et Caesaris. Die Rom- und Caesarfreundschaft der Kleopatra: Gebrauch und Mißbrauch eines politischen Instruments, in: B. Andreae/K. Rhein (Hg.), Kleopatra und die Caesaren. Katalog einer Ausstellung des Bucerius Kunst Forums, Hamburg, 28. Oktober 2006 bis 4. Februar 2007, München 2006, 152-157.
Heinen, H., Gefährliche Freundschaften. Verrat und Inversion des Klientelverhältnisses im spätptolemäischen Ägypten, in: H. Heinen, Kleopatra-Studien. Gesammelte Schriften zur ausgehenden Ptolemäer-zeit, Konstanz 2009, 299–333.
Heinen, H., Ein griechischer Funktionär des Ptolemäerstaates als Priester ägyptischer Kulte, in: B. Funck (Hg.), Hellenismus. Beiträge zur Erforschung von Akkulturation und politischer Ordnung in den Staaten des hellenistischen Zeitalters. Akten des Internationalen Hellenismus-Kolloquiums 9.–14. März 1994 in Berlin, Tübingen 1996, 339–353.
Heinen, H., Les mariages de Ptolémée VIII Evergète et leur chronologie. Étude comparative de papyrus et d'inscriptions grecs, démotiques et hiéroglyphiques, in: E. Kießling (Hg.), Akten des XIII. Internationalen Papyrologenkongresses, München 1974, 147–155.
Heinen, H., Rom und Ägypten von 51 bis 47 v. Chr. Untersuchungen zur Regierungszeit der 7. Kleopatra und des 13. Ptolemäers, Tübingen 1966.
Heinen, H., Séleucos Cybiosactès et le problème de son identité, in: L. Cerfaux u. a. (Hg.), Antidorum W. Peremans sexagenario ab alumnis oblatum, Löwen 1968, 105–114.

Heinen, H., Der Sohn des 6. Ptolemäers im Sommer 145. Zur Frage nach Ptolemaios VII. Neos Philopator und zur Zählung der Ptolemäerkönige, in: B. Kramer u.a. (Hg.), Akten des 21. Internationalen Papyrologenkongresses Berlin, 13.–19. 8. 1995, Stuttgart/Leipzig 1997, 449–460.

Heinen, H., The Syrian-Egyptian Wars and the New Kingdoms of Asia Minor, in: F.W. Walbank u.a. (Hg.), The Cambridge Ancient History VII/1. The Hellenistic World, London ²1984, 412–445.

Heinen, H., Die Tryphe des Ptolemaios VIII. Euergetes II. Beobachtungen zum ptolemäischen Herrscherideal und zu einer römischen Gesandtschaft in Ägypten (140/39 v. Chr.), in: ders u.a. (Hg.), Althistorische Studien, H. Bengtson zum 70. Geburtstag dargebracht von Kollegen und Schülern, Wiesbaden 1983, 115–128.

Heinen, H., Untersuchungen zur hellenistischen Geschichte des 3. Jahrhunderts v. Chr. Zur Geschichte der Zeit des Ptolemaios Keraunos und zum chremonideischen Krieg, Wiesbaden 1972.

Heinen, H., Vorstufen und Anfänge des Herrscherkultes im römischen Ägypten, in: Aufstieg und Niedergang der römischen Welt. Bd. II 18, 5, Berlin/New York 1995, 3144–3180.

Herklotz, F., Prinzeps und Pharao. Der Kult des Augustus in Ägypten, Frankfurt 2007.

Herman, G., The Court Society of the Hellenistic Age, in: P. Cartledge u.a. (Hg.), Hellenistic Constructs. Essays in Culture, History, and Historiography, Berkeley u.a. 1997, 199–224.

Herz, P., Die frühen Ptolemaier, in: R. Gundlach/H. Weber (Hg.), Legitimation und Funktion des Herrschers. Vom ägyptischen Pharao zum neuzeitlichen Diktator, Stuttgart 1992, 51–97.

Hintzen-Bohlen, B., Herrscherrepräsentation im Hellenismus, Köln u.a. 1992.

Hölbl, G., Altägypten im Römischen Reich. Der römische Pharao und seine Tempel. II: Die Tempel des römischen Nubien, Mainz 2004.

Hölbl, G., Geschichte des Ptolemäerreiches. Politik, Ideologie und religiöse Kultur von Alexander dem Großen bis zur römischen Eroberung, Darmstadt ²1999.

Hölbl, G., Zur Legitimation der Ptolemäer als Pharaonen, in: R. Gundlach/Chr. Raedler (Hg.), Selbstverständnis und Realität. Akten des Symposiums zur ägyptischen Königsideologie in Mainz 15.–17.6.1995, Wiesbaden 1997, 21–34.

Hoepfner, W., Zwei Ptolemäerbauten. Das Ptolemäerweihgeschenk in Olympia und ein Bauvorhaben in Alexandria, Berlin 1971.

Hoffmann, F., Ägypten: Kultur und Lebenswelt in griechisch-römischer Zeit. Eine Darstellung nach den demotischen Quellen, Berlin 2000.

Hornbostel, W., Sarapis. Studien zur Überlieferungsgeschichte, den Erscheinungsformen und Wandlungen der Gestalt eines Gottes, Leiden 1973.

Hornung, E., u.a., Ancient Egyptian Chronology. Handbook of Oriental Studies. Vol.1. Boston 2006.

Horster, M., Geistesleben in Alexandria im 2. Jh. v. Chr. und die sogenannte Gelehrtenvertreibung, in: A. Jördens/J.F. Quack (Hg.), Ägypten zwischen innerem Zwist und äußerem Druck. Die Zeit Ptolemaios' VI. bis VIII., Wiesbaden 2011, 201–218.

Hosius, C., Lucanus und Seneca, in: Jahrbücher für classische Philologie 38, 1892, 337–356.

Hunter, R., Theocritus' Encomium of Ptolemy Philadelphus, Berkeley 2003.

Huß, W., Ägypten in hellenistischer Zeit. 332–30 v. Chr., München 2001.

Huß, W., Die Beziehungen zwischen Karthago und Ägypten in hellenistischer Zeit, in: Ancient Society 10, 1979, 119–137.

Huß, W., Der makedonische König und die ägyptischen Priester. Studien zur Geschichte des ptolemaiischen Ägypten, Stuttgart 1994.

Huß, W., Eine ptolemäische Expedition nach Kleinasien, in: Ancient Society 8, 1977, 187–193.
Huß, W., Ptolemaios Eupator, in: A. Bülow-Jacobsen (Hg.), Proceedings of the 20th International Congress of Papyrologists. Copenhagen, 23–29 August 1992, Kopenhagen 1994, 555–561.
Huß, W., Ptolemaios der Sohn, in: ZPE 121, 1998, 229–250.
Huß, W., Eine Revolte der Ägypter in der Zeit des 3. Syrischen Krieges, in: Aegyptus 58, 1978, 151–156.
Huß, W., Noch ein Mord im Haus des Ptolemaios?, in: ZPE 140, 2002, 40–42.
Huß, W., Untersuchungen zur Außenpolitik Ptolemaios' IV., München 1976.
Huß, W., Die Verwaltung des ptolemaiischen Reichs, München 2011.
Huß, W., Die Wirtschaft Ägyptens in hellenistischer Zeit, München 2012.
Huß, W., Die zu Ehren Ptolemaios' III. und seiner Familie errichtete Statuengruppe von Thermos (IG IX 1, 12, 56), in: CdÉ 50, 1975, 312–320.
Jansen-Winkeln, K., Die Biographie eines Priesters aus Heliopolis, in: SAK 29, 2001, 97–110.
Jaritz, H., The Investigation of the Ancient Wall Extending from Aswan to Philae. Second Preliminary Report, in: MDAIK 49, 1993, S. 107–132.
Jördens, A., Der jüdische Renegat Dositheos im Spiegel der Papyrusüberlieferung, in: W. Karrer/W. Kraus (Hg.), Die Septuaginta – Texte, Kontexte, Lebenswelten, Tübingen 2008, 157–165
Kaiser, W., Zur Datierung realistischer Rundbildnisse ptolemäisch-römischer Zeit, in: MDAIK 55, 1999, 237–263.
Kasher, A., The Civic Status of the Jews in Ptolemaic Egypt, in: P. Bilde u. a. (Hg.), Ethnicity in Hellenistic Egypt, Aarhus 1992, 100–121.
Kasher, A., The Jews in Hellenistic and Roman Egypt: The Struggle for Equal Rights, Tübingen 1985.
Kaye, N./Amitay, O., Kleopatra's Dowry: Taxation and Sovereignty between Hellenistic Kingdoms, in: Historia 64, 2015, 131–155.
Kessler, D., Das hellenistische Serapeum in Alexandria und Ägypten in ägyptologischer Sicht, in: M. Görg/G. Hölbl (Hg.), Ägypten und der östliche Mittelmeerraum im 1. Jahrtausend v. Chr. Akten des Interdisziplinären Symposions am Institute für Ägyptologie der Universität München 25.–27. 10. 1996, Wiesbaden 2000, 163–230.
Keyser, P.T., Venus and Mercury in the Grand Procession of Ptolemy II, in: Historia 65, 2016, 31–52.
Kienast, D., Augustus. Prinzeps und Monarch, Darmstadt ³1999.
Kimmerle, N., Lucan und der Prinzipat. Inkonsistenz und unzuverlässiges Erzählen im ›bellum civile‹, Berlin u. a. 2015.
Klotz, D., The Statue of the dioikêtês Harchebi/Archibios, BIFAO 109, 2009, 281–310.
Klotz, D., Who was with Antiochos III at Raphia? Revisiting the Hieroglyphic Versions of the Raphia Decree (CG 31008 and 50048), in: CdÉ 88, 2013, 45–59.
Klotz, D./LeBlanc, M., An Egyptian Priest in the Ptolemaic Court: Yale Peabody Museum 264191, in: Chr. Zivie-Coche/I. Guermeur (Hg.), »Parcourir l'éternité«. Hommages à Jean Yoyotte II, Turnhout 2012, 645–698.
Knoepfler, D., Les Vieillards refugées à Salamine, in: CRAI 2010, 1191–1234
Koenen, L., Eine ptolemäische Königsurkunde, Wiesbaden 1957.
Koenen, L., The Ptolemaic King as a Religious Figure, in: A.W. Bulloch u. a. (Hg.), Images and Ideologies: Self-Definition in the Hellenistic Age, Berkeley/Los Angeles 1993, 25–115.
Koenen, L., Die Apologie des Töpfers an König Amenophis oder das Töpferorakel, in: A. Blasius/B.U. Schipper (Hg.), Apokalyptik und Ägypten. Eine kritische Analyse der relevanten Texte aus dem griechisch-römischen Ägypten, Löwen u. a. 2002, 139–187.

Kolde, A., Politique et religion chez Isyllos d'Epidaure, Basel 2003.
Kotsidu, H., Time kai doxa: Ehrungen für hellenistische Herrscher im griechischen Mutterland und in Kleinasien unter besonderer Berücksichtigung der archäologischen Denkmäler, Berlin 2000.
Kramer, B., Das Vertragsregister von Theogenis (P.Vindob. G40618), Wien 1991.
Kruse, Th., Der genervte Beamte in der Schule. Ein ptolemäischer Erlass über die Zwangsverpachtung königlichen Landes, in: K. Ehling/G. Weber (Hg.), Hellenistische Königreiche, Mainz 2014, 70–76.
Kruse, Th., Das politeuma der Juden von Herakleopolis in Ägypten, in: M. Karrer/W. Kraus (Hg.), Die Septuaginta – Texte, Kontexte, Lebenswelten. Internationale Fachtagung veranstaltet von Septuaginta Deutsch (LXX.D), Wuppertal 20.–23. Juli 2006, Tübingen 2008, 166–175.
Kuhnen, H.-P., Palästina in griechisch-römischer Zeit, München 1990.
Kurth, D., Die Inschriften des Tempels von Edfu, Abteilung I, Übersetzungen. Band 1: Edfou VIII, Wiesbaden 1998.
Kurth, D., Die Inschriften des Tempels von Edfu. Abteilung I, Übersetzungen. Band 3: Edfou VII, Wiesbaden 2004.
Kurth, D., Treffpunkt der Götter, Zürich/München 1994.
Jördens, A./Quack, J.F. (Hg.), Ägypten zwischen innerem Zwist und äußerem Druck. Die Zeit Ptolemaios' VI. bis VIII. Internationales Symposion Heidelberg 16.–19.9.2007, Wiesbaden 2011.
La'da, C.A., Amnesty in Hellenistic Egypt. Survey of the Sources, in: K. Harter-Uibopuu/F. Mitthof (Hg.), Vergeben und Vergessen? Amnestie in der Antike, Wien 2013, 163–209.
La'da, C.A., Ethnicity, occupation and tax-status in Ptolemaic Egypt, in: EVO 17, 1994, 183–189.
La'da, C.A., Foreign Ethnics in Hellenistic Egypt, Löwen 2002.
Lampela, A., Rome and the Ptolemies of Egypt: The Development of their Political Relations 273-80 B.C., Helsinki 1998.
Lanciers, E., Die ägyptischen Tempelbauten zur Zeit des Ptolemaios V. Epiphanes (204–180 v.Chr.), Teil 1, in: MDAIK 42, 1986, 81–98.
Lanciers, E., Die Alleinherrschaft des Ptolemaios VIII. im Jahre 164/163 v. Chr. und der Name Euergetes, in: B.G. Mandilaras (Hg.), Proceedings of the XVIII International Congress of Papyrology. Athens 25–31 May 1986. Volume II, Athen 1988, 405–433.
Lanciers, E., The Developement of the Greek Dynastic Cult under Ptolemy V, in: APF 60, 2014, 373–383.
Lanciers, E., Some Observations on the Events in Egypt in 145 B.C., in: Simblos. Scritti di storia antica 1, 1995, 33–39.
Lanciers, E., Die Vergöttlichung und die Ehe des Ptolemaios IV. und der Arsinoe III., in: APF 34, 1988, 27–32.
Le Corsu, F., Plutarque et les femmes dans les Vies parallèles, Paris 1981.
Lefebvre, G., Le tombeau de Petosiris, Kairo 1923–1924.
Lefebvre, L., Polybe, Ptolémée IV et la tradition historiographique, in: ENiM 2, 2009, 91–101.
Legras, B., Les experts égyptiens à la cour des Ptolémées, in: Revue historique 2002, 624, 963–991.
Legras, B., Les reclus grecs du Sarapieion de Memphis. Une enquête sur l'hellénisme égyptien, Löwen 2011.
Le Guen, B., Les associations des Technites dionysiaques à l'époque hellénistique, Nancy 2001.
Lehmann, G.A., Expansionspolitik im Zeitalter des Hochhellenismus: Die Anfangsphase des ›Laodike-Krieges‹ 246/5 v. Chr., in: Th. Hantos/G.A. Lehmann (Hg.), Althistori-

sches Kolloquium aus Anlass des 70. Geburtstags von Jochen Bleicken, Stuttgart 1998, 81–101.

Lehmann, G.A., Das neue Kölner Historiker-Fragment (P.Köln Nr. 247) und die χρονικὴ σύνταξις des Zenon von Rhodos (FGrHist. 523), in: ZPE 72, 1988, 1–17.

Lembke, K./Vittmann, G., Die Standfigur des Horos, Sohn des Thotoes (Berlin, Ägyptisches Museum SMPK 2271), in: MDAIK 55, 1999, 299–313.

Lepsius, R., Denkmaeler aus Aegypten und Aethiopien: nach den Zeichnungen der von seiner Majestät dem Koenige von Preussen Friedrich Wilhelm IV nach diesen Ländern gesendeten und in den Jahren 1842–1845 ausgeführten wissenschaftlichen Expedition, Abth. 1–6 in 12 Bd., Berlin, 1849–1859.

Leschorn, W., »Gründer der Stadt«. Studien zu einem politisch-religiösen Phänomen der griechischen Geschichte, Wiesbaden/Stuttgart 1984.

Lewis, N., Greeks in Ptolemaic Egypt, Oxford 1986.

Lianou, M., The Role of the Argeadai in the Legitimation of the Ptolemaic Dynasty: Rhetoric and Practice, in: E. Carney/D. Ogden (Hg.), Philip II and Alexander the Great. Father and Son, Lives and Afterlives, Oxford 2010, 123–134.

Lichtenberger, A., u.a. (Hg.), Das Diadem der hellenistischen Herrscher. Übernahme, Transformation oder Neuschöpfung eines Herrschaftszeichens?, Bonn 2012.

Lippert, S.L., Einführung in die altägyptische Rechtsgeschichte, Berlin 2008.

Lippert, S.L./Schentuleit, M., Demotische Dokumente aus Dime II: Quittungen. DDD II, Wiesbaden 2006.

Locher, J., Topographie und Geschichte der Region am ersten Nilkatarakt in griechischrömischer Zeit, Leipzig 1999.

Lorber, C.C., The Coinage of the Ptolemies, in: W.E. Metcalf (Hg.), The Oxford Handbook of Greek and Roman Coinage, Oxford 2012.

Lorber, C.C., A Revised Chronology for the Coinage of Ptolemy I, in: Numismatic Chronical 165, 2005, 45–64.

Lorber, C.C., Theos Aigiochos: The Aegis in Ptolemaic Portraits of Divine Rulers, in: P.P. Iossif u.a. (Hg.), More than Men, less than Gods. Studies on Royal Cult and Imperial Worship. Proceedings of the International Colloquium organized by the Belgian School at Athens (November 1–2, 2007), Löwen u.a. 2011, 293–356.

Ludlow, F./Manning, J.G., Revolts under the Ptolemies: A Paleoclimatological Perspective, in: J.J. Collins u.a. (Hg.), Revolt and Resistance in the Ancient Classical World and the Near East, Leiden/Boston 2016, 154–171.

Ma, J., Antiochos III and the Cities of Western Asia Minor, Oxford 2000.

Magie, D., The »agreement« between Philip V and Antiochus III for the partition of the Egyptian kingdom, in: JRS 29, 1939, 32–44.

Malaise, M., Le calathos de Sérapis, in: SAK 38, 2009, 173–193.

Malitz, J., Die Historien des Poseidonios, München 1983.

Malitz, J., Die Kalenderreform Caesars. Ein Beitrag zur Geschichte seiner Spätzeit, in: Ancient Society 18, 1987, 103–131.

Malcovati, H., Oratorum Romanorum Fragmenta, Turin 1930.

Manning, J.G., Edfu as a Central Place in Ptolemaic History, in: K. Vandorpe/W. Clarysse (Hg.), Edfu, An Egyptian Provincial Capital in the Ptolemaic Period. Brussels, 3 September 2001, Brüssel 2003, 61–74.

Manning, J.G., Land and Power in Ptolemaic Egypt. The Structure of Land Tenure, Cambridge 2003.

Manning, J.G., The Land-Tenure Regime in Ptolemaic Upper Egypt, in: PBA 96, 1999, 83–105.

Manning, J.G., The Last Pharaohs: Egypt under the Ptolemies, 305–30 BC. Princeton/Oxford 2010.

Mannsperger, D., Apollon gegen Dionysos. Numismatische Beiträge zu Octavians Rolle als Vindex Libertatis, in: Gymnasium 80, 1973, 381–404.
Marasco, G., Marco Antonio ›Nuovo Dioniso‹ e il De sua ebrietate, in: Latomus 51, 1992, 538–548.
Maresch, K., Bronze und Silber. Papyrologische Beiträge zur Geschichte der Währung im ptolemäischen und römischen Ägypten bis zum 2. Jahrhundert n. Chr., Opladen 1996.
Mariette, A./Maspero, G., Monuments divers recueillis en Égypte et en Nubie, Paris 1872.
Marquaille, C., The Foreign Policy of Ptolemy II, in: P. McKechnie/Ph. Guillaume (Hg.), Ptolemy II Philadelphus and his World, Leiden/Boston 2008, 39–64.
Martinez-Sève, L., Laodice, femme d'Antiochos II: du roman à la reconstruction historique, in: REG 116, 2003, 690–706.
Martini, R., Cronologia delle emissioni orientali di Marcus Antonius III., RItNum 89, 1987, 69–100.
McAuley, A., Pricess & Tigress: Apama of Kyrene, in: A. Coskun/A. McAuley (Hg.), Seleukid Royal Women. Creation, Representation and Distortion of Hellenistic Queenship in the Seleukid Empire, Stuttgart 2016, 175–189.
McGing, B.C., Revolt Egyptian Style: Internal opposition to Ptolemaic rule, in: APF 43, 1997, 273–314.
McGing, B.C., Revolt in Ptolemaic Egypt: Nationalism Revisited, in: P. Schubert (Hg.), Actes du 26e Congrés international de papyrologie, Genève, 16–21 août 2010, Genf 2012, 509–516.
McGing, B.C., Revolting Subjects: Empires and Insurrection, Ancient and Modern, in: J.J. Collins/J.G. Manning (Hg.), Revolt and Resistance in the Ancient World and the Near East, Leiden/Boston 2016, 141–153.
McKenzie, J., The Architecture of Alexandria and Egypt, c. 300 BC to AD 700, New Haven/London 2007.
McKenzie, J., u. a., Reconstructing the Serapeum in Alexandria from the Archaeological Evidence, in: JRS 94, 2004, 73–114.
Meadows, A., Deditio in Fidem: The Ptolemaic Conquest of Asia Minor, in: Chr. Smith/L. Yarrow (Hg.), Imperialism, Cultural Politics, and Polybius (Papers in Memory of Peter Derow), Oxford 2012, 113–133.
Meadows, A., Two ›Double‹ Dedications at Ephesus and the Beginning of Ptolemaic Control of Ionia, in: Gephyra 10, 2013, 1–12.
Mebs, D./Schäfer, Chr., Kleopatra und der Kobrabiß – das Ende eines Mythos?, in: Klio 90, 2008, 347–359.
Meeus, A., The Territorial Ambitions of Ptolemy I, in: H. Hauben/A. Meeus (Hg.), The Age of the Successors and the Creation of the Hellenistic Kingdoms (323–276 B.C.), Löwen 2014, 263–306.
Meleze Modrzewski, J., Jews in Egypt: From Ramses II to Emperor Hadrian, Princeton 1997.
Mileta, Chr., Der König und sein Land. Untersuchungen zur Herrschaft der hellenistischen Monarchen über das königliche Gebiet Kleinasiens und seine Bevölkerung, Berlin 2008.
Minas, M., Die Dekorationstätigkeit von Ptolemaios VI. Philomator und Ptolemaios VIII. Euergetes II. an ägyptischen Tempeln, Teil 1, in: OLP 27, 1996, 51–78.
Minas, M., Die Dekorationstätigkeit von Ptolemaios VI. Philomator und Ptolemaios VIII. Euergetes II. an ägyptischen Tempeln, Teil 2, in: OLP 28, 1997, 87–121.
Minas, M., Die hieroglyphischen Ahnenreihen der ptolemäischen Könige, Mainz 2000.
Minas, M., Die Pithom-Stele: Chronologische Bemerkungen zur frühen Ptolemäerzeit, in: dies./J. Zeidler (Hg.), Aspekte spätägyptischer Kultur. Festschrift für Erich Winter zum 65. Geburtstag, Mainz 1994, 203–212.

Mittag, P.F., Antiochos IV. Epiphanes. Eine politische Biographie, Berlin 2006.
Mittag, P.F., Griechische Numismatik. Eine Einführung, Heidelberg 2016.
Mittag, P.F., Die Rolle der hauptstädtischen Bevölkerung bei den Ptolemäern und Seleukiden im 3. Jahrhundert, Klio 82, 2000, 409–425.
Mittag, P.F., Unruhen im hellenistischen Alexandreia, in: Historia 52, 2003, 161–208.
Mommsen, Th., Römisches Staatsrecht. Zweiter Band. II. Abtheilung, Leipzig ³1887.
Mond, R./Myers, O.H., The Bucheum, Bd. II. The Inscriptions; Bd. III. The Plates, London 1934.
Monson, A., Agriculture and Taxation in Early Ptolemaic Egypt: Demotic Land Surveys and Accounts (P. Agri), Bonn 2012.
Monson, A., From the Ptolemies to the Romans: Political and Economic Change in Egypt. Cambridge/New York 2012.
Monson, A., Late Ptolemaic Capitation Taxes and the Poll Tax in Roman Egypt, in: BASP 51, 2014, 127–160.
Mooren, L., The Aulic Titulature in Ptolemaic Egypt. Introduction and Prosopography, Brüssel 1975.
Mooren, L., La hiérarchie de cour ptolémaïque. Contribution à l'étude des institutions et des classes dirigeantes à l'époque hellénistique, Löwen 1977.
Mooren, L., The Nature of the Hellenistic Monarchy, in: E. Van 't Dack u. a. (Hg.), Egypt and the Hellenistic World, Löwen 1983, 205–240.
Mooren, L., Ptolemaic Families, in: R.S. Bagnall u. a. (Hg.), Proceedings of the Sixteenth International Congress of Papyrology. New York, 24–31 July 1980, Chicago 1981, 289–301.
Mooren, L., The Wives and Children of Ptolemy VIII Euergetes II, in: B.G. Mandilaras (Hg.), Proceedings of the XVIII International Congress of Papyrology. Athens 25–31 May 1986. Vol. II, Athen 1988, 435–449.
Mooren, L./Van 't Dack, E., Le stratège Platon et sa famille, in: L'Antiquité classique 50, 1981, 535–544.
Morgan, M.G., The Perils of Schematicism: Polybius, Antiochus Epiphanes, and the ›Day of Eleusis‹, in: Historia 39, 1990, 37–76.
Mørkholm, O., Early Hellenistic Coinage from the Accession of Alexander to the Peace of Apamaea (336–188 BC), Cambridge 1991.
Mørkholm, O., The last Ptolemaic Silver Coinage in Cyprus, in: Chiron 13, 1983, 69–79.
Moyer, I.S., Court, Chora, and Culture in Late Ptolemaic Egypt, in: American Journal of Philology 132, 2011, 15–44.
Moyer, I.S., Finding a Middle Ground: Culture and Politics in the Ptolemaic Thebaid, in: P.F. Dorman/B.M. Bryan (Hg.), Perspectives on Ptolemaic Thebes. Papers from the Theban Workshop 2006, Chicago 2011, 115–145.
Müller, B.-J., Ptolemaeus II. Philadelphus als Gesetzgeber, Diss. Köln 1968.
Müller, O., Antigonos Monophthalmos und »Das Jahr der Könige«, Bonn 1973.
Müller, S., Das hellenistische Königspaar in der medialen Repräsentation, Berlin/New York 2009.
Muhs, B.P., Tax Receipts, Taxpayers, and Taxes in Early Ptolemaic Thebes, Chicago 2005.
Nadig, P., Zwischen König und Karikatur. Das Bild Ptolemaios' VIII. im Spannungsfeld der Überlieferung, München 2006.
Nespoulous Phalippou, A., L'amnistie décrétée en l'an 21 de Ptolémée Épiphane (185/184 a. C.), in: ENiM 5, 2012, 151–165.
Nespoulous Phalippou, A., Aristonikos, fils d'Aristonikos. Floruit d'un eunuque et commandant en chef de la cavalerie sous le règne de Ptolémée Épiphane, in: RdÉ 66, 2015, 151–183.

Nespoulous Phalippou, A., Ptolémée Épiphane, Aristonikos et les prêtres d'Égypte. Le Décret de Memphis (182 a.C.). Édition commentée des stèles Caire RT 2/3/25/7 et JE 44901, Montpellier 2015.

Nielsen, I., Royal Banquets: The Development of Royal Banquets and Banqueting Halls from Alexander to the Tetrarchs, in: dies./H.S. Nielsen (Hg.), Meals in a Social Context: Aspects of the Communal Meal in the Hellenistic and Roman World, Aarhus 1998, 102–133.

Ogden, D., The Birth Myths of Ptolemy Soter, in: Sh. L. Ager/R.A. Faber (Hg.), Belonging and Isolation in the Hellenistic World, Toronto u. a. 2013, 184–198.

Ogden, D., Polygamy, Prostitutes and Death: The Hellenistic Dynasties, London 1999, 68–73.

Olshausen, E., Rom und Ägypten von 116 bis 51 v. Chr., Diss. Erlangen/Nürnberg 1963.

Otto, W., Priester und Tempel im hellenistischen Ägypten. Ein Beitrag zur Kulturgeschichte des Hellenismus, 2 Bde., Berlin/Leipzig 1905-1908.

Otto, W./Bengtson, H., Zur Geschichte des Niederganges des Ptolemäerreiches. Ein Beitrag zur Regierungszeit des 8. und des 9. Ptolemäers, München 1938.

Panagopoulou, K., Gold in Ptolemaic Egypt. Exchange Practices in Light of P.Cair.Zen. I 59021, in: ZPE 197, 2016, 179–190.

Panov, M., Die Stele des Pascherenptah, in: Lingua Aegyptiaca 20, 2012, 185–208.

Pantalacci, L., Les sept Hathors, leurs bas et Ptolémée IV Philopator au mammisi de Coptos, in: BIFAO 114, 2014, 397–418.

Papantoniou, G., Religion and Social Transformation in Cyprus. From the Cypriot Basileis to the Hellenistic Strategos, Leiden/Boston 2012.

Parente, F., Onias III' Death and the Founding of the Temple of Leontopolis, in: ders./J. Sievers (Hg.), Josephus and the History of Graeco-Roman Period. Essays in Memory of Morton Smith, Leiden u. a. 1994, 69–98.

Paschidis, P., Between City and King: Prosopographical Studies on the Intermediaries Between the Cities of the Greek Mainland and the Aegean and the Royal Courts in the Hellenistic Period (322–190 BC), Athen 2008.

Pelling, C.B.R., Plutarch. Life of Antony, Cambridge 1988.

Peremans, W., Le bilinguisme dans les relations gréco-égyptiennes sous les Lagides, in: E. van 't Dack u. a. (Hg.), Egypt and the Hellenistic World. Proceedings of the International Colloquium, Leuven, 24–26 May 1982, Löwen 253–280.

Peremans, W., Classes sociales et conscience nationale en Égypte ptolémaïque, in: OLP 6/7, 1975/1976, 443–543.

Peremans, W., Un groupe d'officiers dans l'armée des Lagides, in: Ancient Society 8, 1977, 175–185.

Peremans, W., Les »hermeneis« dans l'Égypte gréco-romaine, in: G. Grimm u. a. (Hg.), Das römisch-byzantinische Ägypten. Akten des internationalen Symposions 26–30 September 1978 in Trier, Mainz 1983, 11–17.

Peremans, W., Les marriages mixtes dans l'Égypte des Lagides, in: E. Bresciani (Hg.), Scritti in onore di Orsolina Montevecchi, Bologna 1981, 273–281.

Peremans, W., Über die Zweisprachigkeit im ptolemäischen Ägypten, in: H. Braunert (Hg.), Studien zur Papyrologie und antiken Wirtschaftsgeschichte. Friedrich Oertel zum achtzigsten Geburtstag gewidmet, Bonn 1964, 49–60.

Perpillou-Thomas, F., Fêtes d'Égypte ptolémaïque et romaine d'après la documentation papyrologique grecque, Löwen 1993.

Pestman, P.W., L'agoranomie: un avant-poste de l'administration grecque enlevé par les égyptiens, in: H. Maehler/V.M. Strocka (Hg.), Das ptolemäische Ägypten. Akten des internationalen Symposions. Berlin, 27.–29. September 1976, 203–210.

Pestman, P.W., The Archive of the Theban Choachytes: Second Century B.C.: A Survey of the Demotic and Greek Papyri Contained in the Archive, Löwen 1993.

Pestman, P.W., Chronologie égyptienne d'après les textes démotiques (332 av. J.-C. – 453 ap. J.-C.), Leiden 1967.
Pestman, P.W., The competence of Greek and Egyptian Tribunals according to the Decree of 118 B.C., in: BASP 22, 1985, 265–269.
Pestman, P.W., Haronnophris and Chaonnophris. Two Indigenous Pharaohs in Ptolemaic Egypt (205–186 B.C.), in: S.P. Vleeming (Hg.), Hundred-Gated Thebes. Acts of a Colloquium on Thebes and the Theban Area in the Graeco-Roman Period, Leiden u. a. 1995, 101–137.
Pfeiffer, St., Alexander der Große in Ägypten: Überlegungen zur Frage seiner pharaonischen Legitimation, in: V. Grieb u. a. (Hg.), Alexander the Great and Egypt. History, Art, Tradition. Wroclaw/Breslau 18./19. Nov. 2011, Wiesbaden 2014, 89–106.
Pfeiffer, St., Alexandria in Ägypten, Ägypten in Alexandria. Das kulturelle Erbe der Pharaonen in einer griechischen Weltstadt, Halle 2017.
Pfeiffer, St., Das Dekret von Kanopos (238 v.Chr.). Kommentar und historische Auswertung eines dreisprachigen Synodaldekretes der ägyptischen Priester zu Ehren Ptolemaios' III. und seiner Familie, München u. a. 2004.
Pfeiffer, St., The God Serapis, his Cult and the Beginnings of Ruler-Cult in Ptolemaic Egypt, in: P. McKechnie/Ph. Guillame (Hg.), Ptolemy II Philadelphus and His World, Leiden 2008, 387–408.
Pfeiffer, St., Griechische und lateinische Inschriften zum Ptolemäerreich und und zur römischen Provinz Aegyptus, Berlin u. a. 2015.
Pfeiffer, St., Die Familie des Tubias: Eine (trans-)lokale Elite in Transjordanien, in: B. Dreyer/P.F. Mittag (Hg.), Lokale Eliten und hellenistische Könige zwischen Kooperation und Konfrontation, Berlin 2011, 191–215.
Pfeiffer, St., Die Politik Ptolemaios' VI. und VIII. im Kataraktgebiet: Die »ruhigen« Jahre von 163 bis 136 v. Chr., in: A. Jördens/J.F. Quack (Hg.), Ägypten zwischen innerem Zwist und äusserem Druck. Die Zeit Ptolemaios' VI. bis VIII. Internationales Symposion Heidelberg 16.–19.9.2007, Wiesbaden 2011, 235–254.
Pfeiffer, St., The snake, the crocodile and the cat. Die Griechen in Ägypten und die theriomorphen Götter des Landes, in: Fr. Hoffmann/K.S. Schmidt (Hg.), Orient und Okzident in hellenistischer Zeit. Beiträge zur Tagung »Orient und Okzident – Antagonismus oder Konstrukt? Machtstrukturen, Ideologien und Kulturtransfer in hellenistischer Zeit«. Würzburg 10.–13. April 2008, Vaterstetten 2014, 215–244.
Pfeiffer, St., Zur Einquartierung von Soldaten des ptolemäischen Heeres. Rechtsgrundlagen, Konflikte und Lösungsstrategien, in: ders. (Hg.), Ägypten unter fremden Herrschern zwischen Satrapie und römischer Provinz, Frankfurt/Main 2007, 165–185.
Pfeiffer, St./von Recklinghausen, D., Inversion des Exodus: Aus der Sklaverei in die Freiheit. Juden im frühptolemäischen Ägypten, in: H. Knuf u. a. (Hg.), Honi soit qui mal y pense. Studien zum pharaonischen, griechisch-römischen und spätantiken Ägypten zu Ehren von Heinz-Josef Thissen, Löwen u. a. 2010, 405–418.
Pichon, R., Les sources de Lucain, Paris 1912.
Piejko, F., The Relations of Ptolemies VIII and IX with the Temple of Chnum at Elephantine, in: BASP 29, 1992, 5–24.
Préaux, Cl., L'économie royale des Lagides, Brüssel 1939.
Préaux, Cl., Polybe et Ptolémée Philopator, in: CdÉ 40, 1965, 364–375.
Préaux, Cl., Sur les communications de l'Éthiopie avec l'Égypte hellénistique, in: CdÉ 53, 1952, 257–281.
Quack, J.F., Danaergeschenk des Nil? Zuviel und zuwenig Wasser im Alten Ägypten, in: A. Berlejung (Hg.), Disaster and Relief Management. Katastrophen und ihre Bewältigung, Tübingen 2012, 333–381.
Quack, J.F., Einführung in die altägyptische Literaturgeschichte III. Die demotsiche und gräko-ägyptische Literatur, Münster 2005.

Quack, J.F., Der historische Abschnitt des Buches vom Tempel, in: J. Assmann/E. Blumenthal (Hg.), Literatur und Politik im pharaonischen und ptolemäischen Ägypten, Kairo 1999, 267–278.
Quack, J.F., Ist der Meder an allem Schuld? Zur Frage des realhistorischen Hintergrundes der gräkoägyptischen prophetischen Literatur, in: A. Jördens/J.F. Quack (Hg.), Ägypten zwischen innerem Zwist und äußerem Druck. Die Zeit Ptolemaios' VI. bis VIII., Wiesbaden 2011, 103–131.
Quack, J.F., Ein neuer prophetischer Text aus Tebtynis (Papyrus Carlsberg 399 + Papyrus PSI Inv. D. 17 + Papyrus Tebtunis Tait 13 vs., in: A. Blasius/B.U. Schipper (Hg.), Apokalyptik und Ägypten. Eine kritische Analyse der relevanten Texte aus dem griechsich-römischen Ägypten, Löwen u. a. 2002, 253–274.
Quack, J.F., Positionspräzise Nachträge in spätzeitlichen Handschriften, in: SAK 33, 2005, 343–347.
Quack, J.F., pWien D 6319. Eine demotische Übersetzung aus dem Mittelägyptischen, in: Enchoria 19/20, 1992/3, 125–129.
Quack, J.F., Zu einer angeblich apokalyptischen Passage in den Ostraka des Hor, in: A. Blasius/B.U. Schipper (Hg.), Apokalyptik und Ägypten. Eine kritische Analyse der relevanten Texte aus dem griechisch-römischen Ägypten, Löwen u. a. 2002, 243–252.
Quaegebeur, J., Documents égyptiens et rôle économique du clergé en Egypte hellénistique, in: E. Lipinski (Hg.), State and Temple Economy in the Ancient Near East. Proceedings of the International Conference organized by the Katholieke Universiteit Leuven from the 10th to the 14th of April 1978, II, Löwen 1979, 707–729.
Quaegebeur, J., La statue du général Pétimouthês, Turin, Museo Egizio cat. 3062 + Karnak, Karakol no 258, in: E. Van 't Dack u. a. (Hg.), The Judean-Syrian-Egyptian Conflict of 103–101 B.C., Brüssel 1989, 88–108.
Quaegebeur, J., Reines ptolémaïques et traditions égyptiennes, in: H. Maehler/V.M. Strocka (Hg.), Das ptolemäische Ägypten. Akten des internationalen Symposions. Berlin, 27.–29. September 1976, Mainz 1978, 245–262.
Queyrel, F., Les portraits de Ptolémée III Evergète et la Problématique de l'Iconographie Lagide de Style grec, in: Journal des Savants 2002, 3–73.
Rathmann, M., Diodor und seine »Bibliothek«. Weltgeschichte aus der Provinz, Berlin/Boston 2016.
Ray, J.D., The Archive of Hor, London 1976.
Ray, J.D., Observations on the Archive of Hor, in: JEA 64, 1978, 113–120.
Ray, J.D., A Pious Soldier: Stele Aswan 1057, in: JEA 73, 1987, 169–180.
Redford, D.B., The Wars in Syria and Palastine of Thutmose III, Leiden/Boston 2003.
Rémondon, S.R., Problèmes du bilinguisme dans l'Égypte lagide, in: CdÉ 39, 1964, 126–146.
Rodriguez, P., Les Égyptiens dans l'armée de terre ptolémaïque (Diodore, XIX, 80, 4), in: REG 117, 2004, 104–124.
Richter, H.-D., Verwaltungswiderstand gegen ein Prostagma Ptolemaios' II. Philadelphos? P.Cairo Zen. 59021, in: Tyche 7, 1992, 177–186.
Roeder, G., Naos, Leipzig 1914.
Roisman, J., Perdikka's Invasion of Egypt, in: H. Hauben/A. Meuus (Hg.), The Age of the Successors and the Creation of the Hellenistic Kingdoms (323–276 B.C.), Löwen 2014, 455–474.
Roller, D.W., Cleopatra. A Biography, Oxford 2010.
Rostovtzeff, M., Gesellschafts- und Wirtschaftsgeschichte der hellenistischen Welt, Nd Darmstadt 2013 (orig. 1941).
Rowe, A., Discovery of the Famous Temple and Enclosure of Serapis at Alexandria, with Explanation of the Enigmatical Inscriptioins on the Serapeum Plaques of Ptolemy IV by É. Drioton, in: CASAE 2, 1946, 1–70.

Rowlandson, J., Town and Country in Ptolemaic Egypt, in: A. Ereskine (Hg.), A Companion to the Hellenistic World, Malden u. a. ²2005, 249–263.
Rübsam, W.J.R., Götter und Kulte im Faijum während der griechisch-römisch-byzantinischen Zeit, Marburg 1974.
Rupprecht, H.-A., Recht und Rechtsleben im ptolemäischen und römischen Ägypten. An der Schnittstelle griechischen und ägyptischen Rechts 332 a.C. – 212 p.C., Stuttgart 2011.
Rutica, D., Kleopatras vergessener Tempel. Das Geburtshaus von Kleopatra VII. in Hermonthis – Eine Rekonstruktion der Dekoration, Göttingen 2015.
Sänger, P., The Meaning of the Word πολίτευμα in the Light of the Judeo-Hellenistic Literature, in: T. Derda u. a. (Hg.), Proceedings of the 27th International Congress of Papyrology. Warsaw, 29 July – 3 August 2013, 1679–1693.
Salamé-Sarkis, H., Inscription au nom de Ptolémée IV Philopator trouvée dans le nord de la Béqa', in: Berytus 34, 1986, 207–209.
Saming, C., Les portes de Médamoud du Musée de Lyon, in: BIFAO 92, 1992, 147–184.
Samuel, A.E., Ptolemaic Chronology, München 1962.
Schaaf, I., Magie und Ritual bei Apollonios Rhodios. Studien zu ihrer Form und Funktion in den Argonautika, Berlin/Boston 2014.
Schäfer, D., Alexander der Große – Pharao und Priester, in: St. Pfeiffer (Hg.), Ägypten unter fremden Herrschern zwischen persischer Satrapie und römischer Provinz, Frankfurt am Main 2007, 54–74.
Schäfer, D., Makedonische Pharaonen und hieroglyphische Stelen, Löwen 2011.
Schäfer, D., Nachfolge und Legitimierung in Ägypten im Zeitalter der Diadochen, in: H. Hauben/A. Meeus (Hg.), The Age of the Successors and the Creation of the Hellenistic Kingdoms (323–276 B.C.), Löwen 2014, 442–446.
Scheuble, S., Griechen und Ägypter im ptolemäischen Heer – Bemerkungen zum Phänomen der Doppelnamen, in: R. Rollinger u. a. (Hg.), Interkulturalität in der Alten Welt: Vorderasien, Hellas, Ägypten und die vielfältigen Ebenen des Kontakts, Wiesbaden 2010, 551–560.
Scheuble-Reiter, S., Die Katökenreiter im ptolemäischen Ägypten, München 2012.
Scheuble-Reiter, S., Zur Organisation und Rolle der Reiterei in den Diadochenheeren. Vom Heer Alexanders des Großen zum Heer Ptolemaios' I., in: H. Hauben/A. Meeus (Hg.), The Age of the Successors and the Creation of the Hellenistic Kingdoms (323–276 B.C.), Löwen 2014, 475–500.
Schmidt, M.G., Caesar und Cleopatra. Philologischer und historischer Kommentar zu Lucan. 10.1–171, Frankfurt a. M. u. a. 1984.
Schmitt, H.H., Untersuchungen zur Geschichte Antiochos' des Großen und seiner Zeit, Wiesbaden 1964.
Schnegg, K., Darstellungen von Frauen in Kriegssituationen in der Römischen Geschichte des Cassius Dio, in: Chr. Ulf/R. Rollinger (Hg.), Frauen und Geschlechter. Bilder – Rollen – Realitäten in den Texten antiker Autoren der römischen Kaiserzeit, Wien u. a. 2006, 257–278.
Scholl, R., Tempelprostitution im griechisch-römischen Ägypten? Hierodouloi als Tempelsklaven und Tempelprostituierte?, in: T. Scheer (Hg.), Tempelprostitution im Altertum. Fakten und Fiktionen, Berlin 2009, 183–197.
Schrapel, Th., Das Reich der Kleopatra. Quellenkritische Untersuchungen zu den »Landschenkungen« Mark Antons, Trier 1996.
Schreiber, G., Early and Middle Ptolemaic Funerary Art at Thebes (ca. 306–88 BC), in: Z. Hawass u. a. (Hg.), Proceedings of the Colloquium on Theban Archaeology at the Supreme Council of Antiquities. November 5, 2009, 105–140.

Schreiber, T., Ἀρσινόης θεᾶς φιλαδέλφου – Ein Miniaturaltar der Arsinoë II. im Archäologischen Museum der Westfälischen Wilhelms-Universität Münster, in: BOREAS 34, 2011, 187–202.
Schubert, W., Das hellenistische Königsideal nach Inschriften und Papyri, in: APF 12, 1937, 1–26.
Seibert, J., Der Einsatz von Kriegselefanten. Ein militärgeschichtliches Problem der antiken Welt, in: Gymnasium 80, 1973, 348–362.
Seibert, J., Untersuchungen zur Geschichte Ptolemaios' I., München 1969.
Seibert, J., Das Zeitalter der Diadochen, Darmstadt 1983.
Seidl, E., Ptolemäische Rechtsgeschichte, Glückstadt 1962.
Sherk, R.K., The Eponymous Officials of Greek Cities IV, The Register, in: ZPE 93, 1992, 223–272.
Shore, A.F./Smith, H.S., Two unpublished Demotic Documents from the Asyut Archive, in: JEA 45, 1959, 52–60.
Siani-Davies, M., Ptolemy XII Auletes and the Romans, in: Historia 46, 1997, 306–340.
Sonnabend, H., Fremdenbild und Politik. Vorstellungen der Römer von Ägypten und dem Partherreich in der späten Republik und frühen Kaiserzeit, Frankfurt a. M. 1986.
Spyridakis, S., Ptolemaic Itanos and Hellenstic Crete, Berkeley 1970.
Stadler, M., Die Krönung der Ptolemäer zu Pharaonen, in: Würzburger Jahrbücher für die Altertumswissenschaft. N.F. 36, 2012, 59–95.
Stadler, M.A., Einführung in die ägyptische Religion ptolemäisch-römischer Zeit nach den demotischen religiösen Texten, Berlin 2012.
Stambaugh, J.E., Sarapis under the Early Ptolemies, Leiden 1972.
Stanwick, P., Portraits of the Ptolemies, Greek Kings as Egyptian Pharaohs, Austin 2002.
Strootman, R., Courts and Elites in the Hellenistic Empires. The Near East After the Achaemenids, c. 330 to 30 BCE, Edinburgh 2014.
Svenson, D., Darstellung hellenistischer Könige mit Götterattributen, Frankfurt am Main 1995.
Swiderek, A., Sarapis et les Hellénomemphites, in: J. Bingen u. a. (Hg.), Le monde grec. Pensée, littérature, histoire, documents. Hommages à Claire Préaux, Brüssel 1975, 670–675.
Swinnen, W., Sur la politique religieuse de Ptolémée Ier, in: Les syncrétismes dans les religions grecque et romaine, Paris 1973, 118–123.
Swoboda, A., P. Nigidii Figuli operum reliquiae, Wien/Prag 1889.
Taeger, F., Charisma. Studien zur Geschichte des antiken Herrscherkultes I, Stuttgart 1957.
Tarn, W.W., Nauarch and Nesiarch, in: JHS 31, 1911, 251–259.
Tcherikover, V., Prolegomena, in: ders. u. a. (Hg.), Corpus Papyrorum Judaicarum, Band 1, Cambridge, Mass. 1957, 1–111.
Thiers, Chr., Civils et militaires dans les temples. Occupation illicite et expulsion, BIFAO 95, 1995, 493–516.
Thiers, Chr., Ptolémée Philadelphe et les prêtres d'Atoum de Tjékou. Nouvelle édition commentée de la »stèle de Pithom« (CGC 22183), Montpellier 2007.
Thiers, Chr., Ptolémée Philadelphe et les prêtres de Saïs. La stèle Codex Ursinianus, fol. 6 r° + Naples 1034 + Louvre C.123, in: BIFAO 99, 1999, 423–445.
Thiers, Chr., La stèle de Ptolémée VIII Évergète II à Héracléion, Oxford 2009.
Thissen, H.-J., Studien zum Raphiadekret, Meisenheim am Glan 1966.
Thomas, J.D., Aspects of the Ptolemaic Civil Service: the Dioiketes and the Nomarch, in: H. Maehler/V.M. Strocka (Hg.), Das ptolemäische Ägypten. Akten des internationalen Symposions. Berlin, 27.–29. September 1976, 187–194.
Thomas, J.D., The epistrategos in Ptolemaic and Roman Egypt. Part 1. The Ptolemaic epistrategos, Opladen 1975.

Thomas, S./Ray, J.D., The Falcon King. Ptolemy Philadelphus and the Karnak Ostracon, in: M. Depauw/Y. Broux (Hg.), Acts of the Tenth International Congress of Demotic Studies, Löwen/Brüssel, 331–344.
Thompson, D.B., Ptolemaic Oinochoai and Portraits in Faience: Aspects of the Ruler-Cult, Oxford 1973.
Thompson, D.J., Egypt, 146–31 BC, in: J.A. Crook u. a. (Hg.), The Cambridge Ancient History IX, Cambridge ²1994, 310–326.
Thompson, D.J., The Infrastructure of Splendour: Census and Taxes in Ptolemaic Egypt, in: P. Cartledge u. a. (Hg.), Hellenistic Constructs. Essays in Culture, History, and Historiography, Berkeley 1997, 242–257.
Thompson, D.J., Irrigation and Drainage in the Early Ptolemaic Fayyum und New and Old in the Ptolemaic Fayyum, in: A. K. Bowman/E. Rogan (Hg.), Agriculture in Egypt from Pharaonic to Modern Times, Oxford 1999, 107–122.
Thompson, D.J., Memphis under the Ptolemies, Princeton/Oxford ²2012.
Thompson, D.J., New and Old in Ptolemaic Fayyum, in: A.K. Bowman/E. Rogan (Hg.), Agriculture in Egypt. From Pharaonic to Modern Times, Oxford 1999, 123–138.
Thompson, D.J., Pausanias and Protocol: The Succession to Euergetes II, in: L. Criscuolo/ G. Geraci (Hg.), Egitto e storia antica dall'ellensimo all'età araba. Bilancio di un confronto. Atti del colloquio internazionale, Bologna, 31 agosto–2 Settembre 1987, Bologna 1989, 693–701.
Tkaczow, B., The Topography of Ancient Alexandria (An Archaeological Map), Warschau 1993.
Török, L., Between Two Worlds. The Frontier Region between Ancient Nubia and Egypt 3700 BC – 500 AD, Leiden/Boston 2009.
Tondriau, J.L., Les thiases dionysiaques royaux de la cour ptolemaïque, in: CdÉ 41, 1946, 149–171.
Tondriau, J.L., La Tryphè, philosophie royale ptolémaïque, in: REA 50, 1948, 49–54.
Torallas Tovar, S., Linguistic Identity in Graeco-Roman Egypt, in: A. Papaconstantinou (Hg.), The Multilingual Experience in Egypt, from the Ptolemies to the Abbasids, Farnham/Burlington 2010, 17–43.
Tracy, S.V./Habicht, Chr., New and Old Panathenaic Victor Lists, Hesperia 60, 1991, 187–236.
Tscherikower, V., Die hellenistischen Städtegründungen on Alexander dem Großen bis auf die Römerzeit, Leipzig 1927
Tunny, J.A., Ptolemy ›the son‹ Reconsidered: Are there too Many Ptolemies?, in: ZPE 131, 2000, 83–92.
Turner, E.G., A Commander-in-Chief's Order from Saqqara, in: JEA 60, 1974, 239–242.
Turner, E.G., Ptolemaic Egypt, in: Cambridge Ancient History VII 1, Cambridge ²1984, 118–174.
van Minnen, P., Die Königinnen der Ptolemäerdynastie in papyrologischer und epigraphischer Evidenz, in: A. Kolb (Hg.), Augustae. Machtbewusste Frauen am römischen Kaiserhof? Herrschaftsstrukturen und Herrschaftspraxis II. Akten der Tagung in Zürich 18.—20.9.2008, Berlin 2010, 39–53.
van Oppen de Ruiter, B.F., Berenice II Euergetis. Essays in Early Helle-nistic Queenship, New York 2015.
van Oppen de Ruiter, B.F., The Death of Arsinoe II Philadelphus: the Evidence Reconsidered, in: ZPE 174, 2010, 139–150.
van Oppen de Ruiter, B.F., The Marriage and Divorce of Ptolemy I and Eurydice: An Excursion in Early-Hellenistic Martial Practices, in: CdÉ 90, 2015, 147–173.
van Oppen de Ruiter, B.F., The Marriage of Ptolemy I and Berenice I, in: Ancient Society 41, 2011, 83–92.

van Oppen de Ruiter, B.F., Notes on Arsinoe I: A Study of a Shadowy Queen, in: CdÉ 89, 2014, 158–181.
Van 't Dack, E., Encore le problème de Ptolémée Eupator, in: ders. (Hg.), Ptolemaica Selecta. Études sur l'armée et l'administration lagides, Löwen 1988, 157–174.
Van 't Dack, E., Reizen, expedities en emigratie uit Italïe naar Ptolemaeïsch Egypte, Brüssel 1980.
Van 't Dack, E., u. a., The Judean-Syrian-Egyptian Conflict of 103–101 B.C. A Multilingual Dossier Concerning a »War of Sceptres«, Brüssel 1989.
Vandorpe, K., Agriculture, Temples and Tax Law in Ptolemaic Egypt, in: CRIPEL 25 (= Juan Carlos Moreno García (Hg.), L'agriculture institutionnelle en Égypte ancienne: État de la question et perspectives interdisciplinaires, Villeneuve d'Ascq 2007), 165–171.
Vandorpe, K., The Chronology of the Reigns of Hurgonaphor and Chaonnophris, in: CdÉ 61, 1986, 294–302.
Vandorpe, K., City of Many a Gate, Harbour for Many a Rebel. Historical and Topographical Outline of Greco-Roman Thebes, in: S.P. Vleeming (Hg.), Hundred-Gated Thebes. Acts of a Colloquium on The-bes and the Theban Area in the Graeco-Roman Period, Leiden 1995, 208–228.
Vandorpe, K., Persian Soldiers and Persians of the Epigone. Social Mobility of Soldiersherdsmen in Upper Egypt, in: APF 54, 2008, 87–108.
Vandorpe, K., The Ptolemaic army in Upper Egypt (2nd-1st centuries BC), in: A. Veïsse/ S. Wackenier (Hg.), L'armée en Égypte aux époques perse, ptolémaïque et romaine, Genf 2014, 105–135.
Vandorpe, K., A Successful, but Fragile Biculturalim. The Hellenization Process in the Upper-Egyptian Town of Pathyris under Ptolemy VI and VIII, in: A. Jördens/J.F. Quack (Hg.), Ägypten zwischen innerem Zwist und äußerem Druck. Die Zeit Ptolemaios' VI. bis VIII., Wiesbaden 2011, 292–308.
Vandorpe, K./Waebens, S., Reconstructing Pathyris' Archives. A Multicultural Community in Hellenistic Egypt, Brüssel 2009.
Veïsse, A.-E., Les »révoltes égyptiennes«. Recherches sur les troubles intérieurs en Égypte du règne de Ptolémée III à la conquête romaine, Löwen 2004.
Veïsse, A.-E., Statut et identité dans l'Égypte des Ptolemées: Les designations d'›Hellènes‹ et d'»Égyptiens«, in: Ktema 32, 2007, 279–291.
Verhoogt, A.M.F.W., Menches. Komogrammateus of Kerkeosiris: the Doings and Dealings of a Village Scribe in the Late Ptolemaic Period (120–110 B.C.), Leiden u. a. 1997.
Viereck, P., Philadelpheia. Die Gründung einer hellenistischen Militärkolonie in Ägypten, Leipzig 1928.
Viereck, P./Zucker, F., Papyri, Ostraka und Wachstafeln aus Philadelphia im Fayûm, Berlin 1926.
Vittmann, G., Ägypten zur Zeit der Perserherrschaft, in: R. Rollinger u. a. (Hg.), Herodot und das Persische Weltreich. Herodotus and the Persian Empire. Akten des 3. Internationalen Koloquiums zum Thema »Vorderasien im Spannungsfeld klassischer und altorientalischer Überlieferungen«. Innsbruck, 24–28. November 2008, Wiesbaden 2011, 373–429.
Vittmann, G., Beobachtungen und Überlegungen zu Fremden und hellenisierten Ägyptern im Dienste einheimischer Kulte, in: W. Clarysse u. a. (Hg.), Egyptian Religion. The Last Thousand Years. Studies Dedicated to the Memory of Jan Quaegebeur, Part II, Löwen 1998, 1231–1250.
Vittmann, G., Das demotische Graffito vom Satettempel auf Elephantine, in: MDAIK 53, 1997, 263–281.

Vleeming, S.P., Demotic Graffiti and other Short Texts gathered from many Publications (Short Texts III 1201–2350), Löwen u. a. 2015.
Vössing, K., Mensa regia. Das Bankett beim hellenistischen König und beim römischen Kaiser, München u. a. 2004.
von Beckerath, J., Handbuch der ägyptischen Königsnamen, Mainz 1999.
von Recklinghausen, D., Die Philensis-Dekrete. Untersuchungen über zwei Synodaldekrete aus der Zeit Ptolemaios' V. und ihre geschichtliche und religiöse Bedeutung, Wiesbaden (im Erscheinen).
von Reden, S., Money in Ptolemaic Egypt: From the Macedonian Conquest to the End of the Third Century BC, Cambridge/New York 2007.
Walbank, F.W., Egypt in Polybius, in: J. Ruffle (Hg.), Glimpses of Ancient Egypt: Studies in Honour of H.W. Fairman, Warminster 1979, 53–69.
Walbank, F.W., Könige als Götter. Überlegungen zum Herrscherkult von Alexander bis Augustus, in: Chiron 17, 1987, 375–382.
Walbank, F.W., The Surrender of the Egyptian Rebels in the Nile Delta (Polyb. xxii.17.1–7), in: ders., Polybius, Rome and the Hellenistic World. Essays and Reflections, Cambridge 2002, 70–78.
Wallet-Lebrun, Chr./Grimal, N., Le grand livre de pierre, Paris 2009.
Waterfield, R., Dividing the Spoils. The War for Alexander the Great's Empire, Oxford 2011.
Weber, G., Dichtung und höfische Gesellschaft. Die Rezeption von Zeitgeschichte am Hof der ersten drei Ptolemäer, Stuttgart 1993.
Weber, G., Interaktion, Repräsentation und Herrschaft. Der Königshof im Hellenismus, in: A. Winterling (Hg.), Zwischen ›Haus‹ und ›Staat‹. Antike Höfe im Vergleich, München 1997, 28–71.
Weber, G., Poesie und Poeten an den Höfen vorhellenistischer Monarchen, in: Klio 74, 1992, 25–77.
Welles, C.B., The Role of the Egyptians under the First Ptolemies, in: D.H. Samuel (Hg.), Proceedings of the Twelfth International Congress of Papyrology, Toronto 1970, 505–510.
Wendt, Chr., Sine fine. Die Entwicklung der römischen Außenpolitik von der späten Republik bis in den frühen Prinzipat, Berlin 2008.
Westall, R., Rome and Ptolemaic Egypt: Initial Contacts, in: P. Buzi u. a. (Hg.), Aegyptiaca et Coptica. Studi in onore di Sergio Pernigotti, Oxford 2011, 349–360.
Wheatley, P.V., Ptolemy Soter's Annexation of Syria 320 B.C., in: CQ 45, 1995, 433–440.
Wilcken, U., Urkunden der Ptolemäerzeit (ältere Funde). Berlin/Leipzig 1927.
Wildgruber, R., Daniel 10–12 als Schlüssel zum Buch, Tübingen 2013.
Winnicki, J.K., Die Ägypter und das Ptolemäerheer, Aegptus 65, 1985, 41–55.
Winnicki, J.K., Carrying off and Bringing Home the Statues of the Gods. On an aspect of the religious policy of Ptolemies towards the Egyptians, in: JJP 24, 1994, 149–190.
Winnicki, J.K., Die letzten Ereignisse des vierten syrischen Krieges. Eine Neudeutung des Raphiadekrets, in: JJP 31, 2001, 133–145.
Winnicki, J.K., Petisis, Sohn des Pachnumis, Offizier und Priester an der Südgrenze Ägyptens im 2. Jh. v. Chr., in: JJP 26, 1996, 127–134.
Winnicki, J.K., Zwei Studien über die Kalasirier, in: OLP 17, 1986, 17–32.
Wörrle, M., Epigraphische Forschungen zur Geschichte Lykiens II. Ptolemaios II. und Telmessos, in: Chiron 8, 1978, 201–246.
Wolff, H.J., Das Recht der griechischen Papyri Ägyptens in der Zeit der Ptolemaeer und des Prinzipats, Bd. I, München 1978; Bd. 2, München 2002.
Worthington, I., Ptolemy I. King and Pharaoh of Egypt, Oxford 2016.

Wörrle, M., Epigraphische Forschungen zur Geschichte Lykiens III. Ein hellenistischer Königsbrief aus Telmessos, in: Chiron 9, 1979, 83–111.

Yoyotte, J., Bakhthis: religion égyptienne et culture grecque à Edfou, in: Ph. Derchain (Hg.), Religions en Égypte hellénistique et romaine, Paris 1969, 127–141.

Zaki, G., Isis Hat pa msa. Un instrument de propagande de Syène contre Philae au bénéfice d'Élephantine, in: L. Gabolde (Hg.), Hommages à Jean-Claude Goyon, Kairo 2008, 417–431.

Zimmermann, K., P.Bingen 45: eine Steuerbefreiung für Q.Cascellius, adressiert an Kaisarion, in: ZPE 138, 2002, 133–139.

Zivie-Coche, Chr., Tanis 3. Statues et autobiographies de dignitaires. Tanis à l'époque ptolémaïque, Paris 2004.

# 16 Register

## 16.1 Personenregister

### A

Achillas 195–197
Aetos, Sohn des Apollonios 79
Agathodaimon 212
Agathokleia 117, 119 f.
Agathokles von Syrakus 28, 98, 102, 118–121, 216
Agrippa 214
Aischylos 97
Alexander Balas 150–152
Alexander der Große 17, 20–22, 27, 29 f., 44 f., 58, 71, 77, 83, 85, 103, 109, 207
Alexander Helios 202
Alexander Iannaios 173
Alexander IV. 18
Alexanderpriester 39, 65, 69, 99, 130, 139, 159 f.
Alexandra Salome 218
Amasis 162
Amenemhet III. 74, 80, 171
Ammon 15, 17, 20, 32, 146
Amun-Re 23 f., 123 f., 162, 179
Ananias 174
Antigonos Doson 96
Antigonos II. Gonatas 70
Antigonos Monophtalmos 18, 20, 25–30, 32 f., 70–72, 140
Antiochos I. 53, 68 f.
Antiochos II. 72 f., 82
Antiochos III. 82, 102, 121, 132, 139
Antiochos IV. 137, 140–142, 144 f., 215, 217
Antiochos VIII. 173
Antiochos IX. 173, 203
Antiochos XIII. 186
Antipatros 18, 34
Apama 73
Aphrodisia 178
Aphrodite 62, 64–66, 172, 201, 205 f., 208
Apollodoros 198
Apollonios von Rhodos 38
Apollonios, Sohn des Ptolemaios 177–179, 181
Apollonios, Sohn des Theon 50
Apollophanes, Sohn des Bion 166
Aramäer 27 f.
Aratos 96
Archelaos 189 f.
Archibios/Horchebi 163
Areus 70, 72
Argeaden 17, 29
Aristarch von Samothrake 155
Aristarchos 38
Aristeas 39
Aristomenes 121 f., 125 f., 133
Aristonikos
– Eunuch 130, 133
– Sohn des Aristonikos 130, 134, 216
Arsinoe 29, 35, 60, 77–80, 84, 109, 133, 171, 197
Arsinoe I. 51, 61
Arsinoe II. 34, 51, 60, 62–66, 70 f., 86, 95, 98, 154, 160, 218
Arsinoe III. 98 f., 111 f.
Arsinoe IV. 119 f., 160, 197, 199, 202
Arsinoe, Göttin 62 f., 65–67, 80, 99, 107, 160
Arsinoe *siehe* Krokodilopolis
Artakama 34
Artavasdes 204
Artaxerxes III. 45

Asiate 88, 105, 162
Asklepios 109
Athena 21, 64
Äthiopier 54
Atum 23, 55, 153, 170
Augustus 193 f., 201, 207 f.

**B**

Beduinen 162
Belestiche 65
Berenike 51, 73, 84, 89, 94, 96, 98 f., 111
Berenike Phernephoros, Syra 82
Berenike Euergetis 160
Berenike I. 29, 34, 51
Berenike II. 63, 68, 73, 81, 95, 98, 116, 154, 209
Berenike III. 174, 177
Berenike IV. 188 f., 193, 218
Berenike, Tochter des Andromachos 65, 70
Berenike-Sothis 96
Boethos, Sohn des Nikostratos 166 f.
Bubastis 50

**C**

Caecilius Metellus Calvus, L. 156
Caesar 95, 187, 193–202, 204, 210, 213 f.
Canidius Crassus, P. 212
Cascellius, Q. 212
Champollion, Jean-François 126
Chaonnophris (= Anch-Wennefer 124, 130–132
Chelkias 174
Cheops 94
Chnubis 166
Chnum 93, 167, 170, 185, 191
Chremonides, Sohn des Eteokles 70, 72
Cornelia 157 f.
Cornelius Dolabella, P. 201
Cornelius Scipio Aemilianus Africanus minor, P. 156
Cornelius Scipio Africanus maior, P. 158

**D**

Dareios 21, 162
Dareios III. 17

Decimus, C. 142
Demetrios I. 150 f.
Demetrios II. 151 f., 160, 192
Demetrios Kalos 73
Demetrios Poliorketes 18, 26–28, 30, 32 f., 44, 96, 109
Demosthenes 40
Diodoros 80
Dion, Philosoph 188–190, 217
Dionysos 57 f., 65, 83–86, 109, 117, 157 f., 184 f., 190, 192, 205, 207, 219
Dionysios Petosarapis/Petosarapis 138, 145–148
Diophanes 14 f.
Dioskuren 65, 67, 80
Djed-Hor aus Athribis 43, 48
Djoser 93 f.
Dositheos, Sohn des Drimylos 159

**E**

Eirenaios 144
Eratosthenes von Kyrene 38
Euklid 38
Eulaios 137–140, 216
Eumedes 78
Eumenes 25, 72
Eumolpiden 110
Euripides 97
Eurydike 24, 29, 34, 60

**F**

Foucault, Michel 219

**G**

Gabinius 188–190, 195 f.
Galaistes 154
Ganymedes 197
Gegenpharaonen 14, 122, 127, 130, 165

**H**

Hapi 86
Harpachepesch 50
Harsiesis 104
Hasmonäer 173, 204, 218
Hegeso 63
Helios 32, 204
Hellenomemphiten 109

## Personenregister

Hephaistion  17
Hephaistos  116
Hera  61, 64
Herakleides  13
Herakles  21, 35, 65, 83–86, 166
Herischef  48
Hermes  126
Hermias  181
Herodes  204
Herodes von Pergamon  166
Herodes, Dioiket  148
Heron  174
Herophilos  38
Herrin der Seehfahrt (Euploia) *Siehe* Aphrodite
Hierax  176
Hieropolos  160, 172
Homer  84, 155
Hor  48, 144
Hor, Sohn des Harendotes  144
Horus  23, 31, 46, 48, 88, 90, 99, 104 f., 107 f., 122, 124, 126 f., 129, 153, 160, 174, 186
– das Kind  99
– -Pharao  127
– -Ptolemaios  107 f.
– Sohn der Isis  104
Horus Wenefer  123
Hostilius, C.  142
Hutheriti  178
Hykranos I.  173

### I

Imhotep  93
Inder  21
Iris  61
Isis  15, 61, 66, 88, 99, 104, 106–112, 124, 126, 151, 153, 160, 165, 167, 170, 172, 185 f., 208
Isis, Arsinoe  66
Isokrates  87

### J

Juden  28, 39, 42, 158 f., 174, 217

### K

Kallikrates von Samos  62
Kallimachos  213

Kallimachos von Kyrene  35, 38, 68
Kallimachos, Sohn des Kallimachos  182
Kallimachos, Verwaltungsbeamter  213
Kallisthenes  57
Kap Zephyrion  62
Karischer Krieg  53
Kassandros  18, 26, 29, 33
Kastor  65
Kelten  60, 68 f.
Kerbereos  110
Kineas  140
Kleino  64
Kleomenes  19, 97 f., 101
Kleomenes III.  97
Kleon/Kreon  144
Kleopatra Berenike III.  175, 177
Kleopatra I.  209
Kleopatra II.  137 f., 149, 153 f., 159 f., 163, 166, 168–170, 172, 189, 203
Kleopatra III.  153 f., 159 f., 168–175, 177, 179, 181, 208
Kleopatra IV.  169
Kleopatra Selene.  169, 187, 202
Kleopatra V.  184
Kleopatra VII.  117, 191, 193, 211, 215, 218
Kleopatra, Schwester Alexanders  29
Kleopatra, Tochter des Ptolemaios  151
Komanos  129–131, 137, 140
Kosmas Indikopleustes  83
Krateros  18
Ktesibios  38

### L

Lagos  26, 29, 35
Lakedaimonier  70
Laodike  73, 82, 218
Lenaios  137–140, 216
Lepidus  201
Lucanus  193, 198
Lucius, Sohn des Gaius  112
Lucullus  176, 207
Lykos  69
Lysandra  34
Lysimachos  17 f., 25, 33, 51, 60, 72

### M

Magas  20, 52, 68, 73, 98, 149
Makron  142

Marcus Antonius 190, 193 f., 201–208, 212–215
Marcus Tullius Cicero 176, 183, 187
Maron, Sohn des Dionysios 178
Marsyas 161
Marsyas, Sohn des Demetrios 109
Megalopolis 100, 119
Memmius, L. 171
Mendes 50, 54, 59, 66 f.
Menelaos 27
Mensis 64
Meroiten 165
Minucius Thermus, L. 154
Mithridates von Pontos 176 f., 189
Month 23, 179, 181, 213
Myrtion 64

# N

Nechbet 31
Necho 55
Neferkasokar 94
Nektanebiden 59
Nektanebos II. 59
Nektasephis, Sohn des Petosiris 178
Nesioten 32–34, 56 f.
Nike 21
Nikokles von Paphos 27
Nikokreon von Salamis 26
Nikon 120
Nysa 57

# O

Octavian 201 f., 204 f., 211, 213–215
Oinanthe 117, 120
Onias 158 f.
Ophellas 20, 28
Osiris 61, 88, 104–106, 110, 124, 126 f., 153, 185 f.
Osiris-Apis 109, 111, 145
Osorapis 109, 139, 174

# P

Padiheremheb, Sohn des Padichon 123
Pamenech 178
Panaitios 157
Pandaros, Sohn des Nikias 78
Paos 160, 163
Parasitos 207

Parther 201 f., 204
Pascherenptah/Psenptah III. 184
Paschi 178
Perdikkas 17 f., 20–22, 24
Perseus 140, 142
Petiese 167
Petimuthes 179, 181
Petosiris von Hermupolis 45–48, 178
Peukestas 45
Pharnakes II. 199
Philetas von Kos 51
Philipp Arrhidaios 17 f., 21–23, 43
Philipp II. 29, 40, 58, 60, 71, 87
Philipp V. 121
Philokles 33, 71
Philokrates 39
Philotera 34, 65, 77
Platon 176, 181
Pluto-Hades 109 f.
Pnepheros 189
Polemon von Pontos 204
Polybios von Megalopolis 15, 64, 100–103, 106, 113 f., 117, 119–122, 133, 136, 142 f., 145, 152 f., 155, 168, 183
Polydeukes 65
Polyperchon 25 f.
Pompeius 187–189, 193, 195, 197
Popillius Laenas, C. 142
Poremanres 80
Poros 22
Poseidipp von Pella 35, 38, 62
Potheine 64
Potheinios 195 f.
Psenobastis 13 f.
Ptah 47, 99, 109, 116, 122, 130, 139, 147, 153, 170, 173, 185 f.
Ptah-Tatenen 81, 99, 139, 153, 170, 173, 175, 185
Ptolemaios I. 22, 31, 49, 56, 60, 75, 77, 109, 215
Ptolemaios II. 28, 34, 40, 42, 51–54, 58–62, 65–69, 73–75, 77–79, 82 f., 85, 95, 98, 114, 164 f., 178, 204
Ptolemaios III. 51, 57, 68 f., 73, 81–83, 85–89, 91, 94–96, 98, 103, 110 f., 116, 128, 138 f., 143, 149, 156, 178, 186
Ptolemaios IV. 13, 86, 98 f., 101, 108, 113 f., 116, 119, 121, 123, 127, 215, 218
Ptolemaios V. 119, 122 f., 126–129, 133, 135, 137, 139, 141, 145, 165, 189

Ptolemaios VI. 35, 136–142, 145 f., 148–150, 152, 158 f., 165, 167, 203
Ptolemaios VII. 101, 154
Ptolemaios VIII. 136, 138, 140, 146, 149 f., 153–156, 158 f., 161–164, 166, 168, 170 f., 187 f., 217
Ptolemaios IX. 168–171, 173–177, 181, 184 f.
Ptolemaios X. 168, 172, 174 f., 177
Ptolemaios XI. 177, 183
Ptolemaios XII. 85, 183 f., 186, 188, 190 f., 193, 195 f., 217
Ptolemaios XIII. 193, 195, 198, 200
Ptolemaios XIV. 199 f.
Ptolemaios XV. 201
Ptolemaios Andromachu 82
Ptolemaios Apion 168
Ptolemaios Keraunos 34, 52, 60
Ptolemaios Memphites 154, 159, 163
Ptolemaios Neos Philopator 136, 163
Ptolemaios Philadelphos 64, 202
Ptolemaios von Megalopolis 119
Ptolemaios
– der Sohn 72
Ptolemaios, Sohn des Glaukias 147 f.
Ptolemaios, Sohn des Panas 182
Pyrrhos von Epirus 33, 69

**R**

Rabirius Postumus, C. 190
Re 23, 31, 36, 45, 91, 104, 130, 139, 153, 170, 172 f., 175, 185 f., 191
Rhea 61
Roxane 17 f., 29

**S**

Sachypsis 174
Salitis 125
Satis. 93, 170
Scipionen 100, 158
Sebennytos 50, 59
Selene. 202
Seleukos 18, 25, 27, 33, 52, 60, 82 f.
Seleukos II. 82 f.
Seleukos IV. 137
Seleukos VII. 186, 189
Sempronius Gracchus, Ti. 157
Septimius 195
Seschat 91, 191

Seth 104–106, 115, 127, 129–131, 160
Sidonier 33
Sobek (Petesuchos). 65, 80, 171
Sophokles 97
Sosibios 15, 98, 102, 118–120, 216
Sotades 61
Spurius Mummius 156
Stotoetes 15
Straton von Lampsakos 51
Suchos 80, 210
Sulla 176 f.

**T**

Tanis 50
Tathois 181
Tauseret 159
Taylor, Elizabeth 218
Thenobastis 13
Theodotos 195
Theokrit von Syrakus 38, 51, 54, 56, 61
Theoxena 28
Thesmophoreion 120
Thibron 19
Thoeris 80
Thot 170
Thraseas 79
Thutmosis I. 86
Thutmosis III. 86
Timon aus Phleius 38
Timotheus 110
Tlepolemos 120
Typhon 105, 115
Typhonier 115, 127, 130 f.

**U**

Uto 31

**W**

Wadjet 46, 48

**Z**

Zenodotos von Ephesos 51
Zenon 80
Zeus 21 f., 30, 32, 51, 56 f., 61, 64 f., 80, 84 f., 109
– Söhne 65
Zeus-Ammon 21

## 16.2 Ortsregister

### A

Actium 214
Ahtribis 43, 48, 174
Ainos 83, 100
Akkon 27, 42, 173, 179
Amastris 218
Amman 42
Antiochia 33, 73, 82, 85, 151, 203
Antiochia am Orontes 82
Anubieion 147
Apameia 83
Apollonopolis Megale 178
Arabien 28, 52, 54, 76
Argos 73
Armenien 204, 207
Arsinoe 29, 35, 60, 77–80, 84, 109, 133, 171, 197
Asien 18, 25, 33, 69, 84 f., 87, 91, 143, 151, 203, 205
Askalon 42
Asklepios 109
Assuan 54, 66, 164, 170
Äthiopien 52 f.

### B

Babylon 17, 19 f., 25, 27, 83–85
Bachthis 178
Baktrien 83 f.
Behbeit el-Hagar 59
Berenike
– Hafen 178
Bithynia et Pontus 204
Buhen 166

### C

Chalkis 203

### D

Damaskus 83
Delos 32, 68, 150
Delphi 26, 41, 57, 68
Dion/Tell e-Aschari 42
Diospolis Kato 179

Dor 42
Dreißigmeilenland (Triakontaschoinos 54, 164, 166 f.

### E

Elephantine 54, 74, 93 f., 164, 166 f., 170
Eleusis 110, 142
Eleutheros (Nahr el-Kebir) 73
El-Hesa 167
Eordaia 19
Ephesos 51, 60, 73, 82, 112, 202
Euphrat 83 f.

### F

Faijum 13, 15, 41, 44, 65, 73–75, 79, 122, 141, 146 f., 158, 162, 166, 174, 210

### G

Gaza 27, 42
Golf von Ambrakia 214
Griechenland 18, 25 f., 28, 33, 57 f., 70, 72, 76, 96, 100, 120, 134, 214

### H

Heliopolis 23
Hellespont 25, 83 f., 100
Herakleopolis 48
Hermonthis 176, 210
Hermupolis 45 f., 85

### I

Indien 21 f., 34, 58, 76, 83, 85, 178
Ionien 83 f.
Ipsos 33
Issos 17
Itanos 53, 112, 133

## J

Jaffa 27, 42
Jerusalem 39, 158

## K

Karien 28, 83 f.
Karthago 28, 69, 156, 158
Kasios, Berg 140
Kaunos 61
Keos 53
Kilikien 28, 54, 79, 83 f., 203–206
Kleinasien 15, 28, 33, 36, 51, 53, 58, 72 f., 77, 80 f., 98, 100, 112, 125, 132, 134, 176, 205
Kleopatris 166
Knidos 118
Koilesyrien 33, 36, 42, 55, 83, 100, 102, 105–108, 121, 135, 137, 139 f., 150 f., 174, 177, 195, 203 f.
Koptos 49, 61, 99
Korinth 28, 58, 71 f., 156
Kos 28 f., 34, 51, 73, 177
Kreta 53, 72, 112, 133, 150, 203 f.
Kusch 53
Kykladen 33, 54, 72, 84, 111
Kyrenaika 28, 54, 133, 205
Kyrene 15, 19 f., 26, 28, 33, 36, 38, 52, 68 f., 73, 98, 149 f., 168, 203

## L

Laboué 108
Lapethos 152
Leontopolis 158
Libyen 15, 24, 28, 32, 54, 68, 84
Lykaion 26
Lykien 28, 33, 78, 84
Lykonpolis 124, 126
Lysimacheia 100

## M

Maroneia 83, 100
Medien 84
Megalopolis 100, 119
Megara 28
Memphis 17, 19 f., 25, 31, 47, 50, 67, 102, 109, 116, 122, 125–127, 139– 141, 144, 147, 151, 153 f., 160, 174, 176, 186, 207
Mesopotamien 84
Methana 53
Milet 34, 52 f.
Mittelmeer 15, 25 f., 28, 33, 36 f., 51, 53–55, 57, 59, 69 f., 72, 74, 82 f.
Moeris
– Tempel des Ammon 146

## N

Neupaphos 152
Nil
– -delta 36, 59, 124 f.
Nilkatarakt 164
– erster 54, 164
– zweiter 54, 164, 166

## O

Oase 13, 44
Olympia 26, 56
Orchomenos 118
Orontes 33, 82, 102, 151

## P

Pamphylien 33, 83 f., 100
Paneion 121
Pathyris 124, 132, 176
Pella/Tabaqat Fahil 38, 42
Peloponnes 53, 100, 133
Pelusion 140, 142, 160
Persien 88, 204
Persis 84
Pharos 37 f., 186, 197
Philadelphia 42, 79 f.
Philae 54, 59, 129 f., 162, 164–167, 170, 186
Philometoris 166
Philoteria/Beth-Jerach 42
Phönizien 27, 33, 94, 102, 205
Phrygien 18, 33
Pisidien 33
Pithom 55, 59, 64, 69, 78
Polydeukeia 15
Psoi 77
Psya 13
Ptolemais 34 f., 42, 74, 77, 173 f., 179, 217

– Burg 179
Ptolemais Hermiu 77
Ptolemais Theron 78
Pydna 142

## R

Raphia 102, 105, 108, 112–114, 121, 133, 215
Rhakotis 36, 38, 115, 185
Rhodos 32 f., 38, 72, 206
Rosette 126, 129 f.
Rotes Meer 53, 55, 77, 83, 166, 198
Rubicon 195

## S

Sais 15, 59, 66, 122
Salamis 26, 28, 30
Samaria 27, 158
Samothrake 60, 140, 155
Sardeis 29
Schwarzes Meer 110
Sebennytos 50, 59
Seleukeia in Pieria 82, 173
Seleukia am Euphrat 83, 85, 106
Sema-Behedet 122
Serapeum 20, 99, 144, 147
Sidon 33, 42, 121, 198, 203
Sikyon 28, 41
Sinope 110
Sippa 83
Siwa 17, 20, 22
Spanien 150
Susa 88
Susiane 84
Syene 66, 91, 164, 166, 170
Syrien 20, 24 f., 27 f., 33, 42, 52, 54, 72 f., 84, 86, 88, 94, 100, 134, 139, 160, 173, 179, 188, 202 f., 205, 218
– Nord- 82

## T

Tanagra 118
Tebtynis 116
Tell el-Balamun 179
Telmessos 71 f.
Thera 53, 72, 111, 133
Thermos 97
Thmuis 62 f.
Thonis/Herakleion 36, 162
Thrakien 18, 26, 33, 51, 60, 83 f., 100
Trikornia 158
Triparadeisos 24 f.
Troas 25
Tyros 33, 42, 203

## U

Uruk 83

## V

Vorderasien 52

## W

Wüste 19, 55
– lybische 13, 44
– Ost- 77

## X

Xanthos 78, 87

## Z

Zela 199
Zwölfmeilenland (Dodekaschoinos) 164 f.
Zypern 15, 20, 26–28, 33, 42, 44, 53 f., 62, 84, 94, 133, 142 f., 149, 152, 159, 168, 172 f., 175, 183, 188, 199, 203 f., 215

## 16.3 Sachregister

### A

Adler 30 f., 51
Adlerprodigium 51
Adoption 201
Adulis
– Inschrift 86–88, 103
Ägis 22, 32
Agora 37
Alexandermosaik 107
Altäre 32, 47, 62, 66, 106, 112, 130
Amimetobioi 206
Amphiktyonie 57
*anakleteria* 122, 139 f.
Apis 59, 89, 109, 127, 139, 153, 170, 172, 174, 185
Apisstier *siehe* Apis 219, 248
Apoikie (Kolonie) 79
*apomoira* 49, 67
Arabien 28, 52, 54, 76
– -expedition 53
Aristeasbrief 39
Arsinoe
– Kultbild 66
Arsinoekult 67
Asienfeldzüge 85
Assuan 54, 66, 164, 170
– -staudamm 165
Asyl 19, 25, 27
– -recht 162, 189
– Tempel- 202
– -verleihung 174, 187, 189
Atefkrone 110
Aufstände 14, 20, 101, 113 f., 122 f., 125, 129, 134, 146 f., 155, 217
Auletes (Flötenspieler) 183 f.
Aulosspieler *siehe* Auletes
Autonomie 19, 26, 34, 43, 64, 71 f., 78, 168

### B

Babylon 17, 19 f., 25, 27, 83–85
– Reichsordnung 18
Bacchanalienfeier 158
Barkensanktuar 23
*basileus* 15, 18, 31–33, 35, 59, 89, 141
*basilikos grammateus* 41

Bastard 29, 183 f.
Bauinschrift 113, 163, 190
Befreier 17, 23, 26, 85, 107
Berenikidai 96
Besitzstandsurkunden 146
Bibliothek 38 f., 51, 155, 219
– Alexandria 39, 97, 197
Blitzbündel 30 f.
Bruderliebende (Philadelphos) 62–65, 152, 184
Bund
– achäischer 72, 96 f., 100, 134 f.
– aitolischer 96 f.
– Ehe 60
– Insel- 32 f.
– korinthischer 58, 71
– Nesioten 57
Bundesgenossen 53, 70, 134, 176, 187, 193, 200, 204

### C

Chlamys 22
Chronik
– babylonische 83
*cura morum* 196

### D

Datierung 30, 62, 126, 137
– eponyme 39
– makedonische 52
– -protokoll 199
– -sformel 69, 137, 149, 154, 170, 172, 201
– -sformular 65, 138
– -sprotokolle 99
Dekadenz 114, 183, 194
Diadem 21, 30 f., 104, 106, 119, 122, 151, 154, 157 f., 185, 203, 208
– Königs- 30
Diadochen 17 f., 22, 24–26, 28, 30 f., 36, 60
Dioiket 41, 50, 80, 148, 190
Dionysien 192
Dionysos 57 f., 65, 83–86, 109, 117, 157 f., 184 f., 190, 192, 205, 207, 219
– Junger 85

- -kultvereine 76
- Neuer 157

Doppelaulos 184
Doppelehe 154
Doppelfüllhorn (*dikeras*) 86
Dorea 39, 71 f., 74
Dromos 20, 80, 129, 147
Dynastiekult 81, 99, 129, 139, 160, 172

# E

Eber
- -jäger 86
- kaledonisch 86

Ehrenbeschluss 52, 56, 87
Eingabe 14, 87, 151, 162
Einquartierung 15, 43, 47, 162
Elefanten 21 f., 27 f., 53, 57, 78, 83–87, 102, 159
- -besieger 21
- -exuvie 22
- -jagd 78, 86
- -skalp 21, 65

Eleusis 110, 142
- Tag von 142

Epheben 66
*epistates* 49
Epistolographos 41
Epistratege 163
Erlass 129, 141, 161, 187, 212
- Amnestie- 131, 149, 161
- königlicher 42, 161

Erlasse *siehe* Erlass
Ethnikon 179
*Eucharistos* 122, 128 f.
Euergetes 87, 149, 155
Eunuch 130, 133, 137, 195, 197, 205
Eupator 152, 160

# F

Feinde 43, 55, 81, 87–89, 104 f., 107 f., 127, 134, 162, 181, 207
- Götter- 127, 129

Feindvernichtung 89, 115, 212
Feldzug
- Parther- 200, 202, 204

Festmahl (*symposion*) 40, 198, 206
Festung 21, 36, 43, 55, 103, 112, 132, 140, 159 f., 164, 166 f.
Festzelt 40

Fettleibigkeit 86, 156
Flotte 26–28, 36, 42, 53 f., 72 f., 84, 97, 144, 174, 201, 203, 214
Flotten
- -admiral 62, 173
- -basen 72
- -basis 112

Freiheit 19 f., 26, 34, 38, 42, 70 f., 96, 117, 168
- Dekret 26
- Steuer 212
- Zoll 212

Freund und Bundesgenosse 176
Freunde (*philoi*) 39, 133
Friede von Apameia 134
Friedensherrscher 157 f.
Fruchtbarkeit 58, 62, 64 f., 75, 86, 91 f., 96, 109 f., 212
Fruchtbarkeitsgottheit 110
Füllhorn 86

# G

Gabianer 190
Gau 27, 41, 67, 75, 167, 212
- arsinoitischer 41, 65, 171
- busiritischer 126
- Edfu 178
- Mendes 67
- -metropolis 176
- Theben 130
- -verwalter 15
- Vorsteher 147

Gauhauptstadt
- Arsinoe (Krokodilopolis) 171
- Edfu 178
- Latopolis 181

Geburtshaus (*Mammisi*) 99, 129 f.
Geburtslegende 29
Geheimvertrag 121
Gelage 40, 197
*gens Iulia* 210
Gesandte 40, 56, 69, 71, 73, 134, 142 f., 149, 154–158, 171, 188, 214
Gesandtschaften 19, 32, 69, 73, 120, 134, 140, 142 f., 145, 156, 171, 187–190, 217
Geschwistergötter 62, 70, 80 f., 84, 111, 138, 160
Geschwisterheirat 55, 60, 64, 133
Geschwisterkriege 136, 159, 176

Getreide  14, 19, 46, 69, 74–76, 93 f., 116, 148, 150, 198 f.
Gewand  13, 15 f.
– dreiteilig  179
– durchscheinend  156
– durchsichtig  156
– Fransen-  180
– Isis-  208 f.
– neues  179
Götter
– Vaterliebende, Vaterlandsliebende  98 f., 107, 109, 138, 160, 175, 184, 193, 199, 201, 203, 208, 210
Gottesferne  116
Gottesmutter  160
Göttin
– Erschienene  189
– Jüngere (*Thea Neotera*)  203, 208
Gottlose  126
Grabstele  167, 178, 184, 186
Großkönig  17, 84
Gründer (*ktistes*)  77
Gymnasium  37, 80, 177, 204, 208, 217

## H

Haronnophris (= Hyrganopher)  123 f., 130, 132
Heer  14, 17–20, 26 f., 35 f., 39 f., 43 f., 47 f., 60, 65 f., 68, 74, 82 f., 85, 94, 102 f., 112–114, 120, 122, 140–142, 144, 146 f., 151, 171, 173 f., 177–179, 188, 195–197, 214, 216
Heerführer  103
Heilige Hochzeit (*hieros gamos*)  61
Heilszeit  115, 124 f.
Herrscherkult  15, 49, 64, 95, 106, 111 f., 122, 128, 186, 200
Himmelfahrt  67
Hinrichung  120, 127, 190, 214
Hofgesellschaft  15, 153, 189, 215–217
Horus  23, 31, 46, 48, 88, 90, 99, 104 f., 107 f., 122, 124, 126 f., 129, 153, 160, 174, 186
– -heiligtum  186
– -mythos  104 f., 107 f., 127
– -name  31, 52, 81, 99, 122, 139, 153, 170, 172, 175, 178, 185 f., 209
– Sieg  108
– -thron  104, 186
Hungersnot  72, 89, 93 f., 201, 213
– stele  93

Hure  64, 184, 205
Hyksos  124 f.
Hypomnemata  155
Hypomnematographos  41

## I

Ibis, heiliger  23, 144
*imitatio Dionysii*  85
Inflation  112, 123
*interpretatio Graeca*  109
Isfet  90
Isis
– Heiligtum  59, 110
– Kult  59

## J

Jäger  86

## K

Ka  36, 52, 99, 122, 185 f.
Kakergetes  155
Kalathos  110
Kalender  52
– ägyptisch  128
– julianisch  200
– solar  95
Kalenderreform  95, 116
Kampfpreisträgerin (*athlophoros*)  99
Kanal  25, 54 f., 78, 80, 123
Kanephore  65 f., 70, 99, 154, 160
Kartusche  31, 46, 52, 81, 99, 139, 141, 153, 170, 173, 185, 210–213
Katochos  147
Keule  88, 107
Kichererbse (*lathyros*)  176
Kleruchie  43
Kobra  214
*komogrammateus*  41
Königs
-ideal  86, 173
-ideologie  23, 46
-ring siehe Kartusche
Korbträgerin (*kanephoros*) siehe Kanephore  219
Koregentschaft  51 f.
Kranz  57, 71, 106, 187
– Efeu-  85
– Gold-  106, 150

Krieg
- Bürger- 19
- Chremonideischer 70, 72
- der Szepter 177
- Erster Diadochen- 20, 24
- Zweiter Diadochen- 25
- Dritter Diadochen- 25–27
- Vierter Diadochen- 33
- Fünfter Diadochen- 33
- Sechster Diadochen- 60
- Laodike 82
- Erster Punischer 69, 100
- Zweiter Punischer 112
- Erster Syrischer 55, 68 f.
- Zweiter Syrischer 72, 81
- Dritter Syrischer 81–83, 87, 96
- Vierter Syrischer 102
- Fünfter Syrischer 132
- Sechster Syrischer 139, 144 f.
- Syrischer Erbfolgekrieg 53
- Zweifronten- 21
Kriege
- Perser- 71
Krokodil 77, 105, 171, 210
Krokodilgott 65, 80, 171, 189, 210
Kult
- Arsinoe 65, 67
- -gründungslegende 110

## L

Labyrinth. 75, 171
Leibwache 17, 114
*luxuria* 156
Luxus 37, 42, 53, 69, 76, 153, 158, 175, 183, 194, 198, 206

## M

Maat (Weltordnung) 24, 43, 90, 139, 153, 170, 173, 185
Manetho von Sebennytos 49, 59, 110
Marinestützpunkte 27, 53
Menit-Gerät 211
Militärsiedler 44, 79, 141
Mnevis 59, 89, 127, 174
Mnevisstier *siehe* Mnevis 219
Mordanschlag 102, 149
Mysterien 110

## N

Nikephoros 172, 175
Nil
- -fluten 36, 60, 92–94, 116, 212
Nilometer 110
Nilpferde 105

## O

Obelisk 162
Opfer 23 f., 45–47, 64, 66 f., 90, 92, 103, 106, 109, 112, 115, 162, 169–171, 174, 185 f., 197, 210–212
- Brand- 106, 128
- Kuchen 59
- Speise- 106
- Tiere 66
- Toten- 90
- Weihrauch- 93
Opferaltar 62
Orakel 32, 57
- -gottheit 109
- römisches 189
- Töpfer- 115
Osormnevis 174
Ostraka 16, 124, 144

## P

Palastviertel 38, 186, 196
Papyri 16, 30, 124, 136, 194
Pastorphor 123, 144, 187
Perserkönig 18, 21, 71, 84
Pferd 26 f., 56, 87, 107, 120, 150
Pferdewagen 99
Pharao 13, 15, 17, 23 f., 31, 43, 45–47, 49 f., 52, 54 f., 59 f., 67, 74, 80 f., 88–95, 99, 104–109, 115 f., 122–124, 126–128, 130–132, 139, 141 f., 146, 153 f., 159, 162, 164, 170–173, 175, 177, 181, 184–186, 189, 191, 209–211, 216, 218
Philensis-II-Dekret 129 f.
*Philopator* 98 f., 117, 136, 160, 163, 184, 193, 199, 201, 208
Phosphoros 172
Phyle 35, 37, 96
Phyle, athenische 35
*Physkon* 86, 156

Pökelfischhändler (Kybiosaktes) 186, 189
*polis* 37f., 42, 77–79, 188
Polygamie 34
*pragmata* 35f.
Priester 15f., 22–24, 27f., 31, 36, 39, 41, 43–50, 54f., 59, 62, 65–67, 69, 78, 81, 87–92, 94–96, 102, 104–108, 110, 112, 116, 122–124, 126–132, 134, 138f., 146f., 150, 153f., 158, 160–163, 165–167, 170–172, 174–176, 178f., 181, 185–187, 189f., 210f., 213, 216
- -amt 95, 127, 181
- -amt, eponymes 99
- -dekret 89, 126, 131
- -dekret von 182 134
- -dekret von 186 134
- -dekrete 134
- -eigentum 45
- -gräber 48
- -gruppe 144
- -haus 45
- Hohe- 39, 47, 147, 184, 186, 209
- -inschrift 48
- Ober- 173, 186
- Oberankleide- 166
- -synode 95
Prophetie 127, 131, 145
Prophezeiung 20, 51
- Lamm des Bokchoris 115
Prostitution 162
Prozession 57f., 65f., 128, 131, 204, 207, 212
Prytanen 66
Ptolemäeroinochoen 66
Ptolemaia 56, 73, 85, 96, 204
Ptolemaios II. 28, 34, 40, 42, 51–54, 58–62, 65–69, 73–75, 77–79, 82f., 85, 95, 98, 114, 164f., 178, 204
Ptolemaios III. 51, 57, 68f., 73, 81–83, 85–89, 91, 94–96, 98, 103, 110f., 116, 128, 138f., 143, 149, 156, 178, 186
Purpurmantel 106

# R

Raphiadekret 102, 107, 126, 141
Rebellen 104f., 113, 125, 127, 130f., 146, 176
Rebellion 45, 95, 145, 147
Rechtsstreitigkeiten 161

Reiterei 44, 84, 100
- Katöken- 179
Retter 26, 32, 34, 52, 56, 65, 84f., 87, 91, 99, 108f., 120, 159, 169f., 172, 175, 213
- -gott 32f., 56, 109, 111, 138f., 160, 185
Ritual 88f., 94, 115f., 127, 189, 191, 211
Rosette 126, 129f.
- Dekret von 125, 131
Rutenbündelträger (Liktoren) 196

# S

Satrapie 18–22, 24f., 27–32, 36, 43–46, 48, 50, 69
Schiffskrone 62
- requisitionen 132
Schlacht von Gaza 27
Schlacht von Pharsalos 195
Schlangenbiss 214
Schrein 106, 128–130, 144, 210
Sed-Fest 139, 153f., 170, 173, 175, 184f.
Seeherrschaft 27, 54, 62, 101
Selbstmord 27, 188, 214
Selbstvergöttlichung 55
Sema 20
Septuaginta 39
Sieghaftigkeit 28, 55, 57f., 84, 98, 103f., 129
Siegpreisträgerin (*athlophoros*) 154
Sirius/Sothis 95f.
Sistrum 211
Sklaven 53, 196
Soldaten 13f., 19, 27f., 43, 47–49, 65, 68, 72, 74, 77–81, 85, 103, 112–114, 120, 129f., 132, 141, 146f., 158f., 161, 163, 165–167, 171, 173, 177, 179, 190, 196, 204
Sonnenpriester 90
Soter 33, 35, 57, 87, 168f., 175f.
Speer 25, 63, 105, 107f.
Spiele
- Nemeische 99
- Olympische 35, 56, 99
Stadion 32, 37, 120
Stadtgesetze 37
Stadtverfassung 19

Statue 50, 57 f., 61, 64–67, 85, 95, 97, 107, 110 f., 128, 131, 152, 154, 163, 179, 181, 207, 209, 213
- Ehren- 118
- Kolossal- 32
- -gruppen 111, 129, 131
Steinbruch 165
Steuerpächter 47, 76
Steuerquittungen 124
Stierhörner 85
Stirnbinde (*mitra*) 85, 178
Stratege 41 f., 78 f., 142, 144, 146 f., 173, 176, 178
Strickspannen 91, 191
*synhedrion* 39
*synnaoi theoi* 128
*syntaxis* 49
Syra 82, 133

## T

Tänze 40, 175
Techniten 86, 192
Tempel 22, 24, 43–50, 55 f., 59 f., 62, 65–67, 74 f., 80, 85, 88, 91, 93–95, 99, 104, 106–108, 110–113, 115 f., 124 f., 127–132, 147, 160–162, 165 f., 181, 186 f., 200, 211–213, 218
- Ammon 146 f.
- Amun 23, 41, 213, 218
- Amuntempel Karnak 23
- Anubis 111
- Arsinoe 66
- Asyl 147
- Bau 127, 165, 190
- Bedienstete 127, 187
- Besitz 47
- Bezirk 47
- Chnum 170
- Darstellungen 211
- Deir el-Medine 169
- Dendera 191
- Dienst 151
- Edfu 104, 113, 163
- Eigentum 47, 67
- Fest 128
- Gelände 43
- Geschwistergötter 80
- Harpokrates 99
- Hathor 211
- Hermupolis 45, 49
- Heron 174

- Horus 90 f., 99, 174, 178
- Inschrift 24
- Isis 38, 54, 59, 80, 87, 91, 111, 129, 164 f., 167, 170, 185 f.
- Isis Sachypsis 174
- Jahwe 158
- Karnak 88, 154
- Königin Arsinoe Kypris 62
- Koptos 49
- Naukratis 49
- Osiris 91
- Philae 165
- Ptolemaios 66
- Raub 161
- Re 45
- Relief 24, 154, 170
- Ritualszene 89
- Sais 66
- Sarapis 38, 80, 110 f.
- Satet 166
- Satis 170
- Sharuna 49
- Sorapis 80
- Speicher 111, 132
- Tebtynis 49
- Terenuthis 49
- Texte 212
- Thesmophorion 66
- Thot 45 f.
Tempelbau 49
- -pylon 186
Thalassokratie *siehe* Seeherrschaft 219
*Thea Philometor Soteira* 169
Theadelphia 62, 87
Theater 37 f., 80
*Theoi Philopatores* 199
*Theos Epiphanes* 122
Thyrsosstab 85, 207
Titulatur 52, 122, 139, 170, 186
- ägyptisch 175
- fünfteilig 31, 185
- Hofrang- 40
- Königs- 99, 139, 185
- Pharaonen 105, 153, 177
*topogrammateus* 41
Traum 62, 82, 93, 104, 110, 144
- -gesicht 144
- -gesichter 144
Triumphzug 83, 204, 214
Triumvirat
- Erstes 187
- Zweites 201

Trunkenheit 40
*tryphé* 85, 101, 153, 156, 158, 163, 183, 192, 207
*Tryphon* 86, 156
Tyche 100
Tyrannen 121, 155

## U

Unheil 45, 59, 115
Unterweltgottheit 110
Uräusschlange 31, 173
Usurpation 68

## V

Vatergott 109
Vielehe 29
*virtus* 86, 101
Volksversammlung 37, 70
Volljährigskeitserklärung 127, 139, 195
Vorhof 129

## W

Währungsreform 112
Weiberherrschaft 117
Widder 59, 66 f.
Widdergehörn 21
Wohlstand 52, 79, 85 f., 153, 155
– dionysischer 55
Wohltäter 26, 85–87, 89, 91, 149, 155, 207
– -gott 81, 95, 99, 111, 138, 154, 159 f.
Wüste 19, 55
– Klima 16
– Sand 14
– Straße 178

## Z

Zwangsverpachtung 148
Zwölfmeilenlandstele (Dodekaschoinos) 165

Manfred Clauss

# Der Pharao

2012. 266 Seiten, 40 Abb.
Kart. € 24,90
ISBN 978-3-17-021658-7

Urban-Taschenbücher, Band 711

Über 3000 Jahre schützte er, regierte er, war er Ägypten: der Pharao. Er garantierte mit seiner Person die Existenz des Landes, sicherte es gegen seine Feinde und bewahrte die Welt davor, ins „Chaos" abzugleiten. Über 330 Könige aus 30 Dynastien regierten ein Reich, das länger bestand als jedes andere danach. Ausgehend von der Beschreibung des Amtes behandelt die Darstellung die Rolle des Pharaos als von Gott gezeugter Herrscher, als Sohn der Sonne, selbst Gott, sowie seine Aufgaben als Priester den Göttern des Landes gegenüber, für deren Unterhalt er zu sorgen hatte. Als Herrscher war er vor allem Krieger, was jedem heutigen Ägyptenreisenden in zahllosen Abbildungen vor Augen geführt wird, aber auch die Spitze der Verwaltung, oberster Richter und Eigentümer von allem, was unter, auf oder über der Erde war.

**Dr. Dr. Dr. h.c. Manfred Clauss** war Professor für Alte Geschichte an der Universität Frankfurt.

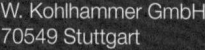

Alexander Rubel

# Religion und Kult der Germanen

*2016. 174 Seiten, 12 Abb. Kart. € 32,–*
*ISBN 978-3-17-029266-6*

In übersichtlicher Form fasst das Buch unser Wissen über die religiösen Vorstellungen der Germanen zusammen. Unter Rückgriff auf archäologische Quellen der germanischen Frühzeit und der Zeit der Völkerwanderung werden die sich besonders durch den Kontakt mit dem Römerreich wandelnden und regional sehr unterschiedlichen religiösen Gebräuche der Germanen vorgestellt und verständlich diskutiert. Angesichts der in der Vergangenheit durch ideologische Verirrungen und in der Gegenwart durch neuheidnische Fantasiekulte verzerrten Perspektiven, stellt dieses Buch, nüchtern und verständlich klare Sachverhalte und plausible Erklärungen aus dem disparaten Quellenmaterial zusammen, das aus ganz unterschiedlichen Fachgebieten wie der Archäologie, der Alten Geschichte und der Germanistik stammt.

**Prof. Dr. Alexander Rubel** ist seit 2011 Direktor des Archäologischen Instituts der Rumänischen Akademie in Iasi.

W. Kohlhammer GmbH
70549 Stuttgart

**Kohlhammer**

Siegfried Müller

# Kultur in Deutschland

Vom Kaiserreich bis zur Wiedervereinigung

2016. 626 Seiten, 22 Abb. Kart. € 69,-
ISBN 978-3-17-031844-1

Diese deutsche Kulturgeschichte entwirft ein großartiges Panorama des kulturellen Lebens zwischen 1870 und der Wiedervereinigung. Darin finden nicht nur die Gipfelleistungen der Hochkultur in Literatur, Musik und Bildender Kunst ihren Platz. In den Blick geraten ebenso die Kultur des Alltags, aber auch die kulturgeschichtlichen Leistungen und Wirkungen der Technik, des Ingenieurskönnens und naturwissenschaftlichen Denkens. Der Autor legt dabei größtes Gewicht auf das eingängige Arrangement seines Stoffes, den er in übersichtliche Kapitel anordnet und äußerst knapp präsentiert. So eröffnet und ermöglicht er einen facettenreichen Rundgang durch die Kulturgeschichte Deutschlands im 20. Jahrhundert, deren wegweisende Etappen zur Orientierung des Lesers mit präziser Prägnanz beleuchtet werden.

**Dr. Siegfried Müller** ist Historiker und war Leiter der Abteilung Kulturgeschichte im Landesmuseum für Kunst und Kulturgeschichte Oldenburg. Er war Projektleiter für die Neukonzeption des Militärhistorischen Museums der Bundeswehr in Dresden und hat das Knochenhauer-Amtshaus im Roemer-Pelizaeus-Museum in Hildesheim konzipiert.

W. Kohlhammer GmbH
70549 Stuttgart

**Kohlhammer**